MANUEL

DE

L'Invocation des Saints

PAR

UN PRÊTRE DU DIOCÈSE DE TOURS

Librairie religieuse A. Henry

MANUEL

DE

L'INVOCATION DES SAINTS

MANUEL

DE

L'Invocation des Saints

PAR

UN PRÊTRE DU DIOCÈSE DE TOURS

TOURS
LIBRAIRIE RELIGIEUSE A. HENRY
1, RUE DESCARTES

1900

APPROBATION

DE S. G. Mgr RENOU, ARCHEVÊQUE DE TOURS

Tours, le 16 Juillet 1900.

Cher Monsieur l'Aumônier,

Je suis très heureux toujours lorsque je vois mes prêtres employer à d'utiles études leurs heures de loisirs ; aussi je vous félicite vivement de votre travail.

L'ouvrage que vous publiez, Monsieur l'Aumônier, rendra service au clergé et aux fidèles. Grâce à vous, on connaîtra mieux les saints ; et la confiance en leur intercession près de Dieu augmentera.

Au seul point de vue historique, les faits que vous relatez, — et dont vous avez contrôlé avec tout le soin possible l'exactitude, — seraient déjà fort intéressants. Pour les catholiques, ces faits ont une portée plus considérable : ils font voir le rôle que Dieu a confié aux saints dans son Eglise. Il a voulu, pour leur gloire, qu'ils soient les auxiliaires de sa Providence et les distributeurs de ses bienfaits.

C'est le dogme consolant de la communion des saints, qui justifie les actes et les prières de la piété catholique.

Assurément, l'ignorance et la crédulité aveugle ont souvent dénaturé ce culte et l'ont transformé en pratiques superstitieuses et ridicules. Mais, pour des abus dont l'Eglise n'est pas responsable et qu'elle a toujours pris soin de condamner, elle ne devait pas arrêter l'élan de la foi naïve des simples, non plus que les actes raisonnés d'une foi plus éclairée ; et Dieu souvent a récompensé cette foi par d'éclatantes faveurs.

Je vous accorde donc bien volontiers l'autorisation de faire imprimer votre ouvrage.

Agréez, cher Monsieur l'Aumônier, avec mes félicitations, l'assurance de mon bien affectueux dévouement en N.-S.

† René François, *arch. de Tours.*

DÉDICACE

Très sainte Vierge *Marie*, mère de Dieu, vous êtes la reine de deux armées dont l'une triomphe pendant que l'autre supporte encore toutes les angoisses de la lutte. Veuillez prendre sous votre protection spéciale ce *Manuel*, pour qu'il serve d'armure à l'Église militante et apporte une fleur nouvelle à la couronne des Élus qui ont déjà remporté la victoire. Nous vous en faisons solennellement le filial hommage, déposant à vos pieds toute l'ardeur de notre confiance et tout l'amour de notre cœur.

Et vous tous, ô saints qui êtes ici nommés, et qui, après avoir été déjà les amis de Dieu sur la terre, avez maintenant le bonheur incomparable de jouir de sa vue dans le ciel, vous qui êtes passés en ce monde en faisant le bien, comme votre divin modèle, protégez-nous : nous recourons à vous en toute confiance. Nous avons voulu, en écrivant ce livre, faire un acte de foi en votre puissance et nous savons que notre espérance ne sera pas trompée. Veuillez présenter au divin Maître ce petit travail pour qu'il serve à sa gloire et au salut des âmes.

AVERTISSEMENT

Ce travail, forcément incomplet, n'a pas de prétention scientifique et n'a pour but de trancher aucune controverse. En donnant les renseignements qu'il a pu découvrir, l'auteur a désiré satisfaire certaines curiosités très légitimes, mais, avant tout, offrir un *livre de dévotion* aux âmes chrétiennes et malheureuses. Il a voulu mettre sous les yeux de ceux qui souffrent, pour qu'ils puissent aisément y recourir, les moyens par lesquels la foi de nos pères a obtenu si souvent les secours de Dieu. La science d'un médecin habile, l'affection délicate d'un ami peuvent adoucir bien des maux, cicatriser bien des plaies ; mais le divin baume de la grâce n'a-t-il pas une action à la fois plus sûre et plus étendue ? Or les saints sont les distributeurs de la grâce, qu'ils obtiennent de Dieu parce qu'ils sont ses amis, et qu'ils nous transmettent parce qu'ils sont aussi les nôtres.

Bon nombre de pratiques jadis en usage pour obtenir la charitable intercession des saints sont aujourd'hui mal connues, ou même complètement ignorées. Nous avons cherché à les tirer de l'oubli. De nos jours un certain besoin a ramené vers les coutumes du passé, mais une foi éclairée n'ayant pas toujours guidé ce retour, il n'a abouti qu'à la création de *dévotions nouvelles* dont l'inefficacité ne peut qu'amoindrir la confiance des fidèles.

Notre devoir était donc d'écarter de ce volume tout produit de l'imagination, et nous n'avons voulu y introduire que des pratiques dont l'efficacité est démontrée par les grâces sans nombre qu'elles ont procurées et par la constance des âmes ferventes à y recourir.

Nous affirmons que le *Manuel de l'invocation des Saints* ne contient pas une *dévotion*, pas une *pratique*, pas une *prière* qui sorte de notre propre fonds. Celles que nous citons n'ont cependant pas toutes la même autorité : nous faisons une différence entre celles qui nous ont été fournies par des livres officiels et authentiques, comme les rituels, missels, bréviaires, martyrologes, etc., et celles que nous avons recueillies dans des ouvrages qui n'ont d'autre autorité que celle de leurs auteurs. Nous n'avons voulu cependant puiser qu'à des sources sérieuses, comme les Bollandistes, Colin de Plancy, Darras, le P. Giry, L. du Broc de Segange. Nous avons consulté aussi un très grand nombre de vies particulières des saints de France. Enfin nous avons eu recours aux ecclésiastiques desservant les sanctuaires sièges des dévotions signalées, et nous en avons reçu une foule d'excellents renseignements.

Notre travail comprend deux parties :

1° *Les biographies des principaux patrons et intercesseurs;*
2° *Les patronages des saints, et les grâces demandées par leur intercession.*

Quand l'Église, par le sacrement de baptême, enfante un nouveau chrétien, elle lui donne le nom d'*un*, et même souvent de *plusieurs* saints qu'elle charge, en vertu de l'autorité que Jésus-Christ, son divin fondateur, lui a conférée, de veiller sur cette âme régénérée par l'eau sainte. Ces *patrons* seront à la fois les modèles de ce chrétien nouveau, et ses intercesseurs auprès de Dieu. Nous ne pouvions indiquer tous les saints : le nombre en est si considérable que la tâche eût été supérieure à nos forces et hors de proportion avec le cadre de ce petit volume. Nous avons choisi les plus connus et ceux qui, pour diverses raisons, méritent le plus d'être mentionnés. Pour faciliter les recherches, nous avons groupé leurs noms, dans la première partie, par ordre alphabétique d'abord, puis en les rattachant, d'après la méthode la plus ordinaire, aux jours de l'année où l'Église célèbre leurs fêtes. Une très courte biographie accompagne chaque nom [1].

---

1. Nous donnons l'étymologie quand nous avons pu la découvrir, et toujours le nom latin, à la suite du nom français, pour l'usage liturgique.

La *seconde partie* contient la liste alphabétique des patronages des Saints, et des grâces qu'on obtient le plus communément par leur intercession.

Avant la Révolution, toutes les professions, tous les corps d'état, grands et petits, étaient formés en corporations ou en confréries et avaient leurs saints patrons. L'histoire et les monuments nous montrent que, sous la protection des saints, les ouvriers nos pères savaient faire de grandes et belles choses. Nous avons recherché avec soin les patrons des diverses corporations, afin que les hommes de foi — et ils sont nombreux encore — se placent de nouveau et avec plus de confiance sous leur protection.

Quant aux misères de l'âme et du corps pour lesquelles on invoque les saints, nous avons essayé d'en donner une liste aussi complète que possible, en indiquant, autant que nous avons pu les découvrir, les moyens les plus anciennement employés pour en être délivrés.

Si quelque personne n'ayant pas la foi vient à ouvrir ce livre, elle s'étonnera naturellement de ce qu'il contient ; mais n'y aura-t-il pas même des chrétiens qui penseront que nous allons favoriser la superstition ?

Qu'on nous permette d'exposer brièvement et simplement quelques-unes des raisons qui, avec les conseils et les encouragements de confrères prudents et éclairés, nous ont fait penser que le bien que pourrait faire le *Manuel* ne devait pas être empêché par la crainte de cette appréciation erronée.

Avant tout, nous protestons de toutes nos forces de la pureté de nos intentions. Nous n'avons assurément pas voulu de quelque manière, ou en quoi que ce soit, favoriser un culte qui ne serait pas entièrement conforme à l'enseignement et à l'esprit de l'Église romaine.

Nous ne voulons non plus d'aucune façon accepter la responsabilité du mauvais usage ou des fausses interprétations que l'on pourrait faire des dévotions qui sont ici indiquées. Tout ce qui a pu nous paraître *même seulement suspect* a été écarté, et, comme nous venons de le dire, nous ne nous sommes pas fié pour cela à nos propres lumières, mais nous avons demandé l'avis de ceux de nos frères dans le sacerdoce dont la sagesse et la piété nous offraient le plus de garanties, et nous nous sommes efforcé de suivre en tous points leurs conseils. D'ailleurs, les pratiques que nous indiquons remontent généralement à une haute antiquité, et jamais, à notre connaissance, l'autorité ecclésiastique n'a protesté contre aucune d'elles. Nous espérons donc n'avoir en rien failli à la foi, et nous voulons être toujours entièrement et absolument soumis à l'autorité de l'Église notre Mère. Si cependant, à notre insu, et contre notre volonté expresse, quelque erreur nous était échappée, nous déclarons très hautement que nous n'avons voulu faire ni un livre de doctrine, ni un manuel de liturgie, mais une simple collection de dévotions privées, et, par conséquent, une œuvre d'historien, dont la tâche consiste avant tout à exposer des *faits*, et nous ajoutons que nous sommes prêt à corriger ou à retrancher tout ce qui pourrait être erroné.

Cette déclaration une fois faite, essayons d'écarter les scrupules exagérés. L'influence des *idées nouvelles*, dont nos intelligences, même à notre insu, finissent par se nourrir dans le milieu incrédule où nous vivons, ne serait-elle pas pour quelque chose dans les craintes qui pourraient naître?

Le *recours aux saints* dans son acception générale ne saurait être traité de superstitieux. Il n'est autre chose que la conséquence de cet article du symbole que nous récitons chaque jour : « Je crois... la communion des saints... », et, par là même, fait partie des pratiques les plus autorisées du culte catholique.

Le *Catéchisme du saint Concile de Trente*, précisant notre foi sur ce sujet, s'exprime ainsi (*Catéch. du Concile de Trente*, IIIe part., XXVI et XXX):

« Que si l'on prétendait — ce que quelques-uns ont osé dire
« — que le *patronage* des saints est superflu, parce que Dieu
« se rend favorable à nos prières sans intermédiaires : on peut
« aisément réfuter ces impies par les paroles suivantes de saint
« Augustin : « Il y a beaucoup de choses que Dieu n'accorde
« que quand les bonnes œuvres et les prières d'un *médiateur*
« et d'un *intercesseur* viennent le solliciter... »

« Quel est celui qui ne croirait pas à l'honneur dû aux saints

« et au *patronage* qu'ils exercent envers nous, en voyant les
« merveilles accomplies à leurs tombeaux : les yeux, les mains,
« tous les membres malades sont rétablis dans leur premier
« état, les morts sont rendus à la vie, les démons chassés du
« corps des hommes. Et cela, non seulement on l'a entendu
« dire, non seulement une foule d'hommes très sérieux ont pu
« le lire ; mais les témoins les plus indiscutables, tels que saint
« Ambroise et saint Augustin, affirment dans leurs écrits qu'ils
« l'ont vu de leurs propres yeux. »

Cette doctrine est en entière harmonie avec la pratique constante de l'Eglise, comme le prouvent la tradition, les monuments, la liturgie et toutes les manifestations du sentiment religieux, depuis l'origine du christianisme jusqu'à nos jours. Ce qui faisait dire à l'un des plus savants théologiens de notre époque, Mgr Gay, évêque d'Anthédon, ancien auxiliaire de Mgr Pie : « Le culte des saints, qui est la naturelle et splendide extension
« de celui de Notre-Seigneur, devient, dans les âmes qui s'y
« appliquent, la garantie et l'aliment de leur religion envers
« Dieu. On a pu remarquer partout que, dans les pays où les
« saints sont très honorés, la foi est plus vive, la piété est plus
« fervente, Dieu est mieux adoré, obéi, servi [1]. »

La difficulté ne saurait porter sur ce point.

Mais est-il bien légitime d'invoquer *tel saint plutôt que tel autre* dans des cas *spéciaux*? Supposer que les saints peuvent intervenir dans les mille détails, souvent infimes, de notre existence, n'est-ce pas les rabaisser, les rendre ridicules ?

Là encore, nous avons à invoquer la pratique constante de l'Eglise, et l'usage que les saints eux-mêmes ont fait de ces *invocations spéciales*. Saint Grégoire de Tours recourait à tout propos à ces bienheureux protecteurs, s'adressant de préférence à celui qui lui paraissait devoir plutôt lui obtenir la faveur dont il avait besoin. Ne voyons-nous pas, bien plus récemment, saint François de Sales, atteint d'un mal de dents très violent, recourir à sainte Apolline, qui le guérit.

« Quand on parcourt les grandes collections hagiologiques, dit M. du Broc, on constate immédiatement que les requêtes,

---

[1]. Lettre à M. l'abbé Delobelle, auteur de la *Vie de saint Elton de Dompierre*.

quelles qu'elles soient, présentées avec la simplicité et la foi d'un cœur vraiment pieux, ont toujours été et sont encore accueillies par les saints avec la bienveillance chaleureuse de nos amis les plus dévoués; et tous les précédents établis par l'exercice séculaire de leur incessante charité nous autorisent à les invoquer non pas seulement dans les calamités publiques ou les maladies sérieuses, mais encore contre les plus minimes souffrances et toutes les petites contrariétés de la vie.

« La lecture de ces pages, à la fois si émouvantes, si variées et surtout si édifiantes, donne lieu à une autre remarque : c'est qu'à l'instar de la généralité des médecins qui sont consultés indistinctement pour toutes les affections, pour toutes les maladies, la grande majorité des saints apporte également aide et assistance dans toutes les circonstances critiques et opère toutes les guérisons spirituelles et corporelles, quelle que soit la variété des maladies ; mais néanmoins, à côté de ces praticiens qui avaient embrassé à la fois toutes les branches de la médecine, ont surgi les médecins *spécialistes*, qui ont étudié particulièrement telle ou telle infirmité, telle ou telle affection, et auxquels on s'adresse préférablement, le cas échéant.

« Il en est de même parmi les saints. Par des motifs souvent inexpliqués, transmis par la tradition, il est parfaitement établi qu'un assez grand nombre d'entre eux étaient et sont encore invoqués spécialement dans certaines circonstances et dans certaines maladies. »

Ce n'est pas là seulement l'opinion d'un savant, chercheur passionné et judicieux assurément, mais néanmoins sujet à erreur. C'est la constatation d'un fait, et cela donne à la citation sa véritable valeur probante.

Les autorités ne manqueraient pas, d'ailleurs, en faveur de notre thèse. Il suffira d'en citer une seule : elle a assez de force et de clarté pour tenir lieu de beaucoup d'autres. Le grand et savant pape Benoît XIV, qui a traité à fond de tout ce qui regarde la canonisation et le culte des saints, dit expressément : « Il importe de multiplier nos intercesseurs auprès de Dieu... Dieu, en effet, console amplement son Église, surtout dans ces temps calamiteux, par le spectacle de la gloire dont il couronne ses saints. Il veut que le lieu de leurs combats soit aussi celui de leur récompense...

« Certains d'entre eux ont reçu le pouvoir d'exercer leur patronage en notre faveur, *dans certains cas, et pour des causes toutes spéciales* [1]... »

Cette doctrine de Benoît XIV a été celle des papes qui l'ont précédé et de ceux qui l'ont suivi. Qu'on ouvre la seconde partie de ce livre, et l'on verra — bien que nous n'ayons point la prétention de tout mentionner — le grand nombre de prières liturgiques concédées et d'indulgences accordées aux dévotions par lesquelles on implore l'assistance des saints dans les besoins spéciaux.

Pourquoi, en outre, trouverait-on inconvenient d'implorer la protection de nos amis du Ciel, même dans les petites misères de la vie? La Providence de Dieu s'exerce sur la création entière. Le même Dieu qui a déterminé le chemin que parcourent les astres immenses, guide aussi l'insecte imperceptible qui rampe dans le sillon. Et pourquoi donc cette Providence, aussi adorable dans les petites choses que dans les grandes, ne s'exercerait-elle pas, envers nous, par le ministère des saints? Durant leur séjour sur la terre, ces cœurs généreux ont souvent usé d'un pouvoir, qui semble un emprunt fait à Dieu de sa toute-puissance, pour des choses qui paraissent *petites* aux âmes sans foi, mais qui étaient *grandes* par le motif qui les faisait accomplir. Leur état bienheureux dans le ciel les priverait-il aujourd'hui de leur puissance, ou aurait-il amoindri leur bonté? Le grand saint Martin, l'apôtre des Gaules, l'admirable thaumaturge qui a ressuscité trois morts, ne dédaigne pas, durant sa vie, de faire un miracle pour sauver de pauvres petits poissons du bec rapace des oiseaux de proie [2]; pourquoi donc ne pourrions-nous pas l'invoquer aujourd'hui en faveur des animaux de nos fermes et de nos basses-cours? Pour éviter un désagrément à sa nourrice, saint Benoît fait son premier miracle et rétablit dans son intégrité un vase qu'elle venait de briser [3]; serait-il aujourd'hui inconvenient de lui demander de

---

1. *Quibusdam Sanctis datum est aliquibus specialibus causis patrocinari...* (*De Beatific.*).
2. Sulpice Sévère, *Epistola III*.
3. D'après une hymne liturgique de la fête de saint Benoît.

rendre l'intégrité à nos corps malades en les rétablissant dans la santé ?

Si nous envisageons maintenant la *manière* dont s'exerce ce recours aux saints, oh ! nous n'hésitons pas à convenir qu'il s'y glisse des irrégularités et même des abus. Et de quoi donc l'homme n'abuse-t-il pas ? Que lui resterait-il si Dieu lui enlevait tout ce dont il fait mauvais usage ? Il abuse de la force, il abuse de l'intelligence, il abuse de la liberté ; mais tout cela lui est conservé, parce que ce sont des biens dont l'excellence est intrinsèque et ne dépend en rien de l'usage qu'on en fait. Il en est de même de la dévotion aux saints. Certes il est très mal de manquer la messe le dimanche sans scrupules, pour aller faire dire un évangile ; l'assistance à la messe est un *devoir rigoureux*, la dévotion aux évangiles n'est que *facultative*; mais elle garde la valeur qu'elle a en elle-même, malgré l'abus qu'on peut en faire. Observons d'abord ce qui est de stricte obligation, et plus rien ne nous empêchera d'y ajouter ce qui est simplement bon et permis.

Mais souvent l'abus est plus apparent que réel. La piété véritable est un élan du cœur ; elle est faite de sentiments ardents, plus que de froide raison, et, par là même, peut plus facilement devenir excessive dans ses manifestations. D'ailleurs ceux qui portent à cet égard des jugements sévères ont l'avantage d'une sérieuse instruction et possèdent la science religieuse. Le peuple, exposé surtout à tomber dans les excès ou les erreurs dont nous parlons, n'a, au contraire, guère de connaissances précises en théologie, en droit canon ou en liturgie. Tout est pour lui dans l'intention. Sa bonne foi, sa simplicité ne sont-elles pas des excuses ? Le bon Dieu, sans doute, est moins sévère que nous, car il est de notoriété que la vieille femme simple et pleine de foi n'est pas moins souvent exaucée que le savant docteur.

Pour montrer qu'il faut se défier d'une exagération rigoriste, nous dirons encore un mot, que nous emprunterons aux savants auteurs des *Acta Sanctorum*, les Bollandistes.

En parlant de saint Dodon (*Dodo*), abbé de Walers, ils racontent que les malades appliquent leur *dos* contre les objets qui ont appartenu ou sont censés avoir appartenu à saint Dodon, et ils apprécient cet acte comme il suit : *In quo more non plus est superstitionis quam in tactu fimbriæ vestis Christi Domini, aut in applicandis Pauli sudariis et in umbra Petri excipienda.* (Il n'y a pas plus de superstition dans cette coutume que dans l'action de toucher la frange du vêtement du Christ, Notre-Seigneur, de s'appliquer le linge de saint Paul, ou de se placer dans l'ombre de saint Pierre.)

Les habitants du pays où se trouvait le monastère de Lobbes, non loin de Charleroi, appliquent leur dos sur une belle tombe qui se trouve dans la crypte d'une église, et qui est celle de Guillaume Caulier, abbé de Lobbes. Le peuple s'est persuadé que c'était celle de saint Dodon. « En cela, il se trompe certainement, poursuit le savant Bollandiste; mais il ne se « trompe pas en invoquant le secours de saint Dodon. On ne « doit donc pas s'étonner, si on constate souvent, même dans « les temps les plus modernes, que Dieu exauce les prières de « ces hommes simples, fortifiés par l'intercession du saint « abbé de Walers. »

Ne voyons donc point de la superstition partout; n'en voyons point dans ces *spécialités* des saints que nous indiquons à ceux qui les ignorent; sachons plutôt en faire un saint usage. L'Eglise, gardienne de l'intégrité de la foi, a justement condamné en deux occasions, malgré des corrections successives, un livre [1] où plusieurs de ces dévotions sont réputées superstitieuses.

Pour affermir la confiance de nos lecteurs, nous aurions vivement désiré rapporter, d'après les auteurs où nous avons puisé, les nombreux exemples qu'ils citent de grâces obtenues ; mais ces faits sont *innombrables*, et leur seule énumération remplirait des volumes. Il nous faut donc prier les pieux chrétiens de renouveler par eux-mêmes l'expérience faite par des milliers d'autres depuis tant de siècles, de la très efficace intervention des saints en faveur de leurs frères exilés. Ils verront que Dieu fait rayonner sa bonté infinie dans ceux qui, après avoir vécu

---

1. L'abbé Thiers, *Traité des superstitions*, mis à l'Index en 1703 et 1757.

de la même vie que nous, ressenti nos faiblesses et nos défaillances, nos misères et nos angoisses, n'ont rien oublié de ces souffrances, maintenant qu'ils possèdent pour l'éternité la *Gloire* et la *Paix*.

Tours, 24 mai 1900.

Pour se conformer aux décrets d'Urbain VIII, l'auteur déclare que si, dans le cours de cet ouvrage, il a donné, à des personnages n'y ayant pas droit, les titres de *saints*, de *bienheureux* ou de *vénérables*, ou s'il a employé le nom de *miracles* pour désigner des faits que l'autorité compétente ne reconnaît pas comme tels, il ne l'a fait que par suite d'erreurs involontaires qu'il désavoue.

POURQUOI NOUS DEVONS AVOIR CONFIANCE DANS LES SAINTS

ET AVEC QUELLE SÉCURITÉ NOUS POUVONS LES HONORER

NOTE SUR LA CANONISATION

I. — HISTORIQUE

1. Notre-Seigneur Jésus-Christ, en chargeant ses apôtres de prêcher l'Evangile, leur dit : « Vous serez mes *témoins* à Jérusalem, dans toute la Judée et la Samarie, et jusqu'aux extrémités de la terre. » (Act. I, 8.) Il les avait aussi prévenus du sort qui les attendait quand il leur avait adressé ces paroles que rapporte saint Mathieu : « On vous tourmentera et l'on vous ôtera la vie, et vous serez des objets de haine pour toutes les nations à cause de mon nom. » (XXIV, 9.) « Ne craignez point ceux qui peuvent tuer le corps, mais ne peuvent tuer l'âme..... Si quelqu'un se déclare pour moi devant les hommes, je me déclarerai pour lui devant mon Père qui est au ciel ; mais, si quelqu'un me renie devant les hommes, je le renierai, moi aussi, devant mon Père. » (*Ibid.*, X, 28, 32.) De là Tertullien conclut que la foi chrétienne est un engagement au martyre. On sait, en effet, avec quelle profusion le sang des chrétiens a été répandu par les païens pendant près de trois cents ans, au cours de dix persécutions ordonnées par les empereurs romains[1], sans compter celui qui dans les siècles suivants fut versé par les barbares qui se ruèrent successivement sur tous les points du monde civilisé.

Dans ces jours de persécution, les combats des martyrs furent pour les premiers chrétiens des enseignements plus précieux et plus éloquents que toutes les prédications. Ils accouraient en foule pour être les témoins de ces victoires : à ce spectacle ils fortifiaient leurs courages et trempaient leur foi. Rarement ils laissaient les

---

1. On compte, durant les persécutions des empereurs païens, plus de *seize millions* de martyrs connus.

restes vénérables des victimes livrés à la profanation ; ils les recueillaient même parfois avec une avidité qui les décelait aux tyrans. Puis, on s'assemblait dans la suite, autour des tombeaux qui renfermaient ces précieuses reliques, pour célébrer le jour de leur triomphe. On y lisait l'histoire de leur confession et de leurs souffrances. Ces *Actes* des martyrs étaient certainement authentiques, car ils étaient rédigés au moment même du martyre par des notaires spéciaux désignés par les papes eux-mêmes, et qui se glissaient jusqu'au sein des tribunaux et au milieu même des persécuteurs. C'est donc à ces premières années de l'Eglise que remonte le culte des saints. Aussi, les fidèles de Smyrne pouvaient écrire aux Philadelphiens, à propos de la mort de saint Polycarpe, leur évêque, qui avait été disciple de saint Jean l'Evangéliste : « Nous *adorons* Jésus-Christ parce qu'il est le Fils de Dieu, mais nous regardons les martyrs comme ses disciples et ses imitateurs, et nous les *honorons* avec justice, à cause de leur affection invincible pour leur maître et leur roi. »

On croyait donc déjà, dans les plus beaux jours de l'Eglise naissante qu'on devait *honorer* les saints; tout ce qui nous reste de monuments des trois premiers siècles atteste ce même culte.

Le nom de *Confesseur* se donnait alors aux chrétiens quand ils avaient hautement et publiquement proclamé leur foi devant les persécuteurs, sans cependant recevoir la mort. On a étendu ce titre, depuis la paix de l'Eglise, aux fidèles qui s'endorment dans le baiser du Seigneur, après une vie passée, ou tout au moins terminée, dans les saintes pratiques de la plus haute vertu ou l'exercice d'une pénitence laborieuse. Ces saints confesseurs ont eu part, mais plus tard seulement, aux honneurs que la religion accorde aux martyrs. *Saint Martin* paraît en avoir joui le premier, du moins en Occident. Sa fête était déjà ancienne dans l'Eglise de Tours quand on y célébra le premier concile, en 461. « Cet illustre pontife ne donna point son sang pour la Foi, — dit Sulpice Sévère, son disciple et son historien, — mais il ne lui manqua rien que l'occasion de le répandre. Il eut toutes les vertus des martyrs, et par conséquent mérita toute leur gloire. »

2. L'Eglise, dès l'origine, vit avec joie les transports d'admiration des fidèles pour les martyrs, et, de fait, leurs glorieux exemples furent souvent la source d'une sainte émulation qui multiplia ses triomphes. Mais, toujours attentive à mettre un frein au zèle indiscret, elle ne permit *jamais* à la multitude des fidèles de choisir seule les objets de sa vénération. La confession la plus éclatante et la mort la plus glorieuse ne suffirent point, même alors, pour consacrer

authentiquement le culte d'un athlète de la foi chrétienne.

Ce fut pour éviter toute erreur et toute profanation que les évêques se réservèrent le droit de préconiser les martyrs et qu'ils se firent un devoir d'examiner leurs titres, avant d'ordonner ou de permettre que la fête en fût célébrée.

La sainteté des confesseurs étant moins appuyée de preuves incontestables, leur culte devait encore moins être livré à la discrétion du vulgaire que celui des martyrs. Aussi voit-on dès la plus haute antiquité l'autorité ecclésiastique et même l'autorité civile porter des lois pour réprimer les dévotions arbitraires. On ne saurait méconnaître la sagesse de ces règlements; aussi trouvons-nous partout une fidélité inviolable à les observer.

3. Tout d'abord, l'autorité des évêques assistés de leurs clercs réunis en synode suffisait pour examiner et approuver une cause. Après l'approbation épiscopale, le *saint* n'était honoré que dans le diocèse de l'évêque qui avait reconnu ses mérites, et son culte ne pouvait être étendu aux autres diocèses et provinces que quand l'autorité ecclésiastique de ces lieux avait reconnu et approuvé elle-même le premier jugement. Mais, au-dessus de toutes les autres autorités, a toujours plané celle des Souverains Pontifes, auxquels les actes des évêques étaient soumis, afin que le culte approuvé par eux pût être étendu à l'Église entière.

Il y a donc eu, dès l'origine, deux canonisations: l'une faite par les évêques, et n'autorisant le culte que pour leurs diocèses; l'autre émanant du Pape et étendant ce même culte à toute la chrétienté.

4. Peu à peu tout ce pouvoir s'est concentré entre les mains des Papes, pour déterminer non seulement ceux à qui des honneurs peuvent être rendus dans l'Église entière, mais même ceux qui ne les doivent recevoir que dans des Églises particulières. Il est extrêmement difficile de préciser l'époque où cette mesure fut définitive. Un des premiers actes de ce pouvoir exclusif semble remonter à Léon III qui, au commencement du ixe siècle, à la prière de Charlemagne, canonisa *saint Suitbert*, évêque de Werden en Westphalie. Quoi qu'il en soit, il fut certainement exercé par Jean XV qui, dans le concile de Latran, en 993, mit au nombre des saints Udalric, évêque d'Augsbourg. On trouve cependant encore après cette époque des saints universellement honorés sans qu'ils paraissent avoir été consacrés par aucun acte du Saint-Siège.

Alexandre III (1159-1181) est reconnu communément pour être l'auteur de cette réserve absolue. Dans une de ses décrétales il s'exprime ainsi : « N'ayez pas à l'avenir la présomption de décerner à un homme un culte religieux, quand même il aurait fait une foule de miracles, sans l'agrément de l'Eglise Romaine. »

5. La sainteté de ceux qui sont offerts à la vénération et à l'imitation de l'Eglise ne pouvant jamais être trop prouvée, c'est un avantage pour la religion que le choix n'en soit pas laissé à l'arbitraire du public qui, n'ayant ni les lumières, ni les loisirs nécessaires à une étude approfondie, pourrait trop souvent tomber dans l'erreur. C'est un avantage aussi que la sentence de l'évêque diocésain reçoive, par les enquêtes de commissaires apostoliques, par les discussions longues, compliquées et sévères d'un tribunal romain, et par le jugement du Saint-Siège, promulgué dans le monde catholique, une authenticité qui ne laisse rien à désirer, même aux plus exigeants. D'ailleurs, un décret solennel émané de l'autorité supérieure, et qui s'étend à tout l'univers, annonce d'une manière plus éclatante et plus uniforme la gloire des bienheureux; les fidèles répandus dans le monde entier apprennent plus tôt à profiter de leurs exemples et de leur intercession.

II. — PROCÉDURE

1. Comme nous venons de le voir, avant l'institution de règles précises, la canonisation des saints se faisait, après leur mort bienheureuse, à la demande du peuple, par le consentement unanime des évêques et du clergé, corroboré par l'approbation expresse ou tacite du Souverain Pontife. C'est ainsi qu'ont été autorisés les honneurs rendus, depuis Jésus-Christ, aux patriarches et aux prophètes de l'Ancienne Loi, à Abraham, à Moïse, à David, etc.; puis aux apôtres, aux saints et saintes de l'Evangile, etc. Ils ont eu d'ailleurs, comme témoignages en leur faveur, les textes sacrés inspirés du Saint-Esprit et qui louent leurs œuvres et leurs vertus. C'est ainsi encore que furent inscrits au martyrologe les saints de la primitive Eglise : *saint Etienne, saint Vincent, saint Laurent, sainte Cécile, sainte Agnès*, puis *saint Martin*, etc.

Même quand les formalités ont été précisées, elles ont néanmoins varié au gré des Papes qui les employaient. Comme elles dépendent de leur autorité, ils ont pu les modifier selon les besoins et les circonstances.

2. La procédure actuellement suivie a surtout été déterminée par les Papes Clément VIII, Urbain VIII, Alexandre VII, Clément XI et Benoît XIV, et par plusieurs grands conciles. Elle est extrêmement

longue et compliquée, et nous n'en pouvons présenter qu'un sommaire forcément très incomplet.

Il est nécessaire avant tout de donner certaines explications.

On nomme :

Serviteurs de Dieu, ceux qui sont morts avec une réputation publique de sainteté ;

Vénérables, ceux dont la réputation de sainteté est approuvée judiciairement. Ainsi, selon la coutume de la Congrégation des Rites, tous ceux en faveur desquels le Pape a signé la commission d'introduction dans les causes de béatification, sont désignés sous le nom de *vénérables* ;

Bienheureux, ceux dont la sainteté est reconnue, mais dont le culte n'est permis, par décret pontifical, que pour une ville, une église particulière, une communauté, etc. ;

Saints, ceux dont le culte est étendu à l'Eglise entière par le suprême jugement du Pape ;

Martyrs, ceux qui sont morts pour la foi ;

Confesseurs de la Foi, ceux qui ont subi pour la religion les tortures de la persécution, mais sans perdre la vie ;

Confesseurs, ceux qui ont pratiqué les vertus chrétiennes à un degré héroïque. — Ils sont *confesseurs pontifes* quand ils ont reçu la consécration épiscopale, et simplement *confesseurs* ou encore *confesseurs non pontifes*, quand ils n'ont été que prêtres ou laïques ;

Vierges, les femmes qui se sont sanctifiées dans la pratique de la vertu de chasteté la plus parfaite ;

Saintes Femmes, celles qui ont acquis la sainteté dans l'état du mariage ;

Pénitents et pénitentes, ceux et celles qui ont réparé une première période imparfaite de leur vie, par des austérités proportionnées à leurs fautes.

3. Dès lors que l'Eglise Romaine fut mise seule en possession du pouvoir de prononcer sur les honneurs qu'on doit aux saints, elle dut avoir un tribunal où ces matières fussent discutées avec toute la maturité que mérite leur importance. La Congrégation des Rites, instituée par Sixte-Quint, est particulièrement occupée de ce devoir important. C'est elle aussi qui règle en détail les offices et les cérémonies ecclésiastiques.

Elle est composée de *cardinaux* choisis par le Pape. Il ne paraît pas que le nombre en soit absolument déterminé : ils sont ordinairement *sept* et quelquefois jusqu'à *neuf*. Ces prélats ont à leur tête un *président* perpétuel ; et, dans chaque procès de béatification, le Pape nomme un d'entre eux à l'office de *rapporteur*. On leur permet de se choisir deux théologiens ou canonistes dont ils prennent les avis. Tous prêtent le serment solennel.

Les cardinaux de la Sacrée Congrégation des Rites sont assistés par des conseillers nommés *consulteurs*. Ceux-ci prêtent aussi le serment et sont à la nomination du Pape. Cependant certains officiers et dignitaires de la Cour de Rome sont consulteurs-nés. Il est encore de règle que certains ordres religieux fournissent toujours des membres à ce conseil. Les Dominicains, les Franciscains, les Barnabites, les Servites, les Jésuites, etc., sont en possession de ce droit.

La Congrégation a ses officiers. Les uns, de dignité supérieure, ont droit de suffrage. Tels sont : 1° le *promoteur de la Foi*[1], dont la fonction ressemble à celle de procureur ou d'avocat général dans les cours civiles : c'est lui qui représente la *partie civile*; il élève des doutes et fait naître des difficultés qu'il faut résoudre; 2° le *secrétaire* de la Congrégation, dont la charge est d'annoncer aux prélats qui la composent les jours d'assemblées et de rédiger un état des matières à traiter; 3° enfin un *proto-notaire apostolique* qui est aujourd'hui le suppléant du précédent.

Les officiers subalternes sont : 1° le *sous-promoteur*, qui sert de conseil et de vice-gérant au promoteur de la Foi : il fait l'extrait des procédures et des mémoires, en signe les originaux et les copies et est présent à toutes les informations, vérifications ou reconnaissances d'écritures;

2° Le *notaire* de la Congrégation, qui dresse tous les actes authentiques et veille à la garde des archives;

3° Les *procureurs* du sacré palais, qui peuvent seuls écrire dans les causes de béatification et de canonisation;

4° Les *avocats consistoriaux*, qui traitent dans ces procès les questions de droit et qui dressent les mémoires. C'est de ce corps qu'on tire le promoteur de la Foi.

Enfin on appelle des *interprètes* quand il est nécessaire; des *médecins*, des *physiciens*, des *mathématiciens*, etc., quand les circonstances l'exigent. On prend même le soin de nommer des *avocats* chargés de soutenir les opinions contradictoires, afin de mieux éclairer les doutes les plus importants.

Outre ses assemblées ordinaires qui ont lieu tous les mois, la Congrégation en tient d'autres qui traitent, en particulier, des articles les plus importants des causes de béatification ou de canonisation. Il y en a de trois sortes :

---

1. On le nomme vulgairement l'*avocat du diable*.

1º La Congrégation *antépréparatoire*, qui se tient dans le palais du cardinal rapporteur, pour le mettre lui-même plus parfaitement au courant de la cause dont il est chargé, — les consulteurs lui donnent leur avis, mais lui-même ne se prononce pas; 2º la Congrégation *préparatoire*, qui s'assemble dans le palais pontifical, pour instruire des circonstances et des difficultés de la cause tous les cardinaux du tribunal, — chacun des consulteurs y donne son avis, mais les cardinaux ne font que les écouter; 3º la Congrégation *générale* qui est honorée de la présence du Pape, — chacun des consulteurs y parle debout et sort aussitôt, pour que son opinion n'influence en rien ceux qui parleraient après lui en sa présence. Les cardinaux disent ensuite leur sentiment.

On discute, dans les assemblées *extraordinaires*, quatre sortes de questions ou de *doutes*, comme on dit à Rome. Les uns ne sont que préliminaires; les autres sont définitifs. Avant la *béatification*, on demande : 1º Si la qualité requise des vertus chrétiennes est bien attestée; 2º si le nombre nécessaire de miracles est suffisamment prouvé; 3º si, vu les procédures, les preuves et les réponses aux objections, il est *expédient* de procéder à la béatification; 4º après la béatification et la reprise d'instance, on demande s'il faut procéder à la *canonisation*. Les deux premiers doutes sont *préliminaires*, les deux derniers sont *définitifs*.

4. Tel est le tribunal qui doit se prononcer dans les causes qui ont pour objet de placer de nouveaux saints sur les autels; mais, avant qu'il soit appelé à exercer son action, il y a des préliminaires indispensables, longs et rigoureux, à observer.

La canonisation d'un serviteur de Dieu peut être demandée à Rome par un simple chrétien; elle l'est ordinairement par les évêques, les supérieurs de communautés ou les Gouvernements. Les frais sont à la charge des demandeurs.

Les premières instructions sont dressées, sur les lieux, par l'évêque diocésain. Il commence le procès par deux instances différentes. La première est une information pour constater la renommée publique des vertus et des miracles. La seconde est une perquisition exacte pour s'assurer qu'on a fidèlement exécuté les décrets d'Urbain VIII, qui défendent de rendre aucun culte public aux serviteurs de Dieu qui ne sont encore ni béatifiés, ni canonisés. L'évêque est absolument juge en ces deux causes : c'est lui qui doit porter la sentence.

Ses enquêtes et ses jugements sont ensuite envoyés à Rome et déposés chez le notaire de la *Congrégation des Rites*. Alors, après des formalités minutieuses pour s'assurer de l'authenticité des pièces, on demande au Pape qu'il nomme un cardinal rapporteur et des interprètes, s'il en est besoin.

Si les sentences épiscopales sont approuvées, les écrits de la personne proposée doivent être examinés ensuite. On fait de minutieuses enquêtes pour les découvrir, et, quand ils sont réunis, on examine scrupuleusement jusqu'aux moindres opuscules qui peuvent intéresser ou la règle des mœurs, ou les vérités de la Religion. Si des livres entiers ou des fragments considérables avaient échappé aux premières perquisitions, aussitôt qu'ils sont découverts, on arrête le cours de toutes les autres procédures jusqu'à ce qu'ils soient jugés.

Nous n'avons pas besoin de dire que le tribunal suit toutes les règles de la plus saine critique pour distinguer les écrits véritables de ceux que l'ignorance ou la mauvaise foi tenteraient de faire admettre comme les œuvres du serviteur de Dieu.

Une erreur formelle contre les dogmes catholiques, une opinion peu conforme aux préceptes évangéliques et capable de porter atteinte aux bonnes mœurs, un système suspect par sa nouveauté, principalement sur des questions frivoles, un sentiment peu conforme à celui des saints Pères et du commun des chrétiens, suffisent pour interrompre à tout jamais la cause commencée.

Après l'approbation des écrits, le Pape ne tarde pas à nommer la Commission apostolique qui doit étudier la cause. C'est alors que s'ouvre la vaste carrière des informations qui doivent être faites par l'autorité du Souverain Pontife. Les solliciteurs demandent d'abord aux cardinaux un décret d'attribution qui nomme trois évêques pour informer en général, comme délégués du Saint-Siège, sur le bruit public des vertus et des miracles. Ces évêques font comparaître à cet effet des témoins qui doivent tous être des hommes instruits et recommandables. On leur fait prêter serment sur les saints Évangiles, puis on les interroge sur leur âge, leur foi, etc., et enfin on leur pose les questions préparées et rédigées par le *procureur*. On ne doit recevoir leurs dépositions — sans doute pour leur imposer plus de respect — que dans un lieu sacré : église, chapelle ou, du moins, sacristie.

Ils sont tenus, dans la suite, de garder le secret le plus absolu sur les questions qui leur ont été posées et les réponses qu'ils y ont faites. A la fin de chaque séance, on arrête et on signe les registres qui doivent être cachetés jusqu'à la prochaine assemblée. Quand l'information est complète, tous les juges délégués, le procureur, le vice-promoteur et le notaire greffier doivent y apposer leur signature et leur sceau. Le dernier acte de leur juridiction est la visite et l'ouverture du tombeau, dont ils font un procès-verbal bien exact et bien circonstancié. Si le lieu de la sépulture est absolument ignoré, le procès-verbal en est dressé avec toutes les attestations nécessaires. Enfin, les pièces sont envoyées cachetées au *secrétaire* de la Congrégation qui les remet au *notaire*. C'est en présence du *promoteur* et par ordre de la Congrégation que le *proto-notaire* en fait l'ouverture.

5. Quand ces premières enquêtes des commissaires apostoliques ont été vérifiées dans les séances ordinaires de la Congrégation des Rites, on demande un nouveau décret d'attribution, pour informer en détail sur chaque vertu particulière et sur chacun des miracles à proposer. Les vertus d'un saint — vertus *théologales*, vertus *morales* et vertus d'*état* — doivent avoir été pratiquées à un degré héroïque. Ce n'est pas assez pour le tribunal de l'Eglise qu'on lui propose quelques œuvres éclatantes, ou certaines vertus portées même à leur plus haute perfection : la sainteté doit être intégrale. L'esprit de la Religion doit percer partout dans les saints, et bannir jusqu'à l'ombre de l'imperfection, autant que le permet la fragilité de la nature. Le mérite d'un héros du christianisme doit être pur et sans tache ; il doit être encore inaltérable, et, s'il s'est produit quelque défaillance, la pénitence doit en être évidente, et persévérer, avec des progrès sensibles, jusqu'à la fin. Cette constance portée jusqu'au tombeau fait un des principaux objets de l'attention des juges, dans la discussion des vertus, et, pour donner le temps aux faits de prendre leur vrai caractère, cette discussion des vertus n'est entreprise en cour de Rome que *cinquante ans* après la mort de la personne en cause, et l'information dure encore dix ans.

Mais le témoignage de l'homme, si prudent et si éclairé qu'on le suppose, ne peut être infaillible, quand il s'agit d'affirmer l'existence de qualités intérieures dont les manifestations pourraient être plus ou moins hypocrites ; l'Eglise n'admet donc la vertu de ses saints qu'autant qu'elle est prouvée par des *miracles*.

6. Le Créateur est le seul maître de la nature. L'ordre général qu'il a établi lui-même dès l'origine du monde, il peut seul le suspendre et le renverser à son gré. Les faits qui dérogent aux lois ordinaires de la nature sont donc en quelque sorte le langage de la Divinité. Les miracles sont comme l'expression des volontés particulières du Tout-Puissant, les signes de sa colère et de sa tendresse et le moyen le plus ordinaire dont il se sert pour faire éclater sa gloire ou pour établir celle de ses serviteurs qu'il veut honorer à la face du monde entier.

C'est principalement pour établir la Religion chrétienne que les miracles les plus authentiques et les plus inouïs ont été accumulés.

L'Évangile de Jésus-Christ, préparé par tant de figures et prédit par tant de prophètes sous la loi judaïque, se manifeste lui-même avec des prodiges plus grands encore. Son divin Fondateur sème les miracles à chaque pas et, dès qu'il a achevé son sacrifice, il semble que ces merveilles deviennent d'ordre commun, tant elles se reproduisent fréquemment, surtout pendant les six premiers siècles de l'Église. Rien que par le petit nombre d'exemples indiqués dans les abrégés biographiques de la première partie de ce *Manuel*, on verra combien la Providence a donné généreusement aux apôtres de la Foi la faculté d'accomplir les miracles. C'est que, dans les conseils de la miséricorde de Dieu, ils devaient servir à attirer les regards des nations, à confondre les ennemis de la révélation, à consoler les fidèles, à affermir les pusillanimes et à nous disposer à reconnaître, par ces marques sensibles, son action mystérieuse et toute-puissante dans tous les temps.

C'est donc Dieu qui est le principal auteur des miracles : le saint devient son instrument, et leur existence montre une faveur particulière du ciel envers celui qui les accomplit.

Aussi sont-ils une des preuves les plus fortes de la sainteté. Mais encore faut-il qu'ils soient bien prouvés et qu'ils proviennent sûrement de la puissance infinie de Dieu. De là des règles sévères établies par l'Église, afin qu'il ne puisse subsister aucun doute sur ces deux points. Le langage, la qualité, le nombre et l'accord des témoins sont des preuves de l'existence du fait ; quant à son origine *surnaturelle et divine*, pour en faire la preuve, on classe les miracles en différents ordres. Ceux du *premier ordre*, c'est-à-dire ceux qu'aucune force naturelle n'est capable de produire, comme la résurrection d'un mort, portent avec eux l'empreinte de leur divine origine : le seul fait de leur existence est donc significatif. Ceux du *second ordre* sont ceux qui peuvent, à la rigueur, être attribués à une force supérieure à celle de l'homme, — mais non nécessairement divine, — comme celle des anges bons ou mauvais, qui peuvent avoir sur la nature une certaine action qui nous échappe, ou en connaître certaines lois que nous ignorons. Le principal procédé pour en reconnaître la source est d'examiner : 1° leur *utilité*. — Dieu ne prodigue pas sa puissance en vain. Des traits puérils, des effets n'aboutissant qu'à causer de la frayeur ou de l'étonnement, sont indignes d'occuper un homme raisonnable, à plus forte raison d'être produits par un ordre particulier de la Providence. On peut encore moins supposer que la sagesse suprême se prête à des scènes inconvenantes ou ridicules ; 2° le *moyen* par lequel ils sont obtenus. — C'est par la prière, l'invocation de l'adorable Trinité, de la sainte Mère de Notre-

Seigneur Jésus-Christ ou des âmes bienheureuses, que s'opèrent les vrais miracles. Les faux prodiges se font par des artifices honteux ou des actions extravagantes ; 3° l'*objet* principal. — Dieu ne peut avoir en vue que sa gloire et notre bonheur. Le triomphe de la vérité, le règne de la justice et l'accomplissement de notre salut sont les seuls motifs dignes de sa bonté toujours infiniment sage.

Les miracles du *troisième ordre* sont ceux qui pourraient être attribués aux seules forces de la nature ou à un art particulier de l'homme, si le concours des circonstances ne venait en montrer l'origine surnaturelle. Pour les juger, on leur applique les mêmes règles qu'à ceux du deuxième ordre, mais on y en ajoute d'autres qui mettent à l'abri de toute erreur. Ainsi, pour que la guérison d'une maladie soit regardée comme miraculeuse, on exige : 1° que le mal soit considérable, dangereux, invétéré ; qu'il soit communément réfractaire aux remèdes connus, etc.; l'existence doit en être constatée par l'examen minutieux des médecins les plus habiles et les plus intègres ; 2° que la maladie ne soit pas encore à son déclin, ce qui permettrait de supposer une guérison naturelle ; 3° qu'on n'ait pas encore employé les moyens ordinaires dont la médecine, la chirurgie ou la pharmacie ont coutume de faire usage, ou, du moins, qu'on ait une preuve certaine de leur inefficacité dans la circonstance ; 4° que la guérison soit subite, que la douleur ou le danger cessent tout à coup et non graduellement, avec le temps ; 5° que la guérison soit entière et parfaite ; 6° qu'il ne soit survenu aucune crise naturelle pouvant opérer un retour à la santé ; 7° enfin, que la santé soit désormais constante ; autrement, il n'y aurait qu'un moment de relâche, et non un soulagement entier et merveilleux.

La Sacrée Congrégation des Rites exige rigoureusement le concours et la *preuve* de toutes ces circonstances pour approuver les guérisons qu'on lui propose, et le promoteur de la Foi ne néglige aucune des objections que peuvent lui suggérer la nature du mal et les connaissances que les experts lui fournissent, pour mettre, s'il se peut, la sagacité des solliciteurs en défaut. On use donc, pour obtenir une certitude, de toutes les lumières que peuvent fournir les circonstances, la science consommée des lois ordinaires de la nature et des ressources de l'art, l'autorité des philosophes, des médecins, des jurisconsultes, des théologiens, en un mot de tous les savants les plus habiles, chacun dans le ressort de sa profession ou de ses connaissances.

La Sacrée Congrégation n'exige que *deux* miracles de l'un de ces ordres, mais on en propose et elle en approuve souvent plusieurs autres.

7. Les preuves de l'héroïcité des vertus et de l'existence des deux miracles nécessaires étant recueillies, l'Eglise procède à l'approbation successive de ces vertus et de ces miracles dans les réunions *antépréparatoire*, *préparatoire* et *générale* dont nous avons parlé. Les juges donnent leur avis, ne se fondant que sur des preuves aussi concluantes et exigeant des témoignages aussi dignes de foi que ceux qui sont requis dans les cours civiles pour une *condamnation à mort*. Cependant, c'est le Pape seul qui prononce la sentence, même sur ces faits des vertus et des miracles, et seulement quand la grande majorité des juges — c'est-à-dire les deux tiers au moins — émet un avis favorable.

Après que les vertus et les miracles sont jugés définitivement, on délibère, dans une réunion générale, sur l'opportunité de la béatification. Après avoir pris les avis, le Pape demande à l'assemblée le secours de ses prières; on tient ensuite les trois consistoires, ou assemblées de cardinaux, dont nous parlerons plus loin. Et enfin, quand Sa Sainteté le juge à propos, elle ordonne au secrétaire des Brefs d'expédier celui de la *Béatification*, indiquant le jour et le lieu de la solennité.

8. Il nous reste à parler de la *reprise d'instance*, ou du procès de *canonisation* qui se poursuit après toutes les solennités d'une *béatification*. Nous le ferons le plus sommairement possible, cette nouvelle procédure suivant le plus souvent la même marche et étant soumise aux mêmes règles d'extrême prudence que la première.

Il faut, pour introduire de nouveau la cause devant la Congrégation des Rites, une nouvelle signature du Pape. On ne l'obtient qu'en assurant qu'il s'est opéré des *miracles tout récents* et que *la réputation de sainteté, loin de cesser, augmente de plus en plus*. La requête des solliciteurs qui contient cette exposition est présentée d'abord dans une séance ordinaire de la Congrégation; elle est appuyée par des attestations extrajudiciaires des prélats, affirmant l'accroissement de la vénération publique et le bruit des prodiges. Le cardinal rapporteur fait un détail sommaire des nouveaux faits miraculeux; et le tribunal approuve presque toujours sans difficulté la demande. Le promoteur lui-même n'élève aucune contestation; il se réserve pour les procédures qui suivront. Ainsi le Souverain Pontife *signe la commission* pour la reprise de l'affaire. Et alors, les informations sur les nouveaux miracles se font avec le même soin que précédemment; on suit dans les enquêtes la même forme et on use de la même sévérité. Autrefois on exigeait un nouveau jugement de l'évêque sur la renommée publique de sainteté : on se contente aujourd'hui d'un certificat de sa part.

Dans les causes des *martyrs*, à la place du *doute* de sainteté on agite celui du martyre même et de sa cause. C'est-à-dire qu'on examine : 1° *s'ils ont subi le dernier supplice*. — C'est la mort seule qui donne le titre de *martyr*, de quelque manière qu'on l'ait reçue, ne fût-elle, même, que la suite d'un long exil ou d'un travail excessif imposé par le persécuteur ; ceux qui pourtant auraient été délivrés par miracle du trépas, ou rendus insensibles aux tortures, ne seraient pas privés des honneurs dus à ceux qui sont morts pour leur foi ; — 2° *s'ils ont été mis à mort pour la religion*. — Il faut que le tyran soit véritablement excité par la haine de la foi, et que le chrétien *ne meure que pour elle*. On satisfait aussi bien à cette condition en défendant les préceptes de la morale et les droits de la justice et de l'honneur, et en mourant pour ne pas les violer, comme saint *Jean-Baptiste* et saint *Thomas Becket*, qu'en combattant pour les dogmes de la doctrine chrétienne comme les *apôtres* ; — 3° *s'ils ont enduré volontairement la peine de mort*. — Ceux qui seraient tués dans la fuite, ou les armes à la main pour défendre leur vie, ne mériteraient pas, aux yeux de l'Église, le glorieux titre de martyrs.

Dans l'examen de ce *doute*, la procédure, l'ordre et les conditions des enquêtes sont les mêmes que pour l'examen des vertus. La cour de Rome requiert, en outre, des miracles comme pour les confesseurs.

III. — PROCLAMATION

Les trois assemblées générales de la Congrégation des Rites dont nous avons parlé ne doivent pas être regardées comme le dernier tribunal où se traitent les affaires de béatification ou de canonisation. Après que les *doutes* y sont résolus, il faut encore trois *consistoires*. Dans le premier, qui est appelé *secret*, c'est le Pape qui traite de la béatification ou de la canonisation, à la tête du collège entier des cardinaux : le président de la Congrégation des Rites fait son rapport, et chacun des prélats donne son avis. — Le second consistoire se nomme *public* ; outre le sacré collège et tous les évêques, on y convoque les consulteurs et les officiers de la Congrégation des Rites, les protonotaires, les auditeurs de la Chambre Apostolique, les avocats consistoriaux, le gouverneur de Rome, les ambassadeurs des princes catholiques et les députés des villes du domaine pontifical. Dans cette nombreuse assemblée, un des avocats consistoriaux fait un rapport détaillé sur les mérites du serviteur de Dieu dont la sainteté doit être déclarée. — Enfin, le troisième consistoire, qu'on appelle *semi-public*, n'est composé que des cardinaux et des évêques qui se trouvent alors à Rome. Le Saint-Père demande tour à tour le suffrage des prélats qui donnent successivement leur avis motivé.

Il ne reste plus alors à accomplir que les *cérémonies* de la béatification ou de la canonisation. Elles sont comme la proclamation publique de la sentence. C'est le Pape qui choisit lui-même l'église où elles doivent avoir lieu, et c'est pour l'ordinaire dans la basilique du Vatican qu'elles sont célébrées. Ce sont des fêtes inoubliables dont aucune description ne peut donner une idée. Tout l'appareil de la solennité commence par une procession où l'on déploie pour la première fois la bannière des nouveaux saints qu'on va béatifier ou canoniser. Le Pape, assis sur son trône, reçoit les hommages ordinaires de sa cour. Le maître des cérémonies conduit ensuite aux pieds de Sa Sainteté le procureur de la cause et l'avocat consistorial qui demandent la béatification ou la canonisation. Quand la demande est exprimée, le secrétaire des Brefs ordonne à l'assemblée de joindre ses prières à celles du Saint-Père, et l'on chante les *Litanies des Saints*; après une seconde instance, on chante le *Veni Creator*; et enfin, après une troisième, le même secrétaire déclare que c'est la volonté du Pape de faire droit à la demande. Le Saint-Père, toujours assis sur son trône, la mitre en tête, prononce le jugement solennel qui définit la sainteté du serviteur de Dieu. L'avocat en requiert des lettres apostoliques en bonne forme, et, Sa Sainteté les ayant accordées, le plus ancien des protonotaires en prend à témoin toute l'assemblée, et l'on entonne le *Te Deum*. La messe solennelle en l'honneur des nouveaux saints est alors célébrée par le Souverain Pontife ou par un cardinal délégué, et leurs noms sont récités dans l'oraison, dans la confession que chante le diacre officiant et dans l'absolution que donne le Pape. Cette messe est d'une magnificence incomparable et comporte certaines cérémonies spéciales, comme celle des offrandes que font les cardinaux après le *Credo*.

Comme on peut le voir par cet aperçu qui n'est, hélas! qu'une exposition sèche et incomplète, l'acte de la canonisation est entouré de précautions tellement minutieuses qu'elles ne laissent prise à aucune critique. Tous les moyens sont employés pour éclairer la cause jusqu'à l'évidence et dissiper les moindres nuages. Toutes ces procédures n'arrivent guère à leur dernier terme qu'*un siècle après la mort* de celui qui en a fait le sujet, de sorte que, dans sa haute sagesse, la Cour de Rome fait servir à la manifestation de la vérité même la longueur du temps qui éteint tant de passions, révèle tant d'inconnus et détruit tant de réputations usurpées. Aussi serait-il souverainement téméraire et injuste de n'avoir pas la plus entière confiance dans des décisions aussi mûrement pesées.

Nous dirons aussi un mot des *frais* qu'entraîne la canonisation et des *honneurs* auxquels elle donne droit.

Avec tant de formalités et de procédures juridiques, il serait impossible de parvenir sans frais à la canonisation d'un saint. Les dépenses sont d'ailleurs — toutes choses pesées — relativement restreintes et de beaucoup inférieures aux honoraires perçus par les cours civiles, si on les y compare proportionnellement.

Dans les informations, les juges n'ont jamais aucun salaire. Les notaires greffiers reçoivent une rétribution proportionnée à leur travail. Le promoteur est pensionné par le Pape ; les procureurs, les avocats consistoriaux, le sous-promoteur et les imprimeurs reçoivent un salaire dont le chiffre est établi d'après l'importance de leurs travaux : il est peu élevé pour chacun.

Les cardinaux et les consulteurs ne reçoivent aucun honoraire ; on leur donne seulement un *portrait du saint* et le prix de la chape, du rochet ou du surplis qui leur serviront pour la solennité. On donne aussi des livrées aux autres prélats, aux officiers et domestiques de la Cour du Pape.

Une offrande fort minime est due à la sacristie du Vatican, et l'on fait des présents aux avocats consistoriaux et aux secrétaires des Brefs.

Les plus grandes dépenses sont celles de l'ornementation de l'église où sera solennisée la béatification ou la canonisation. Il faut payer les tapisseries, les échafaudages, les peintures, etc. ; on décore magnifiquement la confession des saints Apôtres. En un mot, il est d'usage de faire les choses avec une splendeur qui marque la joie de l'Eglise, et il est naturel que les travaux des artistes et des ouvriers reçoivent une honnête récompense. Si l'on considère la multitude des formalités, la longueur des procès et l'éclat qu'il faut donner à la solennité, une très injuste malignité peut seule en trouver les dépenses excessives.

Voici maintenant à quels honneurs ont droit les serviteurs de Dieu dont la sainteté est reconnue officiellement par l'Eglise.

La béatification n'est regardée que comme le préliminaire de la canonisation; c'est une espèce de permission provisoire et restreinte. Comme nous l'avons vu, une ville, une province, un diocèse, un ordre religieux peuvent honorer ceux qui ont reçu le titre de *bienheureux* qu'elle confère; quelquefois on approuve en leur honneur un office qui ne se récite qu'en particulier, sans préjudicier à celui du jour; mais il faut un indult du Pape pour ériger des autels en leur nom et même pour exposer, dans une église, ou leurs portraits ou leurs reliques.

Quant à la canonisation, elle confère le droit aux honneurs suivants : 1° Les noms des saints canonisés sont inscrits dans les calendriers ecclésiastiques, les martyrologes, les litanies, etc.; 2° on les invoque solennellement et publiquement dans les prières et les offices; 3° on dédie sous leur vocable des églises et des autels; 4° on offre en leur honneur le saint sacrifice de la messe; 5° on célèbre le jour de leur fête, c'est-à-dire presque toujours l'anniversaire de leur mort; 6° on expose leurs images dans les églises, et on les y représente la tête entourée d'un cercle lumineux qu'on nomme *auréole*; 7° enfin, leurs reliques sont offertes à la vénération des fidèles et peuvent être portées avec pompe dans les processions solennelles.

C'est dans tout l'univers chrétien que ces différents actes du culte sont autorisés par le décret de canonisation. Quand le Souverain Pontife a proclamé la sainteté d'un serviteur de Dieu, c'est un devoir pour tous les fidèles de la reconnaître et de payer, à ceux que l'Église place sur ses autels, le juste tribut de respects qui leur est dû.

(D'après Benoît XIV, André, Ferraris, Gousset, Beaudeau et autres.)

PREMIÈRE PARTIE

I

LES SAINTS PATRONS

BIOGRAPHIES SOMMAIRES

A

S. Aaron, *Aaron*[1] (en hébreu : montagnard), le grand-prêtre de l'Ordre lévitique. — Fête : le 1ᵉʳ juillet.

SS. Abdon, *Abdon* (en hébreu : le serviteur), et **Sennen**, martyrs vers la moitié du IIIᵉ siècle, sous l'empereur Dèce. — Fête : le 30 juillet.
    Patrons des Tonneliers.
    Invoqués pour les Yeux, les Enfants malades et qui tardent à marcher et pour les Récoltes[2].

S. Abel, *Abel* (en hébreu : pleureur), fils d'Adam, tué par son frère Caïn. — Fête : le 28 décembre.

S. Abel, archevêque de Reims, puis moine de Lobbes en Hainaut, mort au VIIIᵉ siècle. — Fête : le 5 août.

S. Abile, *Abilius*, évêque d'Alexandrie, après S. Marc ; mort l'an 87. En Arabie, il est nommé **S. Mélian**. — Fête : le 22 février.

S. Abraham, *Abraham* (en hébreu : père illustre), patriarche, père des Croyants, 1996-1821 avant Jésus-Christ. — Fête : le 9 octobre.
    Patron des Hôteliers et des Aubergistes.

S. Abraham, *Abrahamius*, ermite, et **Sᵗᵉ Marie**, sa nièce, pénitente, en Mésopotamie, vers 360. — Fête : le 15 mars.

---

1. Chaque nom français est suivi du nom latin dont le prêtre a besoin pour les usages liturgiques ; bien des recherches souvent infructueuses pourront ainsi être évitées.
2. Les noms marqués par des *majuscules* initiales sont ceux qui forment les sujets des articles de la seconde partie.

S. Abraham, abbé de Saint-Cirgues, à Clermont en Auvergne, au Vᵉ siècle. — Fête : le 15 juin.
> Invoqué contre la Fièvre et contre les Cris des enfants.

S. Acace, *Acacius* (grec : sans malice), ou **Achate**, ou **Agathance**, évêque d'Antioche en Isaurie, confesseur de la foi, mort en 250 ou 251. — Fêtes : le 21 et le 31 mars, et le 5 novembre [1].

S. Acaire, *Acharius*, né en Bourgogne, religieux de Luxeuil, puis évêque de Noyon ; mort en 639. — Fête : le 27 novembre.
> Invoqué contre les gens Acariâtres.

S. Achard ou **Aichard**, *Aicardus*, né à Poitiers, abbé de Jumièges ; mort en 687. — Fête : le 15 septembre.
> Invoqué comme le précédent.

S. Achille, *Achillius* (grec : aux belles lèvres), évêque de Larissa, en Thessalie ; mort en 331. — Fêtes : le 12 et le 15 mai.

S. Achillée, *Achilleus* (même sens que ci-dessus), chambellan de Stᵉ Flavie ; martyr à Terracine avec S. Nérée, son frère (fin du Iᵉʳ siècle). — Fête : le 12 mai.

S. Acisele, *Acisclus*, et **Stᵉ Victoire**, sa sœur, martyrs à Cordoue, en Espagne, sous la persécution de Dioclétien, au IVᵉ siècle. — Fête : le 17 novembre.
> Invoqués contre la Pluie et contre la Tempête.

S. Adalbert, *Adalbertus* (teuton : de brillante noblesse), évêque de Prague et apôtre de la Prusse ; martyr en 997. — Fête : le 23 avril.

S. Adam, *Adamus* (en hébreu : terre rouge), et **Stᵉ Eve**, *Eva*, le premier homme et la première femme. — Fête : 18 janvier.
> Invoqués pour le beau Temps.
> Patrons des Jardiniers et des Tailleurs.

S. Adam, abbé de Fermo, dans la marche d'Ancône ; mort vers 1209. — Fête : le 16 mai.
> Invoqué contre l'Epilepsie.

Stᵉ Adélaïde ou **Adèle**, *Adelais* (grec : cachée ; *ou* allemand : de noble race), épouse de Lothaire, roi d'Italie, puis d'Othon Iᵉʳ, empereur romain germanique ; morte à Seltz, Alsace, en 999. — Fête : le 16 décembre.

Stᵉ Adélaïde, vierge, abbesse du monastère de Vilich, près de Bonn, morte en 1015. — Fête : le 5 février.

---

[1]. Plusieurs saints ne sont pas honorés aux mêmes jours dans tous les pays ; c'est une des raisons qui expliquent les dates multiples de leurs fêtes.

S. Adelard, *Adalardus*, fils de Charles Martel et cousin de Charlemagne; d'abord ministre de Pépin, roi de Lombardie, puis abbé du monastère de Corbie, en Picardie; mort en 826 ou 827. — Fête : le 2 janvier.
> Patron des Jardiniers.
> Invoqué contre le Typhus, les Contagions, la Rougeole et la Fièvre.

S. Adelin, *Adelinus*, abbé de Celles, diocèse de Liège, mort vers 696. — Fêtes : le 3 février et le 27 juin.

S. Adelmar, *Adelmarus*, moine du Mont-Cassin, prêtre, mort au XIe siècle. — Fête : le 24 mars.

S. Adeodat, *Adeodatus* (Voir *S. Déodat*). — Fête : le 19 juin.

S. Adjuteur ou **Ajoutre**, *Adjutor* (latin : secourable), délivré miraculeusement des mains des infidèles, puis moine de Tiron, en Normandie; mort en 1131 ou 1132. — Fête : le 30 avril.
> Invoqué pour les Nageurs.

S. Adolphe, *Adolphus* (allemand : secours de son père), évêque d'Osnabrück, mort en 1220. — Fête : le 11 février.

S. Adrien, *Adrianus* (grec : puissant), et **S. Eubule** (grec : bon vouloir), martyrs en Palestine en 309. — Fête : le 5 mars.

S. Adrien II, pape, mort en 885. — Fête : le 8 juillet.

S. Adrien, chef des gardes de l'empereur Maximien, martyrisé sous les yeux de sa femme Nathalie, à Nicomédie, en 310. — Fête : le 8 septembre.
> Patron des Bourreaux, Bouchers, Brasseurs, Courriers, Geôliers et Grènetiers. Invoqué contre la Peste et la privation des joies de la Maternité.

Ste Afra ou **Afre**, *Afra* (latin : africaine), martyre à Augsbourg, sous Maximien-Hercule, en 304. — Fête : le 5 août.
> Patronne des Repenties.
> Invoquée pour obtenir la Résignation.

Ste Afranie, *Afrania* (Voir *Ste Fébronie*). — Fête : le 25 juin.

S. Africain ou **Afrique**, *Africanus*, évêque de Cominges en Gascogne; mort au VIe siècle. — Fête : le 1er mai.

Ste Agape, *Agapes* (grec : aimée), vierge et martyre à Terni, avec plusieurs autres. — Fête : le 15 février.

Ste Agape, **Ste Irène**, *Irene* (grec : paisible), et leurs compagnes martyres en 304. — Fête : le 3 avril.

S. Agapit ou **Agapet**, *Agapetus* (grec : ami), archevêque de Ravenne, mort en 232. — Fête : le 16 mars.

S. Agapit, *Agapitus*, vulgairement **Agrapart** (latin : né péniblement), enfant de quinze ans, martyrisé de la manière la plus barbare, à Preneste, en 274. — Fête : le 18 août.

> Patron des Enfants.
> Invoqué pour les Couches, la Dentition des enfants et contre les Coliques.

Ste Agathe, *Agatha* (grec : bonne), née en Sicile dont elle est la patronne et la protectrice ; jeune vierge et martyre célèbre, à laquelle on arracha les seins avec des tenailles de fer (251). — Fête : le 5 février.

> Patronne des Nourrices, Bergères et Tisserands.
> Invoquée contre les maux du Sein, l'Incendie et les Loups ; pour la délivrance de la Patrie, pour la Fertilité du sol ; pour et contre la Pluie.

Ste Agathoclie, *Agathoclia* (grec : de bonne réputation), servante de deux renégats qui la tourmentèrent pendant huit ans pour la faire renoncer à sa foi, et finirent par la faire mourir, martyre de sa constance. — Fête : le 17 septembre.

> Patronne des Servantes.

S. Agathon, *Agatho* (grec : bon), trésorier de l'Église Romaine, puis pape, successeur de Domnus ; mort en 682. — Fête : le 9 janvier.

Ste Aglaé, *Aglaé* (grec : belle), romaine de rang illustre qui, après avoir mené une vie peu régulière, se convertit et souffrit le martyre vers 307. — Fête : le 8 mai.

S. Agnan, *Anianus* (latin : agneau), ou **Anian**, 5e évêque de Chartres. — Fête : le 10 juin.

Ste Agnès, *Agnès* (grec : pure), martyre de la virginité, à douze ans, à Rome, en 303. — Fête : le 21 janvier.

> Patronne des Fiancés et des Jardiniers.
> Invoquée pour la conservation de la Pureté.

En Espagne on la nomme *Inès*.

Ste Agnès, vierge, 1re abbesse de Sainte-Croix de Poitiers, morte au vie siècle. — Fête : le 13 mai.

S. Agrève, *Agripanus* (latin : vivant péniblement), évêque du Puy-en-Velay, massacré par des impies au viie siècle. — Fête : le 1er février.

S. Agricol, *Agricola* (latin : agriculteur), moine de Lérins, puis évêque d'Avignon, où il fit bâtir l'église qui porte encore son nom ; il se distingua par de nombreux miracles (630-700). — Fête : le 2 septembre.

> Invoqué pour la Pluie et dans les Calamités publiques.

S. Agricol et **S. Vital**, le maître et le serviteur, martyrs en même temps, en 304. — Fête : le 4 novembre.

> Patrons des Maîtres et des Serviteurs.

S. Agricole ou **Arègle**, évêque de Chalon-sur-Saône, mort en 580. — Fête : le 17 mars.

S. Agrippin, *Agrippinus*, évêque d'Autun, mort en 541. — Fête : le 1er janvier.

Ste Agrippine, *Agrippina* (latin : née péniblement), vierge et martyre sous la persécution de Valérien, au IIIe siècle. — Fête : le 23 juin.

> Invoquée contre la Lèpre et les autres maladies de la Peau.

S. Aignan, *Anianus*, évêque d'Orléans qu'il délivra d'Attila ; mort en 453. — Fête : le 17 novembre.

> Invoqué dans les Calamités publiques, pour les Enfants malades, et contre la Teigne.

S. Aimar, *Ythamar* (Voir *S. Emar*). — Fête : le 10 juin.

S. Aimé, ou **Amé**, ou encore **Amat**, *Amatus*, archevêque de Sens, mort en 690. — Certains auteurs disent qu'il fut plutôt évêque de Sion, en Valais, *Sedunensis*, qu'on a traduit à tort par Sens. Mort en 690. — Fêtes : le 28 et le 29 avril, et le 13 septembre.

Ste Aimée, *Amata*, vierge, honorée avec sa sœur **Ste Menehould** et d'autres. — Fêtes : le 30 avril et le 22 septembre.

S. Airy, *Agiricus* (latin : né dans les champs), abbé de Saint-Martin de Tours, mort au VIIe siècle. — Fête : le 11 avril.

S. Alain, *Alamus*, surnommé « de Courlay », honoré à Quimper. — Fête : le 27 décembre.

V^{ble} Alain, docteur de Paris, frère convers de l'Ordre de Cîteaux. — Fête : le 16 juillet.

S. Alban, *Albanus* (latin : blanc), prêtre, martyr, décapité à Mayence au IVe siècle. Une tradition constante rapporte qu'il murmura encore les louanges de Jésus-Christ quand sa tête eut été coupée. — Fête : le 21 juin.

> Patron des Paysans.

Ste Albane, *Albana*, fondatrice du prieuré de Ligneu, en Forez, arrondissement de Montbrison, morte au XIIIe siècle. — Fête : le 31 mars.

> Invoquée contre l'Hydropisie et l'Epilepsie.

S. Albéric (Voir *S. Aubrinx*).

B^x Albert, *Albertus* (allemand : de brillante noblesse), patriarche latin de Jérusalem et législateur de l'Ordre des Carmes, mort en 1214. — Fête : le 8 avril.

S. Albert, d'Ogna, fils de laboureurs et laboureur lui-même, dépouillé de son bien par des voisins puissants, trouvait cependant le moyen de secourir les indigents ; mort en 1279. — Fête : le 31 mai.

> Patron des hommes de Peine.

S. Albert, de Trapani, né vingt-six ans après le mariage de ses parents ; religieux de l'Ordre des Carmes, mort en 1306. — Fête : le 7 août.

> Invoqué pour la grâce de la Maternité, contre la Fièvre, la Fièvre jaune, la Jaunisse, les Tremblements de terre, les Abcès dans la gorge, les Possessions diaboliques.
> Patron des Tonneliers.

V^{ble} **Albert le Grand**, évêque de Ratisbonne, dominicain, docteur de Paris, mort en 1282. — Fête : le 15 novembre.

B^x **Albertin**, *Albertinus*, prieur du couvent des Camaldules de Font-Avellane, en Ombrie, mort vers 1285. — Fête : le 31 août.

> Invoqué contre les Hernies.

Ste **Albine**, *Albina* (latin : blanche), vierge, martyre à Formies, dans la Campanie, sous l'empereur Dèce, en 249. — Fête : le 16 décembre.

V^{ble} **Alcuin**, diacre anglais, précepteur de Charlemagne ; mort en 804. — Fête : le 19 mai.

S. Aldebrand, de Sorbetudo, *Aldebrandus*, évêque de Fossombrone ; mort au XIIe siècle. — Fête : le 1er mai.

Ste **Aldegonde**, *Aldegundis*, vierge et abbesse du célèbre monastère de Maubeuge qu'elle avait fait construire ; morte d'un cancer compliqué de fièvre très ardente, en 684. — Fête : le 30 janvier.

> Invoquée contre les Cancers, Ulcères, maux du Sein, Gale, Blessures graves, Esquinancies, Fièvre, Mort subite, Possession du démon, maux d'Yeux et de Tête, maladies des Enfants ; et pour les enfants qui tardent à marcher[1].

S. Aldric ou **Audry**, *Aldericus*, préchantre de l'église cathédrale de Metz, puis évêque du Mans ; mort en 825. — Fête : le 7 janvier.

> Patron des Musiciens et des Chantres.

S. Aleaume, dit aussi **Elesme** ou **Olesme**, et même **Lesme**, *Adelelmus*, religieux de la Chaise-Dieu, en Auvergne, puis abbé de Saint-Jean de Burgos, en Espagne ; mort vers 1100. — Fête : le 30 janvier.

Ste **Alexandra**, **S**^{te} **Claude**, **S**^{te} **Euphrasie**, **S**^{te} **Julienne**, **S**^{te} **Euphémie** et plusieurs autres martyres en Paphlagonie au IVe siècle. — Fête : le 20 mars.

---

1. Pour toutes ces intentions, on invoque surtout Ste Aldegonde à Maubeuge (Nord), où elle est en très grande vénération. On peut demander des messes, ou faire mettre des cierges en son honneur, à l'église de Saint-Pierre. La solennité du pèlerinage a lieu le dimanche dans l'octave de l'Ascension. (Renseignements dus à M. Wauquier, vicaire de Saint-Pierre, à Maubeuge.)

S. Alexandre, *Alexander* (grec : guerrier protecteur), condisciple d'Origène, évêque de Jérusalem, mort en 251. — Fête : le 18 mars.

S. Alexandre, patriarche d'Alexandrie, un des principaux adversaires de l'hérétique Arius ; mort en 326. — Fête : le 26 février.

S. Alexandre, un des fils de Ste Félicité, martyr en 150. — Fête : le 11 juillet.

> Invoqué contre le Flux de sang et les Hémorroïdes, les maux de Tête, les Tempêtes et les Intempéries de l'air, et pour l'heureuse issue des Couches.

S. Alexandre le Charbonnier prit, quoique savant, ce métier de charbonnier par humilité ; fut évêque de Comane et mourut martyr en 253. — Fête : le 11 août.

> Patron des Charbonniers.

S. Alexis, *Alexius* (grec : protecteur), fils d'un sénateur romain, pèlerin infatigable et mendiant volontaire, mort en 464 dans la maison de son père qui l'avait recueilli sans le reconnaître. — Fête : le 17 juillet.

> Patron des Pèlerins, des Mendiants et des Chaînetiers.

S. Alexis Falconiéri, l'un des sept fondateurs de l'Ordre des Servites, mort à l'âge de cent dix ans (fin du XIIIe siècle). — Fête : le 17 février.

V^{ble} **Alfred**, *Alfridus* (teuton : très paisible), roi d'Angleterre, surnommé le Grand (849-900), auteur d'un *Code de lois* et de plusieurs autres ouvrages. — Fête : le 28 octobre.

Ste **Aline** (latin : nourricière), ou **Alène**, *Alena*, jeune Belge tuée par des serviteurs de son père qui avait donné des ordres pour l'empêcher d'aller à l'église (640). — Fête : le 16 juin.

> Invoquée contre les maux d'Yeux et les maux de Dents.

B^{sse} **Alix**, *Adelaïs*, épouse du seigneur de Fontaine et mère de S. Bernard, morte en 1100. — Fêtes : le 4 avril et le 1er septembre.

S. Almaque, *Almachus* (grec : guerrier marin), martyr au Ve siècle, fut mis en pièces par des gladiateurs qu'il voulait séparer. Sa mort fournit à l'empereur Honorius l'occasion d'abolir entièrement ces horribles combats. — Fête : le 1er janvier.

Ste **Almède**, *Almedis* (grec : maritime), tante maternelle de S. Davids, morte au VIe siècle en Angleterre. — Fête : le 1er août.

S. Alméride, *Almerides*, et plusieurs autres de l'un et l'autre sexe, martyrs en Afrique en 259. — Fête : le 23 mai.

S. Alphonse, *Ildefonsus* [arabe (?) : bienheureux], **Marie de Liguori**, savant et théologien, fondateur de la Congrégation du Saint-Rédempteur et évêque de Sainte-Marie-des-Goths (1696-1787). — Fête : le 2 août.

B⁺ Alphonse-Rodriguez (1531-1617), frère coadjuteur de la Compagnie de Jésus[1]. — Fête : le 31 octobre.

S. Alpinien, *Alpinianus* (latin : habitant des Alpes), et **S. Austriclinien**, *Austriclinianus*, prêtres, honorés à Limoges. — Fête : le 30 juin.

S. Amable, *Amabilis* (latin : aimable), prêtre de Riom, en Auvergne, au v⁰ siècle. — Fête : le 11 juin.

> Invoqué contre les Serpents et les Animaux venimeux, les maladies qui ont pour cause le Poison, la décomposition intérieure des Humeurs, les Parjures, les Possessions diaboliques, la Folie et l'Incendie.

S. Amadour ou **Amateur**, *Amator* (Voir *S. Zachée*). — Fête : le 20 août.

S. Amand, *Amandus* (latin : qu'on doit aimer), né près de Nantes, moine, prédicateur et évêque, baptisa Sigebert, fils de Dagobert ; fonda le monastère d'Elnon, près de la ville de Saint-Amand, et mourut dans cette pieuse retraite (585-675). — Fête : le 6 février.

> Patron des Limonadiers, des marchands et fabricants d'Eau-de-vie, d'alcool, de Liqueurs, des Moutardiers, des Vinaigriers, etc. Invoqué contre les Dartres, la Teigne et les Ecrouelles.

S. Amand, archevêque de Strasbourg, apôtre de l'Alsace, assista au concile de Cologne en 346. — Fêtes : le 6 février et le 26 octobre.

S. Amand, **S. Lucius**, **S. Alexandre** et **S. Andald**, martyrs à Caunes (diocèse de Carcassonne), au commencement du iv⁰ siècle. — Fête : le 5 juin.

> Patrons des Marbriers.
> Invoqués contre les Calamités publiques et contre la Foudre.

S. Amand, évêque de Rennes au iv⁰ siècle. — Fête : le 13 novembre.

> Invoqué dans les Calamités publiques.

S. Amandis, *Amandinus*, confesseur, honoré à Clermont en Auvergne. — Fête : le 7 novembre.

S. Amans, *Amans*, né à Rodez, évêque de Lodève, puis de Rodez, sa ville natale, où il succéda à S. Martial, vers l'an 440. — Fête : le 4 novembre.

> Invoqué contre la Foudre.

---

[1] Auteur de la *Pratique de la Perfection chrétienne*.

S. Amaranthe. *Amaranthus* (grec : incorruptible), évêque d'Alby, martyr au viii° siècle. — Fête : le 7 novembre.

S. Amateur. *Amator* (latin : qui aime), vulgairement S. Amatre ou Amaître, évêque d'Auxerre, l'an 418. — Fête : le 1er mai.

S. Ambert. *Ambertus*, 1er abbé de Moissac, en Quercy, mort au viii° siècle. — Fête : le 30 septembre.

S. Ambroise, *Ambrosius* (grec : immortel ou divin), archevêque de Milan et docteur de l'Eglise (340-397). Pendant sa jeunesse, un essaim d'abeilles vint se reposer sur sa bouche pour indiquer la suavité de son éloquence. — Fêtes : le 4 et le 5 avril, et le 7 décembre.

Invoqué pour les Abeilles, pour les Oies et autres Animaux domestiques.

S. Ambroise de Sienne, dominicain; savant et prudent diplomate; ne voulut jamais accepter d'évêché (1220-1286). — Fête : le 20 mars. (Le premier mot qu'il prononça de lui-même, étant petit enfant, fut le nom de Jésus.)

Patron des Étudiants et des Jeunes filles destinées soit au cloître, soit au mariage.

Ste Ame, *Ama* ou *Amata* (latin : aimée), vierge, honorée à Joinville. — Fête : le 24 septembre.

Bt Amédée, *Amedæus* (latin : aimé de Dieu), duc de Savoie, mort en 1472. — Fête : le 30 mars.

Ste Amelberge ou **Amalberge**, *Amalberga*, vierge, qui refusa d'épouser Charles-Martel et mourut religieuse à Munster-Bilsen, près de Liège, en 772. — Fête : le 10 juillet.

Patronne des Marins et des Laboureurs.
Invoquée contre les Naufrages, la Grêle, la Fièvre, les Contusions, les Douleurs aux Bras et aux Epaules, les Coliques du Miserere et pour les Biens de la terre.

Ste Amélie, nom dérivé du précédent et qui signifie, en grec, Insouciante.

S. Ammon, *Ammonius* (hébreu : fidèle), un des trente-sept martyrs d'Egypte, sous Dèce (264-267). — Fête : le 18 janvier.

Patron des Mineurs.

S. Amon, *Amon*, solitaire dans une forêt qui porte encore son nom, puis évêque de Toul, à la fin du iv° siècle. — Fête : le 23 octobre.

Invoqué contre la Fièvre et la Lèpre.

S. Amos, *Amos* (hébreu : chargé), le troisième des petits prophètes de l'Ancienne Loi. — Fête : le 31 mars.

S. Amour, *Amor*, diacre, honoré près de Tongres, en Belgique; mort vers le milieu du vii° siècle. — Fête : le 8 octobre.

S. Ampèle, *Ampelius* (grec : vigne), ermite, forgeron, mort au vᵉ siècle. — Fête : le 14 mai.

> Patron des Forgerons.

S. Ampèle, évêque de Milan, mort en 672. — Fête : le 8 février.

S. Anaclet, *Anacletus* (grec : invoqué), 3ᵉ pape, souffrit le martyr en 91. Il avait été disciple de S. Pierre. — Fêtes : le 13 juillet et le 26 avril.

S. Ananie, *Ananias* (grec : sans chagrin), baptisa S. Paul ; mort au Iᵉʳ siècle. — Fête : le 25 janvier.

S. Anastase le Persan, *Anastasius* (grec : ressuscité), moine et martyr, mort en 628. — Fête : le 22 janvier.

> Patron des Orfèvres.
> Invoqué contre les Possessions et les Obsessions du démon.

S. Anastase, archevêque de Sens, mort en 978. — Fête : le 7 janvier.

S. Anastase Iᵉʳ, pape, mort en 402. — Fêtes : le 14 décembre et le 8 septembre.

Sᵗᵉ Anastasie (grec : résurrection), d'une grande famille de Rome, pupille de S. Chrysogone qu'elle consola dans son martyre ; martyre elle-même, brûlée vive en 304. — Fête : le 25 décembre.

Sᵗᵉ Anastasie l'Ancienne, martyre à Rome sous Valérien. — Fête : le 28 octobre.

S. Anatole, *Anatolius* (grec : aurore), évêque d'Adane en Cilicie, au IVᵉ siècle, honoré à Salins, en Franche-Comté. — Fête : le 3 février.

S. Anatole, évêque de Cahors au commencement du VIᵉ siècle. — Fête : le 21 octobre.

> Invoqué contre l'Incendie.

Sᵗᵉ Anatolie et Sᵗᵉ Victoire, sa sœur, vierges romaines, martyres sous l'empereur Dèce, vers 251. — Fête : le 9 juillet.

S. Andéol, *Andeolus*, sous-diacre, martyr en Vivarais, en 208. — Fête : le 1ᵉʳ mai.

S. André, *Andræas* (grec : l'homme fort), apôtre, frère de S. Pierre, martyrisé en croix en 62. — Fête : le 30 novembre.

> Patron des Pêcheurs et Poissonniers, des Porteurs d'eau, des Bouchers et des Cordiers.
> Invoqué dans les Combats, pour la grâce de la Maternité, contre les maux de Gorge et la Calomnie.

S. André Corsini, évêque de Fiesole, en Toscane (1302-1373). — Fête : le 4 février.

S. André Avellino, fut d'abord avocat ; mais, effrayé pour son salut d'un léger mensonge qui lui était échappé dans une plaidoirie, se fit religieux Théatin (1521-1608). — Fête : le 10 novembre.

> Invoqué contre les Orages, la Mortalité et l'Apoplexie, pour les Agonisants et pour la bonne Mort.

S. Andronique, *Andronicus* (grec : l'homme victorieux), dont parle S. Paul dans l'*Epître aux Romains* ; mort au 1er siècle. — Fête : le 17 mai.

Ste Angadrême, *Angadrisma*, vierge, 1re abbesse du monastère d'Oroir, à Beauvais, et patronne principale de cette ville [1]. Morte au viie siècle. — Fête : le 14 octobre.

> Invoquée dans la Guerre et contre la Sécheresse.

S. Ange, *Angelus* (grec : messager), carme, martyr à Léocate, en Sicile, en 1225. — Fête : le 5 mai.

Ste Ange, martyre à Apt, en Provence. — Fête : le 14 mai.

Ste Angèle de Mérici, vierge, fondatrice des Ursulines (1473-1540). — Fête : le 27 janvier.

Ste Angèle (grec : messagère), fille du roi de Bohême Uladislas II, carmélite. — Fête : le 6 juillet.

Ste Angelina ou **Angeline,** fondatrice des religieuses cloîtrées du Tiers-Ordre de Saint-François, née près de Naples en 1377, morte à Foligny en 1435. — Fête : le 22 décembre.

Vble Angélique, veuve, honorée dans le Tiers-Ordre de Saint-François. — Fête : le 30 mars.

SS. Anges Gardiens, donnés à chacun de nous par la providentielle bonté de Dieu pour être nos protecteurs et nos guides assidus. — Fête : le 2 octobre.

S. Angilbert, *Angilbertus* (tudesque : homme angélique), 7e abbé de Saint-Riquier-en-Ponthieu, mort en 814. — Fête : le 18 février.

Vble Anguerrand, *Angiltramnus*, évêque de Metz, apocrisiaire, ou grand-aumônier. — Fête : le 25 décembre.

S. Anicet, *Anicetus* (grec : invincible), pape et martyr en 168, à Rome. — Fête : le 17 avril.

S. Anien, ou **Anian** ou **Aignan,** *Anianus*, cordonnier converti par un miracle de S. Marc ; patriarche d'Alexandrie, 1er siècle. — Fête : le 25 avril.

> Patron des Savetiers.

---

1. C'est après avoir prié Ste Angadrême que Jeanne Lainé, surnommée Jeanne Hachette, délivra la ville de Beauvais, assiégée par 80.000 Bourguignons, en 1472.

Ste Anne, *Anna* (hébreu : gracieuse), épouse de S. Joachim et mère de la très Ste Vierge Marie, 1er siècle. — Fête : le 26 juillet.
> Patronne des Mères de famille, des Ménagères, Couturières, Lingères, Dentellières, Chaussetiers, Filassiers, Tisserands, Meuniers, Fripiers, Faiseurs de Balais, Menuisiers, Ébénistes, Tourneurs, Fabricants de cannes et bâtons, Tonneliers ; patronne aussi des Femmes qui vont être mères, des Institutrices, des Nourrices ; enfin des Caudataires des Cardinaux et des Évêques, des Palefreniers, des Orfèvres, des Marins, des Sapeurs-Pompiers.
> Invoquée pour la grâce de la Maternité, pour retrouver les Objets perdus, pour la Pluie, contre la Pauvreté et dans les Calamités publiques.

Ste Anne, veuve, fille de Phanuel, prophétesse qui prédit à la Ste Vierge qu'un glaive de douleur transpercerait son cœur. — Fête : le 1er septembre.

Ste Anne, fille de Guillaume, prince d'Epinoy, fondatrice des Hospitalières de Melun, morte en 1679. — Fête : le 13 août.

S. Annemond ou **Chamond**, *Annemundus*, évêque de Lyon, martyrisé sous le maire du Palais Ebroïn, en 657. — Fête : le 28 septembre.
> Invoqué contre l'Épilepsie.

S. Annon, *Anno*, archevêque de Cologne, mort en 1075. — Fête : le 4 décembre.
> Invoqué contre la Goutte.

S. Ansbert, *Ansbertus*, d'une famille illustre de la cour de Neustrie, chancelier de France, puis archevêque de Rouen, mort en 698. — Fête : le 9 février.
> Invoqué contre la Fièvre.

S. Anselme, *Anselmus* (allem. : le casque allié), de l'Ordre de Saint-Benoît, évêque de Lucques, puis cardinal, mort en 1086. — Fêtes : le 18 mars et le 21 avril.

S. Anthime *Anthimus* (grec : fleuri), prêtre, martyr à Rome au IVe siècle. — Fête : le 11 mai.

Ste Anthuse, *Anthusa* (gr. : fleurie), et douze de ses domestiques, martyrs, honorés par l'Église grecque. — Fête : le 22 février.

S. Antide ou **Antel**, *Antidius* (grec : préservatif), évêque de Besançon, mort en 267. — Fête : le 16 et le 25 juin.

S. Antoine, *Antonius* (latin : inestimable), dit le Grand, abbé en Égypte, patriarche des Cénobites, mort à cent cinq ans, en 356. — Fête : le 17 janvier.
> Patron des Porchérons, Bouchers, Charcutiers, marchands de Porcs, Fermiers, Laboureurs, Vanniers, Fossoyeurs, Sonneurs, Tisserands, Faïenciers et Potiers, Gantiers, Tisseurs et Tondeurs de drap, Arquebusiers de Reims, Confiseurs.
> Invoqué contre les Érysipèles, le Feu sacré, le Feu de saint Antoine, la Gale et autres maladies de la Peau, les Démangeaisons, le Scorbut, la Peste, les Épidémies, les feux de l'Enfer, les Incendies, les Varices, les Furoncles, les maux de Tête, la Peur, les Épizooties ; pour les Pourceaux, les Animaux domestiques.

S. Antoine du Rocher, solitaire en Touraine, au VIIe siècle. — Fête : le 4 mai.

> Invoqué contre les Dartres.

S. Antoine de Padoue, né à Lisbonne, en Espagne, de la famille de Godefroy de Bouillon[1], en 1195 ; religieux de l'Ordre mineur de Saint-François, surnommé le « Semeur de miracles » ; mort en 1231. — Fête : le 13 juin.

> Patron des Faïenciers, des Voyageurs et des marchands de Fraises. Invoqué pour retrouver les Objets perdus, pour l'heureuse issue des Couches, pour obtenir la Maternité, pour les Bêtes de somme ; contre la Fièvre, les Naufrages et les Démons.

S. Antolien ou **Antolein**, *Antolenus*, martyr à Clermont en Auvergne, vers 265. — Fête : le 6 février.

Ste Antonia ou **Antonie**, martyre à Lyon, avec S. Pothin, en 177. — Fête : le 2 juin.

Ste Antonia, **Ste Agape** et plusieurs autres vierges martyres en 260. — Fête : le 29 avril.

S. Antonin, abbé de Sorrente, en Italie, mort en 830. — Fête : le 14 février.

> Patron des Vignerons.
> Invoqué contre les Possessions du démon.

S. Antonin, archevêque de Florence, de l'Ordre des Frères Prêcheurs (1389-1459). — Fêtes : le 2 et le 10 mai.

> Invoqué contre la Fièvre et dans les Calamités publiques.

Ste Antonine, *Antonina*, martyre à Nicée en Bithynie, au IVe siècle. — Fêtes : le 1er mars et le 11 juin.

S. Apelles, *Apelles*, et **S. Luce**, deux des premiers disciples de Notre-Seigneur Jésus-Christ, morts au Ier siècle. — Fêtes : le 22 avril et le 10 septembre.

S. Aphrodise, *Aphrodisius*, 1er évêque de Béziers, Ier siècle. — Fête : le 22 mars.

> Invoqué contre l'Epilepsie des enfants.

S. Apollinaire, *Apollinaris* (grec : d'Apollon), disciple de Notre-Seigneur, évêque de Ravenne, martyr en 79. — Fête : le 23 juillet.

> Patron des Epingliers.
> Invoqué contre la Pierre.

Ste Apollinaire, *Apollinaris*, vierge, au Ve siècle. — Fête : le 5 janvier.

Ste Apolline ou **Apollonie**, *Apollonia*, vierge et martyre à un

---

1. Il s'appelait Ferdinand, au baptême ; Frère Antoine était son nom de religion.

âge très avancé, avec plusieurs autres, en 249, à Alexandrie. Les bourreaux lui brisèrent les dents. — Fête : le 9 février.
> Invoquée contre les maux de Dents, les maux de Tête et les Péchés de la bouche.

S. Apollon, *Apollo*, disciple et aide de S. Paul ; 1ᵉʳ siècle. — Fête : le 8 décembre.

S. Apollonius, apologiste de la religion chrétienne, mort en 186. — Fête : le 18 avril.

Sᵗᵉ Appia (Voir *S. Philémon*). — Fête : le 22 novembre.

Sᵗᵉ Apronie, ou **Evronie**, *Apronia*, sœur de S. Epvre, 7ᵉ évêque de Toul ; morte vers 450. — Fête : le 15 juillet.
> Invoquée pour l'heureuse issue des Couches.

S. Aptat, *Aptatus*, évêque de Metz au vııᵉ siècle. — Fête : le 21 janvier.

S. Aquila (latin : aigle), disciple de S. Paul et époux de Sᵗᵉ Priscille, mort entre 65 et 79. — Fête : le 8 juillet.
> Patron des Architectes.

S. Aquilin, *Aquilinus*, évêque d'Evreux, mort en 695. — Fêtes : le 15 février et le 19 octobre.

S. Arator (latin : laboureur), prêtre, et plusieurs autres, martyrs à Alexandrie. — Fête : le 21 avril.

S. Arbogaste, *Arbogastus*, solitaire, puis évêque de Strasbourg, mort en 678. — Fête : le 21 juillet.
> Invoqué contre les Humeurs noires, la Fatigue et la faiblesse des Pieds.

S. Arcadius (grec : d'Arcadie), martyr à Césarée, au ıııᵉ siècle. — Fête : le 12 janvier.

Bᵉᵉ Archangèle, *Archangela*, de Trino, religieuse du monastère du Petit-Carmel. — Fête : le 25 janvier.

S. Ardalion, *Ardalio*, comédien et martyr, brûlé vif en 309. — Fête : le 14 avril.
> Patron des Comédiens.

S. Ardon, *Ardo* (latin : brûlant), prêtre et moine sous la règle de S. Benoît, mort en 843 ; honoré en Languedoc. — Fête : le 7 mars.

S. Arille ou **Aredie**, *Aregius*, évêque de Nevers, mort en 594. — Fête : le 26 janvier.

S. Aristide, *Aristides* (grec : le meilleur), philosophe et apologiste de la religion chrétienne, mort au ııᵉ siècle. — Fête : le 31 août.

Vᵇˡᵉ Armand, *Armandus* (latin : qui doit être armé), de l'Ordre de Cîteaux, abbé et réformateur de la Trappe, mort en 1700. — Fête : le 27 octobre.

S. Armand (Voir *S. Hartman*).

S. Armel, *Armagillus*, abbé, mort en 552. — Fête : le 16 août.
> Invoqué contre la Goutte et les Rhumatismes.

V^{ble} Armelle, *Armillia* (latin : bracelet), morte en odeur de sainteté en 1671 ; honorée en Bretagne. — Fête : le 24 octobre.

S. Armogaste, *Armogastes*, comte, confesseur de la foi sous Genséric et Théodoric, rois des Vandales, qui, après l'avoir dépouillé de ses biens, l'obligèrent à garder les troupeaux, en haine de la religion ; mort vers 452. — Fête : le 29 mars.
> Patron des Bergers.

S. Arnould ou **Arnou**, *Arnulphus* (teuton : pur), chevalier, martyrisé par des brigands à Cysoing, en Flandre, au viiie siècle. — Fête : le 29 janvier.
> Invoqué contre la Fièvre, les douleurs du Cou et le Torticolis.

S. Arnould, évêque de Toul, mort en 871. — Fête : le 15 novembre.

S. Arnold, *Arnoldus*, barde du temps de Charlemagne, grand bienfaiteur des pauvres (xie siècle). — Fête : le 8 juillet.
> Patron des Musiciens et des Organistes.
> Invoqué pour retrouver les Objets perdus.

S. Arnoulphe ou **Arnoul**, *Arnulphus*, moine, puis évêque de Soissons, mort en 1087. — Fête : le 15 août.
> Patron des Brasseurs et des Meuniers.
> Invoqué par les Femmes qui vont être mères.

S. Arsène, *Arsenius* (gr. : viril), gouverneur d'Arcade, fils de l'empereur Théodose ; diacre, mort solitaire de Scété, en 450. — Fête : le 19 juillet.
> Patron des Instituteurs et Précepteurs.

Ste Arthélaïde, *Arthelaïdes*, vierge, morte vers 571. — Fête : le 3 mars.

S. Asclipe, *Asclepius* (gr. : disciple d'Esculape), évêque de Limoges, au viiie siècle. — Fête : le 23 décembre.
> Invoqué contre le Flux de sang, les Pensées impures et la Jalousie conjugale.

S. Aspren, *Asprenas*, instruit et baptisé par S. Pierre qui le constitua évêque de Naples ; mort vers la fin du i^{er} siècle. — Fête : le 3 août.
> Invoqué contre les maux de Tête.

S. Astier, *Asterius* (gr. : radieux), confesseur, honoré en Périgord. — Fête : le 20 avril.

Ste Atala (gr. : vigoureuse), ou **Atalie**, vierge, morte au viiie siècle. — Fête : le 3 décembre.

S. Athanase, *Athanasius* (gr. : immortel), geôlier de prison, converti par S. Zozime ; ermite en Cilicie, mort au ive siècle. — Fête : le 3 janvier.
> Patron des Geôliers.

S. Athanase, patriarche d'Alexandrie, docteur de l'Eglise, adversaire des Ariens, mort en 371. — Fête : le 2 mai.

> Invoqué contre les maux de Tête.

S⁶ Athanasie, *Athanasia* (gr. : immortelle), veuve, abbesse de Timie, en Grèce, morte vers 680. — Fête : le 14 août.

S. Athénée, *Atheneus* (gr. : d'Athènes), martyr. — Fête : le 31 mars.

S. Athénodore, *Athenodorus* (gr. : don de Minerve), évêque de Néocésarée, dans le Pont, frère de S. Grégoire le Thaumaturge ; martyr vers 269. — Fête : le 18 octobre.

S. Aubert, *Autpertus* (même sens qu'Albert), né près d'Avranches, dont il devint évêque. Dans une vision trois fois renouvelée, S. Michel lui ordonna de construire un sanctuaire sur le mont Tombe, voué jusque-là aux superstitions païennes, et qui est devenu le célèbre mont Saint-Michel. Mort en 725. — Fête : le 10 septembre.

> Invoqué pour les Biens de la terre, le Bétail, et pour les Enfants qui tardent à marcher.

S. Aubert, évêque de Cambrai et d'Arras, protecteur des pauvres et consolateur des affligés, mort en 669. — Fête : le 13 décembre.

> Patron des Boulangers.
> Invoqué contre les maladies de langueur des Enfants.

S. Aubéry, *Albericus* (comme Albert), abbé de Citeaux, mort en 1101. — Fête : le 26 janvier.

S⁶ Aubierge, *Adalberga* (tud. : de noblesse élevée), fille d'Anna, roi d'Est-Anglie, et de la princesse S⁶ Hereswita, vivait au vii⁶ siècle. Elle renonça aux grandeurs du monde et vint en France se consacrer à Dieu, sous la direction de l'illustre S⁶ Fare, vers l'an 650. Sa grande vertu lui mérita l'honneur d'être la 3⁶ abbesse de Faremoutiers. Sa réputation de sainteté était connue jusque dans l'Angleterre. Sept ans après sa mort, son corps fut tiré de terre dans un état de parfaite conservation. Dès le viii⁶ siècle, au fond de la fraîche et riante vallée de l'Aubetin, non loin de Faremoutiers, mais sur le territoire de Saint-Augustin, une chapelle, encore existante, fut dédiée à S⁶ Aubierge pour perpétuer la mémoire de son nom et glorifier ses vénérables reliques[1]. — Fête : le 7 juillet.

> Invoquée contre la Fièvre, les Rhumatismes, l'Anasarque et pour l'heureuse issue des Couches.

---

1. Communication due à l'amabilité de M. l'abbé Jobert, curé de Saint-Augustin.

S. Aubin, *Albinus* (lat. : blanc), breton d'origine, évêque d'Angers, célèbre par de nombreux miracles, mort en 550. — Fête : le 1er mars.

<small>Invoqué pour les Enfants malades.</small>

S. Aubrinx, ou **Albéric**, ou **Aubry**, *Albericus* (peut-être du lat. : roi blanc), né à Montbrison, dont il est le patron; évêque d'Autun, mort au commencement du vie siècle. — Fête : le 15 juillet.

<small>Invoqué contre la Fièvre.</small>

Ste Aude ou **Alde**, *Auda* (gr. : croissante), vierge morte au vie siècle. — Fête : le 18 novembre.

S. Audoin ou **Hardoin**, *Harduinus*, évêque du Mans en 653. — Fêtes : le 20 janvier et le 20 août.

S. Auger ou **Oger**, *Aldegarius* (gr. : brillant), évêque de Brême et de Hambourg, mort en 915. — Fête : le 11 mai.

Ste Augusta, honorée à Serravalle comme vierge et martyre. — Fête : le 27 mars.

S. Augustin[1], *Augustinus* (lat. : grandi), évêque de Cantorbery et apôtre de l'Angleterre. — Fête : le 26 mai.

S. Augustin, fils de Ste Monique, évêque d'Hippone, en Afrique ; docteur de l'Eglise ; un des plus grands hommes et des plus grands savants qui aient jamais paru (354-430). — Fête : le 28 août.

<small>Patron des Théologiens et des Imprimeurs.</small>

Ste Aura (lat. : le souffle léger du vent), vierge et martyre à Ostie, au iiie siècle. — Fête : le 24 août.

Ste Aure, vierge et martyre à Cordoue, en Espagne, en 856. — Fête : le 19 juillet.

Ste Aurèle, ou **Aurélie**, *Aurelia* (lat. : dorée), vierge, morte en 1027. — Fête : le 15 octobre.

S. Aurélien, *Aurelianus* (lat. : doré), prêtre des faux dieux, qui, ayant été tué par l'orage, fut ressuscité et converti par S. Martial, 1er évêque de Limoges, dont il fut le successeur, à la fin du 1er siècle. — Fête : le 8 mai.

S. Aurélien, évêque d'Arles, mort l'an 551. — Fête : le 16 juin.

S. Ausône, *Ausonius* (d'Ausonie), apôtre de l'Angoumois et évêque d'Angoulême, martyrisé en 260. — Fêtes : le 22 mai et le 11 juin.

S. Auspice, *Auspicius* (lat. : qui contemple les oiseaux), 1er évêque d'Apt, en Provence, mort vers 398. — Fête : le 2 août.

---

1. *Auguste* et *Augustin* sont le même nom.

Sᵗᵉ Austreberte, *Austreberta* (teuton : célèbre dans le Sud), vierge, et 1ʳᵉ abbesse de Pavilly, diocèse de Rouen, morte en 703. — Fête : le 10 février.

   Invoquée contre le Feu et pour avoir de la Pluie.

S. Austremoire, *Austremonius*, apôtre de l'Auvergne et 1ᵉʳ évêque de Clermont, mort en 295. — Fête : le 1ᵉʳ novembre.

S. Austriclinien, *Austriclinianus*, compagnon de S. Martial, 1ᵉʳ évêque de Limoges; mort au commencement du 11ᵉ siècle. — Fête : le 15 octobre.

   Invoqué dans les Calamités publiques, contre la Fièvre et la Goutte.

Sᵗᵉ Aveline, *Avellina* (lat. : petit oiseau), honorée à Sens. — Fête : le 28 février.

S. Aventin, *Aventinus*, chorévêque du Dunois, honoré à Châteaudun. — Il avait été choisi pour être évêque de Chartres; mort en 528. — Fête : le 4 février.

S. Avit, *Avitus* (lat. : qui vient des ancêtres), né près d'Orléans, se retira d'abord au monastère de Menat, en Auvergne, qu'il quitta en compagnie de S. Calais, pour se rendre à Micy ou Saint-Mesmin, près d'Orléans, dont il fut abbé. Il mourut à Châteaudun, dans un monastère que Clotaire Iᵉʳ avait fait construire pour ses religieux (530). — Fête : le 17 juin.

   Invoqué contre la Surdité et le mal d'Oreilles.

S. Avertin, *Avertinus* (lat. : écarté), diacre et chanoine régulier de la Congrégation de Saint-Gilbert, en Angleterre; mort en Touraine en 1170. — Fête : le 5 mai.

   Invoqué contre les maux de Tête, pour le développement de l'Intelligence des enfants, pour les Jeunes gens à marier.

Sᵗᵉ Avoie, *Aurea* (lat. : dorée), vierge et martyre en Sicile, au IIIᵉ siècle. — Fête : le 6 mai.

   Patronne des Porteurs de blé.
   Invoquée pour la conversion des Pécheurs, et pour les Enfants qui tardent à marcher.

S. Aybert, *Agilbertus*, religieux et reclus au diocèse de Cambrai, mort en 1140. — Fête : le 7 avril.

   Patron des Pénitents et des Confesseurs.
   Invoqué contre la Fièvre.

Sᵗᵉ Aye, *Agia*, religieuse dans le Hainaut, morte en 707. — Fête : le 18 avril.

   Invoquée pour éviter les Procès.

S. Aymon, ou **Amon**, *Æmus*, évêque de Toul. — Fête : le 23 octobre.

Ste **Azénor**, originaire de la Grande-Bretagne ; mère de S. Budock (vi^e siècle). — Fête : le 9 décembre.

B

S. **Babolein**, *Babolenus*, italien d'origine, disciple de S. Colomban, fut placé à la tête de l'abbaye de Saint-Pierre-des-Fossés par Audebert, archevêque de Paris, qui avait remarqué sa piété, et la gouverna pendant vingt ans. — Il fut intimement lié avec S. Fursy. Mort en 670. — Fête : le 26 juin.
    Invoqué pour obtenir de la Pluie.

Ste **Balbine**, *Balbina* (lat. : bègue), vierge, fille de S. Quirin martyr ; guérie des écrouelles par S. Alexandre, pape ; morte vers 169. — Fête : le 31 mars.
    Invoquée contre les Écrouelles.

Ste **Balsamie**, *Balsamia* (lat. : qui a l'odeur du baume), appelée aussi Ste Norrie ; nourrice de S. Remi, mère de S. Celsin et de S. Soussin ; morte au ve siècle. — Fête : le 14 novembre.
    Invoquée pour les Femmes qui vont être mères.

S. **Bald**, ou **Bon**, *Baldus*, confesseur près de Sens, se fit remarquer par sa patience et sa pénitence, mort au viie siècle. — Fête : le 29 octobre.
    Invoqué contre les Coliques des enfants, le mal de Dents, la Goutte ; pour la paix dans les Familles, et pour la santé des Animaux.

Ste **Barbe**, *Barbara* (lat. : étrangère), vierge de Nicomédie. Enfermée dans une tour par son père, Dioscore, elle y fut miraculeusement baptisée ; Dioscore, apprenant qu'elle était chrétienne, voulut la faire mourir ; elle parvint à s'enfuir et un rocher s'ouvrit pour lui livrer passage. Le père dénaturé, l'ayant enfin rejointe, la traîna par les cheveux au tribunal du terrible persécuteur Marcien, qui lui infligea les traitements les plus atroces, sous les regards de Dioscore. Enfin elle fut décapitée par ce père barbare lui-même, mais la foudre alors éclata et frappa le juge et le bourreau (année 235). — Fête : le 4 décembre.
    Patronne des Architectes, Ouvriers en bâtiments, Maçons, Couvreurs, Charpentiers, Carriers, Pompiers, Artilleurs, Canonniers, Armuriers, Artificiers, Salpêtriers, Fondeurs, Mineurs, Arquebusiers, Carillonneurs, Sonneurs, Fossoyeurs, Peaussiers, Brossiers, Vergetiers, Fourreurs, Pelletiers, Chapeliers, Tisserands, Drapiers, Bouchers, Cuisiniers, Orfèvres, Lingères. Patronne aussi des Jeunes filles et des Femmes mariées.
    Invoquée contre la Foudre et les Orages, les Incendies, la Mort sans confession et l'Impénitence finale, la Mort subite et les dangers de la Guerre.

S. Barnabé, *Barnabas* (hébr. : fils de consolation), bien qu'il soit qualifié du nom d'*Apôtre*, n'était cependant que l'un des 72 *disciples* de Notre-Seigneur; fut le compagnon de S. Paul dans plusieurs de ses prédications; fonda l'église de Milan, et mourut lapidé par les Juifs à Salamine, vers l'an 61 [1]. — Fête : le 11 juin.

> Patron des Raquetiers.
> Invoqué contre la Grêle.

S. Baront, *Barontius*, et **S. Dizier**, confesseurs et ermites, vers 700. — Fête : le 25 mars.

S. Barthélemy, *Bartholomeus* (hébr. : fils du maître de la pluie), l'un des 12 apôtres, porta la foi en Extrême-Orient, jusque dans les Indes, puis revint en Arménie, où il fut écorché vif en haine de la Foi (1er siècle). — Fête : le 24 août.

> Patron des Bouchers, Relieurs, Gantiers, Tanneurs, Peaussiers, Cordonniers, Tailleurs, Porteurs de grains, Plâtriers.
> Invoqué contre les Convulsions des enfants et, en général, toutes les maladies des Nerfs.

Bse Bartholomée, religieuse de l'Ordre des Servites, morte en 1348. — Fête : le 19 mai.

S. Basile, *Basilius* (grec : roi), et **Ste Emmélie** (grec : douce comme le miel), sa femme, père et mère de S. Basile le Grand, de S. Grégoire de Nysse, de S. Pierre de Sébaste, de Ste Macrine, etc.; morts au ive siècle. — Fête : le 30 mai.

S. Basile le Grand, évêque de Césarée en Cappadoce, Père de l'Eglise, mort en 379. — Fêtes : le 2 janvier et le 14 juin.

S. Basle, *Basolus*, riche Limousin, moine de Verzy, près de Reims, puis solitaire; mort vers 620. — Fête : le 26 novembre.

> Invoqué contre la faiblesse des Membres.

S. Bason, *Baso* (grec : orateur), confesseur, mort au viie siècle. Son corps se garde à Laon, dans l'église Saint-Jean. — Fête : le 7 mai.

Ste Bassile, ou **Basile**. *Bassilla* (grec : royale), vierge romaine, martyre en 301. — Fête : le 20 mai.

Ste Bathilde, *Bathildis* (saxon : soutien de la vieillesse), reine de France, épouse de Clovis II; fondatrice des monastères de Saint-Martin, Saint-Denis, Saint-Médard, et des abbayes de Corbie et de Chelles; morte en 680. — Fête : le 30 janvier.

S. Baud, *Baldus*, évêque de Tours, mort au vie siècle. — Fête : le 7 novembre.

---

1. Certains auteurs pensent que la dernière Cène, l'institution de l'Eucharistie, etc., auraient eu lieu dans la maison d'une tante de S. Barnabé appelée *Marie*.

S. Baudile, *Baudelius*, originaire d'Orléans, d'où il alla évangéliser Nîmes et les environs ; fut décapité près de la tour Magne et sa tête fit jaillir, en touchant le sol, trois sources aujourd'hui réunies, et nommées fontaines Saint-Baudile (II° ou III° siècle). — Fête : le 20 mai.

> Invoqué pour les Femmes qui vont être mères, les Navigateurs et pour guérir des Hernies et de la Transpiration excessive.

S. Baudouin, *Balduinus*, chanoine de Laon, massacré par les impies au VII° siècle. — Fête : le 8 janvier.

S. Baudry, *Baldericus*, frère de S¹ᵉ Beuve, mort au VII° siècle. — Fêtes : le 8 et le 12 octobre.

S. Bavon, ou **Alowin**, *Bavo*, d'une famille noble des environs de Liège ; se convertit, après une vie irrégulière, à la prédication de S. Amand, puis se fit reclus et mourut vers 654. — Fête : le 1ᵉʳ octobre.

> Invoqué contre la Coqueluche.

S. Béat ou **Bié**, *Beatus* (latin : bienheureux), originaire d'Italie, vint en Gaule et enseigna la foi chrétienne aux environs de Bagnères-de-Luchon, puis à Nantes, Vendôme, et Laon, où il mourut, retiré dans une grotte, au III° siècle. — Fête : le 10 mai.

> Invoqué contre les Cancers.

S¹ᵉ Béata (latin : bienheureuse), vierge au diocèse de Sens, morte vers 294. — Fête : le 29 juin.

S¹ᵉ Béatrix, sœur de S. Simplice et de S. Faustin, fut étranglée pour avoir enterré les corps des Martyrs et refusé d'adorer les idoles, en 303. — Fête : le 29 juillet.

B¹ᵉ Béatrix d'Este, vierge, religieuse, morte en 1226. — Fête : le 10 mai.

V¹ᵉ Bède, *Beda*, d'origine anglaise, historien et savant, l'homme le plus distingué de son temps ; Père de l'Église (672-735). — Fête : le 27 mai.

S¹ᵉ Bellande, vierge et religieuse honorée en Brabant. — Fête : le 3 février.

S. Bellin, *Bellinus* (latin : beau), né en Allemagne, évêque de Padoue, qu'un de ses diocésains fit dévorer par ses chiens parce qu'il l'avait repris de sa mauvaise conduite (1149). — Fête : le 26 novembre.

> Invoqué contre la morsure des Chiens.

S. Bénédet, *Benedictus* (latin : béni), médecin, martyr à Otricoli, près de Rome, au II° siècle. — Fête : le 26 juin.

V¹ᵉ Benédette (latin : bénite), abbesse du couvent de Saint-Damien, à Assise, après S¹ᵉ Claire. — Fête : le 16 mars.

Ste Bénédicte, *Benedicta* (latin : bénite), vierge honorée à Rome. — Fête : le 6 mai.

S. Bénézet, *Benedictus* (diminutif de Benoît), né probablement en Savoie, fut d'abord petit berger, puis, appelé par une vision, forma une société de constructeurs de ponts, nommés Frères Pontistes, et bâtit le premier pont sur le Rhône, ce que les architectes les plus habiles de ce temps n'avaient pu réaliser en six siècles d'efforts. S. Bénézet fut canonisé par Innocent IV. — Mort en 1184. — Fête : le 14 avril.

    Patron des Bergers et des Constructeurs de Ponts.

S. Bénigne, *Benignus* (lat. : doux), apôtre de la Bourgogne, mort vers 179. — Fête : le 24 novembre.

Ste Bénigne, *Benigna* (lat. : douce), vierge, religieuse de l'ordre de Cîteaux, martyrisée au xiie siècle, à Breslau, en Silésie. — Fête : le 20 juin.

S. Benjamin (hébr. : fils préféré), diacre et martyr en Perse en 424. — Fête : le 31 mars.

S. Bennon, *Benno* (hébr. : digne fils), évêque de Meïssen et apôtre des Esclavons apostats, obtint le miracle d'une pluie abondante dans un temps de sécheresse, afin de prouver la vérité de la doctrine qu'il prêchait; mort en 1106. — Fête : le 16 juin.

    Invoqué pour obtenir de la Pluie.

S. Benoît-Biscop, *Benedictus* (lat. : béni), né de parents illustres en Angleterre, se fit religieux Bénédictin, s'entoura d'artistes de tous genres par lesquels il fit construire des églises magnifiques. Il mourut d'une maladie très douloureuse supportée avec la résignation la plus admirable, en 703. — Fête : le 12 janvier.

    Patron des Peintres et des Musiciens.
    Invoqué contre la rétention d'Urine.

S. Benoît de Milan, de la famille des Crispi, archevêque de Milan, eut à lutter contre l'évêque de Pavie qui voulait empiéter sur ses droits, fit un grand nombre de miracles; mort en 725. — Fête : le 11 mars.

    Invoqué contre la perte des Procès.

S. Benoît, abbé du Mont-Cassin, frère de Ste Scholastique, fondateur des Bénédictins. Par un signe de croix il brisa un vase contenant du poison qui lui était destiné; il guérit miraculeusement l'empereur S. Henri de la pierre et un enfant atteint de la lèpre; il mourut d'une fièvre violente, comme il l'avait prédit (480-543). — Fête : le 21 mars.

    Invoqué contre le Poison, les Maléfices, la Gravelle, la Pierre, la Fièvre, les Inflammations, l'Erysipèle, pour les Agonisants et dans les Combats.

S. Benoît le More, né de parents nègres, chrétiens et esclaves, en Sicile. Fut d'abord laboureur, puis ermite et religieux; mort en 1589. — Fête : le 3 avril.

> Invoqué pour l'heureuse issue des Couches.
> Patron des Esclaves nègres.

S. Benoît-Joseph Labre, né près de Boulogne, en France; mena volontairement une vie nomade, extraordinairement pauvre et mortifié, mort à Rome en 1783. — Fête : le 16 avril.

> Patron des Pauvres et des Mendiants.
> Invoqué contre la Vermine et les Insectes parasites.

Ste Benoîte d'Origny, **Ste Romaine de Beauvais**, et leurs compagnes : vierges et martyres, en 286. — Fête : le 8 octobre.

S. Benvenuto, *Benvenutus* (ital. : heureusement venu), évêque d'Osimo, dans la Marche d'Ancône, mort en 1286. — Fête : le 22 mars.

S. Bérard, *Berardus*, **S. Pierre**, **S. Accurse**, **S. Ajut** et **S. Othon**, appelés les **Cinq-Frères**, martyrs après avoir prêché la foi aux Maures d'Espagne, en 1220. — Fête : le 16 janvier.

S. Bercaire, *Bercharius*, fondateur de l'abbaye de Haut-Villiers en Champagne, dont il fut le 1er abbé; mort en 685 ou 696. — Fête : le 26 mars.

Ste Bérénice, *Berenix* (grec : gracieuse de manières), vierge et martyre, à Edesse, en 304. — Fête : le 14 avril.

S. Bermond, abbé de Sainte-Marie-d'Irache, mort en 1092. — Fête : le 8 mars.

S. Bernard, *Bernardus* (tud. : qui a le caractère sauvage), abbé du monastère de Saint-Sauve, dans le Cantal. Ses reliques sont à Montsalvy (Cantal); mort en 1110. — Fête : le 9 octobre.

> Invoqué en faveur des futures Mères.

S. Bernard, abbé de Clairvaux, docteur de l'Eglise, très dévot serviteur de Marie, auteur du *Souvenez-vous*, prédicateur de la 2e croisade (1091-1153). — Fête : le 20 août.

> Invoqué contre les Ennemis de l'Eglise et de la Patrie.

S. Bernard, né à Lyon, archevêque de Vienne en Dauphiné (778-842). — Fête : le 23 janvier.

S Bernardin de Feltre (diminutif de Bernard), de noble origine, religieux franciscain, grand adversaire des Juifs usuriers, mort à Pavie en 1494. — Fête : le 29 septembre.

> Patron des Monts-de-Piété et des Agents d'Assurances.

S. Bernardin de Sienne, religieux franciscain; fut d'une charité admirable dans une peste qui ravagea la ville de Sienne. Guéri miraculeusement d'une tumeur à la gorge, il se fit prédicateur et convertit un grand nombre de pécheurs (1380-1444). — Fête : le 20 mai.

    Patron des Tisseurs de laine.
    Invoqué contre l'Enrouement de la voix, les Maladies des poumons et de la Poitrine et contre le Flux de sang.

B^x Bernulphe ou Bernoul, *Bernulphus*, d'abord curé de village, puis évêque d'Utrecht, mort en 1054. — Fête : le 19 juillet.

    Invoqué pour obtenir la grâce de la Maternité et contre l'Amaigrissement des Enfants.

S. Bernward ou Berenwald, *Bernuardus*, né à Hildesheim, en Saxe, d'une très noble famille, s'adonna par goût à la sculpture des métaux, art dans lequel il acquit un grand talent. Il fut évêque de sa ville natale, puis archevêque de Mayence, et enfin se retira dans un monastère où il mourut en 1022. — Fête : le 20 novembre.

    Patron des Orfèvres.

S. Bertaud, *Berthaldus*, fils d'un roi d'Ecosse. Au retour d'un pèlerinage à Jérusalem, il s'arrêta en Champagne pour vivre près de S. Remy. Il se fixa sur une colline, et son ermitage devint le noyau de la ville de Chaumont (vi^e siècle). — Fête : le 16 juin.

    Invoqué contre la Folie et les Possessions du démon.

Ste Berthe, *Bertha*, épouse de S. Gombert. L'un et l'autre, d'un consentement mutuel, se séparèrent pour se faire religieux. S. Gombert fut martyrisé par des barbares en Irlande; Ste Berthe, abbesse du couvent d'Avenay, y fut martyrisée par ses neveux. S. Gombert et Ste Berthe étaient originaires de Reims; viie siècle. — Fête : le 1er mai.

    Invoquée contre la Folie.

Ste Berthe de Valombreuse, abbesse du couvent de Capriole, diocèse de Fiesole, en Italie, morte en 1163. — Fête : le 24 mars.

    Invoquée contre la Foudre, et, selon le besoin, pour ou contre la Pluie.

S. Berthier, *Bertarius*, abbé du Mont-Cassin, massacré par les Sarrasins en 884. — Fête : le 22 octobre.

S. Berthillon ou Bertilon, *Bertilo*, coadjuteur d'Isaac le Bon, évêque de Langres, puis abbé de Saint-Bénigne, martyrisé par les Normands; ixe siècle. — Fête : le 26 avril.

    Invoqué contre la Fièvre.

Ste Berthille, *Berthilla*, née près de Soissons, religieuse de Jouarre en Brie, puis abbesse de Chelles, morte en 492. — Fête : le 5 novembre.

> Invoquée contre les Hernies des enfants, les Enflures, les maux de Gorge, le Goître, les maladies des Chevaux, la Foudre et les Orages.

S. Bertin, *Bertinus*, abbé de Sithieu, près de Saint-Omer, mort en 709. — Fête : le 5 septembre.

> Invoqué contre la Migraine.

S. Bertrand, *Bertrandus*, évêque du Mans, mort en 623. — Fêtes : le 30 juin et le 3 juillet.

S. Berylle, *Berillus*, ordonné évêque de Catane par S. Pierre, vers l'an 44. — Fête : le 21 mars.

Ste Beuve, ou **Bove**, ou **Bone**, *Bora*, sœur de S. Baudry, 1re abbesse de Saint-Pierre de Reims, morte en 673. — Fête : le 24 avril.

> Invoquée pour l'heureuse issue des Couches.

S. Beuvon, *Bobo*, gentilhomme provençal, combattit les Sarrasins, puis se livra aux exercices de la pénitence. Il faisait, chaque année, un pèlerinage à Rome, accompagné d'un mulet auquel il faisait porter les voyageurs fatigués qu'il pouvait rencontrer, tandis que lui marchait à pied ; mort en Lombardie en 986. — Fête : le 23 mai.

> Patron des Laboureurs.
> Invoqué pour la protection des Animaux domestiques et des Troupeaux.

Ste Bibiane, ou **Vivienne**, *Bibiana*, fille et sœur de martyrs, immolée elle-même, à coups de cordes plombées, en haine de la foi, en 363. — Fête : le 2 décembre.

> Invoquée contre les Accidents, l'Epilepsie, les Maux de Tête, les Spasmes.

S. Bieuzi, *Bilicus*, prêtre et martyr, disciple de S. Gildas, vi^e siècle.

> Invoqué contre la Rage.

S. Biec, *Beatus*, prêtre, célèbre adversaire de l'hérétique Elipand ; mort en 798. — Fête : le 19 février.

S. Blaise, *Blasius*, d'abord médecin en Arménie, fut élu évêque de Sébaste à cause de sa bonté. Chassé dans les montagnes par la persécution, il y commandait même aux animaux les plus sauvages qu'il alla jusqu'à guérir dans leurs infirmités ; les oiseaux lui apportaient sa nourriture ; saisi par les persécuteurs et traîné au supplice, il guérit en chemin un grand nombre de malades, surtout des enfants, particulièrement l'un d'eux qui était sur le point de mourir, la gorge percée d'une épine ; mort en 316. — Fête : le 3 février.

> Patron des Bouviers, des Porcherons, des cardeurs et tisseurs de Laine, des Cordonniers, des Chaussetiers, des peigneurs de Laine, des Houppiers, Filateurs, Tisserands, Drapiers, Tailleurs, Tanneurs, des Maçons, Tailleurs de pierres, Plâtriers, Meuliers et Ouvriers du bâtiment.
> Invoqué contre les Angines et tous maux de Gorge, la Coqueluche, l'Esquinancie, le Goître, le mal de Dents, pour les Enfants malades, contre les Bêtes féroces, les Vents et Orages, et pour les Pourceaux, les Chevaux et le Bétail en général.

S. **Blanchar** ou **Blanchet**, *Blancardus*, que certains auteurs croient être le même que S. Pancrace, martyr au IIe siècle. — On célèbre sa fête avec celle des SS. Nérée, Achillée et Domitille, le 12 mai.

S. **Blanchard**, confesseur à Nesle-la-Reporte (Aube), mort en 659. — Fête : le 10 mars.

Ste **Blanche**, *Alba*, dite *Trimammis*, et appelée *Gwen* par les Bretons, princesse de Domnonée, épouse de S. Fracan et mère de S. Guénolé et de plusieurs autres saints ; VIe siècle.

> Invoquée par les Nourrices et contre les Tumeurs blanches.

Ste **Blandine**, *Blandina* (lat. : agréable), esclave jeune et délicate, martyrisée avec sa maîtresse et S. Pothin, archevêque de Lyon. Les bourreaux épuisèrent inutilement leurs forces sur elle pendant une journée entière. Exposée aux bêtes, elle fut respectée d'elles ; frappée de verges, enfermée dans un filet et livrée à un taureau furieux, elle survivait ; et le bourreau dut lui trancher la tête (en 177). Jamais femme ne subit un si grand nombre de cruels tourments, au témoignage des païens eux-mêmes. — Fête : le 2 juin.

> Patronne des Jeunes filles et des Servantes.
> Invoquée pour obtenir l'abondance du lait des Vaches.

S. **Boaire** ou **Béthaire**, *Bertharius*, évêque de Chartres, mort au VIIe siècle. — Fête : le 2 août.

S. **Bobin**, *Bobinus*, évêque de Troyes au IXe siècle. — Fête : le 31 janvier.

S. **Boétian**, *Boetianus*, compagnon de S. Gobin, et disciple de S. Fursy, était originaire d'Irlande. Il se fit solitaire à Pierrepont, près de Laon (Aisne), où il fut mis à mort par des barbares auxquels il reprochait leurs vices, en 668. — Fête : le 22 mai.

> Invoqué pour les Enfants qui tardent à marcher, et les Enfants malades.

S. **Bon**, *Bonus*, prêtre et martyr à Rome en 257. — Fête : le 1er août.

Sᵗᵉ Bona (lat. : bonne), vierge, morte au vIIᵉ siècle. — Fête : le 12 septembre.

S. Bonaventure, *Bonaventura* (lat. : réussite heureuse). Jean Fidanza, né en Toscane, reçut ce surnom de *Bonaventure* de S. François d'Assise qui le guérit dans son enfance d'une grave maladie ; il se fit Franciscain, puis, malgré son humilité, fut créé évêque d'Albe et cardinal. Pendant sa dernière maladie, comme il était dans l'impossibilité de communier, une hostie qu'on avait simplement approchée de lui pénétra dans sa poitrine en imprimant sur son cœur la marque sensible de son passage. Docteur de l'Eglise ; mort en 1274. — Fête : le 14 juillet.

> Patron des fabricants de Toile, des Portefaix et des Enfants de Lyon.

S. Bonavita (lat. : bonne vie), né à Lugo, diocèse de Ferrare, exerçait la profession de serrurier, se fit recevoir du Tiers-Ordre de Saint-François et mena la vie la plus recueillie. Il éteignit un incendie considérable par un simple signe de croix, et fit beaucoup d'autres miracles ; mort en 1375. — Fête : le 2 mars.

> Patron des Serruriers.

S. Bond ou Bonet, *Bonitus* (gr. : bouvier), noble Auvergnat, chancelier de Sigebert II, puis gouverneur en Provence, et enfin évêque de Clermont. Fut favorisé durant sa vie de visions célestes et du don des guérisons. Il mourut de la goutte dans l'abbaye de Manlieu où il s'était retiré dans ses dernières années, après s'être démis de son évêché (719). — Fête : le 15 janvier.

> Patron des Potiers.
> Invoqué contre la Goutte et la Paralysie.

S. Boniface, *Bonifacius* (lat. : bonne figure), né en Angleterre, se fit religieux et fut envoyé par le pape Grégoire II prêcher la foi en Germanie. Plus tard, le pape Zacharie l'éleva à l'archevêché de Mayence. Ce fut lui qui sacra Pépin le Bref. Il mourut martyrisé par les Frisons, en 754. — Fête : le 5 juin.

> Patron des Tailleurs.

Sᵗᵉ Bonose, *Bonosa*, vierge et martyre à Rome sous l'empereur Sévère, en 207. Ce sont peut-être les reliques de cette sainte, ou tout au moins d'une martyre du même nom, que le pape Grégoire XVI envoya à la communauté du Bon-Pasteur d'Angers, et qui sont maintenant à la maison de cette communauté à Amiens. — Fête : le 15 juillet.

> Invoquée contre la Petite Vérole et les Epidémies.

S. Brendan ou **Brandan**, *Brendanus*, abbé en Irlande, mort en 520. — Fête : le 16 mai.

> Invoqué contre les Plaies et les Ulcères.

S. Briand, *Briandus*, évêque de Confert, mort au XIᵉ siècle, honoré en Irlande. — Fête : le 4 mai.

S. Brice, *Brictius*. Après une jeunesse sans piété, Brice, disciple de S. Martin, se donna à la pénitence et fut élevé à la dignité d'archevêque de Tours à la suite du grand apôtre des Gaules. Il eut à souffrir dans ce poste de nombreuses épreuves, et surtout de terribles calomnies qu'il dut repousser par des miracles. Mort en 444. — Fête : le 13 novembre.

> Patron des Boursiers et des Culottiers.
> Invoqué pour les Enfants qui tardent à parler, contre la Calomnie, les Mauvais esprits et les Coliques.

S. Brieuc, *Briocus*, d'origine anglaise, fut instruit par S. Germain, à Paris ; ordonné prêtre à vingt-quatre ans, il retourna dans son pays, convertit sa famille, puis revint prêcher en Bretagne où il fut évêque : il se fit surtout remarquer par sa charité ; VIᵉ ou VIIᵉ siècle. — Fête : le 1ᵉʳ mai.

> Patron des Fabricants de Bourses et Aumônières.
> Invoqué dans les Calamités publiques.

Sᵗᵉ Brigide ou **Britte**, *Brigida*, jeune Irlandaise d'une beauté remarquable qui, pour conserver sa vertu, demanda à Dieu quelque difformité. Elle perdit un œil et entra dans un monastère ; mais à sa profession religieuse son œil fut guéri et d'autres miracles eurent lieu. Pendant toute sa vie, d'ailleurs, les prodiges s'opéraient sous ses pas. Elle fut abbesse de Kildar, près de Dublin, et mourut en 523. — L'Irlande l'a choisie pour patronne. — Fête : le 1ᵉʳ février.

> Invoquée pour la protection des Mères et de leurs Enfants, pour les Bestiaux et particulièrement les Vaches, et contre la Tempête et autres Calamités.

Sᵗᵉ Brigide de Nogent, *Brigitta*, vierge, sœur de Sᵗᵉ Maure, honorée à Nogent-les-Vierges, diocèse de Beauvais. — Fête : le 3 juillet.

Sᵗᵉ Brigitte de Suède était issue de la famille des rois de ce pays. Des miracles accompagnèrent sa naissance, et dès son enfance elle fut favorisée des apparitions de la Sᵗᵉ Vierge. Mariée malgré son désir, elle fut le modèle des épouses et des mères. Devenue veuve, elle fonda l'Ordre du Saint-Sauveur, à Wastein en Suède, fit plusieurs longs pèlerinages et mourut à Rome en 1373, comme elle en avait eu la révélation. — Fête : le 8 octobre.

> Invoquée pour connaître le moment de sa Mort.

S. Brun, *Bruno*, appelé aussi **Boniface**, archevêque, et ses compagnons au nombre de 18, martyrs vers 1009, honorés en Pologne et en Russie. — Fête : le 14 février.

S. Brunon, *Bruno*, fils de Conrad II, duc de Carinthie; évêque de Vurtzbourg; mort en 1045. — Fête : le 17 mai.

V^{ble} **Brunon**, chapelain des religieuses de Saint-Antoine-des-Champs, à Paris; mort en 1227. — Fête : le 30 mars.

Patron des Aumôniers et Chapelains de Communautés.

S. Bruno (lat. : brun), né à Cologne, professeur, puis chanoine de Reims; se retira dans les montagnes du Dauphiné pour mener une vie plus parfaite et y fonda la Grande-Chartreuse. Appelé en Italie par le pape Urbain II, il refusa toutes les dignités et se réfugia dans une nouvelle solitude où il mourut en 1101. — Fête : le 6 octobre.

Invoqué contre la Peste.

S. Burchard, ou **Burckard**, *Burchardus*, Anglais d'origine, vint en France où il fut ordonné prêtre; se joignit à S. Boniface pour prêcher la foi en Allemagne et fut sacré évêque de Wurtzbourg; mort en 752. — Fête : le 14 octobre.

Invoqué contre la Gravelle, les maux de Reins et les Rhumatismes.

S. Budoc, *Budochus*, jeune Breton élevé par S. Magloire auquel il succéda à l'évêché de Dol; vi^e ou viie siècle. — Fête : le 9 décembre.

Patron des Mariniers.
Invoqué contre les Parjures et contre les Tempêtes.

S. Busiris, confesseur en Galatie, mort vers 385. — Fête : le 24 janvier.

C

S. Cadoc, ou **Cado**, *Cadocus* (gr. : vase), originaire d'Irlande, venu en Bretagne où il fonda un monastère dans une petite île de l'archipel du Morbihan qui porte encore son nom. Mort en 490. — Fête : le 21 septembre.

Invoqué contre les Ecrouelles, la Surdité, les Ulcères et pour les Bestiaux.

S. Cadroël, *Cadroës*, 1er abbé de Saint-Clément; mort en 975, honoré à Metz. — Fête : le 6 mars.

S. Caïus (mot lat. qui signifie : maître de maison), pape et martyr, élu en 283; mort en 296[1]. — Fête : le 22 avril, en même temps que S. Soter.

S. Calais, *Calerifus*, abbé dans le Maine, mort en 542. — Fête : le 1ᵉʳ juillet.

Sᵗᵉ Calamande, *Calamandis*, vierge et martyre en Catalogne. — Fête : le 5 février.

Invoquée pour obtenir la Pluie.

S. Calliope, *Calliopus* (gr. : aux beaux yeux), martyr en 304, à Pompeiopolis, en Cilicie. — Fête : le 7 avril.

S. Callixte, *Callistus* (gr. : très beau), pape, qui institua les quatre-temps; martyr en 222. — Fête : le 14 octobre.

S. Calmin, ou **Carmery**, *Calminius*, anachorète, fondateur de monastères près de Tulle, du Puy et de Riom; vıᵉ siècle. — Fête : le 19 août.

Invoqué pour la Pluie et contre la Fièvre.

S. Caloger, *Calocerus* (gr. : beau vieillard), exorciste et ermite en Sicile, mort en 486. — Fête : le 18 juin.

Invoqué contre les Energumènes, les Possessions diaboliques, la Peste, les Hernies des enfants, et dans les Calamités publiques et privées.

S. Camélien, ou **Camillien**, *Camillianus*, évêque de Troyes, mort vers 526. — Fête : le 22 mars.

Sᵗᵉ Camelle ou **Camille**, *Camella* (lat. : qui sert à l'autel), vierge martyrisée par les Albigeois; xıııᵉ siècle. — Fête : le 16 septembre.

Invoquée pour obtenir la Maternité, pour les Femmes qui vont être mères, pour l'heureuse issue des Couches, pour les petits Enfants, et contre les maladies des Yeux.

S. Camille de Lellis, *Camillus* (lat. : servant de l'autel), fondateur des Clercs Réguliers pour le service des malades, mort en 1614. — Fête : le 18 juillet.

Patron des Infirmiers.
Invoqué pour assister les malades à l'heure de la Mort.

Sᵗᵉ Camille, *Camilla*, vierge, morte en 437, et qu'on honore particulièrement au diocèse d'Auxerre. — Fête : le 3 mars.

S. Candide, *Candidus* (lat. : blanc ou pur), martyr à Rome. — Fête : le 2 février.

---

1. Ce fut S. Caïus qui établit cette loi que, pour être sacré évêque, il fallait auparavant passer par tous les ordres de la cléricature, qui sont ceux de portier, lecteur, exorciste, acolyte, sous-diacre, diacre et prêtre. Cette loi a toujours été rigoureusement suivie depuis.

Sᵗᵉ Candide, *Candida*, une des compagnes de S. Ursule. — Fête : le 22 octobre.

> Invoquée contre les Scrofules.

S. Cant, *Cantius*, **S. Cantien** et **Sᵗᵉ Cantianille**, frères et sœur, martyrs sous Dioclétien; IIIᵉ siècle. — Fête : le 31 mai.

> Invoqués pour les petits Enfants.

S. Canut, *Canutus* (lat. : qui a les cheveux blancs; ou danois : puissant), IVᵉ du nom, roi de Danemark, martyr en 1086. — Fête : le 19 janvier.

S. Caprais, *Caprasius* (lat. : de l'île de Caprarie), solitaire après avoir donné toute sa fortune aux pauvres; l'un des fondateurs de l'abbaye de Lérins dont il fut abbé; mort en 430. — Fête : le 1ᵉʳ juin.

> Invoqué contre les Rhumatismes et les maladies de Nerfs.

S. Caralampe, *Caralampus*, prêtre, martyr, écorché vif, en 202. — Fête : le 10 février.

> Invoqué contre la Peste, les Epizooties ou Epidémies des Animaux et le Choléra.

Sᵗᵉ Casilde, *Casilda*, vierge; princesse Maure dont le père persécutait les chrétiens en Espagne; morte en 1007. — Fête : le 9 avril.

> Invoquée contre le Flux de sang, dans les Calamités et nécessités publiques et pour obtenir la Maternité.

S. Casimir, *Casimirius* (slave : maître de maison), fils, frère et oncle des rois de Pologne; mort de phthisie en 1483. — Fête : le 4 mars.

> Patron des Tailleurs.
> Invoqué dans les Combats, contre les Ennemis de la religion et de la patrie, et comme défenseur de la Chasteté. On le prie aussi contre la Peste.

S. Cassien, *Cassianus* (lat. : équitable), prêtre de Marseille et père de l'Eglise; mort vers 440. — Fête : en Grèce, le 28 février; et à Marseille, le 23 juillet.

S. Cassien, maître d'école à Imola, martyrisé par ses élèves, au IVᵉ siècle. — Fête : le 13 août.

> Patron des Ecrivains, Instituteurs, Frères de la Doctrine Chrétienne, Ecoliers et Sténographes.

S. Cassius, évêque de Nancy, mort en 558. — Fête : le 29 juin.

S. Castor, prêtre, mort vers 389. — Fête : le 13 février.

S. Castrense, *Castrensis* (lat. : qui habite les camps), évêque en Afrique, fut, pendant la persécution de Valens, jeté dans une barque pourrie sur la mer en fureur, aborda en Campanie et devint évêque de Capoue ; mort en 450. — Fête : le 11 février.

> Patron des Marins.
> Invoqué contre les Possessions du démon.

S. Castule, *Castulus* (lat. : enfant chaste), préposé aux étuves et alcôves du palais des empereurs romains ; martyr à Rome au IIIe siècle. — Fête : le 26 mars.

Ste Castule, honorée à Capoue. — Fête : le 25 janvier.

S. Catalde, *Cataldus*, évêque de Tarente (date incertaine, probablement IIe siècle). — Fête : le 10 mai.

> Invoqué contre la Peste et les Hernies.

B^{se} Catherine, *Catharina* (gr. : pure ou chaste), dite Catherine Thomas, sœur augustine, à Palma (1533-1574). — Fête : le 1er avril.

> Invoquée contre les périls de la Mer.

Ste Catherine de Suède, fille de Ste Brigitte de Suède, veuve ; morte en 1384. — Fête : le 22 mars.

> Invoquée contre les Couches prématurées et les Inondations.

Ste Catherine de Sienne, vierge, favorisée dès son bas âge d'un grand nombre d'apparitions de Notre-Seigneur ; admirablement dévouée aux malades et aux affligés ; morte en 1380. — Fête : le 30 avril.

> Patronne des Lavandières.
> Invoquée contre la Peste, contre les maux de Tête, et pour recevoir les Sacrements à l'heure de la mort.

Ste Catherine, fille d'un roi d'Arménie, convertie par une apparition de la Ste Vierge, mérita de recevoir de Notre-Seigneur lui-même un anneau comme gage de son alliance mystique avec Lui ; martyrisée sous Maximin au IVe siècle. — Fête : le 25 novembre.

> Patronne des Jeunes filles, des Institutrices, des Ecoliers, des Philosophes chrétiens, des étudiants en Philosophie, des Orateurs, des Notaires, des Meuniers, Charrons, Cordiers, Potiers de terre, Emouleurs ou Gagne-Petits, Fileuses, Raccommodeuses, Barbiers, Drapiers, Etaimiers, Plombiers, Cordonniers, Tanneurs, Corroyeurs, Liniers.
> Invoquée contre les maladies de la Langue et les Migraines ; pour découvrir les Noyés et pour rendre les mères bonnes Nourrices.

S. Cécil, *Cæcilius*, évêque et 1er apôtre du royaume de Grenade. — Fête : le 1er février.

Ste Cécile, *Cæcilia* (lat : aveugle), vierge et martyre, issue d'une des plus illustres familles de la Rome antique, décapitée en 230, en haine de sa foi. — Fête : le 22 novembre.

> Patronne de la Musique, des Musiciens, Facteurs d'instruments et Luthiers.

Ste Cécilienne, *Cæciliana*, martyre en Afrique. — Fête : le 16 février.

S. Célerin, *Celerinus* (lat. : rapide), diacre de l'église de Carthage, martyr en 250. — Fête : le 3 février.

Ste Célerine, aïeule du précédent ; **S. Laurentin** et **S. Ignace**, ses oncles, martyrs en 201. — Fête : le 3 février.

S. Céleste, *Cœlestis* (lat. : du ciel), évêque de Metz au IIIe siècle. — Fête : le 14 octobre.

S. Célestin Ier, *Cœlestinus*, pape, mort en 432. — Fêtes : le 6 avril et le 19 juillet.

Ste Céline ou **Célinie**, *Cœlinia*, de Reims, mère de S. Remy. — Fêtes : le 16 et le 21 octobre.

S. Céran, *Cerannus*, évêque de Paris, mort vers 621. — Fête : le 28 septembre.

> Invoqué contre les maux de Dents.

Ste Céronne, vierge, née près de Béziers, solitaire au diocèse de Séez, morte en 490. — Fête : le 16 novembre.

> Invoquée contre la Fièvre et les maladies des Yeux et dans les Calamités.

S. Césaire, *Cæsarius* (lat. : chevelu), fils de S. Grégoire l'Ancien et de Ste Nonne, frère de S. Grégoire de Nazianze, médecin, né vers 330, mort en 369, légua sa fortune aux pauvres. — Fête : le 25 février.

> Patron des Médecins.

S. Césaire, né près de Chalon-sur-Saône, en 470 ; d'abord abbé d'un monastère, puis évêque d'Arles, mort en 542. — Fête : le 27 août.

Ste Césarie, *Cæsaria*, 1re abbesse du monastère d'Arles, sœur du précédent, morte en 530. — Fête : le 12 janvier.

V^ble César de Bus, pénitent, puis chanoine de Cavaillon et prêtre ; fondateur de l'Ordre des Doctrinaires, ou Pères de la Doctrine Chrétienne ; mort en 1607. — Fête : le 15 mars.

> Invoqué contre les catarrhes des Yeux.

S. Cessateur, *Cessator* (lat. : paresseux), 23e évêque de Limoges ; mort en 730. — Fête : le 15 novembre.

> Invoqué contre la Gale et la Lèpre.

Ste Chantal (Jeanne-Françoise Frémiot), veuve du baron de Chantal ; amie et pénitente de S. François de Sales, fondatrice de l'Ordre de la Visitation (1572-1641). — Fête : le 21 août.

> Invoquée pour l'heureuse issue des Couches, pour conserver la grâce de la Vocation religieuse et pour obtenir la Résignation dans la perte des enfants.

Sᵗᵉ Charité, *Charitas* (Voir Sᵗᵉ *Foy*). — Fête : le 1ᵉʳ août.

Sᵗᵉ Charitine ou **Caritine**, *Charitina*, vierge, martyre à laquelle on coupa les pieds et les mains et on arracha les dents, en 303. — Fête : le 5 octobre.

    Invoquée contre les maux de Dents.

Bᵗ Charlemagne, *Carolus Magnus* (Charles le Grand), roi de France et empereur d'Occident (742-814). — Fête : le 28 janvier.

    Patron de l'Université de Paris, des Instituteurs, des Marchands, des Botteleurs de foin et des Colporteurs.

S. Charles Borromée (étot. : magnanime), cardinal-archevêque de Milan ; admirable de charité et de foi pendant la peste qui ravagea cette ville (1538-1584). — Fête : le 4 novembre.

    Patron des Amidonniers, des Séminaires et du Clergé de Rome. Invoqué contre la Peste.

S. Charles le Bon, comte de Flandre, fils de S. Canut de Danemark, fut tué par des scélérats en 1127 lorsqu'il priait dans l'église de Saint-Donatien de Bruges. — Fête : le 2 mars.

    Invoqué contre la Fièvre.

S. Chartier, *Carterius*, prêtre de Lugny, honoré en Berry. — Fête : le 1ᵉʳ février.

Vᵇˡᵉ Chérubin, *Cherubim*, de Spolète, religieux de l'Ordre de Saint-François, mort en 1484. — Fête : le 3 août.

Bᵗ Chrétien, *Christianus*, prêtre de l'église de Saint-Albin de Douay (époque incertaine). — Fête : le 7 avril.

    Invoqué pour l'heureuse issue des Couches et contre la Fièvre.

Bˢᵉ Chrétienne de Sainte-Croix, *Christiana*, vierge, morte en 1310. — Fête : le 18 février.

S. Christantien, *Christantianus*, martyr, lapidé à Ascoli dans la marche d'Ancône. — Fête : le 13 mai.

    Invoqué contre la Grêle et les Orages.

Sᵗᵉ Christine de Toscane (variante du mot *chrétienne*), vierge. Son père l'ayant fait jeter dans un lac avec une meule de moulin attachée au cou, elle fut soutenue sur les eaux par les anges ; elle fut enfermée dans une fournaise, et y vécut cinq jours ; on lui coupa la langue, et elle continua à parler ; enfin elle mourut percée de flèches, le 24 juillet de l'an 300. — Fête : le 24 juillet.

    Patronne des Mariniers et des Archers.

Sᵗᵉ Christine, de Saint-Trond, dans l'évêché de Liège, vierge, surnommée l'Admirable, à cause des miracles étonnants que

Dieu accomplit pour elle ou par elle (1150-1191). — Fête : le 24 juillet.

>Invoquée pour la conversion des Pécheurs, la Bonne mort, la délivrance des âmes du Purgatoire, dans les Affaires difficiles et douteuses, tant au temporel qu'au spirituel ; contre les maladies du Bétail, les maladies Contagieuses et les Maux incurables.

S. Christophe, *Christophorus* (gr. : porte-Christ), martyr en Lycie ; frappé de verges, jeté dans les flammes, percé de flèches, il survivait et eut la tête tranchée, sous Dèce ; IIIe siècle. — Fête : le 25 juillet.

>Patron des Navigateurs, Marins, Porteurs de grains, Déchargeurs de bateaux, Charpentiers, Scieurs de long, Portefaix, Forts de la Halle, Voyageurs dans les Montagnes, Fruitiers, Jardiniers, Teinturiers, Chapeliers, Foulons, Marchands de volailles et Marchands de beurre.
>Invoqué contre les périls de la Mer, la Foudre, les Orages, la Grêle, les Accidents de toutes sortes, les Démons, la Famine, la Peste, l'Épilepsie, la Mort subite, l'Impénitence finale, les maux de Dents, pour avoir de bonnes récoltes de Pommes et d'Oranges, pour les Enfants langoureux.

S. Christophore, ou **Christoval**, le saint enfant de la Guardia, en Espagne, martyrisé par les Juifs qui lui firent souffrir tous les tourments de la Passion de Notre-Seigneur en 1490, à sept ans. — Fête : le 25 septembre.

>Patron des Enfants et de la ville de la Guardia.
>Invoqué contre la Surdité, la Cécité et la Paralysie.

S. Chrysanthe, *Chrysanthus* (gr. : fleur d'or), et **Ste Daria**, sa femme, martyrs à Rome en 285. — Fête : le 25 octobre.

>Invoqués pour éclairer les Juges et pour faire connaître la vérité.

S. Chrysolien, ou **Chryseuil**, *Chrysolus* (gr. : huile couleur d'or), évêque en Arménie, se réfugia en Gaule, à Comines (Nord), et fut martyrisé à Verlinghem au IVe siècle. — Fête : le 7 février.

>Invoqué contre la Fièvre.

S. Clair, *Clarus*, d'origine anglaise, prêtre martyr dans le Vexin, sur les confins du diocèse de Beauvais, en 884. — Fêtes : le 18 juillet et le 4 novembre.

>Patron des Miroitiers, Vitriers, Bouteillers, Emailleurs, Doreurs, Lunetiers, Lanterniers, Boisseliers, Aiguilletiers, faiseurs et marchands de Lacets, faiseurs de Bas, cureurs de Puits et Vidangeurs.
>Invoqué contre les maux d'Yeux.

S. Clair, évêque d'Albi, martyr à Lectoure en 469. — Fête : le 1er juin.

>Invoqué pour le beau Temps et pour les Yeux.

S. Clair (lat. : illustre), 1er évêque de Nantes, fin du IIIe siècle. — Fête : le 10 octobre.

>Invoqué pour les Yeux et pour la bonne Navigation.

Ste Claire, *Clara*, vierge d'Assise en Ombrie, fondatrice des Clarisses, morte en 1253. — Fête : le 12 août.

> Patronne des Doreurs, Brodeurs, et, à Liège, des Blanchisseuses et Repasseuses.
> Invoquée contre les maladies des Yeux et contre les Fièvres persistantes.

S. Claude, *Claudius* (latin : boiteux), religieux, puis archevêque de Besançon (607 à 699). — Fête : le 6 juin.

> Patron des Tourneurs, Bimbelotiers, Selliers, Marchands de pain d'épice, marchands de Sifflets.
> Invoqué pour les Infirmes, les Boiteux et les Estropiés, dans les grandes Calamités, contre les Convulsions des Enfants et pour la Prospérité des vignes.

S. Claude, S. Nicostrate, S. Symphorien, S. Castorius et **S. Simplice**, sculpteurs habiles enfermés dans des cercueils de plomb et jetés au fond d'une rivière pour n'avoir pas voulu exécuter la statue d'une fausse divinité, en 302. — Fête : le 8 novembre.

> Patrons des Marbriers et des Tailleurs de pierres.
> Invoqués contre la Fièvre et pour la santé du Bétail.

Vble Claude-Bernard, prêtre, mort en 1641 ; honoré à Paris. — Fête : le 23 mars.

Vble Claude-Martin, moine de Marmoutiers, près de Tours, mort au XVIIe siècle. — Fête : le 9 août.

Ste Claude (Voir *Ste Alexandra*). — Fête : le 20 mars.

S. Claudien, *Claudianus*, confesseur, mort en 420 ; honoré à Trente. — Fête : le 6 mars.

Vble Clémence, *Clementia*, d'Homberg, religieuse, morte en 1176. — Fête : le 21 mars.

S. Clément, *Clemens*, consul romain, et **Ste Flavie-Domitille**, sa femme, nièce des empereurs Tite et Domitien ; martyrs vers 99. — Fête : le 7 mai.

S. Clément, 4e pape ; envoyé en exil en Chersonèse, il fit jaillir une source abondante pour les besoins des ouvriers des carrières de marbre de ce pays, qui devaient aller chercher l'eau à deux lieues de là. Il fut précipité dans la mer avec une ancre attachée au cou, en 100. — Fête : le 23 novembre.

> Patron des Bateliers, Marins, Marbriers, Chapeliers et marchands de Cidre.
> Invoqué contre les Orages, les Naufrages, les Tempêtes et les maladies des Enfants.

S. Cléophas (gr. : tout glorieux), oncle et disciple de Notre-Seigneur, massacré par les Juifs. — Fête : le 25 septembre.

S. Clet (Voir *S. Anaclet*, qui est le même). — Fêtes : le 13 juillet et le 26 avril.

S. Clotaire, *Clotarius* (teut. : faveur illustre), confesseur, mort vers 800 ; honoré en Champagne. — Fête : le 7 avril.

Sᵗᵉ Clotilde, *Clotildis* (teut. : faveur illustre), femme de Clovis, mourut à Tours, près du tombeau de S. Martin, vers 540. — Fête : le 3 juin.

> Patronne des Notaires et des Femmes mariées.
> Invoquée dans les Fièvres pernicieuses, les maladies des Enfants, pour les Paralytiques, pour la Conversion d'un mari.

S. Cloud, *Clodoaldus*, fils du roi de France Clodomir, petit-fils de Clovis, prêtre et solitaire près de Paris (522-560). — Fête : le 7 septembre.

> Patron des Cloutiers.
> Invoqué contre les Ecrouelles, les Furoncles et les Abcès.

Sᵗᵉ Colette, *Coleta* (forme féminine et diminutive de *Nicolas*), née à Corbie de parents ouvriers avancés en âge ; réformatrice de l'Ordre de Sainte-Claire (1380-1447). — Fête : le 6 mars.

> Patronne des Charpentiers et des Servantes.
> Invoquée contre les Ophtalmies, les maux de Tête, les Fièvres ; pour obtenir la Maternité et pour l'heureuse issue des Couches.

S. Colomban, *Columbanus* (lat. : semblable à la colombe), fondateur et abbé de Luxeuil, mort en 615. — Fête : le 21 novembre.

> Invoqué pour les Aliénés et tous les faibles d'esprit ; contre les Inondations et l'Epilepsie.

Sᵗᵉ Colombe, *Columba*, vierge et martyre à Sens, en 273. — Fête : le 31 décembre.

> Patronne des Vierges, des Délaissés.
> Invoquée pour la pluie, la conversion des Ames et les Enfants qui ont les jambes en croix ; contre les maux d'Yeux et les dangers qui menacent la Pureté.

Bᵗᵉ Colombe de Rieti, vierge du Tiers-Ordre de Saint-Dominique qui mena une vie très mortifiée ; morte en 1501. — Fête : le 20 mai.

> Invoquée contre les Maléfices et dans les Tentations.

S. Colombin, *Columbinus* (lat. : qui ressemble à la colombe), confesseur, mort en 959, honoré à Gand. — Fête : le 15 février.

S. Côme et S. Damien, *Cosmas* et *Damianus* (gr. : ornement et populaire), frères, nés en Arabie, médecins qui prodiguaient leurs soins aux malades sans jamais recevoir aucun salaire ; martyrs à Eges, en Cilicie, entre 286 et 297. — Fête : le 27 septembre.

> Patrons des Chirurgiens, médecins, Herniaires, Bandagistes, Dentistes, Pharmaciens, Droguistes, Sages-Femmes, Barbiers et Coiffeurs, Epiciers, Ciriers, Confiseurs, Brocanteurs et Fripiers.

S**te Concorde**, *Concordia*, nourrice de S. Hippolyte, martyre en 258. — Fête : le 13 août.

    Patronne des Nourrices et des Bonnes d'enfants.

S. Conon le jardinier, *Cono* (gr. : couvert de poussière), martyre en Pamphilie, en 250. — Fêtes : le 26 février, le 6 et le 8 mars.

S. Conrad de Plaisance, *Conradus*, ermite en Sicile, du Tiers-Ordre de Saint-François ; mort en 1351. — Fête : le 19 février.

    Patron des Chasseurs.
    Invoqué contre les Hernies.

Ste Consorce, *Consortia* (lat. : compagne), vierge qui érigea des hôpitaux et des églises pour les pauvres ; morte en 468. — Fête : le 22 juin.

    Invoquée contre le Flux de Sang.

S. Constance, *Constantius* (lat. : fidèle), sacristain de l'église Saint-Étienne d'Ancône, mort au VIe siècle. — Fête : le 23 septembre.

    Patron des Sacristains, des Suisses et des Bedeaux.

S. Constance, évêque de Gap, mort en 517. — Fête : le 12 février.

Ste Constance, *Constantia*, martyre à Nocéra, en Ombrie, l'an 69, sous la persécution de Néron. — Fête : le 19 septembre.

    Invoquée pour avoir de la Pluie, et pour le beau Temps.

S. Constantien, *Constantianus*, abbé dans le Maine, mort en 570. — Fête : le 2 décembre.

    Invoqué contre les maux de Tête, les Possessions du Démon et la Frénésie.

S. Constantin, *Constantinus*, confesseur, honoré en Calabre. — Fête : le 2 mai.

S. Consul, évêque de Côme, mort vers 495. — Fête : le 2 juillet.

S. Corantin, ou **Corentin**, *Corentinus*, 1er évêque de Quimper, en basse Bretagne, probablement disciple de S. Martin de Tours, au Ve siècle. — Fête : le 12 décembre.

    Invoqué contre la Paralysie et les Épidémies.

S. Corneille, *Cornelius*, centurion romain, baptisé par S. Pierre, le premier parmi les Gentils. — Fête : le 2 février.

S. Corneille, de Damas, paysan devenu acteur ou saltimbanque ; se convertit et fut un modèle de charité, Ve siècle. — Fête : le 28 mai.

    Patron des Acteurs et des Saltimbanques.

S. Corneille, pape et martyr en 252. — Fête : le 14 septembre.
> Invoqué contre l'Epilepsie, les Convulsions des enfants, la Fièvre, le mal d'Oreilles ; pour les Bêtes à cornes et les Animaux domestiques.

Ste Cornélie, *Cornelia*, martyre, avec **S. Diodole** et plusieurs autres en Afrique. — Fête : le 31 mars.

S. Crépin, *Crispinus*, et **S. Crépinien**, *Crispinianus* (lat. : crépu), frères, issus d'une des plus illustres familles de Rome, vinrent à Soissons où ils se firent cordonniers pour secourir les pauvres. Ils y furent martyrisés en 285. — Fête : le 25 octobre.
> Patrons des Cordonniers, Savetiers, Tanneurs, Gantiers, Ouvriers en Cuir, Tailleurs et Tisserands.

Ste Crescence, *Crescentia* (lat. : qui croît), martyre à Rome sous Dioclétien, en même temps que S. Vite dont elle était la gouvernante. — Fête : le 15 juin.
> Invoquée contre les maux de Dents.

S. Crescent, *Crescens*, vieillard martyr en Lycie au IIIe siècle. — Fête : le 13 avril.

Ste Crispine, *Crispina* (lat. : crépue), martyre à Thébeste, en Afrique, en 304. — Fête : le 5 décembre.

Ste Cunéra, *Chunera*, l'une des compagnes de Ste Ursule, sauvée du massacre des onze mille vierges par le roi Rabdad et étranglée par la femme de ce dernier. — Fête : le 12 juin.
> Invoquée contre les maux de Gorge et contre les Parjures.

Ste Cunégonde, *Chunegundes* (teut. : jeune courageuse), impératrice, femme de S. Henri, empereur d'Occident, morte en 1040. — Fête : le 3 mars.
> Invoquée pour les Enfants en danger de mort et pour les femmes en Couches.

S. Cuthbert, *Cuthbertus* (tud. : homme de Dieu), évêque de Lindisfarne, appelé le Thaumaturge de l'Angleterre septentrionale, mort en 687. — Fête : le 20 mars.
> Patron des Bergers et des Navigateurs saxons.
> Invoqué contre la Peste.

S. Cuthman, *Cuthmannus*, admirable par son dévouement à sa mère, mort solitaire à Steninges, en Angleterre, vers la fin du IXe siècle. — Fête : le 8 février.

S. Cyprien, *Cyprianus* (lat. : originaire de Chypre), évêque de Carthage et docteur de l'Eglise, martyr en 258. — Fête : le 16 septembre.
> Invoqué contre la Peste.

S. Cyprien, magicien converti par l'innocence et la vertu de Sᵗᵉ Justine, avec laquelle il subit le martyre à Nicomédie en 304. — Fête : le 26 septembre.

S. Cyprien, évêque de Toulon en Provence, disciple de S. Césaire d'Arles et écrivain de sa vie, mort en 545. — Fête : le 3 octobre.

S. Cyr, *Cyrus* (gr. : seigneur), médecin à Alexandrie, puis solitaire en Arabie, et martyr avec S. Jean, au IVᵉ siècle. — Fête : le 31 janvier.

S. Cyr et **Sᵗᵉ Julitte**, sa mère, martyrs. S. Cyr, qui n'avait que trois ans, se proclamait déjà chrétien ; le juge le prit par le pied et lui brisa la tête sur les degrés de son siège ; la mère fut écorchée vive et eut la tête tranchée, sous la persécution de Domitien. — Fête : le 16 juin.

> Patrons des scieurs de bois et des Teinturiers.
> Invoqués pour les enfants Paresseux, les enfants Fiévreux et contre la Colique.

S. Cyriaque, *Cyriacus*, bourreau employé à torturer les chrétiens ; converti par le spectacle du martyre de S. Antiochus ; martyrisé lui-même au IVᵉ siècle. — Fête : le 15 juillet.

> Patron des Bourreaux.

S. Cyriaque, diacre de Rome, qui délivra du démon Artémie, fille de Dioclétien ; martyr en 300, avec 20 autres. — Fête : le 8 août.

> Invoqué contre les Possessions diaboliques.

Sᵗᵉ Cyriaque, *Cyriaca* (gr. : servante du Seigneur), veuve et martyre, qui a donné son nom à l'une des catacombes de Rome ; morte au IIIᵉ siècle. — Fête : le 21 août.

> Patronne des Veuves.

Sᵗᵉ Cyrienne et **Sᵗᵉ Julienne**, *Cyria* et *Juliana*, martyres à Tarse ; vers 306. — Fête : le 1ᵉʳ novembre.

S. Cyrille, *Cyrillus*, patriarche d'Alexandrie, défenseur de la Foi, et particulièrement de la Maternité divine de Marie, mort en 444. — Fête : le 9 février.

S. Cyrille et **S. Méthode**, *Methodius*, apôtres de la Russie et de la Moravie au IXᵉ siècle. — Fête : le 9 mars.

> S. Cyrille est invoqué contre les Tempêtes.

S. Cyrin, *Cyrinus*, **S. Prime**, *Primus*, et **S. Théogènes**, *Theogenes*, martyrs dans l'Hellespont en 320. — Fête : le 3 janvier.

D

S. Dabert, *Dagobertus*, évêque de Bourges, mort en 1013. — Fête : le 19 janvier.

S. Dace, ou **Dat**, *Datius* (lat. : donné), évêque de Milan, mort en 552. — Fête : le 14 janvier.

Ste Dafrose, *Dafrosa*, épouse de S. Fabien, martyre au IVe siècle. — Fête : le 4 janvier.

S. Dagobert II, *Dagobertus*, roi d'Austrasie, martyr en 679, patron de Stenay en Lorraine. — Fête : le 23 décembre.

S. Dallain, *Dallanus*, martyr en Irlande. — Fête : le 23 janvier.

S. Dalmace Monier, ou **Daumas**, ou encore **Dalmas**, *Dalmatius*, d'origine espagnole, religieux de l'Ordre de Saint-Dominique, puis ermite; mort en 1341. — Fête: le 24 septembre.
    Invoqué contre le mal de Dents.

S. Damase, *Damasus* (gr. : le dompteur), pape, successeur de S. Libère, organisa le chant religieux, fit traduire la Bible par S. Gérôme et ordonna de terminer les psaumes par le *Gloria Patri*; mort en 384. — Fête : le 11 décembre.
    Invoqué contre la Fièvre.

S. Damien, *Damianus* (gr. : populaire) (Voir *S. Côme*.) — Fête : le 27 septembre.

S. Damien, soldat martyr en Afrique. — Fête : le 12 février.

S. Daniel, le prophète de l'ancienne Loi. — Fête : le 21 juillet.

S. Daniel (hébr. : jugement de Dieu), diacre, martyr à Padoue. — Fête : le 3 janvier.
    Invoqué par les femmes dont les maris sont à la Guerre, pour l'heureuse issue des Couches et pour retrouver les Objets perdus.

S. Danio, prêtre du diocèse de Bologne, mort en 1184. — Fête : le 12 mai.
    Invoqué contre les Hernies, principalement des Enfants.

S. Darius (hébr. : soigneux dans ses recherches) et plusieurs autres, martyrs. — Fête : le 12 avril.

S. Dat, ou **Datus** (lat. : donné), confesseur et évêque de Ravenne, mort en 185. — Fête : le 3 juillet.

S. Daunas et ses compagnons, martyrs en Thrace. — Fête : le 7 mars.

Ste Dauphine, *Delphina*, vierge, morte en 1369. — Fête : le 26 novembre.

S. David (hébr. : bien-aimé), prophète, roi d'Israël, auteur des Psaumes. — Fête : le 29 décembre.

S. David, archevêque au Pays de Galles, dont il est le patron ; mort vers l'an 544. — Fête : le 1er mars.

S. Davids, roi d'Ecosse, fils de Ste Marguerite, mort en 1154. — Fête : le 24 mai.

S. Décorose, *Decorosus* (lat. : beau), évêque de Capoue, mort en 695. — Fête : le 15 février.

S. Défendant, *Defendens* (lat. : défenseur), l'un des martyrs de la Légion Thébaine, sous Maximien, au IVe siècle. — Fête : le 2 janvier.

Invoqué contre les Loups, l'Incendie et l'Epilepsie, et dans les Calamités publiques.

S. Déicole, *Deicola* (lat. : serviteur de Dieu), abbé de Lure, en Franche-Comté, vers 625. — Fête : le 18 janvier.

S. Delphin, *Delphinus* (lat. : dauphin ou de Delphes), évêque de Bordeaux, mort en 403. — Fête : le 24 décembre.

Ste Delphine (Voir *S. Elzéar*). — Fête : le 27 septembre.

Ste Démétria (gr. : consacrée à Cérès), vierge, martyre à Rome, au IVe siècle. — Fête : le 21 juin.

S. Démétrius, proconsul à Thessalonique, martyrisé à coups de lance par ordre de Maximien en 303. — Fête : le 8 octobre.

Protecteur des Soldats chrétiens.

S. Denis, *Dionysius* (gr. : de Bacchus), évêque de Corinthe, mort en 180. — Fête : le 8 avril.

Ste Denise, *Dionysia*, martyre avec plusieurs autres sous les Vandales, en Afrique, en 484. — Fête : le 5 décembre.

S. Denys, pape, mort en 269. — Fête : le 26 décembre.

S. Denys, ou **Denis l'Aréopagite**, sénateur d'Athènes, converti par les prédications de S. Paul, fut envoyé dans les Gaules par le pape S. Clément ; fut le 1er évêque de Paris ; martyr vers 117. — Fête : le 9 octobre.

Patron des Arquebusiers.
Invoqué contre la Rage, contre les maux de Tête, et dans les Combats.

Ste Denyse, diaconesse en Ethiopie. — Fête : le 8 avril.

S. Déodat, ou **Adéodat**, ou **Dieu-donné**, évêque de Nevers ; apôtre des Vosges, fondateur d'une abbaye en Lorraine où il est appelé **S. Dié** ; mort en 679. — Fête : le 19 juin.
> Invoqué contre les Mauvais esprits, la Peste, les Inondations, les Dégâts causés par l'orage, les Calamités publiques, pour et contre la Pluie.

S. Désiré ou **Désirat**, *Desideratus*, évêque de Clermont en 594. — Fête : le 11 février.

S. Désiré, évêque de Bourges, mort en 550. — Fête : le 8 mai.

S. Désiré, moine de Saint-Wandrille au diocèse de Rouen, mort vers 700. — Fête : le 18 décembre.
> Patron des Tisserands.

Bse Diane, *Diana*, dominicaine, morte en 1236. — Fête : le 10 juin.

S. Didier, *Desiderius* (lat. : Désiré), évêque de Vienne en Dauphiné et martyr par ordre de la reine Brunehaut en 608. — Fête : le 23 mai.
> Invoqué contre la Fièvre.

S. Diègue, ou **Diego**, confesseur de l'Ordre des Frères Mineurs, mort en 1463. — Fête : le 12 novembre.

S. Dieudonné, *Deus dedit*, pape, mort en 619. — Fêtes : le 26 janvier et le 8 novembre.

S. Dinault, *Donoaldus*, enfant, martyr des Huns, à Milly, près Beauvais, au ve siècle. — Fête : le 11 août.
> Invoqué contre l'Epilepsie.

S. Dioscore, *Dioscorus* (gr. : compagnon de Jupiter), lecteur, martyr en Egypte. — Fête : le 18 mai.

S. Dioscorides, *Dioscorides* (gr. : qui ressemble aux Dioscures), martyr à Smyrne. — Fête : le 10 mai.

S. Dismas, ou **le bon Larron**, crucifié à la droite de Notre-Seigneur. — Fête : le 25 mars.
> Patron des Condamnés à mort.
> Invoqué pour la Bonne Mort, contre l'Impénitence finale et contre les Voleurs.

S. Divy, *Diridagius*, évêque régionnaire, patron de Longuivy, au diocèse de Tréguier, mort au vie siècle. — Fête : le 1er mai.

S. Dizain, *Decentius* (lat. : convenable), évêque de Saintes à la fin du viie siècle. — Fête : le 25 juin.
> Invoqué pour fortifier les Enfants.

S. Dizier, *Desiderius* (comme Didier), évêque et martyr en 670 ou 674. — Fête : le 18 septembre.
> Invoqué contre la Folie.

S. Dizier, ou **Dirié**, prêtre et moine du monastère de Gourdon, au VIe siècle. — Fête : le 30 avril.

> Invoqué contre le Mal de Dents.

S. Doctrovée, *Doctrovechus*, 1er abbé de Saint-Vincent ou de Saint-Germain des Prés, mort vers 580. — Fête : le 10 mars.

S. Dodon, *Dodo*, abbé de Wallers-en-Fagne, mort en 760. Son corps repose aujourd'hui à Moutier (Nord). — Fête : le 29 octobre.

> Invoqué dans les Maladies du Dos, des Reins et contre les maladies des Enfants.

S. Domingue, *Dominicus*, confesseur, mort en 1109, honoré en Castille. — Fête : le 12 mai.

S. Dominique, *Dominicus* (lat. : qui appartient au Seigneur), abbé de Sora, dans la Campagne Romaine, mort en 1301. — Fête : le 22 janvier.

> Invoqué contre la Fièvre, les Serpents, les Tempêtes, la Grêle, la pluie et la Rage.

S. Dominique, né en Castille de la famille de Gusman ; fondateur de l'Ordre des Frères Prêcheurs ou Dominicains (1170 à 1221). — Fête : le 4 août.

> Patron des Tailleurs, Culottiers, Couturières et Costumiers.
> Invoqué contre la Fièvre.

S. Dominique de Silos, berger, puis moine et abbé, mort en 1073. — Fête : le 20 décembre.

> Patron des Bergers.
> Invoqué pour la délivrance des Prisonniers, l'heureuse issue des Couches ; contre les Insectes parasites et la Rage.

Ste Dominique, vierge, morte au VIe siècle. — Fête : le 13 mai.

S. Domitien, *Domitianus* (lat. : petit dompteur), et 39 autres soldats cappadociens, martyrs à Sébaste en Arménie en 320. — Fête : le 10 mars.

S. Domitien, évêque de Maestricht, mort vers 560. — Fête : le 7 mai.

> Invoqué contre la Fièvre.

Ste Domitille, *Domitilla*, vierge romaine, mère de S. Clément, martyre au Ier siècle. — Fête : le 7 mai.

S. Domitius, solitaire en Syrie, dans une grotte que Néron fit murer et où il mourut de faim, en 363. — Fête : le 5 juillet.

> Invoqué contre la Sciatique.

S. Domnin, *Domninus*, enfant martyrisé sous l'empereur Domitien. — Fête : le 16 juillet.

> Invoqué pour les Enfants malades.

S. Donan, *Donanus*, abbé en Ecosse, mort en 1064. — Fête : le 17 avril.

> Invoqué contre la Fièvre et les Ecrouelles.

S. Donat, *Donatus* (lat. : bien doué), martyr à Rome. — Fête : le 30 juin.

> Patron des boulangers.
> Invoqué contre la Fièvre, la Grêle, les Orages, l'Incendie.

S. Donateur, *Donator* (lat. : généreux), et ses compagnons, martyrs en Afrique. — Fête : le 19 mai.

S. Donatien, *Donatianus*, 2e évêque de Châlons-sur-Marne, vers 300. — Fête : le 7 août.

S. Donatien, enfant nantais, martyr au IIIe siècle. — Fête : le 24 mai.

> Invoqué dans les Calamités et Nécessités publiques.

S. Donnis, *Domninus*, 1er évêque de Digne, en Dauphiné, mort au IVe siècle. — Fête : le 13 février.

Ste Dorothée, *Dorothea* (gr. : don de Dieu), vierge et martyre, à Césarée en Cappadoce, sous Dioclétien, en 304. — Fête : le 6 février.

> Patronne des jeunes Epoux, des Jardiniers, des Fleuristes, des Brasseurs.
> Invoquée pour les Femmes qui vont être mères.

Bx Dosithée, *Dositheus* (gr. : don de Dieu), moine au VIe siècle. — Fête : le 23 février.

S. Doucis, ou **Dulcis** (lat. : doux), évêque d'Agen, adversaire des Ariens; mort en 475. — Fête : le 16 octobre.

> Invoqué contre les maladies de Cœur.

S. Drausin, *Drausinus*, évêque de Soissons, fondateur de l'abbaye de Notre-Dame de Soissons, mort vers 675. — Fête : le 5 mars.

> Patron des Champions de la Foi.
> Invoqué pour la Foi, pour l'Eglise et pour la Patrie.

S. Drogon, ou **Druon**, *Drogo*, naquit à Carvin-Epinoy, et sa mère mourut en lui donnant le jour. Dès qu'il fut grand, il abandonna son pays et ses richesses et se fit berger par humilité. Il mourut reclus à Sebourg (Nord), dans une petite cellule, à côté de l'église. Il fut affecté, pendant une grande partie de sa vie, d'une hernie horrible (1103-1189). — Fête : le 16 avril.

> Patron des Bergers et des Pâtres.
> Invoqué pour les Brebis et les Troupeaux, pour l'heureuse issue des Couches, contre la Gravelle[1], la Pierre, les Hernies, les Foulures des Membres et et les Sourds-Muets.

S. Drouault, *Droctoaldus*, évêque d'Auxerre, mort au ve siècle. — Fête : le 8 novembre.

Ste Dulcissima (lat. : très douce), honorée à Sutri, comme vierge et martyre. — Fête : le 16 septembre.

S. Dunstan, *Dunstanus*, archevêque de Cantorbéry, artiste en peinture, en gravure et en musique; mort en 988. — Fête : le 19 mai.

> Patron des Forgerons, Orfèvres, Serruriers et musiciens.

Ste Dympne, *Dympna*, vierge irlandaise, martyrisée, à Géels en Brabant, par son père qui la poursuivait *pour l'épouser*; viie siècle. — Fête : le 15 mai.

> Invoquée contre la Folie, l'Epilepsie, les Possessions et Obsessions du Démon.

E

S. Eberhard, ou **Evrard**, *Eberhardus*, honoré en Bavière où il gardait les troupeaux. — Fête : le 28 septembre.

> Patron des Porchers.
> Invoqué pour les Animaux domestiques et contre les Epizooties.

S. Edèse, *Edesius*, frère de S. Amphion, martyr à Alexandrie en 303. — Fête : le 8 avril.

S. Edgar, roi et législateur d'Angleterre, mort en 975. — Fête : le 8 juillet.

Ste Edith, ou **Edithe**, *Editha* (teut. : la noble), vierge, fille d'Edgard, roi d'Angleterre et religieuse de Wilton, morte en 984. — Fête : le 16 septembre.

Ste Ediltrude, *Ediltrudis*, reine en Angleterre, puis abbesse du monastère d'Ely, martyre en 679. — Fête : le 23 juin.

> Invoquée contre les maladies des Yeux et les Tranchées.

---

1. Voir au mot *Gravelle* les pèlerinages et les prières que l'on fait à S. Druon pour ces différentes intentions.

S. Edmond, *Edmundus* (anglo-sax. : heureux ou protecteur), descendant des anciens rois anglo-saxons, roi d'Angleterre lui-même; fut martyrisé par les Danois en 870. — Fête : le 20 novembre.

Invoqué contre la Peste et pour la bonne Mort.

S. Edouard, *Eduardus* (anglo-sax. : gardien du bonheur) (962 à 978), roi d'Angleterre et martyr à l'âge de seize ans. — Fête : le 18 mars.

S. Edouard III, dit **le Confesseur**, roi d'Angleterre, l'un des princes et des législateurs les plus sages; mort en 1066. — Fêtes : le 5 janvier et le 13 octobre.

Invoqué contre les Scrofules.

Ste Edwige, *Edwigis* (anglo-sax. : conquérante heureuse), fille de Ste Élisabeth de Hongrie et épouse de Henri de Pologne; devenue veuve, se fit religieuse cistercienne. — Fête : le 17 octobre.

S. Efflam, *Inflamamus*, prince d'Hybernie, VIe siècle. — Fête : le 6 novembre.

Invoquée dans les Fractures des membres et les Foulures.

S. Ellade, *Elladius*, évêque d'Auxerre, mort en 387. — Fête : le 8 mai.

Vble Ele, *Ela*, comtesse de Salisbury en Angleterre, puis religieuse de l'Ordre de Cîteaux, morte en 1200. — Fête : le 1er février.

Ste Éléonore, *Alienordis* ou *Eleonora* (anglo-sax. : conquérante), martyrisée à Birmingham, en Irlande, au XVIe siècle. — Fête : le 29 décembre.

S. Eleuthère, *Eleutherius* (gr. : libre), évêque d'Illyrie, **Ste Anthie**, sa mère, et **S. Corèbe**, préfet, martyrs sous l'empereur Adrien. — Fête : le 18 avril.

S. Eleuthère, pape et martyr à Rome, en 192. — Fêtes : le 26 mai et le 6 septembre.

S. Eleuthère, évêque d'Auxerre, mort en 561. — Fête : le 26 août.

Ste Elflède, *Elsfledis*, vierge et abbesse en Angleterre, morte en 712. — Fête : le 8 février.

S. Elie, *Elias* (hébr. : Dieu fort), le prophète qui reprocha à Achab le meurtre de Naboth dont ce prince avait pris la vigne. Il fut enlevé au Ciel sur un char de feu. — Fondateur des Carmes; XIe siècle avant J.-C. — Fêtes : le 7 et le 20 juillet.

Invoqué contre la Sécheresse, la Petite Vérole, les Hernies et la Fièvre.

Sᵗᵉ Elisabeth[1], *Elisabetha* (hébr. : maison salutaire de Dieu), épouse de S. Zacharie et mère de S. Jean-Baptiste. — Fêtes : le 10 février et le 5 novembre.

Sᵗᵉ Elisabeth, appelée quelquefois **Sᵗᵉ Reine**, fille d'André II, roi de Hongrie, épouse de Louis, landgrave de Thuringe. Elle poussait la charité jusqu'à travailler de ses mains pour donner plus abondamment aux pauvres ; Dieu changea en roses les aliments qu'elle allait distribuer, pour lui épargner les reproches de son mari. Morte en 1238. — Fête : le 13 novembre.

> Patronne des Hospitalières et des Dentelières.
> Invoquée contre le mal de Dents.

Sᵗᵉ Elisabeth de Portugal, fille de Pierre II d'Aragon et petite-nièce de la précédente. Devenue veuve du roi Denys, elle se fit religieuse du Tiers-Ordre de Saint-François ; morte en 1336. — Fête : le 8 juillet.

> Invoquée pour apaiser les fureurs de la Guerre.

S. Elisée, *Elisaeus*, prophète de l'ancienne Loi, disciple d'Elie. — Fête : le 14 juin.

> Invoqué contre la Peste.

S. Eloi, *Eligius* (lat. : élu), né en 588 à Chatelac, à 2 lieues de Limoges, fut d'abord ouvrier en métaux et se montra d'une honnêteté professionnelle, d'une charité pour les pauvres et les malades, d'une austérité de vie admirables. Il dut accepter l'évêché de Noyon et fut le modèle des évêques. Mort en 659. — C'est un des saints les plus populaires de France. — Fête : le 1ᵉʳ décembre.

> Patron des Orfèvres, Graveurs, Forgerons, Chaudronniers, Horlogers, Mineurs, Taillandiers, batteurs d'Or, Doreurs, tisseurs d'Or, tireurs d'Or, Monnayeurs, Serruriers, Cloutiers, Arquebusiers, Fourbisseurs, Balanciers, Epinglers, Aiguilliers, tireurs de Fil de fer, Ferblantiers, Lampistes, loueurs de voitures et Voituriers, Cochers, Vétérinaires, Selliers, Bourreliers, Maréchaux, Charrons, Carrossiers, Charretiers, Eperonniers, Maquignons, Fermiers, Laboureurs, Valets de fermes, Pannetiers, Vanniers, Bouteilliers, Planchéieurs.
> Invoqué pour les Chevaux et les Mulets ; contre les Chevaux méchants, les Ecrouelles, les Ulcères, les Epidémies et les Epizooties.

S. Elpheg, ou **Elfège**, *Elphegus*, archevêque de Cantorbéry, martyr avec plus de 7.000 de ses compatriotes qui furent massacrés par les Danois. — Fête : le 19 avril.

S. Elpide, *Elpidius* (gr. : espéranco), vulgairement dit *Arpine*, évêque d'Atelle, mort au vᵉ siècle. — Fête : le 24 mai.

---

1. On fait souvent de ce nom les diminutifs *Elise* ou *Elisa* ou même *Lisa*.

S. Elpide, archevêque de Lyon, mort vers 400. — Fête : le 1ᵉʳ juin.

S. Elric, ou **Alderic**, *Aldericus*, issu de la race royale de France, se fit berger du monastère de Fussenich, près de Tolbiac ; mort vers 1200. — Fête : le 6 février.

Invoqué contre la Fièvre et contre l'Asthme.

S. Elzéar, *Eleazarus*, comte d'Arian, de la famille de Sabran, né en Provence en 1285 ; père des pauvres et consolateur des affligés, mort en 1323 ; et **Sᵗᵉ Delphine**, sa femme et son émule dans les vertus chrétiennes, morte en 1369. — Fête : le 27 septembre.

Patrons des Epoux chrétiens.

S. Emar, ou **Aimar**, ou **Ithamar**, *Ythamar*, évêque de Rochester en Angleterre, mort en 655. — Fête : le 10 juin.

S. Emère, *Emerius*, abbé de Bagnolles, diocèse de Girone. — Fête : le 27 janvier.

Sᵗᵉ Emérentienne, ou **Emérence**, *Emerentiana*, romaine, amie et sœur de lait de Sᵗᵉ Agnès, lapidée par des paysans païens et fanatiques sur le tombeau de cette jeune sainte ; commencement du ivᵉ siècle. — Fête : le 23 janvier.

Invoquée contre les maux d'Estomac, la Colique et les Douleurs.

S. Emery, ou **Emeric**, *Emericus*, fils de S. Etienne, roi de Hongrie, mort vers 1031. — Fête : le 4 novembre.

S. Emile, *Æmilius* (grec : obligeant), martyr en Afrique avec S. Caste, vers 250. — Fête : le 22 mai.

Sᵗᵉ Emilie, *Æmilia*, martyre à Lyon, avec S. Pothin et 45 autres, en 177. — Fête : le 2 juin.

S. Emilien, *Æmilianus*, évêque de Nantes, décapité par les Musulmans en 725. — Fête : le 25 juin.

Invoqué contre la Gravelle, les Hernies et les maux de Tête.

S. Emilien, époux de Sᵗᵉ Denise, médecin, martyr sous Huméric, roi arien des Vandales, en 484. — Fête : le 6 décembre.

Patron des Pharmaciens.

Sᵗᵉ Emilienne, *Emiliana*, martyre à Rome au ivᵉ siècle. — Fête : le 30 juin.

Sᵗᵉ Emilienne et **Sᵗᵉ Thrasille**, filles du sénateur Gordien, tantes de S. Grégoire le Grand, vierges, mortes au viᵉ siècle. — Fête : le 24 décembre.

S. Emilion, ou **Millon**, *Æmilianus*, abbé au diocèse de Bordeaux, mort en 767. — Fête : le 16 novembre.

Invoquée pour la conservation des Récoltes.

V^ble **Emmanuel**[1] (héb. : Dieu avec nous), moine de l'Ordre de Citeaux, du monastère de Saint-Bernard, en Frise, mort en 1170. — Fête : le 27 février.

Ste **Emmélie**, *Emmelia* (gr. : élégante) (Voir S. Basile). — Fête : le 30 mai.

S. **Emygde**, *Emygdius*, évêque d'Ascoli en Italie, et martyr (époque indéterminée). — Fête : le 5 août.
> Invoquée contre les Tremblements de terre.

S. **Engelbert**, *Engelbertus* (tud. : homme angélique), issu des comtes du Berry, archevêque de Cologne, martyr en 1225. — Fête : le 7 novembre.

S. **Engelmar**, ou **Engelmer**, *Engelmerus*, fils d'un laboureur bavarois, et laboureur lui-même, puis ermite ; tué par un traitre en 1125. — Fête : le 14 janvier.
> Patron des Agriculteurs.

B^x **Enguerrand**, évêque de Cambray, mort en 960. — Fête : le 12 octobre.

Ste **Engrace**, ou **Engracie**, *Encratis*, fille d'un prince chrétien de Portugal, martyre à Saragosse, en 303. — Fête : le 16 avril.
> Invoquée contre le mal de Tête.

Ste **Enimie**, *Enimia*, fille de Clotaire le Jeune, obtint de Dieu la maladie de la lèpre pour préserver sa virginité menacée, puis se fit religieuse ; morte au VIIe siècle. — Fête : le 5 octobre.
> Invoquée contre la Lèpre, les maladies de la Peau et la Teigne.

S. **Ennode**, *Ennodius*, gaulois, marié à une jeune fille de Pavie ; entra dans les ordres du consentement de son épouse et devint évêque de Pavie ; poète ; mort en 521. — Fête : le 17 juillet.
> Patron des Poètes.

Ste **Enora**, *Enora*, épouse de S. Efflam.
> Invoquée pour la Maternité.

S. **Epain**, *Spanus*, honoré en Touraine comme ayant été martyrisé par les Goths, au temps de S. Martin, avec sa mère Ste Maure et ses huit frères. — Fête : le 27 octobre.

S. **Ephrem**, diacre d'Edesse, docteur et Père de l'Eglise dont il défendit la foi contre toutes les hérésies de son temps ; mort en 378 ou 380 — Fête : le 9 juillet.

S. **Epictète**, *Epictetus*, et plusieurs autres, martyrs en Afrique, en 205. — Fête : le 9 janvier.

---

1. *Emma* est une abréviation d'*Emmanuel*. — Cette fête se souhaite aussi à Noël.

S. Epiphane, *Epiphanius* (grec : manifeste), archevêque de Salamine en Chypre, Père et docteur de l'Église (310-403). — Fête : le 12 mai.

S. Eptade, *Eptadius*, Nivernais, prêtre, solitaire, puis fondateur de l'abbaye de Cervon, près de Corbigny, où il mourut en 525. — Fête : le 24 août.
> Patron des Forgerons.
> Invoqué contre les Orages.

S. Erasme, *Erasmus* (gr. : aimable), évêque et solitaire en Palestine ; fut soumis à tous les genres de supplices par ordre de Dioclétien, et, protégé par Dieu, n'en ressentit aucun mal ; mort au IVe siècle. — Fête : le 2 juin.
> Patron des Navigateurs et Marins.
> Invoqué contre les Douleurs d'Entrailles, les Spasmes, les Coliques (des Enfants surtout), les Douleurs de la Maternité, les Orages et tous les périls de la Mer.

S. Erembert, *Erembertus*, religieux de Fontenelle, puis évêque de Toulouse, mort près de Poissy, à Viocourt, son lieu de naissance (probablement au VIIe siècle). — Fête : le 14 mai.
> Invoqué contre les Incendies.

S. Eric, *Ericus*, roi de Suède, martyr en 1151. — Fête : le 18 mai.

S. Erkonwald, *Erkonwaldus*, évêque de Londres, mort vers l'an 685. — Fête : le 30 avril.
> Invoquée contre la Faiblesse des jambes et les maladies des Membres.

Ste Ermelinde, *Ermelindis*, illustre jeune fille de Terdouck, près de Louvain, morte recluse au diocèse de Malines, au VIIe siècle. — Fête le 29 octobre.

Ste Ermine, ou **Erminie**, *Irminia* (Voir Ste *Irmine*). — Fête : le 24 décembre.

S. Ernest, *Ernestus* (teut. : excellent), 5e abbé de Zwifaltack, en Souabe ; martyr à la Mecque, en Arabie, en 1148. — Fête : le 7 novembre.

Ste Espérance, *Spes* (Voir Ste *Foi*). — Fête : le 1er août.

Ste Espérance, *Exuperantia*, vierge, morte au VIe siècle. — Fête : le 26 avril.

Ste Espérie, ou **Spère**, *Esperia*, honorée à Saint-Céré, en Quercy, comme martyre vers 760. — Fête : le 12 octobre.

Ste Estelle (lat. : étoile) (Voir Ste *Eustelle*). — Fête : le 21 mai.

S. Ethelbert, *Ethelbertus* (saxon : homme noble), roi de Kent et 1er roi chrétien d'Angleterre, mort en 606. — Fête : le 24 février.

S. Ethelred, *Ethelredus*, roi d'Angleterre, mort en 716. — Fête : le 4 mai.

V`ble` Ethérée, *Œthereus* (gr. : aérien, céleste), évêque d'Osma, en Espagne; mort en 800. — Fête : le 25 février.

S. Etienne, *Stephanus* (gr. : couronné), l'un des sept premiers diacres élus par les apôtres; le 1er des martyrs; mort lapidé en 35. — Fête : le 26 décembre.

> Patron des Frondeurs, Tailleurs de pierres, Tailleurs d'habits, Tisserands, Tonneliers.
> Invoqué pour la bonne Mort; contre la Pierre, le point de Côté, et les maux de Tête. On bénit en son honneur la Nourriture des animaux.

S. Etienne de Muret, fondateur de l'Ordre pénitent de Grammont, près de Limoges; mort en 1124. — Fête : le 8 février.

S. Etienne, prêtre et reclus dans la forêt d'Obasine en Limousin; mort, en 1154, d'une maladie contractée en visitant par charité un malade. — Fête : le 8 mars.

> Invoqué pour la délivrance des Prisonniers.

S. Etienne I`er`, pape et martyr en 257. — Fête : le 2 août.

S. Etienne IX, pape, mort en 1058. — Fête : le 29 mars.

S. Etienne I`er`, roi de Hongrie, apôtre et législateur (977-1038). — Fête : le 2 septembre.

S. Etienne le Thaumaturge, moine en Palestine, mort au x`e` siècle. — Fête : le 13 juillet.

S. Etton[1], *Etto*, appelé aussi **S. Zé**, fut un des nombreux Irlandais qui vinrent, au vii`e` siècle, évangéliser la Gaule. Il avait été sacré évêque par le pape S. Martin I`er`, auquel il était allé demander de bénir sa mission. Son apostolat s'exerça d'abord à Bienvillers, près d'Arras; mais son humilité, troublée par la renommée que lui faisaient ses miracles, lui fit quitter ce pays, et il vint se fixer à Dompierre (Nord). Il convertit toute la contrée, autant par la sainteté de sa vie que par ses miracles et ses prédications; mort le 10 juillet 654 ou 662. L'église de Dompierre possède son corps presque entier et voit de très nombreux pèlerins venir sans cesse vénérer ses augustes restes. — Fête : le 10 juillet.

> Invoqué contre les Epizooties et en général pour la santé des Bestiaux, et pour prolonger l'Existence des malades, surtout afin qu'ils puissent se préparer à une bonne Mort.

S. Eubert, *Eubertus*, évêque et patron de Lille, en Flandre; mort vers la fin du iii`e` siècle. — Fête : le 1`er` février.

---

1. Les renseignements concernant S. *Etton* et la plupart des saints du département du Nord sont dus au savant et zélé M. l'abbé Deloble, le vice-doyen de Dompierre.

S. Eubule, *Eubulus* (gr. : bienveillant), le dernier des martyrs de Césarée en Palestine, en 308. — Fête : le 7 mars.

Sᵗᵉ Eubule, *Eubula*, mère de S. Pantaléon, morte au IVᵉ siècle. — Fête : le 30 mars.

S. Eucher, *Eucherius* (gr. : aux belles mains), évêque d'Orléans, mort en 743. — Fête : le 20 février.

S. Eucher, un des plus illustres évêques de Lyon, où il fonda plusieurs églises et établissements pieux ; mort en 450. — Fête : le 16 novembre.

S. Eudes, ou **Eude**, *Odo*, évêque d'Urgel, en Catalogne. — Fêtes : le 30 juin et le 7 juillet.

S. Eugène, *Eugenius* (gr. : de bonne naissance), pape, mort en 657. — Fêtes : le 30 mai et le 2 juin.

S. Eugène, évêque de Carthage, cruellement persécuté par les Vandales Ariens, fut exilé dans les Gaules, où il mourut, près d'Albi, en 505. — Fête : le 13 juillet.

S. Eugène, élève de S. Ambroise de Milan, diacre, mort au commencement du Vᵉ siècle. — Fête : le 18 novembre.

> Invoqué pour être préservé des peines de l'Enfer.

Sᵗᵉ Eugénie, *Eugenia*, vierge romaine qui prit des habits masculins pour préserver sa vertu et se retira dans un monastère, enseigna la foi chrétienne et mourut martyre au IIIᵉ siècle, sous l'empereur Gallien : elle eut le cou percé par un glaive qui alla ressortir par l'oreille. — Fête : le 25 décembre.

> Invoquée contre les Possessions du démon, les maux d'Oreilles et les maux de Gorge.

Sᵗᵉ Eulalie[1], *Eulalia* (gr. : qui parle bien), martyrisée à Barcelone par un subordonné des empereurs Dioclétien et Maximien qui la fit mourir en croix, après l'avoir soumise inutilement à une foule d'autres supplices, en 303. — Fête : le 12 février.

> Patronne des Marins.
> Invoquée pour et contre la Pluie, dans les Calamités publiques, comme protectrice des Voyages sur mer, pour l'heureuse issue des Couches et contre la Dysenterie.

Sᵗᵉ Eulalie de Mérida vint s'exposer elle-même au martyre et mourut brûlée vive au IVᵉ siècle. — Fête : le 10 décembre.

> Invoquée dans les Calamités publiques.

S. Euloge, *Eulogius* (gr. : beau discoureur), prêtre de Cordoue élu évêque de Tolède, martyr en 859. — Fête : le 11 mars.

> Patron des Charpentiers.

---

1. On la nomme aussi *Aulaie*.

S. Euphèbe, *Euphebius* (grec : bien lumineux), évêque de Naples, mort au III° siècle. — Fête : le 23 mai.

S¹ᵉ Euphémie, *Euphemia* (grec : qui parle bien), vierge et martyre à Calcédoine, en 307. — Fête : le 16 septembre.

S¹ᵉ Euphrasie, *Euphrasia* (gr. : aux beaux discours), vierge et religieuse en Égypte, morte en 410. — Fête : le 13 mars.

S. Euphrône, *Euphronius* (gr. : au bon cœur), archevêque de Tours, mort en 573. — Fête : le 4 août.

S. Euphrosin, *Euphrosynus*, évêque, martyrisé avec S. Primien et neuf autres à Nicomédie. — Fête : le 1ᵉʳ janvier.

S¹ᵉ Euphrosine, *Euphrosyna*, martyre à Terracine, sous l'empereur Domitien. — Fête : le 7 mai.

S¹ᵉ Eurosie, *Eurosia* (gr. : très forte), vierge et martyre des Maures à Jacca, en Espagne, au VII° siècle. — Fête : le 25 juin.

> Invoquée contre la Foudre, les Orages, les Sauterelles, et pour obtenir de la Pluie.

S. Eusèbe, *Eusebius* (gr. : pieux), pape, mort en 310. — Fête : le 26 septembre.

S. Eusèbe, évêque de Saint-Paul-Trois-Châteaux, mort vers 600. — Fête : le 23 mars.

S¹ᵉ Eusébie, *Eusebia* (gr. : pieuse), petite-fille de S¹ᵉ Gertrude, fondatrice de l'abbaye d'Hamage (Nord), à laquelle elle succéda dans le gouvernement de ce monastère, où elle fit croître encore les vertus religieuses que sa grand'mère y avait semées ; morte en 670. — Fête : le 16 mars.

> Invoquée pour la Concorde dans la vie commune ; contre la Fièvre et les maux de Tête.

S. Eusée, *Euseus*, ermite cordonnier, à Serravalle dans le Piémont ; mort au IV° siècle. — Fête : le 15 février.

> Patron des savetiers, cordonniers et ouvriers travaillant en boutique.

S. Eusitius, ou **Eusice**, fondateur du monastère de Celle et de la ville de Celles-sur-Cher, diocèse de Blois ; mort en 542. — Fête : le 27 novembre.

> Patron des boulangers.

S. Eustache, *Eustachius* (grec : bien ordonné, *ou* qui porte de beaux épis), abbé de Flay[1], prédicateur adversaire des Albigeois, légat apostolique en Angleterre, mourut à Flay, en 1211. — Fête : le 7 septembre.

> Invoqué pour les Yeux, les Enfants malades et contre la Fièvre. Protecteur et Patron de toutes les Associations qui ont pour but de faire observer la loi du Dimanche.

---

1. Aujourd'hui Saint-Germer-de-Fly (Oise).

S. Eustache, et **S**^{te} **Théopiste**, sa femme, avec deux de leurs enfants, martyrs à Rome au IIe siècle. — Fête : le 20 septembre.

> Patron des Chasseurs, Rouleurs de vin, Drapiers, Merciers, Chaussetiers. Patron aussi d'une des principales paroisses de Paris, qui célèbre sa fête le dimanche qui suit immédiatement la Toussaint.

S. Eustase, *Eustasius* (grec : bien établi), abbé de Luxeuil, à la suite de S. Colomban, mort en 625. — Fête : le 29 mars.

> Invoqué pour les Energumènes.

Ste **Eustelle**, ou **Estelle**, *Eustella* (grec : belle étoile), jeune vierge de Saintes, convertie par S. Eutrope et martyrisée par son propre père à la fin du Ier siècle. — Fête : le 21 mai.

> Patronne des Jeunes filles à marier.

Ste **Eustochie**, ou **Eustochium**, louée par S. Gérôme, vierge, morte vers 419. — Fête : le 28 septembre.

S. Eutrope, *Eutropius* (grec : à la belle tournure), fils d'un roi de Perse, fut envoyé en Gaule par le pape S. Clément et devint l'apôtre de la Saintonge et le premier évêque de Saintes ; martyr vers la fin du Ier siècle. — Fête : le 30 avril.

> Invoqué contre l'Hydropisie, l'Enflure et les maux de Tête ; pour les Estropiés et les Perclus des Jambes et les Enfants faibles et langoureux.

Ste **Eutrope**, ou **Eutropie**, veuve, à Clermont en Auvergne, morte au Ve siècle. — Fête : le 15 septembre.

> Invoquée pour les Enfants malades.

S. Eutyche, ou, plutôt, **Eustache de Charan**, martyr en 741, avec plusieurs autres en Mésopotamie. — Fête : le 12 mars.

Ste **Eva**, vierge, honorée à Dreux comme martyre. — Fête : le 6 septembre.

S. Evagre, *Evagrius* (grec : bon chasseur), patriarche de Constantinople, mort vers 380. — Fête : le 6 mars.

Ste **Evangèle**, ou **Evangile**, *Evangelia* (gr. : bonne nouvelle), martyrisée avec quinze autres à Alexandrie. — Fête : le 27 mai.

S. Evariste, *Evaristus* (gr. : excellent), pape et martyr, mort au commencement du IIe siècle, vers 112. — Il institua les cardinaux prêtres. — Fête : le 26 octobre.

S. Evence, ou **Evance**, *Evantius*, évêque de Vienne en Dauphiné, mort en 586. — Fête : le 3 février.

S. Evrard, *Everardus*, duc d'Italie, retiré au désert de Moiron (Haute-Marne), y faisait paître un troupeau de moutons et de porcs dont il distribuait le produit aux pauvres; viii° siècle. — Fête : le 15 juillet.

> Invoqué pour obtenir le temps favorable aux Récoltes et aux travaux des Champs.

B¹ Evrard, abbé d'Ensiedeln, en Suisse, mort en 958. — Fête : le 14 août.

S. Evrard, marquis du Frioul, mort vers 850. — Fête : le 16 décembre.

S. Evremont, *Evremondus*, abbé de Fontenay-sur-Orne, mort en 720. — Fête : le 10 juin.

Ste Evronie (Voir *Apronie*). — Fête : le 15 juillet.

S. Evroult, *Ebrulphus*, de Bayeux, procureur général sous Childebert Ier, se retira dans un monastère, puis dans la solitude de la forêt d'Ousche, près de Lisieux. Pendant sa vie, il guérissait les malades, délivrait les possédés et ressuscitait les morts; ces grâces se renouvellent près de ses reliques et par son intercession; vi° siècle. — Fête : le 30 décembre.

> Patron des Bergers et des Infirmes.
> Invoqué contre la Folie, l'Epilepsie, la Fièvre, pour et contre la Pluie.

S. Expédit, ou **Expéditus** (latin : prompt), contemporain de Ste Philomène, martyr sous Dioclétien avec plusieurs de ses compagnons d'armes. — Fête : le 19 avril.

> Patron de la Jeunesse chrétienne.
> Invoqué pour la prompte expédition des Affaires et pour la conversion des Pécheurs.

S. Exupère, *Exuperius*, vulgairement **S. Spire**, 1er évêque de Bayeux et apôtre de la basse Normandie qu'il remplit de miracles et combla de bienfaits; mort vers 140. — Fête : le 1er août.

> Invoqué dans les Calamités publiques, contre les Inondations, la Sécheresse et les Incendies.

S. Exupère, né au diocèse de Tarbes, disciple et successeur de S. Sylve de Toulouse, guérit miraculeusement S. Ambroise d'une fièvre violente; mort en 415. — Fête : le 28 septembre.

> Invoqué contre la Fièvre, et pour obtenir le temps favorable aux Récoltes.

V^{ble} Ezon, ou **Erenfroy**, *Ezo*, comte palatin, fondateur de l'abbaye de Brauweiler, près de Cologne; mort en 1035. — Fête : le 21 mai.

F

S. Fabien, *Fabianus*, de l'illustre famille romaine des Fabius, pape, successeur de S. Antère, désigné aux suffrages du clergé par une colombe qui se reposa sur sa tête pendant l'élection; martyr en 250. — Fête : le 20 janvier.

S. Fabien de Sylvarolle, massacré par des voleurs au IXe siècle. — Fête : le 18 octobre.

Invoqué contre la morsure des Serpents.

Ste Fabiola (diminutif de Fabien), veuve romaine, vendit ses biens pour fonder un hôpital, qui fut le premier établissement charitable de ce genre; morte vers 400. — Fête : le 27 décembre.

S. Fabius, soldat et martyr à Césarée. — Fête : le 31 juillet.

S. Facile, *Faciolus* (lat. : actif, productif), confesseur, patron de Lucé, dans le Maine. — Fête : le 7 septembre.

Ste Faraïlde (Voir Ste *Pharaïlde*). — Fête : le 4 janvier.

Ste Fare, *Fara* (grec : brillante), appelée à la vocation religieuse dès son enfance, éprouva de la part de ses parents une résistance opiniâtre et versa tant de larmes qu'elle perdit la vue. Guérie par S. Eustase et refusant de se marier, elle fut mise en prison; mais son père finit par se laisser toucher et lui fit construire un monastère où elle se retira. Ce monastère fut nommé, depuis, en souvenir d'elle, Faremoutiers; elle en fut abbesse et y mourut vers 655. — Fête : le 7 décembre.

Invoquée pour les Aveugles, et contre les maladies des Yeux.

S. Faron, *Faro*, frère de Ste Fare, évêque de Meaux, mort en 672. — Fête : le 28 octobre.

S. Faust, ou **Fauste**, *Faustus* (lat. : favorable), martyr pendant la persécution de Dèce, au milieu du IIIe siècle, vécut cinq jours sur la croix et mourut percé de flèches. — Fête : le 16 juillet.

Ste Fauste, *Fausta* (latin : heureuse *ou* favorable), dame romaine, mère de Ste Anastasie; IIIe siècle. — Fête : le 19 décembre.

S. Faustin, *Faustinus*, frère de S. Jovite, martyrisé avec lui vers l'an 124, à Brescia. — Fête : le 15 février.

Sᵗᵉ Faustine, *Faustina*, vierge, morte en Italie vers l'an 600. — Fête : le 15 janvier.

S. Félicien, *Felicianus*, et **S. Prime**, *Primus*, frères, protecteurs des pauvres et soutiens des martyrs, morts martyrs eux-mêmes à Rome, en 286. — Fête : le 6 juin.

Sᵗᵉ Félicité, *Felicitas* (lat. : bonheur), dame romaine, restée veuve avec sept fils qui subirent le martyre sous ses yeux ; elle fut mise à mort la dernière, en 150. — Fête : le 10 juillet.
   Patronne des Femmes mariées.
   Invoquée pour obtenir une Descendance masculine.

S. Félix de Nole (lat. : heureux), fut enfermé, pendant une persécution, dans un cachot garni de débris de vases brisés et en fut délivré par un ange. Une autre fois, poursuivi par ses persécuteurs, il se cacha entre deux murailles : une araignée ayant aussitôt filé sa toile dans l'étroit passage, il n'y fut pas poursuivi ; mort en 260. — Fête : le 14 janvier.
   Invoqué contre les Faux témoignages, les Parjures et la Calomnie ; pour les Animaux domestiques, pour les Yeux.

S. Félix, évêque de Spello, subit les tourments les plus cruels sous la persécution de Dioclétien, et eut la tête tranchée en 290. — Fête : le 18 mai.
   Invoqué contre les maladies des Enfants.

S. Félix, évêque de Nantes dont il reconstruisit la cathédrale, malgré les guerres de son temps ; fit aussi de grands travaux pour diriger le cours de la Loire, et mourut de la peste en 582. — Fête : le 7 juillet.
   Invoqué contre la Guerre, la Peste et la Dislocation des membres.

S. Félix, l'un des fils de Sᵗᵉ Félicité, martyr en 150. — Fête : le 10 juillet.

S. Ferdinand, *Ferdinandus* (teut. : méritant), roi de Castille et de Léon, vainqueur des Maures, fonda plusieurs évêchés et répara magnifiquement plusieurs cathédrales ; un des plus grands hommes de son temps et des plus grands saints de l'Eglise (1199-1252). — Fête : le 30 mai.

S. Fernand, *Ferdinandus*, évêque de Cajas en Italie, mort en 1024. — Fête : le 22 juin.

S. Ferréol, *Ferreolus* (diminutif du lat. : *ferreus*, de fer), dit aussi **S. Forget**, etc., tribun romain qui habitait Vienne en Dauphiné. Aayant été reconnu comme chrétien parce qu'il était l'ami intime de S. Julien de Brioude, il fut martyrisé sur les bords du Rhône en 304 et enseveli avec la tête de son ami Julien qu'on lui avait apportée et qui fut placée entre ses bras. — Fête : le 18 septembre.
   Invoqué contre les Rhumatismes, protecteur des Oies et des animaux domestiques.

S. Fiacre, *Fiacrius* (gr. : brillant), issu de la maison royale d'Écosse, accueilli en France par S. Faron, évêque de Meaux ; se fit religieux, puis se retira dans la solitude, après avoir obtenu de son saint protecteur autant de terrain qu'il en pourrait entourer en un jour d'un sillon creusé à la bêche. Cette surface fut miraculeusement considérable. Il y construisit un monastère et y cultiva lui-même un jardin ; mort en 570. — Fête : le 30 août.

> Patron des Jardiniers, Fleuristes, Bouquetiers, Maraîchers, Treillageurs, Aiguilliers, Épingliers, Emballeurs, Layetiers, Chaudronniers, Potiers d'Étain, Bonnetiers, Tuiliers.
> Invoqué pour l'Abondance des fruits de la terre, le Flux de sang, les Hémorrhoïdes, la Colique, les Cancers, les Chancres, les Fistules, le mal de Tête, la Gangrène, les Calamités publiques et, selon le besoin, pour ou contre la Pluie.

S. Fidèle, *Fidelis*, né à Sigmaringen en Souabe ; d'abord magistrat, puis capucin, surnommé *l'Avocat des pauvres* ; prédicateur distingué ; martyr des Calvinistes (1577-1622). — Fête : le 24 avril.

S. Fidèle, confesseur, à Spello en Ombrie (on ignore les détails de sa vie). — Fête : le 25 avril.

> Invoqué pour les Enfants malades.

Sᵗᵉ Fine, *Seraphina* (Voir Sᵗᵉ *Séraphine*). — Fête : le 12 mars.

S. Firmat, *Firmatus* (lat. : affermi), diacre d'Auxerre, frère de Sᵗᵉ Flavienne. — Fête : le 5 octobre.

S. Firmin, *Firminus* (lat. : ferme), originaire d'Espagne, prêcha d'abord à Agen, puis à Clermont, à Angers, à Beauvais où il fut battu de verges et jeté en prison. Vint enfin à Amiens dont il fut le 1ᵉʳ évêque et où il fut martyrisé ; IIᵉ siècle. — Fête : le 25 septembre.

> Patron des Tonneliers et des Pompiers.
> Invoqué pour les Enfants qui tardent à marcher ; contre les Clous ou Furoncles, la Fourmilière, les tremblements nerveux, les Crampes, les Rhumatismes, la Fièvre, l'Érysipèle, l'Hydropisie, le Scorbut, et contre la Sécheresse.

Sᵗᵉ Flamine, *Flamina* (lat. : petite flamme), martyre à Nicomédie au Vᵉ siècle. — Fête : le 2 mai.

> Invoquée contre les maux d'Yeux.

Sᵗᵉ Flavie, *Flavia Domitilla*, nièce du consul romain Flavius, vierge brûlée vive avec ses deux servantes Sᵗᵉ Euphrosine et Sᵗᵉ Théodora, au commencement du règne de Trajan. — Fête : le 7 mai.

S. Flavien, *Flavius* (lat. : roux), chevalier romain, martyrisé sous Julien l'Apostat en 362. — Fête : le 22 décembre.

S. Flavien, patriarche d'Antioche qui combattit avec fermeté pour la foi catholique sous l'empereur Anastase et mourut en exil en 518. — Fête : le 4 juillet.

S. Flavit, ou **Flavy**, *Flavitus*, né en Italie, vint en France pour fuir l'invasion des Lombards. Protégé par le seigneur de Marcilly-le-Hayer, il fut en butte aux calomnies de la femme de son protecteur et condamné à garder les troupeaux. Ceux-ci se multiplièrent si miraculeusement que l'innocence de Flavit fut reconnue. Accusé de nouveau, il eut recours à de nouveaux miracles. Enfin, il fut ordonné prêtre et mourut dans un ermitage près de Troyes, après avoir prouvé sa sainteté par de nombreux miracles (563-630). — Fête : le 18 décembre.

> Invoqué contre la Fièvre et contre la Sécheresse.

S. Flore, *Florus*, et **S. Laure**, *Laurus* (lat. : fleur *et* laurier), frères jumeaux, tailleurs de pierres et sculpteurs qui furent martyrisés au IIe siècle pour avoir refusé de bâtir un temple aux idoles. — Fête : le 18 août.

> Patrons des Tailleurs de pierres.

Ste Flore, *Flora*, vierge qui vivait au Ve siècle, en Poitou. — Fête : le 1er décembre.

Ste Florence, *Florentia* (lat. : fleurissante), jeune païenne qui demanda le baptême à S. Hilaire pendant son exil en Isaurie, et vint ensuite se mettre sous sa direction à Poitiers. Elle vécut quelques années près de Comblé, dans une étroite cellule où elle mourut en 367. — Fête : le 1er décembre.

> Invoquée pour obtenir un Temps favorable aux biens de la terre.

S. Florent, *Florens* (lat. : fleurissant), martyr à Pérouse, avec plusieurs compagnons, vers 252. — Fête : le 1er juin.

> Invoqué contre la Peste.

S. Florent, originaire de la Haute-Autriche ; délivré par un ange des fers de ses persécuteurs, fut conduit par ce guide céleste jusqu'à la partie la plus reculée de l'Anjou. Il évangélisa le peuple appelé par César *Mala Gens*, la nation insoumise, qui devint l'héroïque Vendée Angevine. Mort au IVe siècle. — Fête : le 11 octobre.

> Invoqué contre la Fièvre, les maux de Tête, les maladies de Nerfs, la Peur, l'Epilepsie et les Serpents.

S. Florent, noble écossais qui vint évangéliser l'Alsace et fut créé évêque de Strasbourg, après avoir gouverné pendant plusieurs années le monastère d'Haslac qu'il avait fondé ; mort vers 693. — Fête : le 7 novembre.

> Invoqué contre les Hernies et la Pierre.

S. Florentin, *Florentinus*, fils d'un roi d'Ecosse, quitta la cour et, par humilité, se consacra à la garde des pourceaux, à Bonnet (Meuse) ; Xe siècle. — Fête : le 24 octobre.

> Invoqué pour guérir la Folie.

S. Floret, *Floregius*, évêque régionnaire en Auvergne, où le pape l'avait envoyé combattre l'arianisme; viie siècle. — Fête : le 1er juillet.

<small>Invoqué pour la santé du Bétail.</small>

Ste Florentine, *Florentina*, vierge et martyre (époque incertaine). — Fête : le 31 août.

S. Floride. *Floridus* (lat. : fleuri), né en Ombrie où il fut évêque; disciple de S. Herculan, mort vers 566. — Fête : le 13 novembre.

Ste Floride, *Florida*, martyre en Afrique, avec plusieurs autres. — Fête : le 18 janvier.

S. Florien, ou **Florian**, *Florianus*, né à Zeiselmaur en Autriche; centurion dans l'armée romaine; s'offrit lui-même au martyre. On lui déchira la chair avec des ongles de fer, et on le jeta à l'eau avec une pierre au cou; fin du iiie siècle [1]. — Fête : le 4 mai.

<small>Invoqué dans les Combats et contre l'Incendie.</small>

Ste Florine, *Florina*, vierge et martyre, compagne de Ste Ursule. — Fête : le 6 juin.

S. Flour, *Florus*, 1er évêque de Lodève et apôtre d'une partie du Languedoc, prêcha jusque dans l'Auvergne où il mourut en 389. S. Odilon bâtit une église sur son tombeau. — Fête : le 3 novembre.

S. Flovier, *Flodoveus*, martyr au ve siècle; patron d'une paroisse en Touraine. — Fête : le 3 mai.

Ste Foi, ou **Foy**, *Fides*, sœur de Ste Espérance et de Ste Charité, filles de Ste Sophie. Ces trois vierges subirent le martyre au iie siècle, sous l'empereur Adrien. — Fête : le 1er août.

S. Forannan, *Forannanus*, évêque d'Armagh en Irlande; appelé par une révélation divine, vint, avec 12 compagnons, aborder sur les côtes de Belgique, n'ayant eu pour barque que deux pièces de bois croisées. Elu abbé de Wasour sur la Meuse, il y fit fleurir toutes les vertus et mourut en 982. — Fête : le 30 avril.

<small>Invoqué contre les maux de Dents et la Rage.</small>

S. Fort, *Fortis*, souverain prêtre des idoles, converti par S. Martial de Limoges, fut le 1er évêque de Bordeaux; déca-

---

1. Certains auteurs regardent S. Florian, comme le frère de S. Florent, ci-dessus, qui vint en Gaule après avoir échappé miraculeusement à la persécution en Autriche.

pité avec deux enfants, après avoir subi les plus cruelles tortures (date incertaine). — Fête : le 16 mai.

Invoqué pour les Enfants faibles et ceux qui tardent à marcher.

S. Fortunat, *Fortunatus* (lat. : fortuné), évêque de Todi, qu'il délivra du siège des Goths de Totila ; mort en 537. — Fêtes : le 30 août et le 14 octobre.

Invoqué contre les Esprits immondes.

S. Fortunat (Venance-Honoré-Célestin), né en Italie, vint s'établir à Tours. Appelé à Poitiers par Ste Radegonde, il fut le secrétaire de cette sainte reine. Ordonné prêtre en 565, il fut élevé sur le siège de Poitiers quelques années après et mourut en 609. Historien et poète [1]. — Fête : le 14 décembre.

B^x Foulques, *Fulco* (vieux dialecte : faucon), archevêque de Reims et martyr, mort assassiné par vengeance, en 900. — Fête : le 10 juin.

Ste Foy, *Fides*, vierge d'Agen, fut attachée sur un gril d'airain sous lequel on alluma un grand feu, et convertit un grand nombre de personnes par son héroïque courage. Elle avait treize ans [2] (303). — Fête : le 6 octobre

Patronne des Cornetiers, Tabletiers et fabricants de Peignes.
Invoquée pour obtenir la grâce de la Maternité, pour l'heureuse issue des Couches, et surtout pour la conservation de la Foi.

S. Frambourg, ou **Fraimbaud**, *Frambaldus*, de noble origine, se retira dans la solitude à Ivry-sur-Seine, puis à l'abbaye de Micy, près d'Orléans, et enfin sur les bords de la Mayenne ; mort en 532. — Fête : le 16 août.

Invoqué contre le mal de Tête.

Ste Framechilde, ou **Frameuse**, *Framchildis*, noble allemande, mère de Ste Austreberte, morte en 685. — Fête : le 17 mai.

Invoquée contre le mal de Tête.

Ste Franche ou **France**, *Francia*, née à Plaisance, consacrée à Dieu dès son enfance, devint abbesse du monastère de Saint-Cyr dans sa ville natale (1172-1218). — Fête : le 25 avril.

Invoquée contre le Cauchemar et les affections des Yeux.

Ste Francisque, *Francisca*, religieuse de l'Ordre des Servites, morte en 1496. — Fête : le 4 juin.

---

1. Il est l'auteur du *Pange, lingua, gloriosi lauream certaminis*, et peut-être du *Vexilla Regis*.
2. Les reliques de Ste Foy, d'abord ensevelies à Agen, furent plus tard transportées à Conques (Aveyron), où elles reposent encore, et le culte de la jeune martyre s'est étendu dans toute la France, et même dans les pays étrangers.

S. François[1] d'Assise, *Franciscus*, fils d'un noble marchand, renonça à toutes ses richesses, prit l'habit des bergers et des paysans du canton d'Italie où il vivait et se consacra à Dieu. Il institua les religieux nommés aujourd'hui Franciscains, Capucins, Cordeliers et Frères Mineurs, auxquels il donna le même habit pauvre. Notre-Seigneur lui accorda le don des miracles à un très haut degré et imprima sur ses membres les traces glorieuses des plaies de la Passion[2]. Il mourut à Rome (1182-1226). — Fête : le 4 octobre.

> Patron des Marchands, des Tailleurs d'habits, Tondeurs de draps, Tisserands, Toiliers, Filassiers, Tapissiers, Passementiers.
> Invoqué contre les maux de Tête, la Pauvreté et la Peste.

S. François de Borgia (Français), descendant des rois d'Aragon et duc de Candie ; très ému par la vue du cadavre de l'impératrice Isabelle, se fit religieux de la Compagnie de Jésus dont il fut le 3e général (1510-1572). — Fête : le 10 octobre.

> Invoqué contre les Tremblements de Terre.

S. François de Paule, né en Calabre, à Paule ; se fit d'abord religieux cordelier, puis fonda à dix-neuf ans l'Ordre des Minimes. Il vint en France, appelé par Louis XI qu'il assista à l'heure de la mort. Il mourut près de Tours où il avait fondé un monastère de Minimes (1416-1507). — Fête : le 2 avril.

> Invoqué contre les Afflictions spirituelles et temporelles, la Peste, et pour obtenir les joies de la Maternité et une Descendance masculine.

S. François Régis, né près de Narbonne, religieux de la Compagnie de Jésus, s'adonna à la prédication et aux bonnes œuvres ; fonda au Puy la première maison de Refuge pour les femmes de mauvaise conduite. Dans une course apostolique il tomba, se cassa une jambe et continua néanmoins sa route. Il confessa ensuite une partie de la journée, et, quand on voulut lui panser la jambe, elle était guérie. Il mourut dans l'exercice même du saint ministère, à La Louvesc, en 1640, le 31 décembre. — Fête : le 16 juin.

> Patron d'une société charitable pour la réhabilitation des Mariages et patron des Dentelières.
> Invoqué contre la Fracture des jambes, pour les Perclus et les Sourds-Muets, pour obtenir le bonheur de la Maternité, et contre les Fièvres pernicieuses.

S. François de Sales, né près de Genève, fit ses études à Annecy. Ordonné prêtre, il se livra à la prédication contre

---

1. Il fut appelé *Jean* au baptême, mais on lui donna le surnom de François à cause de sa science de la langue française.
2. Ce sont ces marques vénérables qu'on nomme les *stigmates* de S. François.

les hérétiques luthériens, et fut sacré évêque de Genève. Il fonda avec S¹ᵉ Chantal l'Ordre de la Visitation, et fut un des saints les plus admirables par sa douceur et sa charité [1] (1567-1622). — Fête : le 29 janvier.

    Patron de la Presse catholique.

S. François Solano, né en Andalousie, entra chez les Franciscains et fut envoyé prêcher dans l'Amérique du Sud où il fit de nombreuses conversions par ses discours et ses miracles. Il annonça quinze ans à l'avance la destruction d'une ville par un tremblement de terre (1549-1610). — Fête : le 24 juillet.

    Invoqué contre les Tremblements de terre.

S. François-Xavier, né dans la Navarre, fut un des premiers disciples de S. Ignace, avec lequel il fonda la Compagnie de Jésus. Il alla évangéliser les Indes, la Chine, le Japon, où il fit un nombre prodigieux de miracles et de conversions (1506 à 1552). — Fête : le 3 décembre.

    Patron de la Propagation de la Foi.
    Invoqué contre les Orages et la Peste, et dans les Voyages sur mer.

Sᵗᵉ Françoise, *Francisca*, noble dame romaine, modèle admirable des épouses. Devenue veuve, elle entra chez les Oblates qu'elle avait fondées, et elle se plaisait à y remplir les plus humbles emplois. Notre-Seigneur permit qu'elle renouvelât le miracle de la multiplication des pains (1384-1440). — Fête : le 9 mars.

    Patronne des Femmes mariées.

S. Frédebert, *Fridebertus* (tud. : homme pacifique), évêque d'Agen. — Fête : le 26 juillet.

S. Frédegaud, *Fredegaldus*, fonda près d'Anvers, d'après les conseils de S. Amand, un monastère dont il fut le 1ᵉʳ supérieur (fin du vɪɪᵉ siècle et commencement du vɪɪɪᵉ). — Fête : le 17 juillet.

    Invoqué contre la Peste.

S. Frédéric, *Fridericus* (celt. : roi de Paix), évêque d'Utrecht et martyr ; apôtre de l'île de Walchren et auteur d'un *Traité sur l'adorable mystère de la Trinité* ; mort en 838. — Fête : le 18 juillet.

S. Fréjus, évêque de Grenoble, mort vers 669. — Fête : le 12 janvier.

S. Friard, *Friarius*, fils d'un laboureur des environs de Nantes, embrassa la profession de son père, et se livrait si souvent à

---

1. Il est l'auteur de l'excellent livre de spiritualité : l'*Introduction à la vie dévote*.

la prière qu'il était la risée de ses voisins. Il se retira avec le diacre Secondel, ou Second, dans une île de la Loire et y mourut de la fièvre, vers la fin du vi⁰ siècle. — Il fut lié d'une étroite amitié avec S. Félix de Nantes. — Fête : le 1ᵉʳ août.

> Patron des Laboureurs et des Vignerons.
> Invoqué contre la Fièvre et les maux de Reins.

S. Fridolin, *Fridolinus* (celt. : qui aime la Paix), abbé dans les Iles Britanniques, d'où il vint prêcher en Gaule ; fonda un monastère dans une île du Rhin et y mourut en 538. — Fête : le 6 mars.

S. Frise, *Fresius*, fils d'une sœur de Charles Martel, martyr près d'Auch. — Fête : le 24 juin.

> Invoqué contre l'Épilepsie.

S. Frobert, *Frodobertus*, né à Troyes, religieux de Luxeuil et fondateur du monastère de Moutiers-la-Celle ; mort en 673. — Fêtes : le 8 janvier et le 31 décembre.

S. Fromond, *Fromundus*, honoré à Rouen, martyr. — Fête : le 24 octobre.

S. Front, ou **Fronton**, *Fronto* (lat. : large front), un des soixante-douze disciples de Notre-Seigneur, assista aux grands mystères de la Passion, accompagna S. Pierre à Rome, fut envoyé par lui dans les Gaules et fut le 1ᵉʳ évêque de Périgueux ; 1ᵉʳ siècle. — Fête : le 25 octobre.

> Invoqué pour les Infirmes, contre les serpents.

S. Fructueux, *Fructuosus* (lat. : qui porte des fruits), évêque de Tarragone en Espagne, fut brûlé vif avec ses deux diacres *Augure* et *Euloge*, en 259. — Fête : le 21 janvier.

> Invoqué pour la Pluie.

SS. Frumence, *Frumentius* (lat. : de froment), deux frères du même nom, marchands de Carthage, qui endurèrent un horrible martyre en 484, sous la persécution des Vandales. — Fête : le 23 mars.

> Patrons des Négociants.

Bʳ Fulbert, *Fulbertus* (teut. : plein d'éclat), chancelier, puis évêque de l'église de Chartres, ami de S. Odilon de Cluny, étendit à tout son diocèse la fête de la Nativité de Marie ; mort en 1029. — Fête : le 10 avril.

S. Fulgence, *Fulgentius* (lat. : brillant), d'une illustre famille d'Afrique, abandonna tous ses biens pour se retirer dans un monastère. Devenu évêque de Ruspe, il se distingua par son zèle et ses miracles. Auteur d'un grand nombre d'ouvrages, il est honoré du titre de docteur de l'Église. Mort en 533. — Fête : le 1ᵉʳ janvier.

S. Fursy, *Furseus*, du sang des rois d'Irlande. Baptisé par S. Brendan et, plus tard, admis par lui dans son monastère de Clunaferte, il y pratiqua d'admirables vertus. Il eut un grand nombre de visions d'anges, produisit d'innombrables conversions dans les pays de Liège et du Brabant qu'il évangélisa, et mourut au monastère de Lagny dont il était devenu abbé en 650. — Fête : le 16 janvier.

> Invoqué contre les Coliques, les Fièvres, la Gale, les Dartres, les Hernies, l'Hydropisie, la Paralysie, la Pierre et les maladies des Yeux.

G

S. Gabin, *Gabinus* (habitant de Gabies), prêtre de l'Eglise Romaine, frère du pape S. Caïus, père de S{}^{te} Suzanne; mort martyr en 296. — Fête : le 19 février.

S. Gabriel (héb. : force de Dieu), l'archange qui expliqua la vision de Daniel, annonça la naissance de S. Jean-Baptiste et celle de Notre-Seigneur. — Fête : le 18 mars.

> Invoqué pour obtenir la grâce de la Maternité.

S. Gaëtan, *Gaetanus* (habitant de Gaëte), consacré à la S{}^{te} Vierge dès son enfance, s'adonna à toutes les bonnes œuvres et, en particulier, au soin des malades. Il fonda les Clercs Réguliers, dits Théatins, pour imiter les vertus et les œuvres des apôtres et mourut plein de grâces et de mérites à Naples en 1547. — Fête : le 7 août.

S. Gal, *Gallus* (lat. : Gaulois), d'une noble famille de Clermont en Auvergne, entra dans un monastère où sa piété et sa belle voix le firent remarquer de son évêque qui l'ordonna diacre. Elevé plus tard sur le siège épiscopal de sa ville natale, il y donna l'exemple des plus admirables vertus. Il mourut d'une fièvre violente en 553. — Fête : le 1{}^{er} juillet.

> Invoqué contre la Fièvre.

S. Gal, d'origine Irlandaise, amené en France par S. Colomban avec lequel il fonda Luxeuil. Après avoir vécu vingt ans dans ce monastère, il en fut chassé par la reine Brunehaut et se retira en Suisse où il fonda le monastère et la ville de Saint-Gal; mort vers 646. — Fête : le 16 octobre.

> Invoqué pour la prospérité des Volailles et spécialement des Poules et des Coqs.

Sᵗᵉ Galla (lat. : *gauloise*), devenue veuve la première année de son mariage, se retira dans une cellule, près du tombeau des SS. Apôtres, à Rome, où elle mourut d'un cancer, en 546. — Fête : le 5 octobre.

> Patronne des Veuves.

S. Galmier, *Baldomerus*, né dans le Forez, vint à Lyon où il exerça la profession de serrurier. Il nourrissait les pauvres du produit de son travail, et donnait même ses outils, faute d'autre chose ; mort en 642 ou 660. — Fête : le 27 février.

> Patron des Serruriers.

S. Gadon, ou **Gan**, *Gao*, né à Verdun (Meuse) ; neveu de S. Wandrille, avec lequel il fonda le couvent de Fontenelle. Il se retira ensuite en Brie, dans un ermitage où il mourut vers 690. — Fête : le 26 mai.

> Patron des Gantiers et des Mégissiers.
> Invoqué contre la Peste.

S. Gaspard, *Gaspardus*, l'un des trois Rois Mages qui vinrent d'Orient adorer l'enfant Jésus. — Fête : le 6 janvier (Voir *Mages*).

S. Gaston, *Vasto* (teut. : *hôte*) (Voir *S. Vaast*). — Fête : le 6 février.

S. Gatien, *Gatianus* (teut. : *puissant*), 1ᵉʳ évêque de Tours, envoyé de Rome pour prêcher la foi en Gaule, en même temps que S. Denis, S. Martial et autres, fonda huit églises en Touraine, malgré les terribles persécutions de son temps, et mourut dans un âge très avancé. Il fut enterré dans le cimetière des Chrétiens qu'il avait lui-même établi près de l'église actuelle de Notre-Dame la Riche, et probablement dans la cour du pensionnat des religieuses du Saint-Esprit [1]. — Fête : le 18 décembre.

> Invoqué pour retrouver les Objets domestiques perdus ou Volés et dans les Affaires difficiles ou désespérées.

S. Gaucher, *Valterus*, ou *Gaucherius*, né à Meulan-sur-Seine, se retira dans la solitude du bois d'Aureil, en Limousin, où il eut entre autres disciples S. Etienne de Muret. Après avoir fondé plusieurs couvents d'hommes et de femmes, il mourut d'un accident de cheval en revenant d'une course charitable (1050-1130). — Fête : le 9 avril.

> Invoqué pour obtenir la Pluie et contre les Orages et les Fièvres.

S. Gaudin, *Gaudentius* (lat. : *joyeux*), évêque de Soissons, qui fut précipité dans un puits par des misérables dont il avait blâmé les désordres ; vɪɪɪᵉ siècle. — Fête : le 11 février.

---

1. Les précieux restes mortels de S. Gatien, déposés d'abord au lieu que nous indiquons, furent déplacés un peu plus tard et inhumés à l'endroit où se trouve son tombeau, récemment réparé grâce à la générosité de pieux chrétiens.

S. Gaudéric, ou **Gaudry**, *Gaudericus*, né de parents pauvres, près de Toulouse, exerça la profession de laboureur et se distingua par une très grande dévotion envers la S¹ᵉ Vierge; mort vers 900. — Fête : le 16 octobre.

    Invoqué pour ou contre la Pluie, selon le besoin.

S. Gautier, *Gualterus*, fut d'abord religieux à Rebois-en-Brie, où il délivra un prisonnier, malgré la règle; plus tard il devint abbé de Saint-Martin de Pontoise; cette charge lui paraissant trop lourde, il essaya plusieurs fois de s'y soustraire par la fuite, mais le pape l'obligea à la conserver. Il fonda à Bertaucourt un monastère de femmes; mort en 1099. — Fête : le 8 avril.

    Patron des Prisonniers et des Vignerons.
    Invoqué pour les Yeux et contre la Fièvre et les Rhumatismes.

S. Gauthier, *Waltherus*, d'une famille noble du Brabant, fut moine de Citeaux, provincial à Tours, puis nommé évêque de Poitiers par le pape. Dépouillé de cette charge à la suite de calomnies infâmes, il mourut dans son monastère, en 1307. — Fête : le 22 janvier.

    Invoqué contre la Fièvre quarte.

S. Gébuin, ou **Jubin**, *Gebuinus*, fils d'Hugues III, comte de Dijon, fut nommé archevêque de Lyon, après avoir été archidiacre de Langres; il mourut de la maladie de la pierre; xıᵉ siècle. — Fête : le 17 avril.

    Invoqué contre la maladie de la Pierre, contre la Fièvre et pour les malheureux Perclus.

S. Gemmule, ou **Gemble**, *Gemulus* (lat. : jumeau), né en Allemagne, fut décapité par des brigands pendant qu'il faisait un pèlerinage; ses historiens rapportent qu'ayant pris sa tête à deux mains il la replaça sur son cou (époque incertaine). — Fête : le 4 février.

    Invoqué pour obtenir la Pluie.

Sᵗᵉ Généreuse, *Generosa*, martyre à Carthage avec S. Spérat et les autres martyrs scillitains, en 200. — Fête : le 17 juillet.

S. Généreux, *Generosus*, martyr à Tivoli. Son corps se trouve à Rome sous le grand autel de l'église de Saint-Laurent. — Fête : le 17 juillet.

S. Genès, *Genesius* (gr. : famille), comédien qui se convertit sur le Théâtre même, dans une représentation sacrilège où il parodiait les cérémonies du baptême; fut martyrisé en 286 ou 303. — Fêtes : le 25 et le 26 août.

    Patron des Comédiens, Ménétriers et joueurs de Vielle.
    Invoqué contre l'Épilepsie.

S. Genès, greffier à Arles, fut martyrisé pour avoir refusé de copier un édit de persécution contre les chrétiens, au commencement du IVe siècle. — Fêtes : le 25 et le 26 août.

> Patron des Notaires.
> Invoqué contre la Teigne des enfants et contre les Engelures.

S. Genès, ou **Genez**, né en Argolide, vint en Gaule pour fuir la persécution, mais fut arrêté près de Thiers et eut la tête tranchée en 68. — Fête : le 28 octobre.

> Invoqué pour les maux d'Yeux et contre la Paralysie.

S. Genest, *Genetius*, prieur de Fontenelle, puis archevêque de Lyon, aimait tellement les pauvres que Clovis II en fit le distributeur de ses aumônes ; mort à Chelles en 679. — Fête : le 3 novembre.

Ste Geneviève, *Genovefa* (celt. : joue blanche ou femme blanche), née à Nanterre, près de Paris, de parents cultivateurs, passa sa jeunesse à garder des troupeaux. S. Germain d'Auxerre, la rencontrant, prédit ses destinées et sa sainteté ; à quatorze ans, elle se consacra à Dieu. Elle délivra Paris des fureurs d'Attila, sauva de la famine cette même ville assiégée par Childéric. Elle vint en pèlerinage à Tours au tombeau de S. Martin (422-512). Depuis sa mort, elle n'a cessé de protéger Paris contre toutes sortes de fléaux ; cependant, par un genre de reconnaissance propre à notre époque, on a désaffecté son église, qui sert de tombeau à de prétendus grands hommes, sous le nom de Panthéon. — Fête : le 3 janvier.

> Patronne des Bergères, des Vignerons, Ciriers, Chapeliers, Mouleurs en bois, Tapissiers, et des Femmes mariées.
> Invoquée contre les Catharres des yeux, les Afflictions de la France, les Malheurs publics, les Calamités, les Affaires difficiles ; contre le mal des Ardents, la Fièvre et la Lèpre.

S. Gengoult, ou **Gengon**, *Gengulphus*, d'une famille noble de Bourgogne, épousa une femme d'un caractère insupportable et de mœurs dépravées qui le fit assassiner, en 760. — Fête : le 11 mai.

> Patron des Cordonniers et des Tanneurs.
> Invoqué pour les Enfants malades, les Mal mariés, et la bonne Union des ménages.

S. Génitour, *Genitor* (lat. : père), martyrisé en Touraine [1] par les Goths, avec Ste Maure, sa mère, et ses huit frères, dont le plus connu est S. Epain qui a donné son nom au lieu où ils furent martyrisés ; IVe siècle. — Fête : le 25 octobre.

> Invoqué contre les Maux incurables.

---

1. L'église du Blanc (Indre) lui est dédiée. D'après la tradition du pays, S. Génitour aurait été décapité dans cette ville et aurait ensuite traversé la Creuse à la nage en tenant sa tête entre les mains.

S. Genouph, ou **Genou**, *Genulphus*, 1ᵉʳ évêque de Cahors, envoyé de Rome dans les Gaules par le pape Sixte II, en 257, subit divers tourments pour la foi et mourut cependant de mort naturelle dans le diocèse de Bourges. — Fête : le 17 janvier.

S. Gens, *Gentius*, solitaire au Basset, se livrait à l'agriculture. Il est très populaire parmi les paysans du département de Vaucluse ; xiiᵉ siècle. — Fête : le 16 mai.

> Invoqué contre la Colique, la Fièvre et la Sécheresse.

S. Gentien, *Gentianus*, que le peuple croit avoir été cabaretier et qui fut décapité pour avoir tenté de défendre les martyrs, en 303. — Fête : le 11 décembre.

> Patron des Hôteliers, Aubergistes, etc.

S. Geoffroy, *Gaufridus* (comme Godefroy), évêque du Mans, mort en 1255. — Fête : le 3 août.

> Invoqué contre la Fièvre.

S. Georges le Grand, *Georgius* (gr. : laboureur), naquit en Cappadoce, embrassa la carrière des armes et arriva à un grade élevé ; mais, quand Dioclétien eut publié ses édits contre les chrétiens, il se démit et osa reprocher à l'empereur sa cruauté, ce qui le fit mettre à mort, en 303. Une légende rapporte qu'il aurait délivré une jeune fille prête à être dévorée par un monstre [1]. — Fête : le 23 avril.

> Patron des Guerriers, Chevaliers, Soldats, Armuriers, Arquebusiers, Cavaliers, Sergents de ville, des Armées chrétiennes et de la Cavalerie.
> Invoqué dans les Combats, contre les Ennemis de l'Eglise, les Insultes et les Chutes graves du corps.

S. Georges [2], soldat de la Légion Thébaine, qui parvint à s'échapper du massacre de ses camarades à Agaune, mais fut rejoint et immolé à Pignerolles en Piémont (280). — Fête : le 24 avril.

Sᵗᵉ Georgie, ou **Georgine**, *Georgia*, ou *Georgina*, vierge, honorée à Clermont en Auvergne. — Fête : le 15 février.

S. Gérald, *Geraldus*, abbé, puis évêque de Mayo en Irlande ; mort en 732. — Fête : le 13 mars.

> Invoqué contre la Peste.

S. Gérard, *Gerardus* (teut. : fort à la guerre), né à Lunel, d'une famille noble, vint d'abord s'établir avec son frère dans un ermitage près du Pont-du-Gard, puis entreprit de longs

---

1. Cette jeune fille ne serait-elle pas l'Eglise personnifiée, encore jeune au temps de S. Georges ?
2. *Georgette* vient du nom « Georges ».

pèlerinages avec ce même frère, et mourut d'un violent mal de tête au diocèse de Fermo, en Italie, en 1298. — Fête : le 24 mai.

Invoqué contre l'Epilepsie et le mal de Tête.

S. Gérard de Brogne, d'abord militaire, puis fondateur d'une abbaye de son nom, près de Namur, dont il fut le 1er abbé (887-959). — Fête : le 3 octobre.

Invoqué contre la Fièvre, les Humeurs froides et la Jaunisse.

S. Gerbaud, *Gerebaldus*, évêque de Bayeux, mort en 685. — Fête : le 7 décembre.

S. Géréberne, *Gerebernus*, prêtre qui convertit Ste Dympne et fut martyrisé avec elle à Geèls en Brabant, au viie siècle. — Fête : le 15 mai.

Invoqué contre la Goutte aux mains.

S. Géréon, *Gereo* (gr. : vieillard), martyr à Cologne en 301 avec 318 de ses compagnons, qui faisaient partie d'un détachement de la Légion Thébaine. — Fête : le 10 octobre.

Invoqué contre les maux de Tête.

S. Gérin, ou **Guérin**, *Guarinus*, frère de S. Léger, avec lequel il fut calomnieusement accusé d'avoir mis à mort Chilpéric II ; martyrisé en 678. — Fêtes : le 25 août et le 2 octobre.

S. Germain, *Germanus* (teut. : homme de guerre), fils d'un prince écossais, baptisé par S. Germain d'Auxerre, qui lui donna son nom et comme une communication de ses vertus. Le jeune Germain, devenu prêtre, vint en France où il fit de nombreuses conversions ; il fut sacré évêque à Trèves et ne s'arrêta plus désormais dans ses courses apostoliques dont il marquait le chemin par de nombreux miracles ; il prêcha en Espagne, en Gaule, en Italie, en Suisse, en Belgique ; enfin il fut martyrisé à Rouen, au ve siècle. — Fête : le 2 mai.

Invoqué contre la Fièvre.

S. Germain, né en Bourgogne de parents sans entrailles qui voulaient le faire mourir. Retiré chez un de ses oncles, il y fut élevé avec soin, se fit moine, devint abbé de son monastère et fut élu évêque de Paris. Il mourut en 576, après une vie toute de mortification et de piété. — Fête : le 28 mai.

Invoqué pour les Prisonniers et contre la Fièvre.

S. Germain, d'une famille illustre d'Auxerre, étudia toutes les sciences et surtout le droit. A la mort de S. Amateur, il monta, à sa place, sur le siège d'Auxerre, où il donna l'exemple des plus hautes vertus épiscopales. Il fit de nombreuses courses de charité et d'apostolat en Angleterre, en Italie, etc. ; ce fut dans un de ses voyages qu'il rencontra à

Nanterre Sᵗᵉ Geneviève à laquelle il prédit ses destinées : elle n'avait que six ans; mort en 450. — Fête : le 31 juillet.

> Invoqué contre le Carreau, la Diarrhée, la Folie, la Rage et les Parjures.

S. Germain, de Montfort en Belgique, fut le précepteur de Bernard de Menthon, fondateur des hospices du Grand et du Petit-Saint-Bernard, puis, s'étant fait religieux, fut élu prieur du couvent de Talloires, de l'Ordre de Saint-Benoît, et se distingua par les plus austères vertus. Mort en 1000. — Fête : le 29 octobre.

> Invoqué dans les Infirmités et les Douleurs corporelles et contre les maladies des Enfants.

Sᵗᵉ Germaine Cousin, *Germana*, de Pébrac, près de Toulouse, née infirme et scrofuleuse, perdit sa mère très jeune et fut élevée par une belle-mère qui la fit beaucoup souffrir et l'obligea à garder les troupeaux. Elle quittait ses brebis pour aller prier, mais il lui suffisait de planter près d'elles sa quenouille pour les préserver des loups; elle fit de nombreux miracles et mourut subitement, la nuit, sur son lit de sarments, à vingt-deux ans, en 1601. — Fête : le 15 juin.

> Patronne des Bergères.

S. Germer, *Geremarus*, appelé par sa naissance à la cour de Dagobert Iᵉʳ, s'y lia avec S. Ouen et S. Eloy et travailla avec eux au bien de la religion et du pays. Ayant obtenu de quitter sa charge, il entra en religion et fut élu abbé de Flay ou Fly, diocèse de Beauvais. Mort en 658. — Fête : le 24 septembre.

> Invoqué contre la Fièvre chaude et les Passions violentes.

Sᵗᵉ Gertrude, *Gertrudis* (teut. : bien-aimée), fille de Pépin de Landen, refusa de se marier avec un prince distingué; se retira au monastère de Nivelle, fondé par sa mère; y vécut dans de grandes austérités; en fut nommée abbesse, et y mourut en 664. — Fête : le 17 mars.

> Patronne des Voyageurs.
> Invoquée contre les Rats et tous les rongeurs, contre la Fièvre; pour trouver de bonnes Hôtelleries en voyage, et pour passer avec succès les Examens.

Sᵗᵉ Gertrude d'Hamage, fille de Théobald de Douai, parent des premiers rois mérovingiens, fut d'abord mariée à un prince dont elle eut trois fils. L'un, Erchinoald, devint maire du Palais; le second, Sigebert, épousa Sᵗᵉ Berthe, fondatrice du monastère de Blangy, en Artois; et le troisième, nommé Adalbaud, fut l'époux de Sᵗᵉ Rictrude et le père de Sᵗᵉ Eusébie, de Sᵗᵉ Clotsende et de Sᵗᵉ Adalsende. Gertrude, devenue veuve, fonda l'illustre abbaye d'Hamage, qu'elle gouverna pendant environ dix-neuf ans, et où elle fit régner la plus grande ferveur. Morte en 649. — Fête : le 6 décembre.

> Invoquée pour obtenir la Ferveur dans la dévotion.

S. Gervais, martyr à Milan avec S. Protais, son frère. Ils étaient fils de S. Vital et de Ste Valérie. — Fête : le 19 juin.

> Patron des Fauceurs.
> Invoqué contre le Flux de sang, l'Incontinence d'urine, l'Épizootie, pour les Enfants qui ont les pieds en croix ou qui ont des convulsions, et pour les Aliénés.

S. Gibert, *Gibardus*, abbé de Luxeuil et martyr des Huns à Martinvelle (Vosges), en 888. — Fête : le 14 février.

S. Gibrien, *Gibrianus*, irlandais de naissance, vint en France s'établir sur les bords de la Marne avec ses cinq frères et trois sœurs. Ils embaumèrent toute la contrée de leurs vertus. Gibrien était prêtre ; il mourut au même lieu et fut enterré sous sa cellule ; vi^e siècle. — Fête : le 7 mai.

> Invoqué pour les Boiteux, et dans les maladies des Enfants.

S. Gilbert, *Gilbertus* (teut. : brillant compagnon), chanoine de Saint-Quentin, puis archidiacre de Meaux ; se fit particulièrement remarquer par sa charité pour ses amis ; mort en 1010. — Fête : le 13 février.

> Invoqué contre l'Hydropisie et le mal des Ardents.

S. Gilbert, de la famille de Courtenay, né à Broût-Vernet (Allier), fit la croisade avec Louis VII, et, au retour, se fit religieux à Neufontaines, dont il devint abbé. Mort vers 1152. — Fête : le 7 juin.

> Invoqué pour obtenir l'abondance du lait aux Nourrices, et les joies de la Maternité.

S. Gildas, dit le Sage, abbé de Rhuys, au diocèse de Vannes ; homme pieux, savant et éloquent (494-581). — Fête : le 29 janvier.

> Invoqué contre la Rage, la Fièvre, les maux de Tête et les maux de Dents.

S. Gilles, *Ægidius* (gr. : chevreau), naquit à Athènes, d'une famille royale, fut élevé très chrétiennement et reçut dès sa jeunesse le don des miracles. Pour fuir l'éclat de sa réputation, il vint en France, où il séjourna d'abord dans le diocèse d'Arles, puis dans une grotte, à Collias (arrondissement d'Uzès), et enfin dans une forêt près de Nîmes, où il vivait de racines et du lait d'une biche apprivoisée. Wamba, roi des Wisigoths, étant un jour à la chasse, lança à cette biche une flèche qui atteignit, à la main, S. Gilles, que le chasseur ne voyait pas. La blessure ne guérit jamais. Wamba, pour expier ce malheur involontaire, fit construire à S. Gilles un monastère où il mourut entouré de nombreux disciples, en 721. — Fête : le 1er septembre.

> Patron des petits Enfants, des Bergers, des Eperonniers, des Marchands de Chevaux, des Mendiants.
> Invoqué pour la santé du Bétail et les Estropiés, contre le Respect humain, la Peur, le Cancer, l'Epilepsie, la Folie, les Orages, la Sécheresse, l'Incendie, les Convulsions des enfants, la Fièvre ; pour obtenir la grâce de la Maternité, et pour toutes sortes d'autres Grâces[1].

V^{ble} **Gilles de S. Joseph**, après avoir soutenu sa famille du produit de son travail et s'être sanctifié dans son atelier de tisseur en soie, entra dans l'Ordre des Franciscains et mourut à Naples en 1812. — Fête : le 17 février.

> Patron des Tisseurs et Tisserands.

S. **Girard**, *Girardus*, moine du monastère de Saint-Aubin d'Angers, homme remarquable par son amour des âmes, son zèle apostolique, le don de prophétie et celui des miracles. Souvent les âmes du purgatoire lui apparaissaient pour le remercier de ses prières ; XIIe siècle. — Fête : le 4 novembre.

> Invoqué pour les âmes du Purgatoire.

S. **Girons**, ou **Giroux**, *Geruntius* (gr. : sénile, vieillard), confesseur, en Gascogne, où une ville porte son nom. — Fête : le 6 mai.

> Invoqué pour l'abondance du lait des Nourrices.

Ste **Gisèle** (celt. : qui fuit) (Voir Ste *Isbergue*). — Fêtes : le 7 et le 21 mai.

S. **Gislain**, ou **Guillain**, *Gislenus*, originaire de Grèce, où il fut ordonné prêtre et peut-être évêque, fit un pèlerinage à Rome et fut averti par une révélation d'aller se fixer dans le Hainaut. Il y fonda le monastère de la Celle, et mourut en 681. — Fête : le 9 octobre.

> Invoqué pour les futures Mères, pour les Enfants et contre l'Epilepsie.

Ste **Glossinde**, ou **Clossine**, *Clodesindis*, noble jeune fille longtemps poursuivie par ses parents qui voulaient la marier.

---

1. Pour toutes ces intentions on va surtout en pèlerinage à la paroisse de *Saint-Gilles* (Gard), où est le tombeau du saint abbé. C'était, au moyen âge, l'un des sanctuaires les plus visités, et l'on y accourait de toutes les contrées de l'Europe, comme à Saint-Martin de Tours ou à Saint-Jacques de Compostelle. Quoique moins considérable aujourd'hui, il attire encore cependant chaque jour des pèlerins du monde chrétien tout entier. Nous l'indiquons ici pour éviter de répéter ce renseignement à chacune des grâces que l'on demande par l'intercession de S. Gilles. Nous sommes heureux, en même temps, de témoigner ici toute notre reconnaissance à M. le curé-doyen de Saint-Gilles pour tous les bons renseignements qu'il nous a fournis.

finit par entrer en religion et fonda, à Metz, un monastère de l'Ordre de Saint-Benoît. Morte en 608. — Fête : le 25 juillet.

Patronne et protectrice de Metz.

S. Goard, *Goardus*, noble Aquitain, se retira du monde, après avoir été ordonné prêtre, et se fixa dans une solitude près de Trèves où il exerça la charité surtout à l'égard des pèlerins qui passaient à cet endroit. Il y mourut en 575, après avoir accompli de nombreux miracles. — Fête : le 6 juillet.

Patron des Potiers.

S. Godard, ou **Gothard**, *Godehardus*, né en Bavière, évêque d'Hildesheim ; bâtit des églises, fonda des monastères et des hôpitaux et donna l'exemple de toutes les vertus. Mort en 1038. — Fête : le 4 mai.

Invoqué contre les Calculs et la Gravelle.

S. Godebert, *Godobertus*, évêque d'Angers au VIIe siècle. — Fête : le 6 mars.

Ste Godeberte, *Godoberta*, originaire de Picardie, put se consacrer à Dieu grâce à l'intervention de S. Eloy, malgré ses parents qui voulaient la marier. Le roi Clotaire III lui donna le palais de Noyon pour y établir une communauté où elle mourut au VIIe siècle, après avoir accompli de nombreux miracles. — Fête : le 11 avril.

Invoquée contre les Calamités publiques, les Maladies contagieuses, la Sécheresse, la Pluie et l'Incendie.

S. Godefroy, *Godefridus* (teut. : paix de Dieu), d'une famille noble et vertueuse de Soissons, commença dès sa jeunesse à pratiquer à un haut degré les vertus chrétiennes ; il fut élevé au sacerdoce et placé sur le siège épiscopal d'Amiens, malgré la résistance de son humilité ; il y vécut avec une grande simplicité et s'appliqua spécialement à réformer les abus ; mort en 1118. — Fête : le 8 novembre.

Ste Godelève, ou **Godelène**, *Godoleva* (flam. : amie de Dieu), née près de Boulogne, de parents nobles ; se maria à un jeune homme distingué qui bientôt la prit en haine à l'instigation de sa mère. Godelève, persécutée et torturée de toutes façons par son mari et sa belle-mère, finit par s'évader ; mais, son mari ayant feint de changer de sentiments, elle retourna près de lui, et le monstre la fit étrangler, en 1034. — Fête : le 6 juillet.

Invoquée contre la Fièvre et les maux de Gorge.

S. Gomer, *Gummarus*, d'une famille noble du diocèse de Malines, se maria à une personne de caractère intraitable qui le rendit malheureux, lui et tous ceux de sa maison. Cette méchante femme étant tombée malade, S. Gomer la guérit, et elle se convertit. Après avoir fait construire un ermitage dans sa propriété, le saint s'y retira et y mourut, en 774. — Fête : le 11 octobre.

> Patron des Tourneurs, Menuisiers, Fendeurs de bois, Boursiers et Gantiers.
> Invoqué contre les Hernies et les méchantes Femmes, et pour les Mal mariés.

B⁺ Gonsalve, *Gundisalvus*, religieux de l'Ordre de Saint-Augustin, qui, ayant été, durant sa jeunesse, d'une pureté angélique, se retira du monde pour en éviter les périls. Il passa une grande partie de sa vie à enseigner la religion aux petits enfants; mort vers la fin du xv⁵ siècle. — Fête : le 21 octobre.

S. Gond (Voir *S. Gadon*). — Fête : le 26 mai.

S. Gontran, *Guntramnus* (teut. : fort au combat), roi de Bourgogne, petit-fils de Clovis et de Sᵗᵉ Clotilde, lutta avec acharnement contre l'envahissement des Wisigoths. Son courage ne diminuait en rien sa bonté et sa générosité : il pardonna même à deux misérables qui avaient tenté de l'assassiner par ordre de Frédégonde. Il mourut en 593. — Fête : le 28 mars.

S. Gorgon, *Gorgonius*, occupait de hautes fonctions à la cour de Dioclétien. Comme il blâmait l'empereur de persécuter les chrétiens, il fut condamné à être pendu, déchiré à coups de fouet et tellement écorché qu'on voyait ses entrailles. Il fut ensuite saupoudré de sel, arrosé de vinaigre, rôti sur un gril, puis enfin étranglé, en 304. — Fête : le 9 septembre.

> Patron des Notaires.
> Invoqué contre les Rhumatismes.

S. Gothard, *Gothardus*, ermite dans les Alpes, a donné son nom à une montagne au pied de laquelle le Rhin prend sa source. — Fête : le 25 février.

S. Gousseau, ou **Goussaut**, *Gunsaldus*, disciple de S. Priest de Clermont, qui après la mort de son saint ami se retira sur une montagne de la Creuse appelée aujourd'hui de son nom : Saint-Goussault. Il y mena, pendant dix ans, la vie la plus austère, et y rendit son âme à Dieu; vii⁵ siècle. — Fête : le 5 novembre.

> Invoqué contre l'Asthme, le Goitre, les Maux de Gorge, principalement l'Esquinancie, et pour la santé du Bétail.

S. Grat, ou **Gratus** (lat. : agréable ou reconnaissant), de la famille des empereurs de Constantinople, reçut une éducation chrétienne et soignée. Nommé évêque d'Aoste par le Pape, il fut envoyé par lui en Palestine pour en rapporter la tête de S. Jean-Baptiste. De retour dans son diocèse, il ne cessa d'obtenir pour son peuple, non seulement les biens spirituels, mais aussi les biens temporels, surtout par l'aspersion de l'eau qu'il bénissait[1] ; mort au IX° siècle. — Fête : le 27 septembre.

> Invoqué pour la Vigne, pour et contre la Pluie, contre la Grêle, les Tempêtes, les Incendies, les Insectes et les Animaux nuisibles.

S. Grat, noble Romain qui vint en Gaule pour prêcher la foi chrétienne et se retira dans la solitude à Capdenac. Dieu le favorisa du don des miracles, et il guérissait une foule de malades et d'infirmes qui venaient le trouver. Les païens lui tranchèrent la tête, en 316. — Fête : le 16 octobre.

> Invoqué contre la Folie.

S. Gratien, *Gratianus* (lat. : gracieux), martyr en Picardie, en 287. — Fête : le 23 octobre.

S. Grégoire, *Gregorius*, né à Autun, dut accepter, malgré son humilité, l'évêché de Langres. Il guérissait les énergumènes et les possédés par un simple signe de croix ; VI° siècle. — Fête : le 4 janvier.

> Invoqué pour les Énergumènes.

S. Grégoire de Tours, d'une des plus illustres familles d'Auvergne, fut le successeur de S. Euphrone sur le siège de Tours qu'il illustra par sa science et sa piété. Il est l'auteur d'une *Histoire des Francs*, très précieuse pour notre histoire nationale. On lui doit, en outre, les livres de la *Gloire des Martyrs*, de la *Gloire des Confesseurs*, des *Miracles de S. Martin* et des *Vies des Pères*, non moins utiles pour notre histoire religieuse. On lui a donné le nom de « Père de l'histoire de France » (539-595). — Fête : le 17 novembre.

S. Grégoire le Grand, fils du sénateur Gordien, étudia la philosophie, exerça la charge de préteur, fonda sept monastères et embrassa lui-même la vie monastique. Nommé cardinal, il fut légat du pape Pélage auquel il succéda. La peste ayant éclaté à Rome, il ordonna une procession pendant laquelle on entendit les anges chanter le *Regina Cœli lætare*..., et l'on vit, au-dessus du château Saint-Ange, l'ange exterminateur qui remettait l'épée au fourreau : la peste était finie. S. Grégoire rétablit la foi dans bien des pays, détruisit plusieurs hérésies, réforma le plain-chant. Il faisait lui-même la classe aux petits enfants. Il aimait tant la France, qu'il écrivait à Childebert : « La France surpasse autant les autres nations qu'un roi surpasse les autres hommes. » Mort en 604. — Fête : le 12 mars.

> Patron des Chantres, des Savants, des Instituteurs, des Écoliers, des Étudiants et des Maçons.
> Invoqué contre la Goutte et la Peste ; pour obtenir la Maternité et pour la délivrance des âmes du Purgatoire.

---

1. La formule de cette bénédiction se trouve dans la deuxième partie du *Manuel*.

S. Grégoire, abbé de l'Ordre de Saint-Benoît, fut créé cardinal-évêque d'Ostie par le pape Benoît IX. Envoyé par ce même pape dans la Navarre qui était affligée par le fléau des sauterelles, il convertit le pays et détruisit entièrement les insectes par le signe de la croix. Mort en 1044. — Fête : le 9 mai.

> Invoqué contre les Sauterelles et les Insectes nuisibles.

S. Grégoire, né à Nazianze, étudia toutes les sciences de son temps et se lia, à Athènes, de la plus étroite amitié avec son condisciple S. Basile. Il fut ordonné prêtre, puis évêque, mais n'occupa que plus tard le siège de Constantinople où il réprima plusieurs sectes hérétiques. S'étant démis de son titre, il se retira dans la solitude près de sa ville natale et y mena une vie toute de prière et de mortification. L'Église lui a décerné le titre de docteur (312-389). — Fête : le 9 mai.

> Patron des Poètes.
> Invoqué en faveur des Récoltes.

S. Grégoire VII, né probablement en Toscane, d'un père qui exerçait la profession de charpentier. Devenu moine de Cluny, il arriva à un haut degré de vertu sous la conduite de S. Odilon. Il fut créé cardinal, puis élu pape malgré les résistances de son humilité. Il réprima avec vigueur la simonie, mais se créa par là une foule d'ennemis qui allèrent jusqu'à tenter de l'assassiner. Mort en 1085. — Fête : le 25 mai.

> Invoqué pour la liberté de l'Église.

S. Grégoire, abbé et administrateur distingué du diocèse d'Utrecht ; se montra particulièrement généreux en pardonnant aux assassins de ses deux frères. Il mourut après avoir été trois ans en paralysie, en 776. — Fête : le 25 août.

> Invoqué contre la Paralysie.

B^x Grégoire Celli, d'une famille noble et pieuse des environs de Rimini, ermite de Saint-Augustin ; mort en 1343, à l'âge de cent dix-huit ans. — Fête : le 23 octobre.

> Invoqué pour obtenir la Pluie.

S. Grégoire le Thaumaturge, de Néocésarée, dans le Pont, dont il dut accepter l'évêché ; convertit les païens et même les prêtres des idoles, détruisit les temples et fit toutes sortes de miracles, jusqu'à obtenir par ses prières le déplacement d'une montagne, la cessation des inondations, de la peste, etc.; mort en 264. — Fête : le 17 novembre.

> Invoqué contre les Inondations et dans les Affaires désespérées.

S. Grégoire, d'une famille riche d'Arménie, distribua tout son bien aux pauvres et se retira dans un monastère près de la ville de Nicopolis dont il devint plus tard l'évêque ; mais bientôt il abandonna sa charge par humilité, vint en Occident et jusqu'en France où il se fixa près de Pithiviers ; il y mena pendant sept ans la vie la plus austère et mourut au commencement du xi° siècle. — Fête : le 16 mars.

Invoqué contre le mal de Dents.

B. Grignon de Montfort, fondateur des Prêtres du Saint-Esprit, missionnaire apostolique, prédicateur d'une piété, d'un zèle et d'une éloquence admirables ; né à Rennes, et mort en donnant une mission à Saint-Laurent-sur-Sèvres (1673-1716). — Honoré, le 26 avril.

Ste Grimonie, ou **Germaine**, *Germana*, vierge et martyre, fille d'un roi d'Irlande, s'enfuit pour ne pas se marier et vint en France où elle se fixa à la Capelle, diocèse de Soissons ; mais, des satellites de son père, l'ayant découverte, lui tranchèrent la tête ; iv° siècle. — Fête : le 7 septembre.

Invoquée pour les Yeux.

S. Gualfard, *Gualfardus*, né à Augsbourg, vint à Vérone où il exerça le métier de *sellier* ; il donnait aux pauvres ce qu'il gagnait. Voulant acquérir plus de perfection, il se retira dans la solitude et mourut en 1127. — Fête : le 30 avril.

Patron des Selliers.

Ste Gudule, *Gudula*, vierge, patronne de Bruxelles ; fille de Ste Amalberge, sœur de S. Amebert et de Ste Reinelde, élevée à Nivelle par Ste Gertrude, sa marraine, revint chez son père, et, s'étant fait dans la demeure paternelle une sorte de solitude, y pratiqua les plus grandes austérités ; morte en 712. — Fête : le 8 janvier.

S. Guebhard, tiré vivant du sein de sa mère déjà morte, devint évêque de Constance et mourut en 996, comblé de mérites. — Fête : le 25 août.

Invoqué pour l'heureuse issue des Couches.

S. Guénolé, ou **Guenau**, *Guinaïlus*, 1er abbé de Landevenec près de Brest ; vi° siècle. — Fête : le 3 mars.

Invoqué pour obtenir la Maternité. Invoqué aussi par les Femmes de Marins, pour leurs maris absents.

S. Guérin, *Garinus*, né à Pont-à-Mousson, fondateur de l'abbaye de Saint-Jean-d'Aulph, en Chablais ; évêque de Sion ; mort au xii° siècle. — Fête : le 7 janvier.

Invoqué pour les Bestiaux et contre les Épidémies des Animaux.

S. Guillaume, *Gulielmus* (teut. : casque doré), de la famille des comtes de Nevers, chanoine, puis moine et abbé ; nommé archevêque de Bourges après avoir été désigné par un sort providentiel ; se fit remarquer par sa prudence et sa charité ; mort en 1209. — Fête : le 10 janvier.

Invoqué pour les Enfants qui tardent à marcher.

S. Guillaume, prêtre anglais résidant à Pontoise ; se fit remarquer par sa charité à l'égard des veuves et des orphelins, son aversion pour le vice et son zèle au service de Dieu ; mort en 1193 pendant les Rogations. — Fête : le 10 mai.

Invoqué pour les Aveugles.

S. Guillaume le Grand, duc d'Aquitaine et comte du Poitou, se livra d'abord aux passions les plus mauvaises, mais se convertit sous l'influence de la grâce et de l'éloquence de S. Bernard, et se retira dans la solitude où il fit la plus rude pénitence ; mort en 1157. — Fête : le 10 février.

Patron des Armuriers.

S. Guillaume le solitaire, ou **Guillaume-Firmat**, né à Tours, chanoine de Saint-Venant, céda quelque temps à l'avarice. Dieu ayant permis qu'il vît un jour le diable assis sur son coffre-fort, il abandonna ses biens et se retira dans la solitude aux Ermites (Indre-et-Loire). Il changea plus tard de retraite, puis entreprit de longs pèlerinages et mourut en 1095, après avoir signalé son passage par un grand nombre de miracles. — Fête : le 24 avril.

Invoqué contre le mal de Tête.

S. Guillaume, comte de Toulouse, duc d'Aquitaine, l'un des fameux capitaines de Charlemagne ; prit part à la lutte contre les Sarrasins ; fonda le monastère du Val-Gelon et s'y retira ; mort en 812. — Fête : le 28 mai.

Patron des Ingénieurs.

S. Guillaume-Tempier, évêque de Poitiers, réformateur de la discipline ecclésiastique ; se distingua par ses bons exemples et sa sage fermeté ; mort en 1197. — Fête : le 27 mars.

Invoqué contre le Flux de sang.

S. Guillaume de Norwich, apprenti tanneur, âgé de douze ans, qui fut torturé et crucifié par les Juifs pour représenter la Passion et tourner en dérision la mort de Jésus-Christ (1144). — Fête : le 25 mars.

Patron des Tanneurs.

S. Guillebaud, *Willebaldus*, fils de Richard, roi des Saxons, moine du Mont-Cassin, en Italie ; fut emmené par S. Boniface, son parent, pour l'aider dans une mission en Allemagne. Sacré évêque de Eischstœdt, il gouverna cette église pendant quarante-sept ans et mourut en 792. — Fête : le 7 juillet.

Patron des Treillageurs.

S. Guimer, ou **Gimer**, *Guimarus*, né d'une famille pauvre, de Carcassonne, dérobait dès son enfance de la pâte pour la donner aux plus pauvres que lui ; mais sa mère le fouettait.

Un jour, pour se faire pardonner, il pria sa mère de regarder le pétrin : il s'était miraculeusement rempli de pâte. Plus tard, il devint évêque de sa ville natale (902-932). — Fête : le 15 mai.

>Patron des Mégissiers.
>Invoqué pour les maladies d'Yeux.

S. Guirard, *Vidradus*, abbé de Flavigny en Bourgogne. — Fête : le 3 octobre.

S. Guirec, ou **Guerech**, *Warochus*, ou *Guereschus*, disciple de S. Tugdual, évêque de Tréguier; vi⁰ siècle. — Fête : le 17 février.

>Invoqué contre les Abcès et les Panaris.

S. Guy, *Guido* (allem. : délicat), d'Anderlecht près de Bruxelles, fut d'abord garçon de ferme, d'une piété admirable; il ne gagnait que son pain, mais en portait vite une part à ses pauvres parents. Un jour qu'il avait laissé sa charrue pour prier, son maître vit les anges qui labouraient à sa place. Ayant voulu se retirer dans la solitude, il fut retenu en chemin par le curé de Laken où il remplit avec le plus grand zèle les fonctions de sacristain. S'étant ensuite livré au commerce, il crut avoir fait une grosse faute et se condamna, en expiation, à de longs pèlerinages. Il mourut de la dysenterie, à son retour, en 1012. — Fête : le 12 septembre.

>Patron des Laboureurs et des Sacristains.
>Invoqué pour la santé du Bétail et particulièrement des Bêtes à cornes, contre les Épizooties et la Dysenterie.

S. Guy (Voir *S. Vite*). — Fête : le 15 juin.
S. Gustave (forme de Auguste).
Ste Gwen (Voir *Ste Blanche*).

H

Bse Habrille, ou **Habrilie**, *Habrilia*, religieuse de l'Ordre de Saint-Benoît, sur les bords du lac de Constance, et abbesse d'un monastère où S. Gal lui avait donné le voile; morte après toutes sortes d'actions saintes; au viie siècle. — Fête : le 30 janvier.

>Invoquée pour les Enfants maladifs.

Ste Halloie, *Hadelauga*, vierge de Franconie, qui, très jeune encore, coupa sa superbe chevelure, l'offrit à la Ste Vierge et fit le vœu de chasteté perpétuelle. Comme elle était encouragée et dirigée par un vieux prêtre, elle fut accusée de crime avec lui: tous deux, s'étant enfuis, s'arrêtèrent dans une forêt et fondèrent un monastère dont Halloie fut la 1re abbesse et qui s'appela plus tard Kisingen; viiie siècle. — Fête : le 2 février.

>Invoquée contre la Fièvre.

S. Hardouin (Voir *S. Audouin*). — Fête : le 20 août.

S. Hartman, *Hartemannus* (allem. : homme dur), chanoine régulier et prévôt de Neubourg, fut créé évêque de Brixen en Ecosse; mort en 1142. — Fête : le 23 décembre.

>Invoquée pour l'heureuse issue des Couches.

Ste Hedwige, *Hedwigis*, duchesse de Pologne, belle-sœur de Philippe-Auguste, modèle des épouses et des mères, se livra à toutes les bonnes œuvres; morte en 1243. — Fête : le 17 octobre.

S. Hégésippe, *Hegesippus* (gr. : qui conduit les chevaux), auteur ecclésiastique et l'un des premiers Pères de l'Eglise; i^{er} siècle. — Fête : le 7 avril.

Ste Hélène, *Helena* (gr. : compatissante), née probablement en Angleterre, épouse de Constance Chlore et mère de Constantin le Grand, contribua puissamment à la conversion de son fils, fit retrouver à Jérusalem la croix de Notre-Seigneur, et bâtir en Terre Sainte plusieurs églises; morte en 328. — Fête : le 18 août.

>Patronne des Teinturiers.
>Invoquée contre le Feu et le Tonnerre, et pour avoir un bon Numéro à la conscription.

Ste Héliana, vierge et martyre dans le Pont. — Fête : le 18 août.

S. Hélier, *Helerinus*, ermite dans l'île de Jersey où il fut massacré par des barbares, au vi^e siècle. — Fête : le 16 juillet.

S. Héliodore, *Heliodorus* (gr. : don du soleil), évêque d'Altimo, en Italie, disciple de S. Jérôme et ami de S. Ambroise; fut un des plus grands prélats de son siècle; mort vers 390. — Fête : le 3 juillet.

Ste Héloïse (même nom que *Louise*).

S. Henri, *Henricus* (teut. : maison puissante), empereur romain d'Occident, mari de Ste Cunégonde, prince qui fit constamment présider la religion à ses conseils, la bonne foi à ses traités et le zèle à ses entreprises pour le bien de l'Eglise et de l'Etat. Il chassa deux fois les Sarrasins d'Italie, repoussa les envahissements des Esclavons et mourut, après un règne aussi glorieux qu'utile à son peuple, en 1024. — Fête : le 15 juillet.

B* Henri, né à Bolzano, dans le Tyrol, vint, après la mort de sa femme, à Trévise, en Italie, où il vécut de longues années en travaillant et en se livrant aux pratiques de la plus austère piété ; mort en 1325. — Fête : le 10 juin.

Patron des Fendeurs de bois.

S. Héribert, *Heribertus*, d'une des premières familles d'Allemagne, dut accepter l'archevêché de Cologne après avoir recouru à mille moyens pour éviter ce fardeau et cet honneur. Toute sa vie épiscopale fut employée à l'administration de son diocèse et à l'exercice de la charité envers les pauvres. Il fit plusieurs miracles et mourut en 1021. — Fête : le 16 mars.

Invoqué pour la Pluie.

B* Herman-Joseph, *Hermannus* (teut. : frère), né à Cologne ; religieux Prémontré, qui se distingua par sa piété envers la S*te* Vierge et le mystère de l'Incarnation ; mort en 1236. — Fêtes : le 3 et le 7 avril.

S. Herménigilde, *Hermenigildus* (teut. : allié, fraternel), prince visigoth, martyr à Séville en Espagne, en 586. — Fête : le 13 avril.

S. Hermès (gr. : Mercure), martyr à Rome, sous l'empereur Adrien, vers 132. — Fête : le 28 août.

S. Hermine, *Herminius*, martyr à Trévi avec trois autres. — Fête : le 28 janvier.

S. Hervé, *Herveus*, né aveugle, à Plouzévédé, en Bretagne, fut d'abord laboureur. Un jour qu'il avait abandonné son âne pour prier, un loup dévora la pauvre bête, mais S. Hervé obligea le loup à s'atteler à la charrue. Il construisit un monastère dans un champ qui lui avait été donné et y vécut saintement, comblant toute la contrée de bienfaits et de miracles ; vi*e* siècle. — Fête : le 17 juin.

Invoqué contre les Parjures, les faux Témoignages, et pour la guérison des Aveugles.

S. Hilaire, *Hilarius* (lat. : rieur), d'une famille noble de Poitiers, élu au siège épiscopal de sa ville natale ; combattit avec ardeur l'hérésie des Ariens ; fut exilé pour ce fait, mais ne tarda pas à rentrer dans son diocèse, où S. Martin vint se mettre sous sa direction. S. Hilaire se fit remarquer par sa science et sa doctrine ; il reçut à un haut degré le don des miracles et rendit même à la vie un petit enfant noyé ; mort en 368 ou 369[1]. — Fête : le 13 janvier.

Invoqué pour les Enfants qui tardent à marcher, et contre les Serpents.

---

1. S. Hilaire est l'auteur du *Gloria in excelsis* commencé par les anges à la naissance du Sauveur. Quelques auteurs lui attribuent aussi le *Te Deum*.

S. Hilarion, *Hilario*, abbé en Orient, d'une austérité extrême ; fut doué à un haut degré de la vertu des miracles ; mort en 372. — Fête : le 21 octobre.

S. Hilarion, enfant martyrisé à Carthage où il montra une foi et un courage au-dessus de son âge, en 304. — Fête : le 11 février.

Ste Hildegonde, *Hildegundis*, femme du comte Lothaire, de Cologne ; devenue veuve, se fit religieuse d'un couvent qu'elle fonda à Mehren, sous la règle des Prémontrées ; elle en devint abbesse et y mourut en 1183. — Fête : le 6 février.

> Invoquée pour l'heureuse issue des Couches, et contre les maux de Tête.

S. Hildevert, *Hildebertus*, après avoir perdu ses parents, fut confié à S. Faron, de Meaux, qui lui conféra les ordres sacrés. Il succéda à ce saint évêque sur le siège de Meaux et mourut en 680. — Fête : le 27 mai.

> Patron des fabricants de Peignes, Tabletiers, Marqueteries et Tisseurs de draps.
> Invoqué contre la Folie, la Frénésie, l'Epilepsie, les Vers des enfants, les Scrofules, la Tempête et la Foudre, le Feu et l'Eau.

S. Hilier, *Helerius*, fut obtenu à ses parents, longtemps privés d'enfants, par les prières de S. Cunibert, qui plus tard le guérit d'une maladie de langueur et le baptisa. Hélier devint un fervent religieux, orné de toutes sortes de vertus et du don des miracles ; il fut martyrisé au VIe siècle. Il est probablement le même que S. Hélier de Jersey. — Fête : le 16 juillet.

> Invoqué pour les Enfants en langueur.

S. Hilloine, *Hillonius*, originaire de la Saxe, fut amené en France comme esclave et racheté par S. Eloy dont il fut le disciple et l'émule dans la vertu et l'art de travailler les métaux. Il fut religieux de Solignac, puis solitaire à Brajac en Auvergne, mais revint mourir à Solignac en 702. — Fête : le 7 janvier.

> Patron des Graveurs au burin.
> Invoqué pour les Enfants qui tardent à marcher, et contre la Fièvre.

Ste Hiltrude, *Hiltrudes*, jeune fille noble du Hainaut, qui, désireuse de se consacrer à Dieu, dut s'enfuir pour éviter un mariage que ses parents voulaient lui faire contracter. Revenue plus tard, elle se retira dans une cellule attenant au monastère de Liessies, que gouvernait son frère. Elle y mourut jeune, de la fièvre, en 785, et un grand nombre de guérisons s'opérèrent sur son tombeau. — Fête : le 27 septembre.

> Invoquée contre la Fièvre et pour la persévérance dans la Foi.

S. Hippolyte, *Hippolytus* (gr. : conducteur de chevaux), chevalier romain chargé de surveiller S. Laurent durant sa captivité; fut converti par les miracles et la constance du saint diacre, et fut lui-même martyrisé : on l'attacha à des chevaux indomptés qui traînèrent son corps à travers champs (258). — Fête : le 13 août.

> Patron des Geôliers.
> Invoqué contre la faiblesse du corps et des Membres.

Ste Hoïlde, *Hoïldes*, religieuse, avec deux de ses sœurs, au monastère de Perthe, près de Troyes, en Champagne, où elle vécut dans la sainteté la plus éminente. — Fête : le 30 avril.

> Invoquée dans les Calamités publiques.

S. Homobon, *Homobonus* (lat. : homme bon), après la mort de son père, marchand à Crémone, résolut de faire servir son commerce au salut de son âme. Il était marchand et tailleur, et son gain et son travail étaient utilisés pour les pauvres; Dieu le récompensait de sa charité par de fréquents miracles. Il mourut en prières dans une église dont les portes fermées s'étaient ouvertes miraculeusement devant lui, en 1197. — Fête : le 13 novembre.

> Patron des Marchands, Tailleurs, Drapiers, Fripiers, etc.

S. Honorat, *Honoratus* (lat. : honoré), d'une noble famille de Toul, vendit ses biens et se retira dans la solitude à Lérins; mais il ne put y demeurer caché, et fut élu évêque d'Arles. Mort en 429. — Fête : le 16 janvier.

> Invoqué dans les Calamités publiques; pour et contre la Pluie selon l'opportunité.

S. Honorat, né en Navarre et disciple de S. Saturnin de Toulouse, dont il fut le successeur; iie siècle. — Fête : le 22 décembre.

> Invoqué pour les Femmes qui vont être mères.

S. Honoré, *Honoratus*, né à Buzançais (Indre), se livra au commerce des bestiaux; ses profits étaient employés en œuvres de charité, et particulièrement à doter les jeunes filles pauvres. Il fut assassiné par ses domestiques qui l'avaient volé et qu'il réprimandait; xive siècle. — Fête : le 9 janvier.

> Patron des Marchands de Bestiaux.
> Invoqué pour les Mariages à contracter.

S. Honoré exerça très probablement dans sa jeunesse la profession de boulanger, fut promu au sacerdoce et consacré miraculeusement évêque d'Amiens, sa ville natale. Il gouverna saintement cette église pendant quarante-six ans, et mourut en 600. — Fête : le 16 mai.

> Patron des Boulangers, Pâtissiers, Meuniers, Marchands de Farine et de Chandelles, et des Huiliers.
> Invoqué pour et contre la Pluie.

Ste Honorine, *Honorina*, vierge et martyre, brûlée vive à

Graville, en Normandie (époque incertaine). — Fête : le 27 février.

> Invoquée pour les Prisonniers, les futures Mères et contre les périls de la Navigation.

S. Hormisdas (scand. : brillant esprit), fils d'un satrape de Perse, fut dépouillé, à cause de sa foi, de toutes ses dignités, et condamné au service des écuries. Il supporta le tout avec la résignation et la patience les plus admirables. Il fut martyrisé vers 425. — Fête : le 9 août.

> Patron des Palefreniers et Valets d'écurie.

S. Hubert, *Hubertus*, descendant direct de Clovis et de Ste Clotilde, se livra dans sa jeunesse avec une grande ardeur à tous les exercices du corps, et particulièrement à la chasse. Un jour de Vendredi Saint qu'il poursuivait un cerf dans la forêt des Ardennes, au lieu même où s'effectuent aujourd'hui les guérisons de la rage, le cerf s'arrêta, un crucifix rayonnant entre ses bois, devant le chasseur qui fut averti en même temps par une voix céleste de ne plus négliger son âme. Hubert renonça aux plaisirs du monde et devint évêque de Maestricht, puis de Liège. D'après les historiens de S. Hubert, un ange lui aurait remis une étole blanche en lui disant : « Cette étole, que Dieu vous envoie, aura un « pouvoir efficace sur les démons, les énergumènes, les « frénétiques, les puissances infernales... Quiconque aura « été mordu par les animaux enragés sera préservé de la « rage par sa vertu qui se perpétuera de siècle en siècle... » Mort en 727. — Fête : le 3 novembre.

> Patron des Chasseurs, Forestiers, Bouchers, Pelletiers, Gainiers, Fondeurs, Sonnettiers et fabricants d'Instruments de mathématiques.
> Invoqué contre la Rage et les Chiens enragés, les Serpents, la Folie ; invoqué aussi pour les Chiens.

S. Hubert, de Brétigny, près de Noyon, filleul de S. Hubert des Ardennes ci-dessus, devint moine de Brétigny, implora et obtint de Dieu le même pouvoir que son parrain contre la rage (682-714). — Fête : le 30 mai.

> Invoqué contre la Rage et la Paralysie et pour les Lunatiques[1].

S. Hugolin, *Hugolinus*, frère Mineur, martyr à Ceuta en Mauritanie, où il était allé prêcher l'évangile (1221). — Fête : le 6 septembre.

S Hugues, ou **Hugo** (island. : penseur), né près de Valence où il devint chanoine ; attaché à la personne de Hugues, archevêque de Lyon, il assista au concile d'Avignon. Un peu plus tard, il fut sacré évêque de Grenoble par le pape

---

1. Renseignements dus à M. l'abbé Cornet.

Grégoire VII ; mais il ne tarda pas à se démettre, et se retira au monastère de la Chaise-Dieu. Rappelé dans son diocèse, il travailla avec S. Bruno à la fondation de la Grande-Chartreuse ; mort en 1112. — Fête : le 1er avril.

Invoqué contre les maux de Tête.

S. Hugues de Bonnevaux, abbé dans l'Isère, réconcilia Frédéric Ier avec Alexandre III et se rendit célèbre par un grand nombre de miracles ; xiie siècle. — Fête : le 1er avril.

Invoqué pour les Ames du Purgatoire.

S. Hugues, descendant des ducs de Bourgogne, entra au monastère de Cluny dont il devint abbé à la suite de S. Odilon. Jamais l'Ordre de Cluny ne fut plus brillant que sous son gouvernement. Dieu lui accorda le don des miracles et le don de prophétie ; mort en 1109. — Fête : le 29 avril.

Invoqué pour les Enfants langoureux, et contre la Fièvre et le Carreau.

S. Humbert, *Humbertus* (angl.-sax. : homme sédentaire), naquit à Mézières-sur-Oise, d'une famille illustre. Il fit deux fois le pèlerinage de Rome et fut le disciple de S. Amand. Evêque, il prêcha l'Evangile dans le Brabant et le Hainaut et consacra toute sa fortune à la construction de l'abbaye de Maroilles, qu'il gouverna avec sagesse. Il mourut dans un âge avancé, en 682. — Fêtes : le 25 mars et le 6 septembre.

Invoqué contre la rage.

Ste Humilité, *Humilitas*, fondatrice des religieuses de Valombreuse ; mourut, dans un autre monastère de son Ordre, qu'elle avait fondé à Florence, en 1310. — Fête : le 22 mai.

Ste Huna, ou *Hunna*, d'une des premières familles d'Alsace, mariée à un seigneur aussi vertueux qu'elle ; vaqua toute sa vie au service des pauvres dont elle lavait même les vêtements ; viie siècle. — Fête : le 3 juin.

Patronne des Blanchisseuses et Laveuses.

S. Hyacinthe, *Hyacinthus* (gr. : pierre précieuse), né en Pologne de parents nobles, se lia avec S. Dominique et entra dans son Ordre, où il se distingua par son zèle, son succès dans la prédication et ses nombreux miracles ; mort en 1257. — Fête : le 16 août.

Invoqué pour retrouver les Noyés, pour obtenir la Maternité, et pour l'heureuse issue des Couches.

S. Hydulphe, *Hidulphus*, noble Allemand que ses vertus firent élire archevêque de Trèves. S'étant démis de cette charge, il se retira dans la solitude, fonda plusieurs monastères, et, dans une visite à La Baume, rendit la vue à

Sᵗᵉ Odile, en la baptisant ; mort en 707. — Fête : le 11 juillet.

> Invoqué contre les Contagions, la Peste et les Tempêtes ; pour les Esprits troublés, et pour ou contre la Pluie, selon le besoin.

I

Bᵉ Ide, ou **Ite**, *Ida* (teut. : gracieuse), religieuse du monastère de Ramey, près de Namur ; illustre par ses vertus, ses miracles et son esprit prophétique ; xɪɪᵉ siècle. — Fête : le 16 décembre.

> Invoquée contre les Tentations, les Maux de Dents, et pour les Âmes du Purgatoire.

S. Ignace de Loyola, *Ignatius* (lat. : ignoré), né à Guipuzcoa, en Espagne, d'une famille noble et ancienne, embrassa d'abord la carrière des armes ; mais, ayant été blessé à la guerre, il se convertit à la lecture de la vie des Saints, pendant sa convalescence. Il se retira à Manrèse pendant un an, puis partit pour visiter les Lieux Saints. A son retour, à trente-trois ans, il se mit à l'étude des lettres, des sciences et de la philosophie. Ses études achevées, il s'unit à six jeunes gens pieux comme lui, et, dans l'église de Montmartre, à Paris, fit avec eux le vœu de renoncer aux biens de la terre et de se mettre à la disposition du pape pour le service de l'Église : ce fut le noyau de la Compagnie de Jésus, confirmée plus tard par Paul III. S. Ignace en fut le général pendant plus de quinze ans, et la vit s'étendre dans le monde entier (1491-1556). — Fête : le 31 juillet.

> Patron des Guerriers et des petits Enfants.
> Invoqué contre les Scrupules et Inquiétudes de conscience, les Maléfices, la Fièvre, les Loups ; et pour l'heureuse issue des Couches.

S. Ignace, évêque d'Antioche, disciple des apôtres, martyr au ɪᵉʳ siècle. — Fête : le 1ᵉʳ février.

S. Ildefonse, *Ildefonsus*, évêque de Tolède, disciple de S. Isidore de Séville ; mort en 667. Auteur d'un *Traité de la Virginité perpétuelle de Marie*. — Fête : le 23 janvier.

S. Iltut, *Eltutus* ou *Hildutus*, prêtre et religieux ; fonda la première école de Lanildut (Finistère). Il mourut à Dol au commencement du vɪᵉ siècle, à l'âge de cent ans environ. — Fête : le 7 novembre.

> Invoqué pour les Volailles.

Bᵉ **Imelda**, vierge de Bologne, morte à treize ans du bonheur d'avoir reçu miraculeusement la Sᵗᵉ Communion (1333). — Fêtes : le 12 mai et le 16 septembre.

Sᵗᵉ **Innocence**, *Innocentia*, vierge et martyre, patronne de Rimini. — Fête : le 16 septembre.

S. **Innocent**, *Innocentius*, soldat de la Légion Thébaine, martyr avec S. Maurice, en 286. — Fête : le 22 septembre.

S. **Innocent Iᵉʳ**, pape, successeur d'Anastase Iᵉʳ, fut le restaurateur de l'Italie après l'invasion des Goths (360-417). — Fête : le 28 juillet.

SS. **Innocents**, enfants immolés à Bethléem par Hérode qui croyait faire mourir avec eux le Sauveur. — Fête : le 28 décembre.

> Patrons des Enfants de chœur et des Enfants trouvés.
> Invoqués pour les Enfants en danger, pour la conversion des Jaloux et des Ambitieux.

Sᵗᵉ **Iphigénie**, *Iphigenia* (gr. : de naissance illustre), vierge, baptisée et consacrée à Dieu par l'apôtre S. Mathieu, en Ethiopie. — Fête : le 21 septembre.

Sᵗᵉ **Irène**, *Irene* (gr. : paisible), martyre à Thessalonique avec deux de ses sœurs, pour n'avoir pas voulu livrer aux persécuteurs des exemplaires de la Sainte Ecriture (304). — Fêtes : le 1ᵉʳ et le 5 avril.

> Invoquée contre la Foudre et la Tempête.

S. **Irénée**, *Ireneus* (gr. : paisible), né en Asie Mineure, élevé par S. Polycarpe de Smyrne, qui l'envoya dans les Gaules. Il fut ordonné prêtre par S. Pothin de Lyon, et lui succéda sur le siège de cette ville. Après un épiscopat tout rempli de bonnes œuvres, il souffrit le martyre avec un grand nombre de fidèles, en 202. — Fête : le 28 juin.

Sᵗᵉ **Irmine**, *Irmina*, ou **Irma**, ou même **Ermine** et **Erminie**, fille de Dagobert II d'Austrasie et sœur de Sᵗᵉ Adèle ; fondatrice et 1ʳᵉ abbesse de Horren, monastère de Trèves, où elle se distingua par sa ferveur, son humilité et sa douceur ; morte vers 710. — Fête : le 24 décembre.

S. **Isaac** (hébr. : rieur), moine à Cordoue, où il fut martyrisé en 851. — Fête : le 3 juin.

Bᵉ **Isabelle**, *Isabella* (forme espagnole d'Elisabeth), fille de Louis VIII et sœur de S. Louis, fondatrice du monastère de Longchamps, près Paris, où elle se retira sans jamais pouvoir y faire profession à cause de sa mauvaise santé. Morte en 1270. — Fête : le 31 août.

S. **Isaïe**, *Isaias* (hébr. : salut du Seigneur), le premier des quatre grands prophètes de l'Ancienne Loi, fils d'Amos, de la race royale de David. Le roi Manassès, à qui il reprochait ses impiétés, le fit couper par le milieu du corps avec une scie de bois, en 681 avant J.-C. — Fête : le 6 juillet.

> Patron des Scieurs de long.

Ste Isbergue, ou **Giselle**, fille de Pépin le Bref, qui obtint du bon Dieu d'être couverte d'une lèpre horrible pour conserver sa virginité; elle en guérit miraculeusement plus tard, et se retira dans un monastère qu'elle fonda à Aire-sur-la-Lys, où elle mourut en 806 ou 888. — Fêtes : le 7 et le 21 mai.

> Invoquée contre la Fièvre, les maladies de Peau et les Difformités.

S. Isidore, *Isidorus* (gr. : présent d'Isis), archevêque de Séville, le plus illustre personnage d'Espagne en son temps et l'un des plus grands docteurs de l'Église; mort en 639. — Fête : le 4 avril.

S. Isidore le laboureur, né d'une famille pauvre qui le mit au service d'un bourgeois de Madrid, chez lequel il labourait la terre, tout en se livrant aux œuvres de charité. Comme il avait été accusé de perdre son temps dans la prière, son maître vint un jour le voir à son travail et aperçut deux anges qui l'aidaient à conduire sa charrue, de sorte qu'il faisait beaucoup plus d'ouvrage que les autres ouvriers. Il mourut saintement après avoir fait plusieurs miracles ; xiie siècle. — Fête : le 10 mai.

> Patron des Laboureurs, des Agriculteurs et des Arpenteurs.
> Invoqué contre la Sécheresse ou pour avoir de la Pluie et en général pour les Biens de la terre.

S. Israël (hébr. : fort), chanoine régulier du Dorat en Limousin; mort en 1014[1]. — Fête : le 22 décembre.

> Invoqué contre le mal des Ardents, et autres maux analogues.

J

S. Jacob (hébr. : qui supplante), évêque de Toul; mort vers 769. — Fête : le 23 juin.

S. Jacques le Majeur, *Jacobus* (nom de même origine que Jacob), apôtre, fils de Zébédée et de Salomé, frère de S. Jean

---

[1]. S. Israël du Dorat a écrit une *Vie de Notre-Seigneur Jésus-Christ* en langue vulgaire de son époque et en vers. C'est la plus ancienne en cette langue.

l'Évangéliste et proche parent de Notre-Seigneur. D'après les traditions d'Espagne, il serait allé porter l'Évangile jusque dans ce pays, où reposent aujourd'hui ses reliques. Il fut martyrisé à Jérusalem par Agrippa, en 43. — Fête : le 25 juillet.

> Patron des Pèlerins, Compagnons du devoir, Chapeliers, Merciers, Chaussetiers, Ciriers, Droguistes et Apothicaires, des Mesureurs de grains et des Forts de la Halle.
> Invoqué dans les Combats, les Guerres chrétiennes contre les Infidèles, et pour les Vers à soie.

S. Jacques le Mineur, fils d'Alphée et de Marie Cléophas, cousine germaine de la Ste Vierge, était frère de S. Jude. Il ressemblait, de figure, à Notre-Seigneur, à tel point qu'après l'Ascension les fidèles venaient exprès à Jérusalem pour le voir et se rappeler le visage du divin Maître. Il fut précipité d'une terrasse du Temple, puis lapidé, et enfin achevé d'un coup de levier par un ouvrier foulon, en 62. — Fête : le 1er mai.

> Patron des Foulons, des Merciers et des compagnons Chapeliers.

Bx Jacques l'Allemand, né à Ulm, d'abord soldat, puis religieux dominicain ; fut un modèle d'obéissance parfaite, comme religieux, et en même temps un des plus grands peintres sur verre de son temps (1407-1491). — Fête : le 11 octobre.

> Patron des Peintres Verriers et des Vitriers.

Bx Jannic, *Joannicus*, curé en Bretagne pendant treize ans, se retira pour se faire cordelier, mort en 1349. — Fête : le 15 décembre.

S. Janvier, *Januarius* (lat. : gardien de la porte), évêque de Bénévent, subit le martyre en 305. Il sortit sain et sauf d'une fournaise où on l'avait jeté et de l'amphithéâtre où il avait été exposé aux bêtes. Il fut enfin décapité, et son sang recueilli par de pieux chrétiens est conservé à Naples. Ce sang, qui est coagulé et de couleur noirâtre, reprend sa couleur naturelle et sa limpidité quand, le jour de la fête du saint, ou même à toute autre date, on approche les fioles qui le contiennent de la tête ou de quelque autre relique du corps de S. Janvier. — Fête : le 19 septembre.

> Patron des Orfèvres.
> Invoqué contre les Éruptions du Vésuve et des Volcans.

S. Jean-Baptiste, *Joannes Baptista* (hébr. : plein de grâce), précurseur du divin Messie, qui l'a nommé lui-même « le plus grand des enfants des hommes ». Il fut décapité par Hérode auquel il reprochait les désordres de sa vie; 1er siècle. — Fête : le 24 juin.

> Patron des Pelletiers, pareurs de Peaux, Corroyeurs, Peaussiers, Tisseurs de drap, Ceinturiers, Aubergistes, Cabaretiers, Restaurateurs, Couteliers, Fourbisseurs, Charpentiers, Tonneliers, Maréchaux-ferrants, Tailleurs, Selliers, Bourreliers, Tripiers, Arquebusiers, Teinturiers, Oiseliers, Ramoneurs, fabricants de Chandelles.
>
> Invoqué contre l'Epilepsie, les Convulsions, les Spasmes, les Vertiges, les Evanouissements, la Danse de S. Guy, la Grêle, les maladies des Enfants et la Peur; pour les Agneaux, les Animaux domestiques, les Bestiaux, les Laboureurs, les Femmes qui vont être mères, et pour la guérison des Plaies, des Dartres et maladies de la Peau, de la Migraine, des Rhumatismes et des maux d'Yeux.

S. Jean l'Evangéliste, fils de Zébédée et de Marie Salomé, fut l'apôtre bien-aimé de Jésus à cause de son innocence, et ce fut lui qui assista, seul d'entre les apôtres, à la mort de son Maître. Il mourut dans un âge très avancé, de mort naturelle, malgré les horribles traitements qui lui furent infligés par Domitien. — Fête : le 27 décembre.

> Patron des Chimistes, Libraires, Théologiens, Panetiers, Vanniers, etc.
>
> Invoqué pour conserver les pieuses Amitiés, et pour la Fertilité des Champs; contre l'Epilepsie, les maux aux Pieds et le Poison.

S. Jean Chrysostome (gr. : bouche d'or), né à Antioche, devint de très bonne heure célèbre par son éloquence. Malgré cette renommée, il se retira dans la solitude d'un couvent où il composa de nombreux et excellents ouvrages. Forcé d'accepter la dignité de patriarche de Constantinople, il eut, pendant tout son épiscopat, à lutter, par la parole et par les actes, contre les adversaires de l'Eglise et les hérétiques en particulier. Il mourut en exil en 407. — Fête : le 27 janvier.

> Invoqué contre l'Epilepsie.

S. Jean de Réomay fut, avant S. Benoît, un des principaux instituteurs de la vie monastique. Il fonda des monastères à Réomay, près de Dijon et dans l'île de Lérins. Il se fit remarquer, durant sa vie et après sa mort, par son pouvoir sur les énergumènes; mort en 545. — Fête : le 28 janvier.

> Invoqué contre les Possessions du démon et les Energumènes.

S. Jean de Dieu naquit en Portugal. Après avoir été berger et soldat, il se mit à vendre des images et des livres pour vivre et faire la charité. Enfin il fonda un hôpital à Grenade pour le soin des pauvres, et un Ordre pour desservir cet établissement; mort en 1550. — Fête : le 8 mars.

> Patron des Libraires et des Infirmiers.

S. Jean Porte-Latine. — S. Jean l'Evangéliste, ayant refusé de renoncer à sa foi, fut, par ordre de Domitien, précipité nu dans une cuve d'huile bouillante d'où il sortit plus sain et plus vigoureux. Ce supplice ayant été infligé à l'Apôtre bien-aimé près d'une porte de Rome nommée « Porte Latine », la fête qui en rappelle le souvenir continue de s'appeler « fête de S. Jean devant la Porte Latine » : elle se célèbre le 6 mai. — S. Jean devant la Porte Latine est le

> Patron des Typographes, Imprimeurs, Lithographes, Graveurs, Fondeurs de lettres, Libraires, Régleurs, Imagiers, Papetiers, Parcheminiers, Cartonniers, Relieurs, fabricants de Chandelles, Lampistes, Huiliers, Peintres, Selliers, Coffretiers Bahutiers, Tonneliers, Verriers, Bouteillers, Miroitiers, Vignerons, Sculpteurs, Écrivains, Copistes et Notaires.
> Invoqué contre les Brûlures.

S. Jean de Prado, de l'Ordre des Frères Mineurs Déchaussés de la Stricte Observance, déploya un zèle admirable pour la conversion des Mahométans, et fut martyrisé au Maroc, brûlé à petit feu, en 1636. — Fête : le 24 mai.

> Patron des Cuisiniers.

S. Jean Grandé, surnommé le *Pécheur*, nom qu'il se donnait lui-même, était né en Espagne. Il employa sa vie aux soins des pauvres et des malades, et mourut de la peste qu'il avait contractée près d'eux, en 1600. — Fête : le 3 juin.

> Invoqué pour les Fous et les Pestiférés.

S. Jean Discalcéat, d'abord curé, ou recteur, de Saint-Grégoire, près de Rennes, devint plus tard franciscain à Quimper, où il mourut en soignant les pestiférés, après une vie toute de dévouement et d'austérités; fin du XIII° et commencement du XIV° siècle.

> Invoqué pour retrouver les Objets perdus [1].

S. Jean de Ortica, ou *de l'Ortie*, prêtre et solitaire, était né de parents avancés en âge. Il fit des travaux considérables pour améliorer la sauvage contrée où il s'était retiré; mort en 1143. — Fête : le 2 juin.

> Invoqué pour obtenir la Maternité, et contre les dangers de l'Eau.

S. Jean Berchmans, fils d'un tanneur et cordonnier de Diest, en Brabant, étudia au petit séminaire, puis au collège des Jésuites, à Malines. Il y fit l'édification de tous par sa piété, sa pureté, sa régularité, son application au travail, son caractère doux et enjoué. Il entra ensuite dans la compagnie de Jésus et y mena une vie plus angélique qu'humaine. Mort d'une pneumonie, en 1621, à l'âge de vingt-deux ans. — Fête : le 13 août.

> Patron de la Jeunesse.
> Invoqué pour la conservation de la Pureté.

---

[1]. Communication de M. le chanoine Thomas, aumônier du lycée de Quimper, à l'amabilité duquel sont dus un grand nombre des renseignements concernant la Cornouaille et le Léon.

S. Jean et **S. Paul**, frères qui servaient dans l'armée de Constantin, et qui convertirent leur général, nommé Gallicanus, en obtenant de Dieu qu'il remportât une victoire sur les Scythes. Ils furent plus tard martyrisés par Julien l'Apostat. — Fête : le 26 juin.

> Invoqués contre la Foudre, les Orages, la Grêle, la Peste, et pour obtenir la Pluie.

S. Jean, évêque de Bergame, grand adversaire de l'arianisme dont un des chefs le fit mourir, en 683. — Fête : le 11 juillet.

> Invoqué dans les Calamités publiques.

Bᵣ Jean, berger à Monchy-le-Preux, près d'Arras ; s'éleva à la plus haute sainteté dans cette humble condition ; fin du xvᵉ siècle. — Fête : le 24 juin.

> Invoqué contre les Hernies.

S. Jean Népomucène, prêtre, né en Pologne ; fut martyrisé par Wenceslas VI, roi de Bohême et empereur d'Allemagne dont il était l'aumônier, pour n'avoir pas voulu révéler la confession de l'Impératrice, en 1383. — Fête : le 16 mai.

> Invoqué pour obtenir la Discrétion.

S. Jean Gualbert, d'une noble famille de Florence, soldat : pardonna au meurtrier de son frère, ce qui lui mérita d'être miraculeusement remercié de Dieu. Ayant quitté le monde, il fonda le monastère de Valombreuse et brilla surtout, pendant sa vie, par son pouvoir contre les démons ; mort en 1073. — Fête : le 12 juillet.

> Invoqué contre les Possessions du Démon.

S. Jean, moine devenu évêque de Monte-Marano, en Italie, où il se signala par plusieurs miracles ; xiᵉ siècle. — Fête : le 17 août.

> Invoqué contre la Grêle.

Bᵣ Jean Lobedan, ou **Lobdaw**, prêtre, religieux de Saint-François, à Thorn (Prusse occidentale) ; mort en 1264. — Fête : le 9 octobre.

> Invoqué pour les Navigateurs et contre les Calomnies.

Bᵣ Jean Massias, né en Estramadure d'une famille noble, mais peu fortunée, se fit frère convers chez les Dominicains à Lima où il devint le modèle de la communauté ; il mourut d'un ulcère (1585-1645). — Fête : le 16 septembre.

> Invoqué contre les Ulcères.

Sᵗᵉ Jeanne de Chantal (Voir *Sᵗᵉ Chantal*). — Fête : le 21 août.

S. Jérémie (hébr. : prophète), le second des quatre grands prophètes de l'Ancienne Loi ; prédit aux Juifs les malheurs qui leur arrivèrent, et particulièrement la ruine de Jérusalem[1]. Il fut lapidé par eux en 590 avant J.-C. — Fête : le 1er mai.

    Invoqué contre la morsure des Serpents.

S. Jéron, ou **Hiéron**, *Hiero*, d'une illustre famille d'Ecosse, martyrisé par les Normands en Hollande, en 856. — Fête : le 17 août.

    Invoqué pour retrouver les Objets perdus.

S. Jérôme, *Hieronymus* (gr. : nom sacré), originaire de Dalmatie, étudia avec soin les sciences divines et humaines, parcourut une grande partie de l'ancien monde pour s'instruire, puis fut ordonné prêtre. Il a composé un bon nombre d'ouvrages, mais le plus important de ses travaux est la traduction latine des deux Testaments qui est encore universellement admise dans l'Eglise. Il mourut à quatre-vingt-un ans, après avoir employé les dernières années de sa vie à instruire les petits enfants. C'est un des grands Docteurs de l'Eglise ; mort en 420. — Fête : le 30 septembre.

    Patron des Etudiants et des Instituteurs.
    Invoqué pour la faiblesse de la Vue.

S. Jérôme Emilien eut une jeunesse désordonnée ; mais, comme il était soldat, il fut fait prisonnier et se convertit dans sa captivité ; pour le récompenser de son retour à de meilleurs sentiments, la Ste Vierge lui remit elle-même les clefs de son cachot d'où il sortit. Depuis lors il consacra toute sa vie aux bonnes œuvres. Il se voua au service des incurables à l'hôpital de Venise, et mourut de la peste en 1537. — Fête : le 20 juillet.

    Patron des Orphelins.

S. Joachim (hébr. : préparé par le Seigneur), époux de Ste Anne et père de la Ste Vierge ; on l'appelait aussi Héli. — Fêtes : le 20 mars et le 26 juillet.

    Patron des Lingers et des Menuisiers.

S. Joachim de Sienne, religieux de l'Ordre des Servites ; dès le commencement de sa vie religieuse guérit un épileptique, mais en obtenant de Dieu que la maladie de ce malheureux lui serait transmise à lui-même. Il mourut, selon son désir, le Vendredi Saint 1305. — Fête : le 16 avril.

    Invoqué contre l'Epilepsie.

S. Job, patriarche, né dans la terre d'Hus, près de l'Arabie, vers 1700 avant J.-C., fut frappé, pour éprouver sa foi, de maux horribles et de malheurs épouvantables qu'il supporta avec une patience héroïque. — Fête : le 10 mai.

---

1. Rien de plus touchant et d'une poésie plus grandiose que ses *Lamentations*, plaintes qu'il exhala sur les malheurs de Jérusalem.

S. Joseph, *Joseph*, ou *Josephus* (hébr. : accroissement), simple ouvrier, issu cependant de la race royale de David, mérita par ses vertus d'être choisi par Dieu comme protecteur de la Ste Vierge, et père nourricier de Jésus. Il mourut entre les bras de Jésus et de Marie ; 1er siècle. — Fête : le 19 mars.

> Patron de l'Église universelle, des Charpentiers, Menuisiers, Charrons, Bûcherons, Barilliers, des Mariés, des Jeunes Enfants, des Exilés, des Voyageurs, Sonneurs, Carillonneurs, Fossoyeurs, des Tanneurs, des Tondeurs de Drap, des Agonisants ou de la bonne Mort.
> Invoqué par ceux qui cherchent une Maison, contre les Tentations, contre les Maladies des Yeux, dans les Cas désespérés et pour toutes sortes de Grâces.

S. Joseph d'Arimathie, riche habitant de Jérusalem, disciple caché de Jésus, ensevelit le corps du Sauveur et le déposa dans son propre tombeau ; 1er siècle. — Fête : le 17 mars.

> Patron des Ensevelisseurs et des Fossoyeurs.

S. Joseph-Casalanz, originaire d'Aragon, commença dès son enfance à instruire ses petits compagnons de la foi chrétienne, et fonda plus tard la Congrégation des « Clercs réguliers des Écoles pies » (1556-1648). — Fête : le 27 août.

> Patron des jeunes Enfants.

S. Joseph de Cupertino, originaire d'Italie, était, dès son jeune âge, si absorbé par la prière et la contemplation qu'il eut peine à apprendre à lire. Entré chez les Capucins comme convers, il dut en sortir, car les choses divines l'occupaient tellement qu'il ne « savait même pas distinguer le pain blanc du pain bis ». Il entra plus tard chez les Mineurs conventuels, où il fut admis à la prêtrise grâce à une conduite particulière de la Providence à son égard au moment de ses examens. Sa vie ne fut qu'une longue suite de prodiges et de miracles (1603 à 1663). — Fête : le 18 septembre.

> Invoqué pour les Candidats qui vont passer des Examens.

S. Josias, scribe des pharisiens qui, le premier, mit la corde au cou de S. Jacques le Majeur pendant son martyre ; ayant été témoin de la guérison d'un paralytique par le saint apôtre, il se convertit et fut lui-même martyrisé, en 44. — Fête : le 1er mai.

> Patron des Geôliers.

S. Josse, *Jodocus*, héritier légitime du trône de Bretagne, prit la fuite pour échapper aux grandeurs ; arrivé dans le Ponthieu, il fut ordonné prêtre et se retira dans la solitude ; mort en 669. — Fête : le 13 décembre.

> Invoqué pour l'Abondance des Fruits de la terre et du Lait des Vaches ; pour les Moissons ; contre l'Incendie des récoltes, la Fièvre et les Tempêtes.

S. Jubin (Voir *S. Gebuin*). — Fête : le 17 avril.

S. Jude, *Judas*, surnommé *Thaddée* (ces deux noms signifient louange), frère de S. Simon et de S. Jacques le Mineur. Après l'Ascension du Sauveur, il évangélisa la Judée, la Galilée, l'Idumée, la Syrie, la Mésopotamie et la Libye. D'après la tradition, il serait mort, scié en morceaux, vers 80. — Fête : le 28 octobre.

> Patron des Scieurs de bois, Tanneurs, Maçons et Tisserands.

Ste Judith (hébr. : celle qui loue), martyre à Milan avec plusieurs autres. — Fête : le 6 mai.

S. Jules, *Julius* (gr. : frisé), prêtre, venu d'Orient en Italie pour prêcher la foi, s'établit à Novare où il fit de nombreuses conversions appuyées par de nombreux miracles. On croit qu'il parvint à élever 100 églises ; ve siècle. — Fête : le 31 janvier.

> Invoqué contre les Loups.

S. Jules, pape, adversaire le plus terrible des Ariens, bâtit deux basiliques et trois cimetières à Rome[1] ; mort en 352. — Fête : le 12 avril.

> Patron des Vidangeurs.

Ste Julie, *Julia*, jeune vierge de Troyes, en Champagne, emmenée captive par Claude, chef des barbares allemands, qui la respecta et obtint par elle plusieurs fois la protection du Ciel. Revenue à Troyes, elle y fut martyrisée en 275. — Fête : le 21 juillet.

> Invoquée contre la Fièvre, la Peste et dans les Calamités publiques.

S. Julien, *Julianus* (diminutif de Jules), évêque de Cuenza en Espagne, donnait aux pauvres tous les revenus de son église et travaillait lui-même pour vivre. Mort en 1207. — Fête : le 28 janvier.

> Invoqué pour obtenir la Pluie.

S. Julien l'Hospitalier, ou *le Pauvre*, d'une famille noble, pratiqua la charité à un si haut degré qu'il alla jusqu'à faire coucher près de lui, dans le même lit, un misérable lépreux qui fut guéri à son contact. Il excellait dans l'art de la musique ; martyr vers 313. — Fête : le 29 janvier.

> Patron des Voyageurs, Pèlerins, Mendiants, Ménétriers et Jongleurs, Musiciens ambulants, Saltimbanques, Maîtres de Danse, Luthiers, Bergers, Tourneurs, Couvreurs et Passeurs en Barques.
> Invoqué pour trouver de bonnes Hôtelleries, pour la souplesse des jambes des Enfants, contre la Gale et les Dartres.

---

1. Ce fut S. Jules qui ordonna d'ajouter à la doxologie *Gloria Patri* les paroles qui la terminent : *Sicut erat in principio*, etc...

S. Julien, martyr à Alexandrie, avec son serviteur *Eunus*. Il était tellement perclus par la goutte qu'il dut se faire porter chez le juge qui les condamna, lui et son serviteur, à être fouettés, puis brûlés vifs (250). — Fête : le 27 février.

Invoqués contre la Goutte.

S. Julien, né en Dauphiné, officier d'un grade élevé dans l'armée de Dioclétien, se retira à Brioude, sur le conseil de son ami S. Ferréol, chez une veuve, au moment de la persécution. Mais, ayant appris que les serviteurs de l'empereur le cherchaient, il se présenta de lui-même, et eut la tête tranchée ; iv° siècle. — Fête : le 28 août.

Invoqué contre la Fièvre et les Epidémies, dans les Malheurs publics et particuliers, et pour conserver les pieuses Amitiés.

Bᵉᵉ Julienne, *Juliana*, sœur converse dans un couvent de Camaldules, en Toscane, morte vers 1105. — Fête : le 16 juin.

Patronne des Marchands de Beurre et de Fromage.

Sᵗᵉ Julienne Facolniéri, nièce de S. Alexis Falconiéri, religieuse servite de Florence, dévouée au service des malades et autres œuvres de charité. Dans les derniers temps de sa vie, elle était atteinte de vomissements continuels et ne pouvait communier ; mais une hostie, placée sur son cœur, disparut subitement en laissant sa trace imprimée sur la poitrine de la sainte ; morte en 1340. — Fête : 19 juin.

Invoquée contre les Vomissements.

Sᵗᵉ Julienne, vierge de Nicomédie et martyre. Elle fut torturée de la façon la plus atroce par les ordres d'un fonctionnaire romain qui voulait l'épouser ; comme elle ne mourait pas de ses horribles blessures, elle eut la tête tranchée, vers 305. — Fête : le 16 février.

Invoquée contre les Contagions et pour l'heureuse issue des Couches.

Bᵉ Julienne de Collalto, vierge et abbesse d'un couvent de Bénédictines, à Venise ; souffrit avec la plus admirable patience et pendant de longues années des douleurs de tête extrêmement violentes ; morte en 1262. — Fête : le 1ᵉʳ septembre.

Invoquée contre la Migraine.

Sᵗᵉ Julitte, *Julitta*, mère de S. Cyr, martyrisée avec lui en Lycaonie, en 303. — Fête : le 16 juin.

S. Junien, *Junianus*, solitaire à Caunay en Poitou, fut en rapports suivis, pour les choses de la piété, avec Sᵗᵉ Radegonde. Il fonda le monastère de Mairé dont il fit, en même temps qu'un foyer de sainteté, une sorte de ferme modèle; mort en 587. — Fête : le 13 août.

>Patron des Laboureurs.

S. Juste, *Justus*, laïc, confesseur, né à Vich, en Catalogne, où il mourut (époque incertaine). — Fête : le 28 mai.

>Invoqué contre la Pluie et les Tremblements de terre.

S. Juste, enfant de Beauvais, martyr vers 287. — Fête : le 18 octobre.

S. Juste, archevêque de Cantorbéry, compagnon de S. Augustin dans ces contrées; mort vers 627. — Fête : le 10 novembre.

Ste Juste, *Justa*, et sa sœur **Ste Rufine**, *Rufina*, étaient filles d'un potier dont elles revendaient les produits. Elles furent martyrisées à Séville, vers la fin du III° siècle. — Fête : le 19 juillet.

>Patronnes des Potiers et des Revendeuses.

S. Justin, *Justinus*, philosophe païen de Napelouse en Palestine, fut converti par les splendeurs de la vérité chrétienne et devint un ardent apôtre de la foi, par son éloquence et ses ouvrages; mort vers 167. — Fête : le 1er juin.

>Patron des Philosophes.

Ste Justine, *Justina*, martyre en Sardaigne. — Fête : le 14 mai.

Ste Justine, vierge de Nicomédie, martyrisée avec S. Cyprien, en 304. — Fête : le 26 septembre.

S. Justinien, *Justinianus*, martyr avec S. Dioscore et trois autres. — Fête : le 17 décembre.

S. Juvénal, *Juvenalis*, évêque de Jérusalem; mort en 445. — Fête : le 2 juillet.

K

S. Kenny, *Cainicus*, fondateur d'un monastère et abbé en Irlande; mort en 599. — Fête : le 11 octobre.

Ste Kinnie, *Kinnia*, vierge d'Irlande, baptisée par S. Patrice qui lui donna le voile de religieuse (milieu du v° siècle). — Fête : le 1er février.

L

S. Lambert, *Lambertus* (teut. : puissant), né à Maëstricht, reçut dès son enfance le don des miracles. Placé sur le siège épiscopal de sa ville natale, il en fut chassé par Ebroïn; mais il ne tarda pas à en reprendre possession. Il mourut martyr, victime de sa fidélité à son devoir, au VIIIe siècle. — Fête : le 17 septembre.

> Patron des Chirurgiens-Herniaires, Bandagistes, Dentistes, Sages-Femmes, et des Laboureurs.
> Invoqué contre les maux de Reins.

S. Landon, *Lando*, frère de plusieurs saints martyrs, évangélisa les habitants des environs de Horta en Italie, où il fut lui-même martyrisé. — Fête : le 5 mai.

> Invoqué contre les maux de Tête.

S. Landry, *Landericus* (teut. : riche en terres), évêque de Paris, père des pauvres et des affligés. Il fut le premier fondateur de l'Hôtel-Dieu de Paris, où il nourrissait les pauvres malades à ses frais; mort en 656. — Fête : le 10 juin.

> Invoqué contre l'Incendie, et les Maladies incurables et désespérées.

S. Laure (Voir *S. Flore*). — Fête : le 18 août.

Ste Laurence, *Laurentia* (lat. : de laurier), nourrice de Ste Palatia et martyre avec elle au commencement du IVe siècle. — Fête : le 8 octobre.

> Patronne des Nourrices.

S. Laurent, *Laurentius* (lat. : trouvé sous un laurier), trouvé tout petit enfant, en Espagne, dans un bois, par Sixte II, fut emmené à Rome par ce saint pape, qui en fit son archidiacre et lui confia les *trésors de l'Église*. Ces *trésors* étaient les reliques des saints; mais la convoitise de l'empereur romain s'y trompa. Laurent, sommé de livrer les prétendues richesses dont il était le gardien, montra les veuves, les orphelins, les infirmes que sa charité faisait vivre. Il fut condamné à être brûlé vif sur un gril (258). — Fête : le 10 août.

> Patron des Économes et Procureurs, Rôtisseurs, Cuisiniers, Cuisinières, Pâtissiers et Vermicelliers, Repasseuses, Blanchisseuses, Verriers, Cabaretiers, Étudiants, Sergents de Ville et Pompiers.
> Invoqué contre les feux du Purgatoire, les Puissances de l'Enfer, le Lumbago, les maux de Reins, les Rhumatismes, les Brûlures, la Lèpre, les irritations de la Peau, les Boutons et Maux à la figure ou Gril de S. Laurent; pour la conservation des Raisins.

S. Laurien, *Laureanus* (lat. : couronné de lauriers), évêque de Séville, martyrisé par les Goths, au VIᵉ siècle. — Fête : le 4 juillet.

Sᵗᵉ Laurienne, *Lauriana*, vierge et martyre avec Sᵗᵉ Agrippine. — Fête : le 24 mai.

S. Lazare, *Lazarus* (hébr. : aidé de Dieu), disciple et ami du Sauveur, frère de Sᵗᵉ Marie-Madeleine et de Sᵗᵉ Marthe, étant venu à mourir à Béthanie, fut ressuscité par Notre-Seigneur. Après l'Ascension, persécuté par les Juifs, il fut embarqué avec ses sœurs et plusieurs autres sur une barque sans voiles et sans gouvernail qui aborda miraculeusement en Provence. Marseille le regarde comme son 1ᵉʳ évêque. — Fête : le 17 décembre.

Invoqué contre la Lèpre.

S. Lazare, moine et peintre très habile, fut condamné à différents supplices, et particulièrement à avoir les mains brûlées, par les iconoclastes. Il mourut néanmoins de mort naturelle en 870, à Constantinople. — Fête : le 23 février.

Patron des Peintres, Sculpteurs et Imagiers.
Invoqué contre les Brûlures.

Sᵗᵉ Léa, ou *Lœta* (lat. : joyeuse), dame romaine qui vendit ses biens après la mort de son mari et en distribua le prix aux pauvres, aux hôpitaux et aux monastères. Elle se retira dans un couvent dont elle fut supérieure ; morte en 384. — Fête : le 22 mars.

Patronne des Veuves.

S. Léandre, *Leander* (gr. : homme calme), né à Carthagène ; religieux, puis archevêque de Séville, ami de S. Grégoire le Grand ; convertit Récarède et les Wisigoths ; mort en 596. — Fête : le 27 février.

Invoqué contre les douleurs Rhumatismales.

S. Léger, *Leodegarius*, fut abbé du monastère de Saint-Maixent, à Poitiers, puis conseiller de Clotaire III, et enfin évêque d'Autun. Il fut martyrisé par les ordres d'Ebroïn, maire du Palais, qui lui fit crever les yeux, arracher la langue et les lèvres, puis trancher la tête, vers 678. — Fête : le 2 octobre.

Patron des Meuniers.
Invoqué contre les maladies des Yeux, les Possessions et les Obsessions du démon.

S. Léobard, *Leobardus*, solitaire en Touraine, dans une petite grotte près de Marmoutiers, était né en Auvergne. Il était le pénitent de S. Grégoire de Tours, qui l'assista à sa mort, en 593. — Fête : le 18 janvier.

S. Léobon, *Leobonus*, né à Saint-Etienne-Fursac (Creuse), où il mena pendant quelque temps la vie érémitique, se retira ensuite à Salagnac et y mourut en 530. — Fête : le 13 octobre.

> Invoqué contre les Fièvres aiguës et les Maladies contagieuses.

Ste Léocadie, *Leocadia*, vierge et martyre à Tolède, à la fin du IIIe siècle. — Fête : le 9 décembre.

S. Léon, *Leo* (lat. : lion), né en Normandie, fut nommé archevêque de Rouen par le pape Etienne V ; apôtre de la Normandie, de tout le pays avoisinant Bayonne, et d'une partie de l'Espagne. Il fut tué par des pirates en 900. — Fête : le 1er mars.

> Patron des Navigateurs et des Marins.
> Invoqué contre les Naufrages et les Loups ; pour les Femmes qui vont être mères et pour l'heureuse issue des Couches.

S. Léon le Grand, pape et docteur de l'Eglise, né à Rome, successeur de Sixte III ; adversaire acharné de tous les désordres et de toutes les hérésies de son temps ; délivra l'Italie du barbare Attila qui consentit à se retirer, vaincu par la majesté, la douceur et l'éloquence du saint ; mort en 461. — Fête : le 11 avril.

S. Léon IX, pape, après avoir été chanoine de Tulle, puis évêque de la même ville. Musicien distingué et administrateur plein de fermeté ; mort en 1054. — Fête : le 19 avril.

> Patron des Musiciens et des Organistes.

S. Léonard, *Leonardus* (teut. : fort comme un lion), solitaire dans les bois de Vandœuvre, sur les bords de la Sarthe, puis abbé d'un monastère qu'il avait fondé ; mort vers 570. — Fête : le 15 octobre.

> Invoqué contre la Surdité.

S. Léonard, seigneur franc de la cour de Clovis qui fut son parrain au baptême ; d'abord religieux à Micy, puis ermite aux environs de Limoges. Se signala par un grand nombre de miracles surtout en faveur des malades et des prisonniers ; mort en 559. — Fête : le 6 novembre.

> Patron des Forgerons, Serruriers, Chaudronniers, Houilleurs, Porteurs d'eau, Portefaix, Fruitiers, Beurriers et Tonneliers.
> Invoqué pour la délivrance des Prisonniers, l'heureuse issue des Couches ; contre les maux de Tête, le Rachitisme des enfants et la Calomnie.

S. Léonce, *Leontius*, laboureur et martyr en Pamphilie, vers la fin du IIIe siècle. — Fête : le 1er août.

> Patron des Laboureurs.

S. Léonce, évêque de Bordeaux ; mort en 541. — Fête : le 21 août.

S. Léonide, *Leonides* (gr. : semblable à un lion), philosophe chrétien, père d'Origène ; martyr en 202. — Fête : le 22 avril.

Ste Léonide, ou **Léonilde**, *Leonides*, martyre à Palmyre en Syrie, aux premiers siècles. — Fête : le 15 juin.

Ste Léonille, *Leonilla* (lat. : petite lionne), martyre en Cappadoce avec plusieurs de ses petits-fils, au IIe siècle. — Fête : le 17 janvier.

S. Léopardin, *Leopardinus* (lat. : semblable au léopard), frère de S. Pourçain, religieux de Mirande comme lui, s'établit plus tard dans une solitude du Berry, où il fut assassiné par ordre de la femme d'Ardée, son bienfaiteur, qui était jalouse de sa prospérité ; IVe siècle. — Fête : le 7 octobre.

    Invoqué contre la Paralysie.

S. Léopold, *Leopoldus* (teut. : fort comme un lion), marquis d'Autriche, prince d'une grande sagesse et d'une grande piété ; mort en 1136. — Fête : le 15 novembre.

S. Léotade, *Leothadius*, de la même famille que Charles Martel, se fit de bonne heure religieux ; devint abbé de Moissac, puis archevêque d'Auch ; mort en 718. — Fête : le 23 octobre.

    Invoqué contre les Angoisses de l'âme et du corps, l'Épilepsie et la Mort subite.

S. Leu (même nom que *Loup*).

S. Leuce, *Leucus* (gr. : blanc), évêque de Brindes, à la fin du IVe siècle. — Fête : le 11 janvier.

    Invoqué contre le point de Côté.

S. Leudomir, ou **Lumier**[1], *Leudomerus*, élevé très jeune encore sur le siège de Châlons-sur-Marne, s'y distingua par toutes les vertus ; banni par Brunehaut, il revint cependant mourir dans sa ville épiscopale, en 626. — Fête : le 3 octobre.

    Invoqué pour les Yeux.

S. Leufroi, *Leufridus* (al. : lion pacifique), prêtre et abbé de La Croix, en Normandie, mort en 738 ; remarquable par ses austérités et ses miracles. — Fête : le 21 juin.

    Invoqué pour les maladies des Enfants.

S. Levias, ou **Levien**, abbé en Armorique. — Fête : le 12 septembre.

    Invoqué contre le Rachitisme.

---

1. *Lumier* (du latin *luminator*, illuminateur) est un surnom donné à *S. Leudomir*, à cause des nombreuses guérisons de maladies des yeux qu'il opérait durant sa vie et qu'il continue d'opérer après sa mort.

S. Lézin, *Licinius*, d'une famille noble de Bourgogne, nommé comte d'Angers, menait, au milieu des grandeurs, la vie la plus pure et la plus religieuse. Ayant abdiqué sa charge, il se retira dans un monastère, mais il fut élu au siège épiscopal d'Angers, qu'il occupa jusqu'à sa mort, en 616. — Fête : le 13 février.

Invoqué pour l'heureuse issue des Couches.

S. Libéral, *Liberalis*, confesseur, à Altino, dans la Marche d'Ancône. — Fête : le 20 décembre.

S. Libérat, *Liberatus* (lat. : libéré), martyr, médecin à Carthage, très habile dans son art qu'il exerçait surtout par charité. Il fut mis à mort, avec sa femme, en haine de la religion (époque incertaine). — Fête : le 23 mars.

S. Libère, *Liberius* (lat. : libre), pape, successeur de S. Jules, mort en 366. — Fête : le 23 septembre.

Ste Libérate, *Liberata* (lat. : délivrée), vierge, originaire de Côme en Italie, où elle mourut en 581. — Fête : le 18 janvier.

Invoquée pour les Agonisants et les Femmes qui vont être mères.

S. Libert, *Libertus*, martyr dans les Pays-Bas. Etant encore jeune, il se noya et fut ressuscité par S. Rumold. Il se fit religieux, et fut massacré par les Normands, vers 783. — Fête : le 14 juillet.

S. Liboire, *Liborius*, évêque du Mans pendant quarante-neuf ans ; fit construire à ses frais 17 églises nouvelles dans son diocèse, et embellit les autres. En 96 ordinations il ordonna 217 prêtres, 176 diacres et 96 sous-diacres ; mort en 390, il fut enterré par S. Martin de Tours. — Fête : le 23 juillet.

Invoqué contre la Fièvre, la Gravelle, les Coliques néphrétiques et l'Hydropisie.

S. Lidoire, *Lidorius*, né à Tours, dont il fut le second évêque, successeur de S. Gatien après un intervalle ; mort en 371. — Fête : le 13 septembre.

Patron des Blanchisseuses.

Ste Lidwine, ou **Ludivine**, *Lidvina*, vierge de Hollande ; fit le vœu de virginité à douze ans ; passa trente-huit ans au lit, percluse de tous les membres. Sa principale occupation était de méditer la Passion du Sauveur. Elle mourut en 1433. — Fête : le 14 avril.

S. Lié, *Lœtus* (lat. : joyeux), né en Berri, passa son enfance à garder les troupeaux ; fut ermite dans le Loir-et-Cher, puis dans le Loiret ; mort en 534. — Fête : le 5 novembre.

Patron des Tisserands.
Invoqué pour les Enfants noués, ou qui tardent à marcher.

S. Lienne, *Leonius* (lat. : léonin), disciple de S. Hilaire, qui l'ordonna prêtre. Il se fit remarquer par un grand zèle pour le salut des âmes, et mourut de la fièvre; fin du IVᵉ siècle. — Fête : le 1ᵉʳ février.

    Invoqué contre la Fièvre, la Goutte et les Ecrouelles.

S. Liphard, ou **Lifard**, *Leofardus*, abbé à Meung-sur-Loire, délivra le pays d'un monstre affreux; VIᵉ siècle. — Fête : le 3 juin.

    Invoqué contre les Serpents.

S. Lily, disciple de S. Davids, évêque au Pays de Galles; VIᵉ siècle. — Fête : le 3 mars.

S. Livin, *Livinus*, né en Irlande, ordonné prêtre par S. Augustin d'Angleterre; évêque en Flandre et martyr en 657. — Fête : le 12 novembre.

    Invoqué pour les Agonisants.

S. Lô, *Laudus*, évêque de Coutances, mort en 568. — Fête : le 22 septembre.

S. Longin, *Longinus*, soldat qui ouvrit d'un coup de lance le côté de Jésus, et qui fut martyrisé plus tard à Césarée en Cappadoce. — Fête : le 15 mars.

    Patron des Chevaliers.

S. Lor, *Laurus* (lat. : laurier), abbé de Saint-Julien de Tours, au VIIᵉ siècle. — Fête : le 1ᵉʳ octobre.

S. Louans, *Lupantius*, disciple de S. Mexme, ou Maxime; moine et solitaire près de Chinon en Touraine; au Vᵉ siècle. — Fête : le 25 janvier.

S. Louis IX, *Ludovicus* (teut. : homme courageux), roi de France, fils de Louis VIII et de Blanche de Castille, l'un des plus illustres monarques de notre pays, fut assurément le plus saint; entreprit deux *croisades* pour délivrer les Lieux Saints; subit la captivité des Infidèles et mourut de la peste à Tunis, en 1270, laissant sa vie comme exemple à tous les monarques chrétiens. — Fête : le 25 août.

    Patrons des Ouvriers en bâtiments, Plâtriers, Joailliers, Aiguilletiers, Passementiers, Lapidaires, Brodeurs, Chasubliers, Merciers, Drapiers, Evantaillistes, Boutonniers, Brossiers, Tapissiers, Barbiers, Coiffeurs et Perruquiers, Limonadiers, Distillateurs, Pâtissiers, Tailleurs, Marchands, Baigneurs, Etuvistes, Auneurs de toile, Ouvriers en étoffes d'Or et d'Argent, Emballeurs, faiseurs de Bas au métier, Couturières, Ouvriers en Bonneterie, Couverturiers; Arquebusiers, Pêcheurs, Retordeurs de Laines, faiseurs de Cordons, Retordeurs de Boyaux pour Raquettes et Violons, Porteurs de blé, Maquignons, Maréchaux-Ferrants. Pêcheurs à la Ligne, etc. (S. *Louis a été choisi pour patron de la plupart des corporations qui se sont fondées au* XIVᵉ *siècle.*)
Invoqué contre la Peste.

S. Louis de Gonzague, *Aloysius*, fils de Ferdinand de Gonzague, prince du Saint-Empire, montra dès ses plus jeunes années un grand amour pour toutes les vertus chrétiennes, et, en particulier, pour la chasteté. Entré au noviciat des Jésuites, il s'y distingua par la modestie, la sobriété, la mortification, l'humilité, l'affabilité, la douceur et l'obéissance. Il mourut de la peste contractée au chevet des malades, à Rome (1568-1590). — Fête : le 21 juin.

   Patron des Étudiants et de la Jeunesse des Collèges.
   Invoqué pour le choix d'un État, contre la Peste et les maux d'Yeux.

S. Louis, fils de Charles II, roi de Naples, petit-neveu de S. Louis, roi de France, subit de dures épreuves dans sa jeunesse, entra dans les ordres et devint évêque de Toulouse; mort en 1297[1]. — Fête : le 19 août.

   Patron des porteurs de Charbon.

S. Loup, *Lupus*, anachorète dans l'île Barbe, près de la ville de Lyon dont il devint évêque. — Il eut un épiscopat très agité, et mourut en 542. — Fête : le 25 septembre.

   Invoqué pour les Enfants malades, les Douleurs et les Rhumatismes.

S. Loup, évêque de Chalon-sur-Saône, fit jaillir une fontaine, à Boyer (Saône-et-Loire), en plantant en terre son bâton pastoral; viie siècle. — Fête : le 19 février.

   Invoqué contre la Fièvre.

S. Loup, ou **Leu**, archevêque de Sens, né près d'Orléans, se rendit célèbre, par son courage, son zèle et sa piété; mort en 623. — Fête : le 1er septembre.

   Patron des Bergers.
   Invoqué pour les Brebis et contre les Loups; contre l'Épilepsie, la Peur, la Dysenterie, les Convulsions, le Carreau ou enflure du ventre des enfants, les Tumeurs et les maux de Gorge.

S. Loup, 21e évêque de Limoges, d'abord gardien du tombeau de S. Martial, fut choisi pour être évêque de sa ville natale, à la suite d'une guérison miraculeuse qu'il avait opérée en faveur du fils de Clotaire II; mort vers 640. — Fête : le 22 mai.

   Invoqué contre la Diarrhée, les maladies d'Intestins, et les Rhumatismes.

S. Lubin, *Lupinus* (lat. : petit loup), originaire de Poitiers, d'abord bouvier, demanda un jour à un moine de lui tracer les lettres de l'alphabet sur sa ceinture afin qu'il pût

---

1. Les grands-parents de Léon XIII, longtemps privés d'enfants, obtinrent un fils à la suite de prières faites à S. Louis de Toulouse. Ce fils fut le père de l'illustre pape Léon XIII.

apprendre à lire. Il fit des progrès rapides, devint moine, puis évêque de Chartres ; il gouverna son diocèse avec une sainteté et une patience admirables; mort en 557. — Fête : le 14 mars.

> Patron des fabricants de Chandelles et des rouleurs de Vins.
> Invoqué contre l'Hydropisie.

S. Luc, ou **Lucas** (hébr. : élevé), évangéliste, né à Antioche, se livra à l'étude de la littérature et des sciences, surtout de la médecine. Il excellait aussi dans la peinture. Il fut compagnon de S. Paul dans ses voyages et ses travaux, et écrivit l'évangile qui porte son nom et les *Actes des Apôtres*; 1er siècle. — Fête : le 18 octobre.

> Patron des Chirurgiens, Médecins ; Artistes-Peintres, Peintres-Verriers, Vitriers, Sculpteurs, Orfèvres, Enlumineurs, Brodeurs, Passementiers, Relieurs et Notaires.

Ste Lucie, ou **Luce**, *Lucia* (lat. : lumière), née de parents nobles, à Syracuse, en Sicile, guérit miraculeusement sa propre mère d'une hémorrhagie, après en avoir reçu l'avis de Ste Agathe dans une apparition. Un jeune homme, auquel elle refusait de se marier, la dénonça comme chrétienne, et elle fut martyrisée en 303. — Fête : le 13 décembre.

> Patronne des Couturières, Tailleurs, Tisserands ; Paysans, Verriers, Cochers, Selliers-Harnacheurs, Huissiers, Notaires et Ecrivains.
> Invoquée pour les Laboureurs ; contre les Hémorrhagies, la Dysenterie, les maux de Gorge, les maladies des Yeux, les maladies contagieuses et les Incendies.

S. Lucien, *Lucianus* (lat. : brillant), issu d'une famille illustre de Rome, fut envoyé prêcher la foi dans les Gaules. Il fut sacré évêque de Beauvais, et souffrit le martyre, probablement au commencement du IIe siècle. La tradition rapporte qu'ayant été décapité, il prit sa tête entre ses mains, et la porta jusqu'à Montmille, paroisse de Troisereux (Oise), pour indiquer le lieu qu'il avait choisi pour sa sépulture. — Fête : le 8 janvier.

> Invoqué contre la Lèpre de lait des Enfants.

Ste Lucille, *Lucilla* (lat. : petite lumière), fille de S. Némèse, martyre à Rome avec son père, en 256. — Fêtes : le 25 août et le 31 octobre.

Ste Lucille, vierge et martyre à Rome avec Ste Flore et plusieurs autres. — Fête : le 29 juillet.

Ste Lucine, *Lucina*, convertie par l'apôtre S. Paul, employa sa vie et sa fortune aux œuvres de charité. — Fête : le 30 juin.

S. Lucius, roi d'une partie de la Grande-Bretagne, fut le premier souverain converti en ce pays. Il demanda des missionnaires pour son royaume au pape S. Eleuthère ; puis, s'étant fait lui-même apôtre, il prêcha en Bavière, en Rhétie et même jusqu'en France (fin du IIe siècle). — Fête : le 3 décembre.

Invoqué pour ou contre la Pluie, selon le besoin.

S. Ludans (lat. : joueur), d'une noble famille d'Ecosse, consacra sa fortune à la construction d'églises et d'établissements hospitaliers, puis se fit pèlerin et mourut par suite de ses austérités et de ses fatigues, en 1202. — Fête : le 12 février.

Invoqué contre les douleurs aux Jambes.

S. Lugle, *Luglius*, et **S. Luglien**, *Luglianus*, fils d'un roi d'Hybernie, se firent apôtres zélés de l'Evangile, qu'ils prêchèrent en Angleterre et en France ; ils furent décapités par des scélérats, non loin de Thérouanne, vers 705. Leurs reliques sont actuellement dans l'église Saint-Pierre, à Montdidier (Somme). — Fête : le 23 octobre.

Invoqués contre les Calamités publiques, la Peste, l'Incendie, la Fièvre, les Tempêtes, le Tonnerre, et pour ou contre la Pluie.

S. Lumier, *Ludomirus* (lat. : joueur merveilleux?), berger à Vallerest (Haute-Marne), martyrisé au temps de Julien l'Apostat. Ses reliques se conservent à Vallerest. — Fête : le 3 octobre [1].

Invoqué pour les Yeux.

S. Lusor, ou **Ludre** (lat. : joueur), fils du sénateur Léocade, gouverneur d'Aquitaine ; mourut très jeune, orné déjà de toutes les vertus chrétiennes (fin du Ier siècle). — Fête : le 10 novembre.

Invoqué contre la Fièvre.

Ste Lutgarde, *Lutgardes*, originaire du Brabant, vierge et religieuse, consacra sa vie à la prière et au jeûne pour obtenir la conversion des Albigeois; morte en 1246. — Fête : le 16 juin.

Invoquée pour l'heureuse issue des Couches.

S. Ly, *Lœtus* (lat. : joyeux), berger, près de Mézières, en Champagne. — Fête : le 14 septembre.

Ste Lydie, *Lydia* (lat. : Lydienne), marchande de pourpre en Macédoine, convertie par S. Paul qui reçut chez elle la plus généreuse hospitalité. — Fête : le 3 août.

---

1. Ce saint ne saurait être confondu avec un autre *S. Lumier*, évêque de Châlons-sur-Marne, qui est d'ailleurs invoqué pour la même intention.

M

S. Macaire, *Macarius* (gr. : heureux), était marchand de pâtisserie à Alexandrie. Touché de la grâce de Dieu, il se retira dans la solitude, se mit sous la direction de S. Antoine et poussa si loin la pratique de la mortification qu'il vivait presque comme s'il eût été un pur esprit. Il mourut après avoir passé soixante-trois ans dans le désert, à la fin du ve siècle. — Fête : le 2 janvier.

Patron des Pâtissiers.

S. Macaire, archevêque d'Antioche, voyant approcher l'heure de sa mort, se démit de sa charge, donna ses biens aux pauvres, puis entreprit de longs pèlerinages en Orient et en Occident. Il vint jusqu'à Gand où il mourut de la peste en 1012. — Fête : le 10 avril.

Invoqué contre la Peste.

Ste Macre, *Macra* (gr. : grande), vierge, au diocèse de Reims, fut martyrisée au ive siècle par Rictiovare, qui la fit mourir après lui avoir fait déchirer la poitrine. — Fête : le 11 juin.

Invoquée contre les chancres, tumeurs et ulcères aux Seins.

Ste Macrine, *Macrina*, mère de S. Basile l'Ancien et aïeule de S. Basile le Grand ; morte au ive siècle. — Fête : le 14 janvier.

Ste Madeleine, *Magdalena* (Voir Ste Marie-Madeleine).

S. Magin, ou **Maxime**, *Maginus*, martyr à Tarragone, en Espagne, au commencement du iiie siècle. — Fête : le 25 août.

Invoqué contre la Petite Vérole, la Rougeole, pour obtenir la grâce de la Maternité et pour l'heureuse issue des Couches.

S. Magloire, *Maglarius*, évêque de Dol ; vi^e siècle. — Fête : le 24 octobre.

Invoqué contre les Plaies.

S. Magne, ou **Magnoald**, *Magnoaldus* (lat. : grand), né en Irlande, fondateur d'un monastère dont il fut abbé, en Bavière. Il y fit de nombreux prodiges et se distingua surtout par son pouvoir contre les animaux nuisibles (582-666). — Fête : le 6 septembre.

Invoqué contre les maladies des Yeux, les Serpents, les Chenilles et tous les Animaux nuisibles.

S. Magne, comte des Îles Orcades, pénitent, fut assassiné par son oncle qui voulait s'approprier son comté; xiᵉ siècle. — Fête : le 16 avril.

  Patron des Poissonniers.

S. Mahé, *Matthæus*, ermite en Pologne et martyr en 1005. — Fête : le 12 novembre.

S. Mainbœuf, Maibeu, ou **Magnobode**, *Magnobodus*, né à Villebernier, près de Saumur; évêque d'Angers; opéra durant sa vie un grand nombre de guérisons qui se renouvellent souvent à son tombeau; mort vers 660. — Fête : le 16 octobre.

  Invoqué contre la Gale, la Lèpre et les Ulcères invétérés.

S. Maleul, *Majolus*, abbé de *Cluny* (906 à 994). — Fête : le 11 mai.

S. Malo, ou **Maclou**, *Maclovius*, solitaire à Saint-Malo, puis évêque d'Alet en Bretagne; dut s'éloigner de son diocèse à cause des persécutions qu'on lui suscitait. Des calamités et des maladies désolèrent aussitôt la contrée : elles ne cessèrent qu'au retour du saint évêque. Il se retira enfin dans la Saintonge où il mourut, en 640. — Fête : le 15 novembre.

  Invoqué dans les Calamités publiques, pour les Boiteux; contre la morsure des Serpents, la Phtisie et l'Hydropisie.

S. Mamert, *Mamertus*, né en Dauphiné, élu évêque de Vienne, fut une lumière de l'Église de France, par sa piété et sa science. Pendant son épiscopat de grandes calamités, tremblements de terre, incendies, etc., affligèrent son diocèse; il les fit cesser par ses prières. Il fut le premier à établir des processions dites des *Rogations* qui se font les trois jours qui précèdent l'Ascension; elles ne tardèrent pas à être adoptées dans toute l'Église; mort en 475. — Fête : le 11 mai.

  Patron des Pompiers.
  Invoqué contre les maladies des Enfants, les Tranchées, et contre la Sécheresse.

S. Mammès, ou **Mamart**, *Mamas*. La naissance de ce saint ayant coûté la vie à sa mère, il fut adopté par une pieuse veuve qu'il nommait *Mamas*, ou *Maman*, ce qui lui valut son nom. Il fut martyrisé en 275. — Fête : le 17 août.

  Patron des Pâtres.
  Invoqué pour le lait des Nourrices et contre les Coliques des Enfants.

S. Mandé, *Mandetus*, fils d'un roi d'Irlande, fut abbé en Bretagne; viiᵉ siècle. — Fête : le 18 novembre.

  Invoqué contre le Rachitisme.

S. Mansuet, *Mansuetus* (lat. : doux), évêque d'Urice, martyr en Afrique. — Fête : le 28 novembre.

> Invoqué pour obtenir la Douceur.

S. Mansuet, évêque de Milan, mort vers 700. — Fête : le 19 février.

S. Manuel, ambassadeur du roi de Perse pour traiter la paix avec Julien l'Apostat, fut martyrisé par les ordres de ce dernier pour n'avoir pas voulu adorer les idoles.

> Invoqué contre le Point de côté.

S. Marc, *Marcus* (hébr. : amer), disciple cher à S. Pierre, le seconda dans ses prédications et écrivit l'évangile qui porte son nom, pour ainsi dire sous la dictée du Prince des Apôtres ; fut probablement le premier fondateur de la vie monastique et érémitique ; martyr en 68. — Ses reliques furent transportées à Venise, dont il est le patron. — Fête : le 25 avril.

> Patron des Notaires, greffiers, etc., des Peintres sur verre, des Vitriers, des Lanterniers, des Vanniers, des Maçons, et Ouvriers du bâtiment.
> Invoqué pour les Récoltes, contre la Gale et l'Impénitence finale.

S. Marcel, *Marcellus* (lat. : protégé de Mars), pape, né à Rome d'un père et d'une mère chrétiens, gouverna l'Église avec une sagesse et un courage admirables. Pendant la persécution des empereurs Galère et Maximin, il resta longtemps caché dans les catacombes d'où il dirigeait et encourageait l'Église. Ayant été découvert, il fut condamné à garder les bêtes de l'amphithéâtre. Délivré plus tard par son clergé, il fut recueilli par la pieuse Lucine ; mais, sa retraite ayant été découverte, il fut mis à mort en haine de la Foi, en 310. — Fête : le 16 janvier.

> Patron des Palefreniers.
> Invoqué contre la Peste et toutes les maladies pestilentielles.

S. Marcel, apôtre de Chalon-sur-Saône, martyr, enterré vivant en 179, à Saint-Marcel-lès-Chalon. — Fête : le 4 septembre.

> Invoqué pour avoir de la Pluie, et contre toutes sortes de Maladies.

S. Marcel, ou **Marceau**, évêque de la ville de Paris, qu'il gouverna saintement pendant de longues années. Mort en 436. — Fête : le 1er novembre.

> Patron des Drapiers, Gainiers et Merciers.
> Invoqué contre le Carreau et toutes les Maladies des Enfants à la mamelle.

---

1. On a creusé un puits à l'endroit même de son supplice, et ce puits qui se trouve à l'intérieur de l'Église, dans une chapelle spéciale, fournit l'eau qu'on distribue aux pèlerins, le jour de la fête du saint (communication de M. l'abbé Bidault, curé de Saint-Marcel-lès-Chalon).

Sᵗᵉ Marcelle, *Marcella*, veuve, qui consacra à Dieu le reste de ses jours, et mourut en 410. — Fête : le 31 janvier.

S. Marcellin, *Marcellinus*, évêque du Puy (Haute-Loire), à une époque peu certaine. — Fête : le 7 juin.

Invoqué pour recevoir les Sacrements à l'heure de la mort et pour rappeler à la vie les enfants morts sans Baptême.

S. Marcien, *Marcianus* (lat. : né au mois de mars), grand économe de l'église de Constantinople, venait la nuit, et masqué, changer son or contre de la petite monnaie, chez un banquier qui le fit suivre et s'aperçut qu'il distribuait ses menues pièces à des pauvres (2ᵉ moitié du vᵉ siècle). — Fête : le 10 janvier.

Patron des Econômes.

S. Marcien, armurier, martyrisé par les Vandales, en Afrique à la fin du vᵉ siècle. — Fête : le 4 janvier.

Patron des Armuriers.

Sᵗᵉ Marcienne, *Marciana*, vierge d'une grande beauté qui fut martyrisée à Saragosse, pour avoir renversé une idole de Diane. Elle fut livrée en proie à un lion, puis à un taureau furieux qui la respectèrent ; enfin un léopard la mit en pièces ; ivᵉ siècle. — Fête : le 12 juillet.

Invoquée contre les Coups et Blessures.

S. Marcou, ou **Marcoulfe**, *Marculphus* (allem. : secours des frontières), né à Bayeux en Normandie, commença par distribuer ses biens aux pauvres et se retira dans la solitude. Il construisit plus tard le monastère de Nanteuil, près de Coutances, où il fut abbé. Il édifia toute la contrée par ses vertus et ses miracles, et mourut en 558. — Fête : le 1ᵉʳ mai.

Invoqué contre les Ecrouelles, Humeurs froides ou Strumes.

S. Mare, *Marus*, évêque de Trèves au vᵉ siècle. — Fête : le 26 janvier.

Invoqué contre la Paralysie, la Goutte aux pieds et aux mains, la Contraction des membres et les Spasmes.

Sᵗᵉ Marguerite, d'Antioche, *Margarita* (lat. : perle), fut mise en nourrice chez une pieuse veuve qui l'éleva dans la religion chrétienne. Elle fut persécutée par son père qui était prêtre païen, et un jeune préfet de Rome qu'elle avait refusé d'épouser la fit déchirer, brûler avec des torches enflammées, puis jeter dans une cuve d'eau bouillante, et enfin décapiter (290). — Fête : le 20 juillet.

Patronne des Femmes mariées, des Nourrices et des jeunes Filles. Invoquée pour les futures Mères, pour l'heureuse issue des Couches, pour obtenir la Maternité ; contre les plaies et les maladies du Visage.

Bse Marguerite de Savoie, épouse du marquis de Montferrat, se retira, après la mort de son mari, dans la ville d'Albe et entra dans le Tiers-Ordre de Saint-Dominique; morte en 1464. — Fête : le 27 novembre.

    Patronne des Veuves.

Ste Marguerite de Cortone, pénitente, convertie par la vue du cadavre décomposé de son complice; morte en 1297. — Fête : le 22 février.

Ste Marie, *Maria* (hébr. : amertume, *ou* Étoile de la mer), mère de notre divin Sauveur, dont le cadre trop étroit de ce *Manuel* ne permet pas de parler. — Fête : le 15 août, jour de son Assomption glorieuse dans le Ciel.

    Comme elle est notre mère par le testament même de Jésus, elle est notre

    Patronne, et notre protectrice dans tous nos besoins.

Ste Marie l'Egyptienne, pénitente, qui se livra aux plus austères mortifications dans les déserts qui s'étendent sur les bords du Jourdain (354-431). — Fête : le 2 avril.

    Patronne des Repenties et des marchands de Drap.
    Invoquée contre la Fièvre.

Bse Marie de l'Incarnation. Après avoir subi les plus durs traitements de sa mère qui s'opposait à sa vocation religieuse, et être devenue l'épouse de Pierre Acarie de Villemar, elle entra, après la mort de son mari, chez les Carmélites d'Amiens où elle fut sœur converse. Elle mourut au Carmel de Pontoise dont elle avait rétabli la prospérité (1565-1618). — Fête : le 18 avril.

    Invoquée dans les Tribulations.

Ste Marie d'Oignies, originaire de Nivelles en Belgique; admirable par sa mortification, son recueillement et son esprit de discernement; morte en 1213. — Fête : le 23 juin.

    Invoquée contre la Fièvre, et pour l'heureuse issue des Couches.

Ste Marie-Madeleine, *Maria-Magdalena* (de Magdala, ville de Galilée), pécheresse repentante, qui se montra d'une piété admirable envers Notre-Seigneur. Après la mort du Sauveur, elle aborda miraculeusement, avec son frère S. Lazare et plusieurs autres, en Provence où elle mourut dans la retraite; 1er siècle. — Fête : le 22 juillet.

    Patronne des Repenties et Pénitentes, des Parfumeurs, Poudriers, Gantiers, Boursiers, Gainiers, Mégissiers, Cardeurs, Jardiniers, Vignerons, Tonneliers, Etaimiers, Plombiers, et aussi des Femmes mariées
    Invoquée contre la Peste et pour les Enfants qui tardent à marcher.

Ste Marie de Cervellon, religieuse du Tiers-Ordre de la Merci, en Espagne, consacra son patrimoine à la rédemption des captifs dans les pays barbares; morte en 1290. — Fête : le 19 septembre.

> Invoquée contre les périls de la Mer.

S. Marien, *Marianus* (lat. : serviteur de Marie), issu d'une noble famille du Berry, anachorète sur les bords de la Tarde, affluent du Cher, en Bourbonnais (département de la Creuse), mort au vi[e] siècle. — Fêtes : le 19 août et le 10 octobre.

> Invoqué en faveur des Mal-jugés, pour l'heureuse issue des Couches, et la découverte des Objets perdus; contre les Jugements téméraires et les Voleurs. — S. Marien est aussi invoqué, en même temps que Ste Radegonde, à Chambon-sur-Voueize et à Evaux (Creuse), contre les Epidémies, les Orages, les Incendies et les divers Fléaux qui peuvent sévir dans les campagnes [1].

S. Marin, *Marinus*, tailleur de pierres, diacre et solitaire non loin de Rimini; fondateur de la petite République de Saint-Marin [2]; mort en 359. — Fête : le 4 septembre.

> Patron des Tailleurs de pierres.

Ste Marine, *Marina*, vierge de Bithynie, morte vers 750. — Fêtes : le 18 juin et le 4 décembre.

> Invoquée contre les Douleurs.

S. Marius (lat. : maritime), ou **Mary**, solitaire à Mauriac (Auvergne), à une époque indéterminée. — Fête : le 8 juin.

> Invoqué pour les Bestiaux et pour ou contre la Pluie, selon le cas.

S. Mars, abbé en Auvergne, mort vers 530. — Fête : le 21 juin.

Ste Marthe, *Martha* (hébr. : provocatrice), sœur de S. Lazare et de Ste Marie-Madeleine; vint aborder avec son frère et les S[tes] Maries, sur les rivages de Provence, dont elle est une des patronnes; morte vers 84. — Fête : le 29 juillet.

> Patronne des Servantes, des Hôteliers, Aubergistes, Hospitaliers, Serviteurs des couvents, Lessiveuses; des Peintres, Sculpteurs et Imagiers.
> Invoquée contre la crainte de la Damnation, la Mort subite, le Flux de sang.

S. Martial, *Martialis* (lat. : guerrier), originaire de Palestine et de la tribu de Benjamin, fut le disciple des apôtres [3] qui l'envoyèrent prêcher l'Evangile en Gaule. Il fut le 1er évêque de Limoges où il opéra un grand nombre de conversions et de miracles; mort en 74. — Fête : le 30 juin.

> Invoqué pour les petits Enfants, contre la Peste, les Epidémies et les Calamités publiques.

---

1. Communications de M. l'abbé Lascaux, curé de Chambon et de M. Michelier, vicaire d'Evaux.

2. Il s'était retiré sur le mont Titan où des chrétiens fugitifs vinrent se grouper près de lui. Il les protégea à l'ombre d'une croix qu'il planta sur la montagne et qui portait écrit ce seul mot : *Libertas*.

3. Une tradition très sérieuse rapporte que S. Martial aurait été le petit enfant proposé par Notre-Seigneur comme modèle de simplicité et de candeur à ses disciples.

S. Martin, *Martinus* (nom tiré de *Mars*, divinité de la guerre chez les païens). Né à Sabarie en Pannonie, soldat des armées romaines, disciple de S. Hilaire de Poitiers, moine, puis évêque de Tours. Assurément le saint le plus illustre de France dont il sera un jour, nous l'espérons, proclamé le patron. — La vie de ce grand serviteur de Dieu a été écrite par maint auteur, elle est entre toutes les mains : il est impossible de la résumer plus longuement : mais les pieux fidèles sont instamment engagés à la lire. S. Martin vécut de 316 ou 317 à 397. — Fête : le 11 novembre.

> Patron des Armées chrétiennes, des Guerriers, Soldats, Cavaliers, Sergents de ville et Gendarmes; Chaînetiers, Tailleurs d'habits, Chapeliers, Brossiers, Tanneurs, Boursiers, Mégissiers, Chamoiseurs, Parcheminiers, Basaniers, Maroquiniers, Gantiers, Voyageurs, Hôteliers, Crieurs publics, Tonneliers, marchands de Vin, Courtiers, Marchands en gros, Meuniers et Faïenciers.
> Invoqué pour les Chevaux, les Animaux domestiques et en particulier les Oies, pour fortifier les Enfants; contre le Carreau, le mal des Ardents, les Boutons et Pustules, la Petite Vérole, l'Érysipèle, les Serpents.

B⁺ Martin, solitaire sur un promontoire, près de Gênes, apprit l'état de tailleur d'habits pour se rendre utile aux pauvres; mort en 1342. — Fête : le 8 avril.

> Patron des Tailleurs.

B⁺ Martin de Porres, tertiaire de Saint-Dominique, au couvent du Saint-Rosaire, à Lima (Pérou). Sa bonté était si grande qu'elle s'exerçait même envers les animaux dont il se faisait quelquefois l'infirmier (1569-1639). — Fête : le 5 novembre.

> Patron des Mulâtres.
> Invoqué contre les Rats et les souris.

Ste Martine, *Martina*, d'une des plus illustres familles de Rome; vierge et martyre. Elle fut décapitée après diverses tortures en 226. — Fêtes : le 1ᵉʳ et le 30 janvier.

S. Martory, ou **Martiri**, *Martyrius*, religieux en Lycaonie, vers le IIIᵉ siècle. — Fête : le 26 août.

> Invoqué contre l'Épilepsie.

S. Martyr, ou **Martyre**, *Martyrius*, sous-diacre de Constantinople, mis à mort par les Ariens, en 355. — Fête : le 25 octobre.

Ste Martyre, ou **Martyrie**, *Martyria*, martyrisée à Ravenne. — Fête : le 21 mai.

S. Mary, *Marius*, solitaire en Auvergne, mort vers 600. — Fête : le 8 juin.

S. Mathias, l'un des disciples de Jésus-Christ, fut élu, après le suicide du traître Judas, pour prendre sa place dans le collège des Apôtres. Il évangélisa la Cappadoce et l'Ethiopie, et mourut martyr. — Fête : le 24 février.

> Patron des Charpentiers, Tailleurs, Confiseurs, Taillandiers et Buveurs repentants.
> Invoqué pour obtenir la grâce de la Maternité.

S. Mathieu, *Mattheus* (hébr. : don du Seigneur), apôtre et évangéliste. Il s'appelait Lévi, avant sa conversion, et était percepteur des impôts. Après la Pentecôte, il évangélisa la Palestine et l'Egypte, puis passa en Ethiopie ; il y fut martyrisé, à l'autel, pendant qu'il célébrait les Saints Mystères[1]. — Fête : le 21 septembre.

> Patron des Changeurs, Financiers, Banquiers, Percepteurs d'Impôts, etc.

Sᵗᵉ Mathilde, *Mathildis* (forme féminine de Mathieu), femme de Henri, duc de Saxe, plus tard roi de Germanie ; se fit souvent la servante des pauvres ; morte vers 968. — Fête : le 14 mars.

S. Mathurin, *Mathurinus* (hébr. : don ou présent), né à Larchant (Seine-et-Marne), était le fils d'un persécuteur acharné des chrétiens. Par ses prières il convertit son père ; puis, étant devenu prêtre, il amena à la vraie foi un nombre considérable de païens. Il opéra aussi beaucoup de miracles, particulièrement en faveur des possédés ; IVᵉ siècle. — Fête : le 1ᵉʳ et le 9 novembre.

> Patron des Bouffons, Etudiants, Instituteurs, Toiliers, Potiers d'étain et Pèlerins.
> Invoqué contre les Possessions du Démon, les Terreurs paniques, la Folie, l'Epilepsie, les Lunatiques, les méchantes Femmes, les dangers du Purgatoire et l'Agonie trop cruelle ou trop prolongée, et pour la santé du Bétail.

Sᵗᵉ Matrone, *Matrona* (lat. : mère de famille, ou maîtresse de maison), fille d'un roi de Portugal, affligée d'une hémorrhagie dont elle fut guérie en venant, à Capoue, prier près des reliques de S. Prisque. Elle se consacra ensuite à la vie religieuse ; XIᵉ siècle. — Fête : le 15 mars.

> Invoquée contre le Flux de sang.

Sᵗᵉ Matrone, servante d'une maîtresse juive de Thessalonique qui, s'étant aperçue qu'elle était chrétienne, la fit périr sous les coups (époque incertaine). — Fête : le 15 mars.

> Patronne des Navigateurs.
> Invoquée contre la Sécheresse.

S. Maudez[2], ou **Maudet**, *Maudetus*, était un prince Irlandais

---

1. S. Mathieu établit l'usage de l'eau bénite.
2. S. Maudez est le saint le plus honoré, après S. Yves, en Bretagne : il y a plus de 50 églises ou oratoires qui lui sont consacrés, dans cette région.

qui vint se faire solitaire dans une île, à l'embouchure du Gouet; viᵉ siècle. — Fête : le 27 novembre.

> Invoqué contre l'Enflure des membres et les Vers.

S. Mauger, *Madelgarius*, moine de Lagny, au viiiᵉ siècle. — Fête : le 9 avril.

S. Maur, *Maurus* (lat. : nègre), de la famille romaine des Anicius, disciple de S. Benoît, fut envoyé par lui fonder un monastère de son Ordre en Anjou; ce fut le monastère de Glanfeuil, que S. Maur gouverna pendant quarante ans; mort en 584. — Fête : le 15 janvier.

> Patron des Chaudronniers, Lanterniers, Chandeliers, Portefaix, Tailleurs et Cordonniers en Belgique.
> Invoqué contre le Rhume, les Rhumatismes, la Sciatique, les maux de Tête, la Paralysie, la Goutte et les Scrofules.

Sᵗᵉ Maure, *Maura*, et **Sᵗᵉ Britte**, ou **Brigitte**, *Britta*, filles jumelles d'un roi d'Ecosse, martyrisées à Beauvais par des barbares, au vᵉ siècle. Il n'est pas certain que ce soient les mêmes qui sont honorées en Touraine. — Fête : le 13 janvier.

> Invoquées pour obtenir la Maternité et l'heureuse issue des Couches; contre la Disette et la Mortalité.

Sᵗᵉ Maure, martyrisée en Touraine par les Goths, au temps de S. Martin. Elle était mère de huit fils qui furent mis à mort avec elle; le plus connu est S. Epain (fin du ivᵉ siècle). — Fête : le 25 octobre.

Sᵗᵉ Maure, nourrice de Sᵗᵉ Fresca, martyrisée avec elle au iiiᵉ siècle. — Fête : le 13 février.

> Patronne des Bonnes d'enfants et des Nourrices.

Sᵗᵉ Maure, vierge de Troyes, qui travaillait pour les églises pauvres, tout en priant Dieu, et se livrait à toutes les œuvres de miséricorde; elle mourut à vingt-trois ans, en 850. — Fête : le 21 septembre.

> Patronne des Lessiveuses.

S. Maurice, *Mauritius* (lat. : noir), chef de la Légion Thébaine, massacré à Agaune (aujourd'hui Saint-Maurice, en Valais), avec tous ses compagnons d'armes, pour n'avoir pas voulu renoncer à leur foi (286). — Fête : le 22 septembre.

> Patron de l'Armée, des Militaires et guerriers chrétiens, des Teinturiers, Blanchisseurs, Apprêteurs et Tisseurs de draps, Chapeliers et Fripiers.
> Invoqué dans les Combats, contre les Ennemis de la Foi, les Possessions diaboliques, la Goutte; pour les Enfants malades et pour la Vigne.

S. Maurice, abbé de Langonet, puis de Carnoët, en Bretagne (1113-1191). — Fête : le 13 octobre.

> Invoqué contre les Convulsions des Enfants, contre l'Epilepsie et contre les Rats.

S. Maurille, *Maurilus* lat. : petit nègre), originaire de Milan, quitta sa famille et son pays pour venir à Tours près de S. Martin qui l'ordonna prêtre. Il fut élu évêque d'Angers ; mais, croyant avoir manqué à un devoir de charité, il prit la fuite et s'en alla en Angleterre où il se plaça comme jardinier. Il y fut miraculeusement retrouvé, et, étant revenu dans son diocèse, il le gouverna saintement pendant trente ans ; mort en 426. — Fête : le 23 septembre.

Invoqué contre les Inondations et tous les Désastres causés par l'Eau, et contre la Famine.

S. Maxime[1], *Maximus* (lat. : très grand), né à Brescia, près de Naples, fut sacré évêque par le pape S. Damase, vint prêcher en Gaule et fut martyrisé près d'Evreux à la fin du IVe siècle. — Fête : le 25 mai.

Invoqué pour obtenir de la Pluie.

Ste Maxime, *Maxima*, vierge et martyre, esclave d'un officier de Genséric, roi des Vandales ; Ve siècle. — Fête : le 16 octobre.

S. Maximilien, *Maximilianus* (diminutif du précédent), officier de la légion dite des « Vieux Herculiens », fut martyrisé à Antioche, sous Julien l'Apostat, pour avoir refusé d'enlever du drapeau de son armée la croix et le nom de Jésus-Christ. Il souffrit en 362. — Fête : le 21 août.

S. Maximin, *Maximinus*, consacré évêque et envoyé à Besançon par le pape S. Caïus, fit de nombreuses conversions dans le pays bisontin, et y éleva plusieurs églises. Il se retira ensuite dans la solitude, et y mourut en 291. — Fête : le 29 mai.

Invoqué contre la Goutte et les douleurs aux Jambes.

S. Maximin, né près de Loudun, en Poitou, fut évêque de Trèves, où il donna l'hospitalité pendant quatre ans à S. Athanase, exilé par les Ariens. Il mourut en 349, après avoir lutté toute sa vie contre les désordres et les erreurs de son temps. — Fête : le 29 mai.

Invoqué contre les Parjures, les périls de la Mer, et pour ou contre la Pluie selon le besoin.

S. Mazorien, ou **Mazerand**, *Mazorianus*, solitaire probablement au diocèse de Moulins. Il est honoré à Brou, et fut peut-être le constructeur de la vieille église de cette localité[2] ; VIe siècle. — Fête : le 29 octobre.

Invoqué contre la Fièvre et diverses Infirmités et Maladies.

---

1. L'Eglise honore à différentes dates plus de cinquante saints du nom de *Maxime* ; ce nom était très commun chez les Anciens.
2. C'est l'opinion motivée de M. du Broc.

S. Médard, *Medardus* (lat. : médecin), appelé *Mars*, au moyen âge; d'une famille noble de Picardie, aida à la conversion de Clovis; fut élu évêque de Vermond, dont il transporta le siège à Noyon, puis gouverna l'église de Tournay; il donna le voile de religieuse à Ste Radegonde; mort en 540. — Fête : le 8 juin[1].

> Patron des Laboureurs, des Brasseurs, en Belgique, et des marchands et fabricants de Parapluies.
> Invoqué pour la Fertilité des Champs et de la Vigne, pour la Pluie, pour les Enfants malades et pour la délivrance des Prisonniers; contre la Fièvre, la Folie, les maux de Dents et les Calamités publiques.

S. Méen, *Mevennius*, originaire d'Angleterre, se réfugia en France, avec son oncle S. Samson, pendant l'invasion des Saxons. Il fonda un monastère à Gaël, près de Dôle, en Bretagne, puis un autre près d'Angers; mort vers 617. — Fête : le 21 juin.

> Invoqué contre la Gale, les Eruptions cutanées, les maladies de la Peau, les Pellicules de la tête, la Lèpre, les Scrofules et le Rachitisme des enfants.

S. Mélaine, *Melanius* (gr. : noir), évêque de Rennes en Bretagne; mort en 530. — Fête : le 6 novembre.

Ste Mélanie, *Melania* (même origine que ci-dessus), dame romaine, morte à Jérusalem, vers 411. — Fête : le 7 janvier.

Ste Mélanie la Jeune, par opposition à Ste Mélanie ci-dessus, qui est dite l'Ancienne et qui était sa grand'mère. Ste Mélanie, ayant distribué tous ses biens aux pauvres, se fit religieuse et mena une vie extrêmement mortifiée; morte en 439. — Fête : le 31 décembre.

S. Mélèce, *Meletius* (gr. : exercé), évêque d'Antioche, un des plus saints et des plus illustres prélats du IVe siècle. — Fête : le 12 février.

S. Méloir, ou **Mélar**, *Melorius*, martyr au VIIe siècle. — Fête : le 4 octobre.

> Invoquée pour la Dentition des enfants.

Ste Menehould, ou **Menou**, *Menechildis*, vierge, sœur de plusieurs autres saintes, religieuse près de Châlons-sur-Marne; morte en 490. — Fête : le 14 octobre.

> Patronne des Fabricants de Lanternes et Falots.
> Invoquée contre les maladies Epidémiques ou Pestilentielles.

S. Menigne, *Menignus*, était ouvrier teinturier-dégraisseur et foulon dans l'Hellespont; c'était un chrétien animé d'un saint zèle; il fut mis à mort pour avoir déchiré les édits des

---

[1]. Communication de M. l'abbé Sordel, curé de Magny-Saint-Médard.

empereurs qui ordonnaient la persécution, en 251. — Fête : le 15 mars.

Patron des Teinturiers.

S. Mennas, ou **Ménas**, soldat éthiopien qui servait dans les troupes romaines ; fut livré aux tortures les plus atroces et décapité en haine de Jésus-Christ, en 303. — Fête : le 11 novembre.

Invoqué contre la Gale et les Serpents.

S. Menoux, *Menulphus*, irlandais, accueilli à Quimper par l'évêque du lieu, qui l'admit aux ordres, et dont il fut le successeur. Il mourut à Mailly (aujourd'hui Saint-Menoux) en Bourbonnais, en revenant d'un pèlerinage à Rome ; VIIe siècle. — Fête : le 12 juillet.

Invoqué pour les Fous et les Idiots.

S. Mercure, *Mercurius*, soldat, martyr en Cappadoce au milieu du IIIe siècle. Il est l'un des principaux patrons de l'ancienne abbaye de Corvey, en Saxe. — Fête : le 25 novembre.

S. Mériadec, *Mereodocus*, de la race royale de Bretagne de Conan-Mériadec, ayant été ordonné prêtre, vendit tous ses biens et se retira dans la solitude près de Pontivy. Nommé évêque de Vannes, il s'acquitta saintement de sa charge ; VIIe siècle. — Fête : le 7 juin.

Invoqué contre la Surdité et les maux de Tête.

S. Mesmin, *Maximinus*, archidiacre de Verdun, puis 2e abbé du monastère de Micy au diocèse d'Orléans ; mort vers 520. — Fête : le 15 décembre.

Invoqué contre les Orages.

S. Méthode, *Methodius* (Voir *S. Cyrille*). — Fête : le 9 mars.

S. Michel, *Michaël* (hébr. : qui est semblable à Dieu). Archange et l'un des principaux esprits célestes ; vainqueur de Lucifer ; protecteur de l'arche de Noé contre les eaux du déluge. Arrêta le bras d'Abraham prêt à frapper Isaac ; ouvrit les flots de la mer Rouge au peuple de Dieu ; protégea Daniel dans la fosse aux Lions. Ce fut lui qui fit tomber les chaînes dont S. Pierre était chargé, et qui combattit plus tard pour Constantin, etc. Il fut encore un des saints qui donnèrent à Jeanne d'Arc sa mission. — Fête : le 8 mai.

L'un des principaux patrons de la France, choisi comme tel par Charlemagne.
Patron des Escrimeurs et maîtres d'armes, des Fourbisseurs et émouleurs, Doreurs, fabricants de Balances, Étaimiers, Plombiers, Fromagiers, Pâtissiers, Épiciers, Boulangers, Étuvistes, Merciers, Bonnetiers, Mesureurs de grains, Revendeurs, Tourneurs, Tondeurs de draps, Foulers, Parcheminiers, Chapeliers, Tailleurs, Tonneliers, Faiseurs de Cages d'oiseaux, Plafonneurs, Peintres et Vitriers.
Invoqué pour ou contre la Pluie, selon le besoin.

B** Micheline**, *Michaëlina*, religieuse du Tiers-Ordre de Saint-François; morte en 1356. — Fête : le 19 juin.

S. **Milefort**, était originaire d'Ecosse, où il fut ordonné prêtre et sacré évêque. Persécuté dans son pays, il vint se réfugier en France, près d'Abbeville, où ses ennemis, l'ayant découvert, le firent mettre à mort; XIIe siècle. — Fête : le 5 novembre.

> Invoqué contre l'Epilepsie, la Fièvre, les Vers, le Rachitisme, et l'Amaigrissement des Enfants, et pour les Enfants qui tardent à marcher.

S. **Modeste**, *Modestus* (lat. : modéré), martyr à Cesseron, dans la Gaule Narbonaise, pendant la persécution de Dioclétien (fin du IIIe siècle). — Fête : le 19 novembre.

Ste **Modeste**, *Modesta*, vierge et abbesse du monastère du Saint-Mont, puis de Horren, à Trèves; morte vers 680. — Fêtes : le 4 novembre et le 6 octobre.

S. **Mohin**, honoré en Espagne. Les circonstances et l'époque de sa vie sont inconnues. — Fête : le 7 juin.

> Invoqué pour la Pluie et contre les Orages.

S. **Moïse**, *Moyses* (hébr. : sauvé de l'eau), né d'une femme juive, pendant la captivité du peuple de Dieu en Egypte, fut exposé sur les eaux du Nil par sa mère, et sauvé par une fille du Pharaon (ou empereur) du pays, et élevé par elle. Ce fut lui qui, par une succession de prodiges, délivra les Hébreux de la terre d'Egypte, leur fit miraculeusement passer la mer Rouge, reçut de Dieu la loi appelée *Décalogue*, dont les *Commandements de Dieu* sont la substance, et mourut après avoir dirigé longtemps les Hébreux à travers le désert, mais sans avoir pénétré dans la Terre Promise; mort en 1451 avant J.-C. — Fête : le 4 septembre.

S. **Molac**, *Molagga*, confesseur dans la province de Mommonie, en Irlande, à une époque incertaine. — Fête : le 20 janvier.

> Invoqué contre la Peste.

S. **Mommolin**, *Mommolus*, abbé de Luxeuil, fondateur d'un monastère au lieu même où est aujourd'hui la ville de Saint-Omer, puis évêque de Tournay et Noyon à la suite de S. Eloi; mort en 683. — Fête : le 16 octobre.

> Invoqué pour obtenir aux Enfants qui ont la langue embarrassée une bonne prononciation.

Ste **Monique**, *Monica* (gr. : seule), veuve, mère de S. Augustin. Elle était née en Afrique, près de Carthage. Demeurée veuve après avoir converti son mari, elle dut se consacrer entièrement à l'éducation de son fils, ce qu'elle fit avec tant de zèle, de prudence et d'amour, que ce fils devint un grand saint et l'une des plus fermes colonnes de l'Eglise catholique (332-387). — Fête : le 4 mai.

Patronne des Femmes mariées.
Invoquée pour la Conversion d'un fils.

S. Morand, ou **Modérand**, *Moderannus* (lat. : modéré), moine de Cluny, puis abbé d'Altkirch, en Alsace; mort vers le milieu du xii° siècle. — Fête : le 3 juin.

Patron des Vignerons.
Invoqué contre les Possessions et Obsessions du Démon.

S. Muce, *Mocius* (lat. : muet), prêtre et martyr à Constantinople, eut la tête tranchée après avoir subi diverses tortures. Le dernier mot qu'il prononça fut le nom de Jésus (311). — Fête : le 13 mai.

Invoqué pour les Aveugles et les Muets.

S. Myron, *Myro* (lat. : admirable), évêque dans l'île de Candie ou de Crète ; se rendit célèbre par un grand nombre de miracles. — Fête : le 8 août.

S. Myrope, *Myrops* (gr. : semblable au parfum), assommé à coups de bâton en haine de la Foi, dans l'île de Chio, au iii° siècle. — Fête : le 13 juillet.

N

S. Nabor, martyr à Milan avec S. Félix et S. Celse, en 304. — Fête : le 12 juillet.

S. Namphase, *Namphasius*, ami de Charlemagne, bienfaiteur des monastères de Figeac et de Marcillac, fondés par ce grand empereur, puis ermite d'une très grande austérité, non loin de Cahors; viii° siècle. — Fête : le 16 novembre.

Invoqué contre l'Epilepsie.

S. Napoléon, *Neapolus*, ou *Napoleo* (lat. : napolitain), martyr à Alexandrie, subit les tourments les plus horribles avec une constance invincible, au commencement du iv° siècle. — Fête : le 15 août.

S. Narcisse, *Narcissus* (gr. : qui endort), évêque de Gironne en Espagne, quitta son troupeau pour fuir la persécution de Dioclétien, et vint prêcher l'Evangile à Augsbourg. De retour dans son diocèse, il y fut martyrisé avec S. Félix, son diacre, vers 307. — Fêtes : le 18 mars et le 29 octobre.

Invoqué contre les Mouches et les Moucherons, et dans les Calamités publiques.

S. Narne, *Narnius*, 1ᵉʳ évêque de Bergame, en Italie, fut probablement baptisé et ordonné par l'apôtre S. Barnabé ; mort vers 75. — Fête : le 27 août.

Invoqué pour obtenir de la Pluie.

S. Narsès, ou **Narcès**, martyr en Perse avec plusieurs autres, en 327. — Fête : le 27 mars.

S. Natal, ou **Noël**, *Natalis*, évêque de Milan ; mort en 471. — Fête : le 14 mai.

Sᵗᵉ Natalie, *Natalia* (lat. : qui préside à la naissance), épouse de S. Aurèle, avec lequel elle subit le martyre à Cordoue, en Espagne, en 852. — Fête : le 27 juillet.

S. Nazaire, *Nazarius*, soldat de l'empereur Maxence, martyr à Rome en 765, avec S. Nabor, S. Celse, S. Basilide et S. Cyrin. — Fête : le 12 juin.

Invoqué pour les Enfants qui tardent à marcher, et contre le Carreau.

S. Néarque, *Nearchus* (gr. : nouveau chef), martyr en Orient. — Fête : le 22 avril.

S. Nectaire, *Nectarius* (lat. : doux comme le nectar), confesseur dans la Limagne ou Basse-Auvergne, sur la fin du IIIᵉ siècle. — Fête : le 9 décembre.

S. Nectaire, évêque d'Autun et ami de S. Germain de Paris (milieu du VIᵉ siècle). — Fête : le 13 septembre.

S. Népotien, *Nepotianus* (lat. : neveu), évêque de Clermont, successeur de S. Allyre ; mort vers 388. — Fête : le 22 octobre.

S. Nérée, *Nereus* (nom du dieu de la mer chez les païens), martyr à Terracine, avec S. Achillée, et leur maîtresse Sᵗᵉ Flavia Domitilla, au IIᵉ siècle. Ils sont les patrons d'un titre cardinalice à Rome. — Fête : le 12 mai.

S. Nestor (gr. : de race noire), évêque de Syde et martyr à Perga en Pamphilie. Il fut crucifié, comme Notre-Seigneur, en 250. — Fête : le 26 février.

Bᵘ Névolon, *Nevolo* (lat. : qui ne veut pas), né à Faënza, exerçait la profession de cordonnier, se convertit dans une grave maladie, entreprit de longs pèlerinages, s'adonna aux œuvres de charité, puis entra chez les Camaldules où il mourut en 1280. — Fête : le 27 juillet.

Patron des Cordonniers.

S. Nicaise. *Nicasius* (gr. : vainqueur), évêque de Reims et martyr dans la première partie du vᵉ siècle. Fut mis à mort par les barbares Germains, pour avoir porté secours à ses diocésains au milieu de leurs malheurs. — Fête : le 14 décembre.

> Invoqué contre la Coqueluche, le Choléra et la Peste.

S. Nicéphore, *Nicephorus* (gr. : porte-victoire), martyr à Antioche vers 260. — Fête : le 9 février.

S. Nicodème, *Nicodemus* (gr. : vainqueur du peuple), disciple de Notre-Seigneur, membre du Grand-Conseil des Juifs. Après l'Ascension, il fut chassé de Jérusalem par ses concitoyens, et recueilli chez Gamaliel, jusqu'à la fin de ses jours. — Fête : le 3 août.

S. Nicolas, *Nicolaus* (gr. : vainqueur du peuple), né à Patare en Lycie, fut dès son berceau une merveille de la grâce. Sa vertu ne fit que s'accroître avec l'âge. Après avoir distribué ses biens aux pauvres, il entra dans un monastère près de Myre ; mais il fut tiré de la solitude pour être élevé sur le siège archiépiscopal de cette ville qui était la capitale de la Lycie ; là il se donna de tout cœur aux devoirs de sa charge et aux œuvres de zèle et de miséricorde. C'est un des saints les plus populaires de l'Église ; mort en 342. — Fête : le 6 décembre.

> Patron des Enfants, des Écoliers, des Maîtres d'écriture et de calcul, des Enfants de chœur, des Jeunes filles à marier, des Marins, Mariniers, Navigateurs, Pèlerins, Voyageurs, Bateliers, Pêcheurs, Poissonniers, Débardeurs, Passeurs, Déchireurs ou Démolisseurs de bateaux, Pompiers, Jaugeurs, Planchéieurs, Emballeurs, Porteurs de charbon, Rouleurs de vins, Tonneliers, Marchands-Grainiers, Grènetiers, Mesureurs de grains, marchands de Blé, Meuniers, Bouchers, Merciers, Boutonniers, Fileurs, Galonniers, Dentelières, Tisserands, Toiliers, marchands de Lin et de Chanvre, Tondeurs de drap, Drapiers, Épiciers, fabricants de Chandelles, Ciriers, marchands de Vin, Brasseurs, Pharmaciens, Avocats, Procureurs, Greffiers, Clercs, Notaires, etc.
>
> Invoqué pour la Vocation des jeunes filles, la délivrance des Captifs, les Mal-Jugés, contre les périls de la Mer, les Désastres causés par l'eau, l'Incendie, les Orages, contre les Puissances de l'Enfer, les Rhumatismes, les Voleurs, et pour la grâce de la Maternité.

S. Nicolas de Tolentino fut très mortifié dès son bas âge. Entré chez les ermites de Saint-Augustin, il y brilla par son humilité, sa charité, sa patience et toutes les autres vertus. Son haut degré de perfection lui mérita dès ce monde un grand pouvoir pour la délivrance des âmes du purgatoire, ce qui a été prouvé par plusieurs miracles et révélations ; mort en 1305. — Fête : le 10 septembre.

> Invoqué pour les âmes du Purgatoire.

S. Nicolas Factor, né à Valence en Espagne, religieux de la Stricte-Observance de Saint-François (1520-1583). — Fête : le 23 décembre.

Sᵗᵉ Nina, martyre. — Fête : le 24 février.

S. Noé, patriarche, qui construisit l'Arche et sauva tous les êtres qui survécurent au déluge; mort en l'an du monde 2006. — Fête : le 10 novembre.

Patron des ouvriers et employés des Arsenaux.

S. Noël (Voir *S. Natal*). — Fête : le 14 mai.

Sᵗᵉ Nomadie, **Néomaie**, ou même **Noémie**, *Neomadia*, née non loin de Loudun, vierge d'une rare piété; vᵉ siècle. — Fête : le 14 janvier.

Patronne des Bergères.
Invoquée pour les Animaux domestiques, contre l'Épilepsie et la Peur.

S. Norbert, *Norbertus* (teut. : éclat du nord), archevêque de Magdebourg, fondateur de l'Ordre des Prémontrés ; mort en 1134. — Fête : le 6 juin.

Invoqué pour l'heureuse issue des Couches.

Sᵗᵉ Nothburge, *Nothburgis*, chassée de la cour des rois d'Écosse à laquelle elle appartenait, se réfugia en Allemagne avec ses neuf enfants (époque incertaine). — Fête : le 26 janvier.

Invoquée pour l'heureuse issue des Couches.

Sᵗᵉ Nymphe, *Nympha* (gr. : jeune fille), vierge, née à Palerme, s'enfuit devant l'invasion des Goths et mourut saintement à Soana, en Toscane, au vᵉ siècle. — Fêtes : le 10 et le 12 novembre.

O

S. Octave, *Octavius* (lat. : le huitième), soldat de la Légion Thébaine, martyr en 286. — Fête : le 20 novembre.

S. Octavien, *Octavianus*, prêtre africain, réfugié en Toscane pendant la persécution des Vandales ; se retira dans la solitude, non loin de la ville de Volterre, y vécut dans de très grandes austérités; vᵉ siècle. — Fête : le 2 septembre.

Invoqué pour obtenir de la Pluie.

Bʳ Odéric, ou **Odoric**, *Odoricus*, religieux Franciscain, missionnaire en Orient et en Extrême-Orient, jusqu'en Chine et au Thibet ; mort en 1331. — Fête : le 3 février.

Sᵗᵉ Odile, *Othilia* (teut. : fille de lumière), fille d'un duc d'Alsace, naquit aveugle, et son père voulut la faire mourir; mais elle fut confiée par sa mère à une nourrice, et plus tard envoyée au couvent de Baume-les-Dames où elle fut élevée. A douze ans, elle fut miraculeusement guérie de sa cécité en recevant le baptême des mains de S. Erhard, évêque de Ratisbonne, qui lui donna le nom d'*Odile*, qu'elle porta désormais. Après bien des résistances de son père, elle se consacra à Dieu, fonda deux monastères et un hôpital et se voua entièrement aux offices de charité; morte vers 720. — Fête : le 13 décembre.

    Patronne de l'Alsace [1].
    Invoquée contre les maux de tête et les maladies des Yeux.

S. Odilon, ou **Odile**, *Odilo*, fils de Berald ou Béraud, duc de Mercœur, était, dans son enfance, perclus de tous les membres. La Sᵗᵉ Vierge le guérit, et il se fit prêtre, puis religieux de Cluny dont il devint abbé. Il fit admirablement prospérer ce monastère, et, après avoir mené la vie la plus sainte et semé dans tout le pays les miracles et les bienfaits, il s'endormit dans le Seigneur en 1049, à Souvigny, en Bourbonnais. — Fête : le 1ᵉʳ janvier.

    Invoqué pour les âmes du Purgatoire et contre la Jaunisse.

S. Odon, *Odo*, d'abord soldat, se dévoua à la défense des faibles et des droits de l'Église. Ayant été élu évêque d'Urgel, il se montra le protecteur de la vérité et de la justice, l'adversaire des abus et le secours des infortunés; mort en 1122. — Fête : le 7 juillet.

    Invoqué pour obtenir la Sérénité de l'air, contre les Tempêtes et les Inondations.

S. Odon, d'une noble famille d'Aquitaine, fit ses études à Tours, où il fut chanoine de Saint-Martin. Etant venu dans le diocèse de Besançon se mettre sous la direction de S. Bernou, il lui succéda comme abbé de Cluny et de deux autres monastères où il fit observer la règle de Saint-Benoît dans toute sa perfection; mort en 942. — Fête : le 18 novembre.

    Patron de la Musique et des Musiciens.
    Invoqué contre la Sécheresse.

S. Oger, *Otgerus*, diacre missionnaire Irlandais ou Anglais; mort en Hollande au commencement du viiiᵉ siècle. — Fête : le 10 septembre.

Sᵗᵉ Olga, ou **Hélène**, reine de Moscovie, était épouse d'Igor qui fut tué par les Dreulans, au retour d'une expédition. Elle prit alors la tête des troupes, vengea son mari et conserva le pouvoir pendant de longues années. Arrivée à un âge

---

1. Le nom de *Odette* est le diminutif de *Odile*, ou peut être de *Odon*.

avancé, elle abdiqua, se fit instruire de la foi catholique et fut baptisée sous le nom d'Hélène. Elle employa le reste de sa vie à l'instruction chrétienne de son peuple et mourut plus que centenaire, vers 970. — Fête : le 11 juillet.

Ste Olive, *Oliva*, vierge de Sicile, exilée pour la Foi, puis martyre à Palerme à une époque qui n'est pas absolument déterminée. — Fête : le 10 juin.

Invoquée pour la récolte des Olives.

S. Olivier, *Olivarius*, pèlerin, puis religieux de l'Ordre de Sainte-Croix, mort à Ancône, vers 1275. — Fête : le 27 mai.

S. Olympe, *Olympius* (gr. : divin), évêque d'Enos en Thrace, un des plus illustres défenseurs de la foi contre les erreurs d'Arius ; mort au IVe siècle. — Fête : le 12 juin.

Invoqué dans les Cas désespérés.

S. Omer, ou **Audomare**, *Audomarus* (arab. : parleur), orphelin de bonne heure, donna ses biens aux pauvres, entra au monastère de Luxeuil, d'où il dut sortir pour occuper le siège épiscopal de Thérouanne ; mort en 670. — Fête : le 9 septembre.

Invoqué pour les Yeux.

S. Onésime, *Onesimus* (gr. : utile), disciple de S. Paul, prêcha la foi dans une partie des pays d'Orient ; évêque d'Ephèse ; martyr en 95. — Fête : le 16 février.

Patron des Domestiques et Serviteurs.

Ste Onnenne, ou **Onenne**, fille d'un roi de Bretagne, sœur de S. Judicaël, vécut saintement près de Tréorenteuc (Morbihan) et mourut vers 630. Elle voulut être enterrée parmi les pauvres. — Fête : le 30 avril.

Invoquée contre l'Hydropisie.

Ste Opportune, *Opportuna*, abbesse de Montreuil, près de Séez ; se distingua par sa mortification et sa douceur envers ses inférieures ; morte en 770. — Fête : le 22 avril.

S. Optat, *Optatus* (gr. : désiré), évêque de Milève en Numidie et Père de l'Eglise ; mort vers la fin du IVe siècle. — Fête : le 4 juin.

S. Oreste, *Orestes* (gr. : montagnard), martyr en Arménie avec S. Eustase, en 303. — Fête : le 13 décembre.

S. Oronte, ou **Oronce**, *Orontius*, coopérateur de S. Paul ; évêque de Luce, près d'Otrante, au royaume de Naples ; martyr dans la deuxième moitié du Ier siècle. — Fête : le 26 août.

Invoqué pour obtenir la Pluie.

S. Oronte, martyr à Gironne en Espagne, avec S. Vincent, son frère, décapité en 290. — Fête : le 22 janvier.

S. Ortaire, *Ortarius*, abbé de Landelle, en Normandie ; fondateur d'un monastère à la Ferté-Macé ; mort en 580. — Fête : le 21 mai.

Ste Osane de Mantoue, vierge du Tiers-Ordre de Saint-Dominique, qui apprit miraculeusement à lire, par une grâce de la Ste Vierge ; morte en 1505. — Fête : le 18 juin.

Patronne des Écolières.

S. Oswald, ou **Ostwald**, *Ostwaldus*, roi en Angleterre, honoré comme martyr (642). — Fêtes : le 5 août et le 29 février.

Ste Othilde, *Othildis*, vierge, sœur de plusieurs saintes, morte au diocèse de Troyes dans la seconde moitié du ve siècle. — Fête : le 30 avril.

S. Othon, *Otho*, frère de Ste Melchtide, évêque de Bamberg et apôtre de la Poméranie ; mourut très âgé, en 1139. — Fêtes : le 30 juin et le 2 juillet.

Invoqué contre la Fièvre et la Rage.

S. Ouën, *Audoenus*, né aux environs de Soissons, de parents illustres, chancelier de Dagobert Ier et ami de S. Éloi ; fut sacré archevêque de Rouen en même temps que ce saint personnage le fut de Noyon. Il se montra d'une bonté admirable pour les pauvres ; mort en 683. — Fêtes : le 24 août, et le 4 septembre dans le diocèse de Beauvais.

Patron des Traiteurs, Cuisiniers et Rôtisseurs.
Invoqué contre la Surdité et les Maux d'Oreilles.

Ste Ouine, ou **Eugénie**, *Eugenia* (gr. : de naissance illustre). Ste Eugénie, jeune vierge du Mans, mérita le nom de « Ouine » (du mot « ouïe » : audition), à cause des miracles qu'elle obtint durant sa vie et qu'elle obtient encore en faveur des personnes atteintes de maladies des oreilles. — Fête : le 7 juin.

Invoquée contre la Surdité.

S. Ours, *Ursus*, né à Cahors, se retira dans les déserts du Berry, où il fonda trois monastères, puis en Touraine où il en fonda deux autres. L'un d'eux fut celui de Sennevières (Indre-et-Loire), qu'il confia à S. Lubais, son compagnon fidèle. Le second fut l'abbaye de Loches, où il se fixa, et ce fut probablement lui qui établit sur l'Indre la première écluse et le premier moulin. Il mourut en 508. — Fête : le 28 juillet.

Patron des Meuniers.

S. Ours vint de Grande-Bretagne, en France, puis en Italie ; combattit avec ardeur et succès l'hérésie d'Arius ; fut archidiacre d'Aoste et se montra, durant toute sa vie, d'une charité et d'une bonté telles qu'il semblait se faire obéir de la nature entière, et que les oiseaux eux-mêmes lui étaient soumis; vi⁰ siècle. — Fête : le 17 juin.

Invoqué pour les Enfants morts sans Baptême, pour l'heureuse issue des Couches, contre les Inondations, les Rhumatismes et les maux de Reins; et pour ou contre la Pluie. (Voir au mot *Rhumatismes* le grand pèlerinage de Meyronnes (Basses-Alpes) en l'honneur de S. Ours.)

P

B⁰ Pacifique, *Pacificus*, jeune poète de la cour de Frédéric II d'Allemagne; se convertit en entendant une prédication de S. François d'Assise; entra dans l'Ordre fondé par ce grand saint qui lui donna le nom de F. Pacifique. Le F. Pacifique fut un modèle parfait de sainteté et mourut vers 1250. — Fête : le 10 juillet.

Invoqué contre la Fièvre.

S. Pallade, *Palladius* (lat. : consacré à la déesse Pallas), évêque d'Auxerre, successeur de S. Didier; fonda plusieurs monastères; mort en 661. — Fête : le 10 avril.

S. Pamphile, *Pamphilus* (gr. : qui aime tout), prêtre et martyr à Césarée en Palestine, fut à la fois un saint et un savant; immolé pour sa foi en 309. — Fête : le 1ᵉʳ juin.

S. Pancrace, *Pancratius* (gr. : tout puissant), originaire de Phrygie, vint, jeune encore, avec un de ses oncles, à Rome, où ils furent convertis par le pape S. Marcellin. Il fut martyrisé sous Dioclétien en 304. — Fête : le 12 mai.

Invoqué contre le Parjure et le Faux témoignage, et contre les maux de Tête.

S. Pantaléon, *Pantaleo* (gr.: qui a pitié de toutes les misères); médecin habile de Rome. Ayant entendu parler de la puissance de Jésus-Christ, et ayant trouvé un jour un enfant mort près d'une vipère qui l'avait mordu, il voulut s'assurer de la vérité de ce qui lui avait été enseigné sur Notre-Seigneur : il lui demanda de faire revivre l'enfant et d'ôter la vie à la vipère. Effectivement sa prière fut exaucée, et Pantaléon demanda le baptême. Il fit plus tard d'autres guérisons miraculeuses et fut martyrisé au commencement du ivᵉ siècle. — Fête : le 27 juillet.

Patron des Médecins.
Invoqué contre la Consomption, contre les Sauterelles et pour rendre la parole aux muets.

S. Papoul, *Papulus* (lat. : petit père), fils d'un préfet d'Antioche, fut le disciple chéri de l'apôtre S. Pierre, dès l'âge de quinze ans. Ayant été baptisé par lui, il le suivit à Rome, où il fut ordonné prêtre et peut-être évêque. Quand S. Pierre envoya S. Saturnin pour prêcher dans le Midi de la Gaule et l'Espagne, il désigna Papoul pour être son auxiliaire. Les deux missionnaires ne partirent que plus tard sous le pape S. Clément et firent de nombreuses conversions à Arles et à Nîmes. Papoul fut mis à mort pour sa foi. Il eut la tête tranchée, et une fontaine jaillit au lieu où elle tomba. Cette fontaine existe encore près de la ville actuelle de Saint-Papoul (Aude). Le chef vénérable du saint est resté dans cette paroisse, les autres reliques sont à Saint-Sernin de Toulouse; 1er siècle. — Fête : le 3 novembre.

Invoqué pour conserver la Foi [1].

S. Pasquier, *Paschasius* (gr. : pâtre), évêque de Nantes, remarquable surtout par sa charité; mort au VIIe siècle. — Fête : le 10 juillet.

S. Pardou, ou **Pardoux**, *Pardulphus* (lat. : léopard), fils d'un laboureur de la Creuse, tomba accidentellement aveugle de bonne heure et se donna si bien aux choses de Dieu qu'il fut choisi, jeune encore, pour diriger l'abbaye de Guéret, où il se signala par ses austérités et ses nombreux miracles; mort en 737. — Fête : le 6 octobre.

Invoqué contre les Possessions du démon.

S. Parfait, *Perfectus*, prêtre, martyrisé par les Maures à Cordoue en 851. — Fête : le 18 avril.

S. Parthène, *Parthenius* (gr. : virginal), pêcheur de profession, distribuait aux pauvres tout le produit de son travail. Il reçut la prêtrise et devint évêque de Lampsaque dans l'Hellespont, au IVe siècle. — Fête : le 7 février.

Patron des Pêcheurs.

S. Parthène, gardien des appartements de la femme de l'empereur Dèce, fut martyrisé à Rome vers 250. — Fête : le 20 mai.

Patron des Custodes et Majordomes.

S. Pascal Baylon, *Pascalis*, né en Aragon de parents cultivateurs, se loua d'abord comme berger, puis entra chez les Franciscains où il exerça la fonction de cuisinier. Après avoir fait éclater sa piété par la vie la plus exemplaire et

---

1. Communication due à l'amabilité de M. l'abbé Raynaud, curé de Saint-Papoul.

des miracles sans nombre, il mourut en 1592[1]. — Fête : le 17 mai.

    Patron des Bergers et des Cuisiniers.

S. Pasteur, *Pastor*, martyr à Nicomédie, en 303; fut une des premières victimes de la persécution de Dioclétien. — Fête : le 29 mars.

S. Paterne, *Paternus* (lat. : paternel), 1ᵉʳ titulaire de l'évêché de Vannes, fondé par Conan-Mériadec; mort vers la fin du vᵉ siècle. — Fête : le 16 avril.

    Invoqué pour obtenir la Pluie.

S. Patrice, *Patricius* (lat. : praticien), né peut-être dans la Bretagne française d'où il fut emmené en Irlande par des barbares qui avaient massacré son père. Il fut employé d'abord à la garde des troupeaux, mais il prit la fuite et vint en Touraine, près de S. Martin, son grand-oncle. Ce fut S. Martin qui lui conseilla d'aller prêcher l'Évangile en Irlande; il se prépara à ce ministère sous la conduite de S. Paterne de Vannes et partit en 431. « Il fit en Irlande, dit « le P. Giry, pendant trente ou quarante ans, des choses si « prodigieuses qu'on aurait de la peine à les croire si l'on ne « considérait qu'en face de peuples aussi barbares il fallait « les amener à la foi par des actions surprenantes » (373-464). — Fête : le 17 mars.

    Patron des Mineurs, Tonneliers, Forgerons, Barbiers.
    Invoqué contre les puissances de l'Enfer et contre les Serpents, et pour les Ames du Purgatoire.

S. Patrocle, *Patroclus*, ou *Paterculus* (gr. : gloire du père), après avoir gardé les troupeaux en Berry, étudia les lettres, se fit prêtre et solitaire, puis s'adonna à l'instruction des petits enfants et au soulagement des malheureux; vıᵉ siècle. — Fête : le 18 novembre.

    Invoqué pour les Energumènes; contre les Démons, les Fièvres et les maux aux Bras.

S. Paul, *Paulus* (hébr. : embouchure de la trompette), né à Tarse en Cilicie, se fit, très jeune, le persécuteur des chrétiens; il gardait les vêtements des bourreaux qui lapidaient S. Etienne, pendant le supplice de ce saint diacre. Sur le chemin de Damas où il allait rechercher les fidèles de Jésus-Christ, il fut soudain environné d'une grande lumière, entendit une voix lui reprochant ses cruautés et devint aveugle. Il se convertit, recouvra la vue à son baptême

---

[1]. On a conservé de S. Pascal Baylon un mot pittoresque : il appelait les scrupules les *Puces de la Conscience*.

et se livra à la conversion des Gentils[1] avec plus d'ardeur encore qu'il n'en avait mis jusque-là à poursuivre les chrétiens. Il eut mille peines à souffrir et fut martyrisé à Rome en même temps que S. Pierre, en 67. — Fête : le 29 juin.

> *Patron de la Presse catholique, des Fourbisseurs, Vanniers, Mannequiniers, Cordiers, Tapissiers.*
> *Invoqué pour les Sourds, la Pluie et la Fertilité des champs; contre la Peur, les Spasmes et les Serpents.*

S. Paul, 1er ermite dans la Thébaïde où il passa soixante-huit ans dans les austérités et la prière; mourut à cent treize ans, en 342. — Fête : le 15 janvier.

> *Patron des Vanniers, fabricants de Nattes et tous états s'y rapportant.*

S. Paul, religieux dans un monastère des Vosges où il fut chargé de la boulangerie; fut plus tard évêque de Verdun; mort en 648. — Fête : le 8 février.

> *Patron des Boulangers.*

S. Paul[2], évêque de Narbonne, qui n'était autre que le proconsul romain Sergius Paulus, converti par l'apôtre S. Paul, fut le 1er évêque de Narbonne et l'apôtre du Midi de la France et d'une partie de l'Espagne; 1er siècle. — Fêtes : le 22 mars et le 11 décembre.

> *Invoqué contre l'Aveuglement, le Doute et la Paralysie.*

Ste Paule, ou **Paula**, ou **Paola**, veuve Romaine, de la famille de Scipion et de Paul-Emile; fut d'une piété et d'une charité admirables; morte en 404. — Fête : le 26 janvier.

S. Paulin, *Paulinus*, né à Bordeaux d'une famille très distinguée, se consacra à Dieu, ainsi que sa jeune femme, après la mort de leur enfant. Il fut, dans sa jeunesse, en relations d'amitié avec S. Martin de Tours et S. Ambroise de Milan. S'étant retiré dans la solitude près de Nole, en Campanie, il fut élu évêque de cette ville, où il se fit aimer et admirer de tout le monde. Il poussa la charité au point de se vendre comme esclave pour délivrer le fils d'une pauvre veuve; mais son maître, ayant découvert qui il était, le renvoya (353-431). — Fête : le 22 juin.

> *Patron des Mineurs.*

S. Paulin, évêque d'York en Angleterre et l'un des collaborateurs de S. Augustin de Cantorbéry; mort en 644. — Fête : le 10 octobre.

---

1. Les Juifs appelaient de ce nom tous les peuples qui n'appartenaient pas à leur race et à leur religion.
2. L'Eglise reconnaît et invoque environ cinquante saints du nom de *Paul*; il y en a près de cent du nom de *Pierre*.

Ste Pauline, *Paulina*, femme de S. Adrias, se convertit à la vue d'un miracle de S. Eusèbe qui guérit un enfant paralytique en lui administrant le baptême. Elle souffrit le martyre avec son mari et leurs deux enfants en 256. — Fête : le 2 décembre.

S. Pélage, *Pelagius* (gr. : maritime), martyrisé par Abdérame II, roi des Sarrasins, à Cordoue, en 825. — Fête : le 26 juin.

Invoqué pour les Bêtes à cornes.

Ste Pélagie, *Pelagia*, vierge d'Antioche qui se précipita du haut d'un toit pour sauver son innocence ; IIIe siècle. — Fête : le 9 juin.

Ste Pélagie, femme riche, ambitieuse et de conduite légère, qui se convertit en entendant un sermon sur le jugement de Dieu, donna tous ses biens aux pauvres et vécut en recluse sur le mont des Oliviers, où elle fit une longue et dure pénitence. Elle avait pris des habits masculins pour éviter d'être reconnue ; morte vers 457. — Fête : le 8 octobre.

Patronne des Comédiens et des Repenties.

S. Pèlerin, *Peregrinus*, compagnon de S. Laurent, envoyé par le pape Sixte II pour évangéliser l'Auxerrois, fut le 1er évêque d'Auxerre, et mourut martyr en 303 ou 304. — Fête : le 16 mai.

Invoqué contre les Serpents.

B^x Pépin de Landen, *Pipinus*, maire du Palais sous Clotaire II ; mort en 640. — Fête : le 21 février.

S. Pérégrin Latiosi, *Peregrinus*, religieux de l'Ordre des Servites, modèle de mortification et de patience ; fut guéri miraculeusement, pendant son sommeil, d'un cancer à la jambe ; mort en 1345. — Fête : le 30 avril.

Invoqué pour la guérison des plaies aux Jambes, pour les Femmes qui vont être mères et pour les Accouchées.

Ste Perpétue, *Perpetua*, illustre dame romaine convertie et baptisée par S. Pierre. Elle était l'épouse de S. Africain et la mère de S. Nazaire. Parmi les œuvres de zèle par lesquelles elle se sanctifia, il faut citer surtout le dévouement qu'elle mettait à rendre les derniers devoirs aux corps des saints martyrs ; 1er siècle. — Fête : le 4 août.

Patronne des Femmes mariées.

S. Pétronne, *Petronius*, évêque de Die, en Dauphiné, mort en 463. — Fête : le 10 janvier.

Ste Pétronille, *Petronilla*, fille spirituelle de l'apôtre S. Pierre, avait consacré à Dieu sa virginité. Pour n'être pas astreinte à un mariage qu'il lui était difficile d'éviter, elle demanda à Dieu et obtint de mourir; 1er siècle. — Fête : le 31 mai.

<small>Invoquée contre la Fièvre, et pour les Voyages dans les Montagnes.</small>

S. Phalier, *Pharetrius*, né à Limoges, abandonna sa famille et son pays pour venir, à Rome, visiter les tombeaux des apôtres et des martyrs. Il entreprit ensuite le pèlerinage de Terre-Sainte, et ressuscita, près du Saint-Sépulcre, un jeune homme qui fut désormais son compagnon. A son retour en France, il se fixa à Chabris (Indre) et y termina saintement ses jours dans la retraite (465-525). — Fête : le 23 novembre.

<small>Invoqué contre les maladies de langueur des Enfants, les maladies de la Rate; pour obtenir la Maternité et acquérir la Force.</small>

Ste Pharaïlde, *Faraildis*, noble Flamande, fut l'épouse d'un homme violent jusqu'à la brutalité, dont elle supporta patiemment le rude caractère. Devenue veuve, elle se consacra entièrement à l'amour de Dieu et à la charité envers le prochain (650-740). Elle est patronne de la ville de Gand. — Fête : le 4 janvier.

<small>Invoquée pour la bonne confection du Beurre, pour les Oies et la santé du Bétail; et contre les maladies de langueur des Enfants.</small>

Ste Phébé, *Phœbe*, diaconesse en Achaïe; fut convertie par l'apôtre S. Paul, qui en parle au dernier chapitre de l'*Epître aux Romains*. — Fête : le 3 septembre.

S. Phébus (gr. : le soleil), martyr avec plusieurs autres à Antioche. — Fête : le 15 février.

S. Philadelphe, *Philadelphus* (gr. : ami de ses frères), martyr à Lentini, en Sicile, au IIIe siècle. — Fête : le 10 mai.

S. Phileas (gr. : ami), évêque de Thmuis, en Egypte, et martyr, au IIIe siècle. — Fête : le 4 février.

S. Philémon (gr. : qui aime), riche bourgeois de Colosses, en Phrygie, converti par un des disciples de S. Paul; fut martyrisé avec sa femme Ste Appia, au 1er siècle. — Fête : le 22 novembre.

S. Philbert, ou **Philibert**, *Philibertus*, abbé de Jumièges et de Grandlieu, né près d'Eauze (Gers), disciple de S. Ouen; mort en 684. — Fête : le 20 août.

<small>Invoqué contre les maladies d'Entrailles.</small>

S. Philibert, martyr en Espagne avec S. Fabricien. — Fête : le 22 août.

S. Philippe, *Philippus* (gr. : qui aime les chevaux), apôtre qui semble avoir été comme l'intendant du Collège apostolique, car c'est à lui que Notre-Seigneur s'adresse, avant le miracle de la multiplication des pains, pour savoir ce qui restait de provisions. Après la descente du Saint-Esprit, il alla prêcher en Phrygie ; mort vers 81. — Fête : le 1ᵉʳ mai.

S. Philippe, l'un des sept premiers diacres de la primitive Église, eut à combattre Simon le Magicien et prêcha l'Évangile dans plusieurs contrées. Il habitait néanmoins d'ordinaire à Césarée, avec ses quatre filles, et S. Paul logea chez lui quand il vint dans cette ville ; 1ᵉʳ siècle. — Fête : le 6 juin.

>Invoqué pour les Boiteux et les Paralytiques, et contre les Possessions du Démon.

S. Philippe de Néri, né à Florence, se consacra de bonne heure au service de Dieu, reçut le sacerdoce par obéissance, fut un ministre très assidu du sacrement de Pénitence et fonda la Congrégation de l'Oratoire (1516-1595). — Fête : le 26 mai.

>Invoqué contre les Tremblements de terre, les maladies des Articulations et pour obtenir la joie de la Maternité.

S. Philippe Beniti, originaire de Florence comme le précédent, fut un des principaux propagateurs de l'Ordre des Servites ou Serviteurs de Marie, dont il fut général ; mort en 1285. — Fête : le 23 août.

>Invoqué contre l'Épilepsie et les Maléfices.

S. Philogone, *Philogonus* (gr. : qui aime la retraite), avocat distingué, élevé sur le siège d'Antioche où il eut à combattre les doctrines perverses d'Arius ; fut un des défenseurs les plus zélés et les plus intrépides de la foi catholique. Il mourut plein de mérites, en 322. — Fête : le 20 décembre.

>Patron des Avocats.

Sᵗᵉ Philomène, *Philumena* (gr. : aimable), fille d'un prince qui gouvernait un des petits États de la Grèce ; consacra à Dieu sa virginité et refusa de se marier à l'empereur Dioclétien, qui lui fit trancher la tête, vers la fin du IIIᵉ siècle. — Fête : le 10 août.

S. Phocas, jardinier, martyr à Sinope en Phrygie, distribuait aux pauvres la plus grande partie du produit de son travail et recevait chez lui tous les voyageurs qui ne savaient où loger. Dénoncé comme chrétien, il fut mis à mort par des émissaires des persécuteurs, qui avaient logé chez lui avant de savoir qui il était (commencement du IVᵉ siècle). — Fête : le 3 juillet.

>Patron des Jardiniers.

S. Phocas, martyr à Antioche, en Syrie, vers 320. — Fête : le 5 mars.

>Invoqué contre la morsure des Serpents.

Ste Photine, *Photina*, martyre à Samarie au 1er siècle. — C'est peut-être la Samaritaine de l'Evangile. — Fête : le 20 mars.

S. Piat, *Piaton* (lat. : qui expie), apôtre de Tournay et martyr vers 287. — Fête : le 1er octobre.

> Invoqué contre la Fièvre, les Possessions et Obsessions du démon, les intempéries de l'air, les Palpitations du cœur.

S. Pie Ier, *Pius* (lat. : pieux), pape, eut pendant toute sa vie à lutter contre les persécuteurs, et mourut probablement martyr, en 157. — Fête : le 11 juillet.

S. Pie V, pape, fut un des principaux promoteurs du mouvement de résistance de l'Europe contre l'envahissement des Turcs. Ce fut lui qui favorisa d'une façon particulière la dévotion du Rosaire, et, à la suite d'une victoire remportée par les chrétiens sur les infidèles, fit ajouter aux litanies de la Ste Vierge cette invocation : « Secours des chrétiens, priez pour nous » (1505-1572). — Fête : le 5 mai.

S. Piérus, professeur de philosophie chrétienne à Antioche, dont la vie ne fut qu'une longue suite de bonnes œuvres ; mort au ive siècle. — Fête : le 4 novembre.

> Patron des Philosophes.

S. Pierre, *Petrus*, se nommait *Simon* avant sa vocation à l'apostolat et était pêcheur à Bethsaïde en Galilée, sur les bords du lac de Génézareth. Il fut présenté à Notre-Seigneur par son frère S. André qui déjà était attaché à Jésus-Christ. Le Sauveur le constitua chef des apôtres et de l'Eglise et le traita toujours avec une certaine distinction : il le rendit témoin de la Transfiguration, l'emmena avec lui au jardin des Oliviers, le soir de son agonie, etc. ; cependant Pierre renia son maître pendant la Passion, mais la tradition nous apprend qu'il pleura si longuement sa faute que les larmes finirent par creuser deux sillons sur ses joues. Après la Pentecôte, S. Pierre fit une foule de conversions en Galilée et dans les pays voisins ; puis il se fixa quelque temps à Antioche et à Alexandrie. Il vint enfin définitivement établir son siège à Rome qui devint ainsi la capitale de la chrétienté. S. Pierre y souffrit le martyre avec S. Paul, mais d'une manière différente : il fut crucifié la tête en bas, en 67. — Fête : le 29 juin.

> Patron des Pêcheurs, Poissonniers, Marchands de Marée, faiseurs de Filets, Huchers, Planchéieurs, Menuisiers, Ebénistes, Tailleurs de pierres, Maçons, Plâtriers, Briquetiers, Potiers, Bouchers, Panetiers, Potiers, Verriers, Bouteillers, Papetiers, Foulons, Tondeurs de drap, Banquiers, et enfin patron des Vierges.
> Invoqué par les enfants pour obtenir la prolongation des jours de leurs Parents, contre les maux aux Pieds, la faiblesse des Jambes, la Rage, la morsure des Serpents, les Possessions du démon, la Fièvre ; et pour retrouver les Naufragés.

S. *Pierre Thomas*, carme, né au diocèse de Sarlat, fut envoyé par le Saint-Siège, avec des missions importantes, à Jérusalem, à Constantinople et en Crète. Il devint patriarche de Constantinople, et, pendant les croisades, il ne craignait pas de paraître dans la mêlée, une croix à la main, pour animer les guerriers; il mourut en 1366. — Fête: le 6 janvier.

Invoqué contre la Peste et les maladies Contagieuses.

S. *Pierre Nolasque*, né en Languedoc, fonda l'Ordre de N.-D. de la Merci pour la rédemption des captifs; mort en 1256. — Fête: le 30 janvier.

Invoqué pour la liberté des Captifs.

S. *Pierre Damien*, cardinal, évêque d'Ostie et docteur de l'Église, fut le propagateur du petit office de la Ste Vierge, de son culte le samedi, etc.; mort en 1072. — Fête: le 23 février.

Invoqué contre la Migraine et tous les Maux de tête.

S. *Pierre Gonzalès*, de l'Ordre des Frères Prêcheurs, homme aussi puissant par sa science, par son éloquence et la sagesse de ses conseils, que par sa vertu. Il aima particulièrement à exercer l'apostolat de la parole et la charité au milieu des marins (1190-1242). — Fête: le 15 avril. — On le nomme aussi à tort *S. Telme* ou *Elme*: ces noms sont ceux de S. Erasme.

Patron des Marins et Navigateurs.
Invoqué contre les tremblements de Terre.

S. *Pierre de Vérone*, dominicain, combattit les hérésies d'une façon si éloquente qu'il fallait l'emporter du milieu de la foule de ses auditeurs pour qu'il ne fût pas étouffé. Nommé inquisiteur de la foi, il fut assassiné par deux hérétiques (1206-1252). — Fête: le 29 avril.

Invoqué pour les Femmes qui vont être mères, et pour les Fruits de la terre; contre les maux de Tête, la Foudre et les Orages.

S. *Pierre Célestin*, religieux Bénédictin, fut élu pape à soixante-douze ans et prit le nom de Célestin V. Au bout de six mois, il se démit; mort à quatre-vingt-un ans, en 1296. — Fête: le 19 mai.

Patron des Relieurs.

Bx *Pierre Armengol*, né à Tarragone, de la famille des comtes d'Urgel, tomba si bas dans le crime qu'il alla jusqu'à se mettre à la tête d'une troupe de brigands. Ayant failli, par mégarde, assassiner son père, il se repentit et entra dans l'Ordre de la Merci pour le rachat des captifs. Parti en Afrique, pour délivrer des enfants, ses compatriotes, il dut se constituer prisonnier à leur place; ayant été pendu, il fut délivré par son frère, grâce à une protection spéciale

de la Ste Vierge, et revint en Espagne, où il mourut en 1304.
— Fête : le 1er septembre.

<small>Patron des Enfants.
Invoqué pour la Pluie et contre les Tempêtes.</small>

S. Pierre d'Alcantara, de l'Ordre des Franciscains, en Espagne, gardien de plusieurs couvents, puis provincial ; se montra d'une austérité et d'une mortification extrêmes. Il fut en relations avec S. François de Borgia et Ste Thérèse (1499-1562). — Fête : le 19 octobre.

<small>Patron des Gardes de nuit.
Invoqué contre les Fièvres malignes.</small>

S. Pierre Pascal, religieux de la Merci, évêque de Jaën en Espagne ; martyr des Maures en 1300. — Fête : le 23 octobre.

<small>Invoqué contre la Foudre et les Tremblements de terre.</small>

S. Pierre Chrysologue, né à Ymola, en Romagne, fut nommé archevêque de Ravenne à la suite d'une révélation surnaturelle faite au pape Sixte III. Il eut à lutter contre plusieurs hérésies et fut d'une telle éloquence qu'il mérita ce surnom de Chrysologue, ou « l'homme à la parole d'or ». Mort en 450. Fête : le 4 décembre. — L'Église l'honore comme docteur.

<small>Invoqué contre la Rage et la Fièvre.</small>

S. Pierre de Sienne était fabricant de peignes à Sienne. Il entra comme tertiaire dans l'Ordre de Saint-François et se livra au soin des malades. Dieu lui accorda particulièrement l'esprit prophétique et le don des miracles ; mort en 1289. — Fête : le 4 décembre.

<small>Patron des Fabricants de Peignes.</small>

S. Pierre aux Liens. Cette fête a été instituée, en l'honneur de l'apôtre S. Pierre, pour faire mémoire de sa captivité à Jérusalem sous Hérode, qui l'avait fait mettre *dans les fers*, et lui avait donné pour gardiens deux soldats qui ne le quittaient ni le jour, ni la nuit. Elle rappelle aussi l'emprisonnement du Prince des Apôtres dans la prison Mamertine, à Rome ; elle se célèbre le 1er août. — Sous ce vocable, S. Pierre est le

<small>Patron des Serruriers, Ferronniers, Forgerons, Taillandiers, Chaudronniers, Tôliers, Ferblantiers, Plombiers, Fondeurs, Doreurs et Argenteurs sur métaux, Savetiers, Moissonneurs, Vanniers, Nattiers, etc.</small>

S. Pipe, *Pipio*, né à Beaune-la-Rolande (Loiret), fut simple berger dans son enfance. A la mort de son père, il vendit son petit patrimoine, en donna la plus grande part aux pauvres et ne se réserva que ce qui lui paraissait nécessaire pour faire quelques études ; il fut ordonné diacre en même temps que S. Mathurin et mena pendant quelques années la vie érémitique. Ayant été saisi d'une fièvre lente, il rendit son âme à Dieu au commencement du xiv° siècle. Il eut le bonheur, durant cette maladie, d'être souvent consolé par les anges qui venaient lui raconter les merveilles du paradis. — Fête : le 8 octobre.

> Invoqué contre la Fièvre et la Sécheresse.

S. Pirmin, *Pirminus*, d'origine française, fut envoyé par le pape pour évangéliser les provinces du Rhin. Il fonda, en Suisse, le monastère de Reichenau, dans une île du Rhin, qu'il avait commencé par débarrasser d'une grande quantité de serpents. Il fut aussi le fondateur de la fameuse abbaye de Murbach, en Alsace; mort en 758. — Fête : le 3 novembre.

> Invoqué contre la Peste, les Serpents, les Poisons, et pour les femmes qui vont être mères.

S. Placide, *Placidus* (lat. : paisible), originaire de Rome, disciple de S. Benoît, à Sublac; fut sauvé, au moment où il allait se noyer dans un lac, par S. Maur qui, marchant sur les eaux par ordre de S. Benoît lui-même, le saisit au moment où il allait disparaître. S. Placide fut abbé d'un monastère qu'il avait fondé, et souffrit le martyre en Sicile vers 541. — Fête : le 5 octobre.

> Invoqué pour trouver les Noyés.

B' Placide d'Ancône, de l'Ordre des Apostolins, fondateur d'un couvent de son Ordre à Ricanati; mort en 1398. — Fête : le 5 juin.

> Invoqué contre la Fièvre.

S. Polycarpe, *Polycarpus* (gr. : qui porte des fruits nombreux), établi évêque de Smyrne par S. Jean l'Évangéliste; martyr en 169. — Fête : le 26 janvier.

> Invoqué contre les maux d'Oreilles.

S. Polyeucte, *Polyeuctus* (gr. : très désirable), officier de l'armée romaine, très lié, quoique encore païen, avec S. Néarque, fut converti par ce saint ami et souffrit le martyre avec une constance admirable en Arménie, vers 250 [1]. — Fête : le 13 février.

B' Pompée, ou **Pope**, *Pompeius* (gr. : envoyé), chapelain de S'° Ode, duchesse d'Aquitaine; mort vers 723. — Fête : le 23 octobre.

> Invoqué contre les maladies des Enfants, celles du Bétail et principalement des Porcs.

S. Pons, *Pontius*, abbé de Saint-André, près de Villeneuve-lès-Avignon; mort en 1082. — Fête : le 26 mars.

> Invoqué pour avoir la Pluie.

---

1. S. Polyeucte a inspiré à Corneille une de ses plus sublimes tragédies.

S. Porcaire, *Porcarius*, né en Forez, fut le 15ᵉ abbé de Lérins. Les Sarrasins, ayant pénétré dans son couvent, firent mourir un grand nombre de moines et lui crevèrent les yeux. Retiré près de Montbrison, sur le pic de Montverdun, il y fonda un nouveau monastère où il fut mis à mort par les mêmes Sarrasins (737). L'église de Montverdun conserve ses précieuses reliques. — Fête : le 19 août.

Invoqué pour les maladies des Yeux.

S. Porphyre, *Porphyrius* (gr. : empourpré), comédien et martyr à Andrinople, en 362. — Fête : le 15 septembre.

S. Pothin, *Pothinus* (gr. : désirable), disciple de S. Polycarpe et originaire d'Asie, fut le 1ᵉʳ évêque de Lyon où il fut martyrisé en 177, âgé de près de cent ans. — Fête : le 2 juin.

S. Pourçain, *Portianus*, né esclave, dans la ville qui porte aujourd'hui son nom, rendit la vue à son maître qui l'avait perdue en punition des brutalités qu'il exerçait envers lui. Il fut affranchi pour cela et rentra au couvent de Mirande dont il fut abbé ; vıᵉ siècle. — Fête : le 24 novembre.

Invoqué pour les Infirmes, les Estropiés, les Boiteux, et contre les maladies des Yeux.

Sᵗᵉ Praxède, *Praxedes*, vierge romaine, fille du sénateur Pudens, employa toute sa vie et sa fortune en œuvres de charité (1ᵉʳ siècle). Elle est patronne, à Rome, d'un titre cardinalice dont S. Charles Borromée fut titulaire. — Fête : le 21 juillet.

S. Précord, ou **Précorz**, *Præcordius* (lat. : qui a du cœur), d'origine irlandaise, vint se fixer à Vailly (Aisne), où il mena la vie érémitique ; au vıᵉ siècle. — Fête : le 1ᵉʳ février.

Invoqué pour avoir de la Pluie.

S. Prétextat, *Prætextatus* (lat. : jeune homme vêtu *de la robe Prétexte*), évêque de Rouen, et martyr par ordre de la cruelle reine Frédégonde, en 585. — Fête : le 24 février.

S. Prime, *Primus* (lat. : premier), martyr dans l'Hellespont avec S. Cyrin et un autre, en 320. — Fête : le 3 janvier.

S. Principin, *Principinus*, appartenait à une noble famille des Goths. Il quitta son pays avec sa mère Sᵗᵉ Maure et ses frères pour se faire chrétien, et se retira dans un lieu très désert, à Hérisson, dans l'Aisne, où il fut martyrisé au ıvᵉ siècle. — Fête : le 12 novembre.

Invoqué pour la Vue.

S. Privat, *Privatus*, évêque de Mende et martyr de la charité pour avoir refusé de faire connaître la retraite de ses ouailles, qui s'étaient cachées pour éviter les persécutions des barbares allemands ; mort vers 266. — Fête : le 21 août.

S. Prix, ou **Projet**, ou **Priest**, *Prajectus*, évêque de Clermont, dont l'épiscopat ne fut qu'une longue suite de fondations religieuses, de miracles et de bonnes actions ; mourut martyr à Volvic en 674. — Fête : le 25 janvier.

> Invoqué contre la Fièvre, les Maladies incurables, et les accidents aux Yeux.

S. Prix était de Besançon : il quitta son pays avec plusieurs de ses compatriotes, chrétiens comme lui, pour fuir la persécution, mais ils furent rejoints par les païens dans une forêt, sur le territoire actuel du département de la Nièvre, et y furent mis à mort ; IIIe siècle. — Fête : le 26 mai.

> Invoqué pour les Enfants malades, contre les Fléaux et les Intempéries des saisons.

Ste Procule, *Procula*, née à Rodez et consacrée à Dieu dès son enfance, s'enfuit de la maison paternelle pour ne pas épouser un comte du nom de Géraud qui la poursuivit et la mit à mort, près de Gannat ; XIIe siècle. — Fête : le 9 juillet.

> Invoquée pour obtenir la grâce de la Maternité.

S. Prosper d'Aquitaine, docteur de l'Eglise, fut surtout un écrivain, et composa, pour la défense de la foi, un grand nombre d'ouvrages en prose et en vers. — Il est probable qu'il ne reçut jamais les ordres ; mort vers 465. — Fête : le 25 juin.

> Patron des Poëtes.

S. Protais, *Protasius*, martyr à Milan avec son frère S. Gervais, vers la fin du IIIe siècle. — Fête : le 19 juin.

S. Prote, *Protus* (gr. : premier), précepteur des saints martyrs Cant, Cantien et de leur sœur Ste Cantianille ; fut décapité avec eux vers 304. — Fête : le 31 mai.

> Patron des Gouverneurs, Précepteurs et Pédagogues.

S. Prothade, *Prothadius*, successeur de S. Nicet, évêque de Besançon, brilla surtout par sa mortification et son humilité ; mort en 624. — Fête : le 10 février.

> Invoqué contre la Sécheresse et les Inondations.

B^{se} Prudence, *Prudentia*, vierge, fondatrice du monastère de la Visitation, Ordre de Saint-Augustin, à Côme ; morte en 1492. — Fête : le 6 mai.

S. Prudent, *Prudens*, évêque de Troyes, l'un des plus illustres qui aient occupé ce siège ; mort en 861. — Fête : le 6 avril.

S. Psalmode, ou **Psalmet**, *Psalmodius* (gr. : chantre), nommé aussi vulgairement Saumay, disciple de S. Brendan et venu d'Ecosse en France ; se fixa dans la solitude près d'Eymoutiers (Haute-Vienne); mort vers 589. — Fête : le 15 juin.

> Invoqué pour les Moribonds afin qu'ils puissent régler leurs affaires et recevoir les Sacrements; contre les douleurs de la Maternité, les Vers, la Colique et les maux d'Estomac, les maladies d'entrailles en général, les maladies des Enfants et les Dartres.

S. Ptolémée, *Ptolemæus*, martyr à Rome vers 166. — Fête : le 19 octobre.

Stes Puelles, *Puellæ* (lat. : jeunes filles), vierges de Toulouse qui avaient recueilli et enseveli les précieuses reliques de S. Saturnin. Chassées de Toulouse, elles subirent probablement le martyre au lieu appelé maintenant Mas-Saintes-Puelles, près de Castelnaudary; 1er siècle. — Fête : le 14 octobre.

> Patronnes des jeunes filles.

Ste Pulchérie, *Pulcheria* (lat. : belle), née à Constantinople, fille de l'empereur Arcade et d'Eudoxie, et sœur de l'empereur Théodose; employa sa vie, son crédit et ses biens à toutes les œuvres de charité chrétienne; morte en 453. — Fête : le 10 septembre.

S. Pusier, ou **Pusice**, *Pusitius*, surintendant des bâtiments du roi de Perse Sapor, c'est-à-dire chef de tous les ouvriers et artistes qui y étaient employés. Sapor, ayant appris qu'il était chrétien, lui fit arracher la langue, puis le fit mettre à mort avec sa fille, vers 230. — Fête : le 21 avril.

> Patron des Intendants et employés des Bâtiments du gouvernement.

Q

Quatorze saints Auxiliateurs. En Allemagne, dans les pays Rhénans et dans d'autres contrées d'Europe, on honore simultanément quatorze saints, que l'on regarde comme apportant plus particulièrement secours aux hommes dans les différentes misères de la vie; on les nomme *Saints Auxiliateurs*. Ce sont : S. Acace, Ste Barbe, S. Blaise, Ste Catherine, S. Christophe, S. Cyriaque, S. Denis, S. Erasme, S. Eustache, S. Georges, S. Gilles, Ste Marguerite, S. Pantaléon et S. Vite, ou *Guy*. — On y joint quelquefois S. *Magne*. On célèbre leur fête le 14 novembre; mais on ne peut le faire d'un culte public.

S. Quentin, *Quintinus* (lat. : cinquième), fils d'un sénateur de Rome, vint prêcher en Gaule, particulièrement dans l'Amiénois et le Vermandois (départements de l'Aisne et de la Somme). Comme il faisait de nombreuses conversions, le terrible Rictiovare le fit attacher par chacun des membres et tirer si violemment que ses os se déboîtaient. On le frappa ensuite avec des verges de fer, puis on répandit sur son dos des matières grasses et résineuses bouillantes et on le fit brûler par tout le corps avec des torches enflammées. Comme il ne succombait pas à ces horribles tourments, le cruel persécuteur lui fit percer les doigts de dix alènes, et traverser le corps de haut en bas avec deux longues broches. La mort ne venant pas encore, le courageux martyr fut décapité, et son corps jeté dans la Somme (303). — Fête : le 31 octobre.

> Patron des Chaudronniers, Canonniers, Serruriers, Portefaix, Chirurgiens, Tailleurs et Chapelains.
> Invoqué contre le Rhume, la Fièvre et l'Hydropisie.

S. Quintien, *Quintianus*, né en Afrique, se réfugia en Gaule pour fuir la persécution Arienne. Il y fut élu évêque de Rodez, puis de Clermont. Après s'être signalé par de nombreux miracles, il mourut très âgé en 527. — Fête : le 12 novembre.

> Invoqué contre la Fièvre, les Incendies et tous les Fléaux, et pour la Pluie.

S. Quintilien, *Quintilianus*, martyr avec S. Maxime et un autre sous l'empereur Dioclétien. — Fête : le 13 avril.

B^{se} Quinzani (Etiennette), née de parents pauvres, dans l'Etat de Venise, entra à quinze ans dans le Tiers-Ordre de Saint-Dominique; fonda, au diocèse de Crémone, un monastère où elle réunit un grand nombre de jeunes servantes, pour les former à la vertu. Elle les gouverna saintement et mourut en 1530. — Fête : le 16 janvier.

> Patronne des Servantes et des Domestiques.

S. Quirin, *Quirinus* (lat. : originaire de Cures), noble romain et tribun militaire, auquel était confiée la garde des prisons, fut converti par les martyrs chrétiens, et subit lui-même le martyre en 130. — Fête : le 30 mars.

> Invoqué contre les Abcès purulents, les Fistules, les Scrofules, les maux aux Oreilles et aux Jambes, la Goutte, la Paralysie, l'Epilepsie et la Morve des bestiaux.

Ste Quiterie, *Quiteria*, fille d'un roi païen du nord de l'Espagne, reçut le baptême dans sa jeunesse à l'insu de ses parents et consacra sa virginité au Seigneur. Son père voulut la marier avec un prince païen : elle refusa, et, pour sauvegarder sa foi et sa virginité, elle quitta son pays et vint chercher un asile dans le Midi de la France. Le père inhumain envoya des satellites à la poursuite de la jeune vierge, avec ordre de la mettre à mort, si elle persistait dans son double refus d'accepter l'époux qui lui était proposé et de renoncer à sa foi. Quiterie préféra la mort et eut la tête tranchée non loin d'Aire (Landes), où l'on conserve ses principales reliques[1] (époque non déterminée d'une manière certaine; probablement vers 640). — Fête : le 22 mai.

> Invoquée contre les Angoisses et les Palpitations du Cœur, la Folie, la Frénésie et les maladies analogues, la Rage, les Chutes, les mauvais Coups, la Peste, les Sauterelles, la Migraine, les Maladies des Yeux, les Rhumatismes.

R

S. Rabier, *Riberius*, confesseur honoré en Périgord. — Fête : le 25 août.

Ste Rachilde, *Rachildis*, d'une famille noble de Suisse, se fit compagne de reclusion de Ste Guiborate, qui l'avait miraculeusement guérie d'une maladie jugée incurable par les médecins; morte en 946. — Fêtes : le 3 novembre et le 2 mai.

Ste Radégonde, *Radegundis* (teut. conseillère dans les combats), reine de France, épouse de Clotaire Ier, dont elle avait été la captive; mena sur le trône une vie toute d'austérités et de dévouement aux pauvres qu'elle soignait elle-même. Elle vint à Tours vénérer les reliques de S. Martin et séjourna quelque temps non loin de Marmoutiers, puis fonda à Poitiers le monastère de Sainte-Croix où elle prit le voile du consentement de son royal époux[2]. Elle y mourut en 587. — Fête : le 13 août.

> Patronne des Tisserands et des Potiers de terre.
> Invoquée contre la Fièvre, la Gale, la Lèpre, les Ulcères, les Épidémies, les Orages, les Incendies et les Fléaux nuisibles à l'agriculture.

Ste Radegonde, servante au diocèse d'Augsbourg, se sanctifia dans son humble condition par son obéissance et sa charité.

---

1. Communiqué par M. l'abbé Rouguette, curé de Beauteville (Haute-Garonne).
2. Ce fut à l'occasion de la translation, dans ce monastère, d'une partie importante de la Ste Croix du Sauveur que S. Hilaire de Poitiers composa le *Vexilla Regis prodeunt*.

Elle fut dévorée par des loups en allant soigner de pauvres malades ; xiii° siècle. — Fête : le 18 juillet.

    Invoquée contre les Loups et la Teigne.

S. Raimond (Voir *S. Raymond*).

S. Raoul, *Radulphus* (teut. : aide dans le conseil), comte du Quercy et seigneur de Turenne, fut archevêque de Bourges ; zélé réformateur de la discipline dans son diocèse ; mort en 866. — Fête : le 21 juin. — Il est honoré dans le diocèse de Bourges sous le nom de *S. Roils*.

S. Raphaël (hébr. : médecine de Dieu), l'archange qui conduisit et protégea le jeune Tobie durant son voyage à Ragès. — Fête : le 24 octobre.

    Patron et Protecteur des Ménages chrétiens ; patron des Navigateurs et de tous les Voyageurs.
    Invoqué contre les maux d'Yeux.

S. Rasson, *Rasso*, comte d'Auches, en Bavière ; guerrier d'une taille colossale ; contribua puissamment à repousser les Hongrois du territoire d'Autriche ; se fit pèlerin, puis fonda un monastère à Werden où il mourut en 953. — Fête : le 19 juin.

    Invoqué contre la Gravelle et les Hernies.

S. Raymond, *Raymundus* (teut. : bouche qui conseille), né au château de Pennafort en Catalogne, dominicain, confesseur de Grégoire IX ; fut un des instituteurs de l'Ordre de la Merci. Il eut à un haut degré la grâce des miracles : une fois que, par ordre du roi d'Espagne, on lui refusait le passage sur un vaisseau, il fit, en six heures, sur son manteau qu'il avait étendu sur la mer, la traversée de Majorque à Barcelone, et rentra dans le monastère où il résidait, quoique les portes restassent fermées ; mort en 1275. — Fête : le 23 janvier.

    Patron des Docteurs en droit canonique.

S. Raymond de Hitéro, abbé d'un monastère de l'Ordre de Cîteaux, en Navarre, qu'il protégea miraculeusement contre les Maures ; mourut près de Tolède en 1163. — Fête : le 1er février.

    Invoqué pour la sérénité de l'Air et contre la Foudre.

S. Raymond de Toulouse, chanoine régulier de Saint-Augustin, fit rebâtir la basilique de Saint-Sernin ; mort en 1073. — Fête : le 3 juillet.

    Invoqué contre la Peste.

S. Raymond Nonnat vint au monde d'une façon presque miraculeuse, par une grâce spéciale de la Providence. Dès sa jeunesse il eut une grande dévotion pour la Ste Vierge. Étant entré dans l'Ordre de la Merci, il se consacra tout entier au rachat des captifs, et se livra lui-même comme esclave pour obtenir leur liberté. Pendant cette captivité, il eut à subir des tortures inouïes : pour l'empêcher d'annoncer l'Évangile parmi les Musulmans, on lui ferma les deux lèvres avec un cadenas que l'on n'ouvrait que pour lui laisser prendre sa nourriture. Il apprit, étant encore en Afrique, sa nomination au cardinalat, et, après avoir été délivré, il revint en Espagne où il continua à se livrer aux œuvres de charité jusqu'à sa mort qui arriva en 1240. — Fête : le 31 août.

> Patron des Petits Enfants et des Sages-Femmes.
> Invoqué pour les futures Mères, l'heureuse issue des Couches, la justification des Innocents, les Animaux domestiques, et contre les Fièvres.

B⁺ Regnauld, ou **Réginald**, ermite à Mélinais, près de La Flèche; mort en 1134. — Fête : le 13 septembre.

> Invoqué pour obtenir la Maternité, pour retrouver les Objets perdus et contre la Fièvre.

B⁺ Réginald de Saint-Gilles, *Reginaldus* (lat. et teut. : roi ancien?), né à Saint-Gilles (Gard), fit de brillantes études et fut d'abord élu doyen de Saint-Aignan d'Orléans. Il entreprit ensuite de longs pèlerinages pour sa sanctification, et, venu à Rome, s'unit à S. Dominique et coopéra à la fondation des Frères Prêcheurs. Ce fut à lui que la Sᵗᵉ Vierge montra la forme de l'habit que devaient porter ces saints religieux. Il mourut à Paris en 1220, après une vie courte, mais remplie de toutes les bonnes œuvres[1]. — Fête : le 12 février, remise au 1ᵉʳ mars dans le diocèse de Nîmes.

> Invoqué contre la Fièvre et en particulier la Fièvre typhoïde.

Sᵗᵉ Reine, *Regina*, jeune vierge du diocèse de Dijon qui fut enfermée dans une prison où elle était attachée par des chaînes de fer, puis soumise à la torture, par un gouverneur de la province nommé Olibrius, qui voulait l'épouser. Elle mourut dans ces affreux tourments en 253, à Alésia, aujourd'hui Alise-Sainte-Reine (Côte-d'Or). — Fête : le 7 septembre.

> Patronne des Charpentiers.
> Invoquée contre la Gale, la Teigne et autres maladies de Peau, et pour la Conservation de la Foi.

Sᵗᵉ Reinelde, *Renella*, vierge et solitaire dans le Hainaut, se livra à l'exercice de toutes les bonnes œuvres et fut martyrisée par les Barbares à la fin du vɪɪᵉ siècle. — Fête : le 16 juillet.

> Invoquée contre les Blessures et les Ulcères invétérés.

---

1. M. le chanoine Nicolas, curé de Saint-Gilles, a obtenu, le 31 janvier 1896, la consécration de son culte immémorial.

Ste Reinofre, *Ragenulpha*, vierge, née à Incourt, près de Namur, où reposent ses reliques. Elle mourut en 630. — Fête : le 14 juillet.

> Invoquée contre la Fièvre et l'Hydropisie.

S. Reinold, ou **Renou**, *Renoratus*, ou *Reinoldus* (lat. : renouvelé), soldat, puis moine, fut chargé par son abbé de surveiller et de diriger des tailleurs de pierres qui travaillaient pour le couvent ; ceux-ci, le voyant plus habile qu'eux, lui brisèrent la tête à coups de maillets (fin du xᵉ siècle). — Fête : le 7 janvier.

> Patron des Tailleurs de Pierres.

S. Remi, ou **Rémy**, *Remigius* (lat. : rameur), né à Laon, fit de brillantes études, puis se retira dans la solitude. Un miracle l'obligea à se laisser sacrer archevêque de Reims, malgré les résistances de son humilité. Ce fut lui qui baptisa Clovis, le 1ᵉʳ roi chrétien de France ; et c'est pour cela qu'il est nommé l'apôtre de la Nation Française. Il mourut vers 532. — Fête : le 1ᵉʳ octobre.

> Invoqué pour obtenir la grâce de l'Oraison et la Science divine ; contre le Découragement, principalement dans la piété ; contre les Tentations, les Épidémies et surtout la Peste, la Fièvre, les maux de Gorge et les Serpents.

S. Renaud, *Ragenaldus*, évêque de Nocéra, en Ombrie, mort en 1225. — Fête : le 9 février.

S. Renan, ou **Ronan**, *Ronanus*, venu d'Irlande, peut-être évêque ; termina ses jours près de Locronan, dans le Finistère ; ivᵉ siècle. — Fête : le 1ᵉʳ juin.

> Invoqué contre les Rhumatismes et pour la Maternité.

S. René, *Renatus* (lat. : régénéré), ressuscité dans son enfance, par S. Maurille d'Angers, devint son successeur sur le siège de cette ville ; mais son humilité lui fit abdiquer sa dignité. Il partit en pèlerinage pour Rome, et se fixa dans la solitude à Sorrente, près de Naples où il mourut en 450. — Fête : le 12 novembre.

> Patron des Sabotiers.
> Invoqué pour l'heureuse issue des Couches, pour la Maternité, pour obtenir un temps favorable aux Récoltes, et surtout la Pluie.

S. Réparat, *Reparatus* (lat. : rétabli), diacre de Nole, en Campanie, mort en 353. — Fête : le 21 octobre.

> Invoqué contre la Fièvre quarte.

S. Restitut, *Restitutus* (lat. : rendu). D'après la tradition, S. Restitut ne serait autre que l'aveugle-né de l'Évangile, guéri par Notre-Seigneur. Il aurait abordé en France avec S. Lazare et les Stᵉˢ Maries, serait devenu évêque de Saint-

Paul-Trois-Châteaux, puis aurait prêché dans les régions d'Albe et de Milan ; 1er siècle. — Fête : le 7 novembre.

> Invoqué pour les Yeux, pour recouvrer les Objets volés, et par les femmes des Marins pour le retour de leurs maris.

Ste Restitute, jeune chrétienne d'Afrique qui fut brûlée vive[1], en pleine mer, sur une barque enduite de poix, sous le règne de l'empereur Valérien. — Fête : le 17 mai.

> Invoquée contre les attaques du Démon, l'Épilepsie ou Mal caduc, les Fièvres chaudes et le Délire qui en est la conséquence, les maux de Tête et tous les accidents du Cerveau.

S. Révérend, *Reverens*, prêtre, originaire de Bayeux, qui se retira à Nouâtre, en Touraine, pour fuir les honneurs que lui attirait la renommée de ses vertus. — Fête : le 12 septembre.

> Invoqué contre la Folie furieuse.

S. Révérien, ou **Riran**, *Reverianus*, évêque d'Autun et martyr, en 273, avec le prêtre S. Paul et dix autres. — Fête : le 1er juin.

> Invoqué pour avoir de la Pluie.

S. Ribert, *Richbertus*, évêque missionnaire venu de Grande-Bretagne en Gaule pour prêcher la foi ; évangélisa la Flandre, puis la Normandie. — Fête : le 15 septembre.

S. Richard, *Ricardus* (teut. : très courageux), enfant, martyrisé par les Juifs, à Paris, pendant les fêtes de Pâques de 1182. Cet enfant n'avait que douze ans, et comme sur S. Guillaume de Norwich, on renouvela sur lui toutes les tortures de la Passion du Sauveur. — Fête : le 25 mars.

> Invoqué contre la Fièvre.

S. Richard, né en Angleterre, se mit en service comme charretier pour relever la fortune paternelle. Il fit plus tard de sérieuses études et devint évêque de Chichester ; mort en 1253. — Fête : le 3 avril.

> Patron des Charretiers.

Ste Richarde, *Richardis*, impératrice d'Allemagne, femme distinguée à la fois par le mérite de ses vertus et par ses goûts littéraires[2] ; morte vers 894. — Fête : le 18 septembre.

---

1. Selon certains auteurs, Ste Restitute n'aurait pas ressenti les atteintes du feu mis à sa barque, et serait morte paisiblement en faisant sa prière.
2. Voici un quatrain dans lequel Ste Richarde célèbre, avec un charmant parfum de poésie, le calme de la retraite :

> Inveni portum, mundi perpessa procellas
> Et requiem vobis mente capesso meis.
> Despectis mundi regnis, celestia curans
> Perrexi ad tutum, divite mente, scopum.

« J'ai trouvé le port, après les tempêtes du monde ; je goûte enfin le

S. Richer, ou **Riquier**, *Ricarius*, riche habitant du Ponthieu ; fut converti par deux missionnaires auxquels il avait donné l'hospitalité ; se fit religieux, et devint abbé d'un monastère nommé depuis abbaye de Forêt-Moutier ; mort en 645. — Fête : le 26 avril.

> Invoqué contre la Fièvre.

S. Rieul, ou **Régulus** (lat. : petit roi), baptisé par S. Jean l'Évangéliste ; fut envoyé par le pape S. Clément prêcher l'évangile en Gaule et devint le 1ᵉʳ évêque de Senlis. — Fête : le 30 mars.

> Invoqué contre les Calamités publiques et la Fièvre.

S. Rigobert, ou **Robert**, *Rigobertus* (teut. : parole puissante), religieux que ses vertus firent élever sur le siège archiépiscopal de Reims. Ce fut lui qui baptisa Charles-Martel, lequel eut plus tard l'ingratitude de le chasser de son siège ; mort en 733. — Fête : le 4 janvier.

> Invoqué contre la Fièvre et les maux de Dents.

Sᵗᵉ Rite, *Rita* (abréviation de *Margarita* : perle), née à Cascia en Ombrie, fut l'épouse d'un homme de caractère et de mœurs *féroces*, au dire de ses historiens. Grâce à sa douceur, Rite vécut néanmoins vingt-deux ans avec lui en bonne intelligence. Cet homme fut assassiné, et ses deux fils ne rêvaient que vengeance : mais Rite eut le courage de prier Dieu de les lui prendre plutôt que de permettre qu'ils se rendissent coupables d'un crime ; sa prière fut exaucée et, après leur mort, elle se retira dans un couvent où elle termina sa vie, après avoir subi pendant de longues années les plus cruelles infirmités et fait éclater autour d'elle des miracles extraordinaires : morte en 1456. Canonisée en 1900, par Léon XIII. — Fête : le 22 mai.

> Patronne des Charcutiers.
> Invoquée pour la réalisation des choses humainement impossibles, et contre la petite Vérole.

S. Robert, ou **Rupert**, *Rupertus* (teut. : grand orateur), né à Bingen, sur les bords du Rhin, de parents nobles ; s'adonna dès son enfance aux œuvres de charité. Il finit par se retirer dans un monastère qu'il avait fondé et qui prit plus tard le nom de S. Rupert (première partie du ɪxᵉ siècle). — Fête : le 15 mai.

S. Robert, *Robertus*, fondateur et 1ᵉʳ abbé de la Chaise-Dieu, en Auvergne, faisait, par sa piété et sa sagesse, l'admiration

---

repos de l'esprit que depuis longtemps appellent mes vœux. Indifférente aux honneurs du monde, ne pensant qu'aux joies célestes, j'ai gagné le lieu où je puis mettre en sûreté les trésors de mon âme. »

de ses contemporains, à ce point que ses disciples se multiplièrent considérablement : il compta jusqu'à 300 religieux dans son monastère ; mort en 1068. — Fête : le 24 avril.

S. Roch, *Rochus* (forme germanisée de Roger), issu d'une des premières familles de Montpellier. Ses parents, longtemps privés d'enfants, l'obtinrent de Dieu par leurs prières, et, en signe de prédestination, il naquit portant une croix rouge sur la poitrine. A vingt ans, après la mort de son père, Roch partit en pèlerinage. En passant en Toscane où régnait une peste terrible, il se consacra tout entier au service des morts et des vivants. Atteint lui-même de la peste, il se retira dans une cabane abandonnée où un chien vint, par ordre de la Providence, lécher ses ulcères et lui apporter sa nourriture. Revenu quelque peu à la santé, il retourna dans son pays ; mais, à son arrivée, son aspect misérable le fit prendre pour un espion, et il fut enfermé pendant cinq ans dans un cachot où il mourut sans avoir cherché à se faire connaître (1295-1327). — Fête : le 16 août.

> Patron des Médecins, Chirurgiens, Pharmaciens, Carriers, Paveurs, Tailleurs de Pierres, Cardeurs, Brossiers, Vergetiers, Raquetiers, Cultivateurs, Jardiniers, Grènetiers, Fripiers, Brocanteurs, Charretiers, Raccommodeuses de bas et des confréries d'Ensevelisseurs.
> Invoqué contre la Peste, les Epidémies, les Contagions, le Choléra, la Râche, les maladies des Bestiaux, les maux aux Genoux et aux Jambes ; dans les Tremblements de terre et les Calamités publiques.

SS. Rois Mages (hébr. : savants). Ce sont les trois rois qui vinrent d'Orient adorer l'Enfant Jésus dans sa crèche, le jour de l'Epiphanie, sous la conduite d'une étoile miraculeuse. Ils se nommaient, d'après la tradition : *Gaspard*, *Balthazar* et *Melchior*. On croit que l'apôtre S. Thomas alla prêcher l'évangile dans leurs Etats, les baptisa et les consacra prêtres et évêques ; 1er siècle. — On fait leur fête le jour de l'Epiphanie, 6 janvier.

> Patrons des fabricants de Cartes à jouer et des Scieurs de bois.
> Invoqués contre la Mort subite, les dangers des Voyages sur terre, la Tempête et la Grêle, l'Epilepsie et les Maléfices.

S. Rodolphe, *Rodolphus* (forme latinisée de Raoul), religieux, puis évêque de Gubbio, se distingua par sa mortification et sa générosité ; mourut en 1063, n'ayant guère plus de trente ans. — Fête : le 27 juin.

Br **Rodolphe**, enfant martyr des juifs à Berne, en Suisse, en 1287. — Fête : le 17 avril.

S. Rodrigue, *Rodericus*, prêtre et martyr à Cordoue en Espagne, en 857. — Fête : le 13 mars.

S. Roger, *Rogerius* (lat. : prié), originaire de Normandie, évêque de l'ancien évêché de Cannes, au xᵉ siècle. — Fêtes : le 30 décembre et le 15 octobre.

S. Roland, ou **Orland de Médicis**, *Orlandus*, passa vingt-six années dans la solitude, au diocèse de Plaisance, ne parlant jamais à personne, vêtu d'une peau de chèvre en toute saison et ne se nourrissant que d'herbes crues et de fruits sauvages ; mort en 1336. — Fête : le 15 septembre.

> Invoqué contre les maux de Tête.

S. Roland, religieux et abbé au monastère de Chezery, dans l'Ain, non loin de Genève ; s'y distingua par sa tendre dévotion envers la Sᵗᵉ Vierge ; mort en 1200. — Fêtes : le 16 janvier et surtout le 14 juillet.

> Invoqué contre les maux d'Yeux, les maux de Tête, les maux d'Estomac ; contre la Sécheresse et pour les Biens de la terre.

Sᵗᵉ Rolande, *Orlandis*, vierge, née en France, morte pieusement dans le comté de Namur au vıııᵉ siècle. — Fête : le 13 mai.

> Invoquée contre la Gravelle, les Coliques néphrétiques et hépatiques, les douleurs d'Entrailles et pour l'Abondance des biens de la terre.

S. Romain, *Romanus*, frère de S. Lupicin et fondateur du monastère de Condat, dans les montagnes du Jura ; mort vers 460. — Fête : le 28 février.

S. Romain, chancelier de Clotaire Iᵉʳ, puis archevêque de Rouen, fut un des bienfaiteurs les plus insignes de toute la contrée [1] ; mort en 639. — Fête : le 23 octobre.

> Patron des marchands.
> Invoqué contre les Possessions et Obsessions du démon et pour retrouver les corps des Noyés.

S. Romain, ordonné prêtre par S. Martin de Tours, fut envoyé évangéliser le Bordelais. Il s'établit dans une cellule près de Blaye et convertit les habitants de la contrée par ses prédications et ses miracles. Il mourut en 385 et fut enterré par S. Martin lui-même. — Fête : le 24 novembre.

> Patron des Navigateurs.
> Invoqué contre les Crues et les Tempêtes sur les fleuves, et contre les Désastres terrestres.

Sᵗᵉ Romaine, *Romana*, vierge baptisée par le pape S. Silvestre, vécut solitaire dans des cavernes, près de Todi, en Italie ; morte en 324. — Fête : le 23 février.

---

1. On attribue à S. Romain de Rouen l'institution du *prône* qui se fait à la messe paroissiale. Avant lui, on prêchait en toute occasion favorable, mais pas à la messe.

S. Romuald, *Romualdus*, fondateur de l'Ordre des Camaldules, mort dans la Marche d'Ancône, en Italie, en 1027. — Fête : le 7 février.

Sᵗᵉ Romula (lat. : fille de Romulus), vierge romaine qui s'astreignit, par mortification, à un silence tel qu'elle n'ouvrait la bouche que pour prier et pour manger. — Fêtes : le 24 juin et le 23 juillet.

Sᵗᵉ Rosalie, *Rosalia*, vierge solitaire près de Palerme ; vécut dix-huit années d'herbes et de glands ; morte en 1160. — Fête : le 4 septembre.

Invoquée contre la Peste.

Sᵗᵉ Rose[1], *Rosa*, née à Lima (Pérou), d'une famille espagnole, reçut au baptême le nom d'Isabelle ; mais une rose épanouie, venue miraculeusement du ciel et déposée sur son berceau, sous les yeux de plusieurs personnes, fut pour sa mère une occasion de changer son nom. Dès l'âge le plus tendre, malgré sa santé débile, elle travailla avec une telle ardeur qu'elle put subvenir à la nourriture de ses parents qui étaient dans la misère. Entrée dans le Tiers-Ordre de Saint-Dominique, elle s'y montra d'une austérité et d'une mortification extrêmes ; Dieu l'en récompensa en la favorisant de grâces extraordinaires. Elle mourut en 1647. — Fête : le 30 août.

Invoquée contre toutes les formes de l'Eczéma, les maladies de la Peau, les plaies et croûtes du Visage ; contre les douleurs de l'Enfantement et pour l'heureuse issue des Couches.

Sᵗᵉ Roseline de Villeneuve, *Rossolina*, se sanctifia surtout par l'amour des pauvres. Entrée à quinze ans dans un monastère de Chartreuses, elle en devint abbesse, puis se retira dans la solitude où elle mourut en 1329. — Fête : le 11 juin.

Invoquée pour les Moissons.

S. Rouin, *Rodingus*, né en Écosse et d'abord évêque dans son pays natal, quitta son siège et vint se faire religieux d'un monastère près de Trèves ; puis fonda plusieurs autres couvents, en particulier celui de Verdun (Meuse) (594-630). — Fête : le 17 septembre.

Invoqué contre la Fièvre.

S. Rufin, *Rufinus* (lat. : roux), martyr dans le Soissonnais, avec S. Valère, vers 287. — Fête : le 14 juin.

Sᵗᵉ Rufine, *Rufina*, vierge et martyre, sœur de Sᵗᵉ Seconde qui souffrit avec elle près de Rome en 257. — Fête : le 10 juillet.

Invoquée contre les maladies de Peau.

---

[1]. *Rosine* et *Rosette* sont des diminutifs de *Rose*.

S. Rustique, *Rusticus* (lat. : campagnard), illustre évêque de Narbonne; mort vers 462. — Fête : le 26 octobre.

S

S. Sabin, *Sabinus* (hébr. : qui a trop bu), évêque d'Assise, martyr avec plusieurs membres de son clergé, à la fin du IIIᵉ siècle. — Fête : le 30 décembre.

Sᵗᵉ Sabine, *Sabina*, dame romaine d'un rang illustre, convertie à la foi par son esclave Sᵗᵉ Sérapie; fut martyrisée peu de temps après elle ; IIᵉ siècle. — Fête : le 29 août.

> Patronne des Maîtresses de maison.
> Invoquée pour les Enfants *noués*, c'est-à-dire qui tardent à marcher, et pour ou contre la Pluie.

S. Saintin, *Sanctinus* (lat. : petit saint), disciple de S. Denis qui l'établit sur le siège épiscopal de Meaux ; martyr au Iᵉʳ siècle. — Fête : le 11 octobre.

> Invoqué dans les Calamités publiques.

Sᵗᵉ Salomé ou **Marie Salomé**, mère de S. Jacques le Majeur et de S. Jean l'Évangéliste. — Fête : le 22 octobre.

S. Salomon (hébr. : roi pacifique), roi de Bretagne, mis à mort par des rebelles, en 874. — Fête : le 25 juin.

S. Samuel, prophète et juge d'Israël, sacra Saül, puis David; mort en 2947 avant N.-S. — Fête : le 20 août.

S. Samuel (hébr. : écouté de Dieu), martyr à Césarée en Palestine; revenait de visiter les chrétiens condamnés pour leur foi aux travaux des mines en Cilicie, quand il fut arrêté et mis à mort (309). — Fête : le 16 février.

S. Sané, *Sananus*, abbé au diocèse de Saint-Pol-de-Léon, en basse Bretagne; mort au commencement du VIIᵉ siècle. — Fête : le 6 mars.

> Invoqué contre les Naufrages et la Peste.

Sᵗᵉ Sara, épouse d'Abraham. — Fête : le 19 mai.

S. Saturnin[1], *Saturninus*, fils d'un roi d'Achaïe; d'abord disciple de S. Jean-Baptiste, puis de Notre-Seigneur; vint prêcher la foi dans les Gaules et fut le 1ᵉʳ évêque de Toulouse. Il mourut martyr, attaché à un taureau indompté qui,

---

1. Appelé aussi S. Sernin.

dans sa course, lui mit le corps en lambeaux ; 1ᵉʳ siècle. — Fête : le 29 novembre.

> Invoqué contre la crainte de la Mort et pour être assisté à cette heure redoutable ; contre le mal de Tête, la Petite Vérole, la Chorée, ou Mal de S. Gui, la Peste, les Fourmis et le Tournis des Moutons, les Maléfices, et pour avoir des Enfants.

S. Saturnin (fils de Saturne), martyr à Cagliari, en Sardaigne, en 303. — Fête : le 30 octobre.

> Invoqué contre les Obsessions du démon.

Sᵗᵉ Saturnine, *Saturnina*, née en Allemagne, martyre de la virginité, dans le Pas-de-Calais, à une époque incertaine. — Fête : le 4 juin.

> Invoquée pour la conservation des Bestiaux.

Bᵗ Sauveur, ou **Salvator de Horta**, frère laïque de l'Ordre de Saint-François, mort en 1567. — Fête : le 18 mars.

> Invoqué contre la Fièvre.

S. Sauve, *Salvius*, évêque d'Angoulême et martyr près de Valenciennes, pendant un voyage qu'il faisait pour les affaires de son Église ; viiiᵉ siècle. — Fête : le 26 juin.

> Invoqué pour la santé du Bétail.

S. Savin, *Sabinus*, confesseur honoré en Poitou. — Fête : le 11 juillet.

Sᵗᵉ Scolastique, *Scolastica* (lat. : écolière), sœur de S. Benoît, se fit religieuse près du Mont-Cassin, sous la discipline de son frère[1] ; morte en 543. — Fête : le 10 février.

> Invoquée contre la Foudre.

S. Sébald, *Sebaldus*, fils d'un roi de Suède ou de Danemark ; fut l'un des premiers apôtres de la contrée de Nuremberg ; changea par charité des glaçons en charbons ardents ; viiiᵉ siècle. — Fête : le 19 août.

> Invoqué contre le Froid.

S. Sébastien, *Sebastianus* (gr. : vénérable), né à Narbonne, où l'on montre encore sa maison, en 286 ; embrassa la profession des armes et devint capitaine des gardes de Dioclétien. Il profitait de sa haute situation pour secourir et encourager les martyrs. Le persécuteur, ayant eu connaissance de sa foi, le fit attacher à un tronc d'arbre et percer de flèches ; mais Sébastien, laissé pour mort, guérit cependant de ses blessures et se représenta courageusement devant

---

1. Sᵗᵉ Scolastique est la patronne du Mans depuis l'an 660 environ, époque où ses reliques y furent apportées.

Dioclétien qui le fit enfin mourir sous les coups, en 288. — Fête : le 20 janvier.

> Patron des Archers, Arquebusiers, marchands de Ferraille, Aiguilletiers, compagnons Paveurs, Brossiers, Grenetiers, Raquetiers, Vergetiers, Tanneurs, Jardiniers, et des confréries pour porter les Morts.
> Invoqué contre les Ennemis de la Religion, dans les Combats, contre les dangers de l'Hérésie, contre la Peste, les Épidémies, les Épizooties, les Tremblements de terre et pour les Agonisants[1].

Ste Sébastienne, *Sebastiana*, convertie par l'apôtre S. Paul, souffrit le martyre en Thrace ; 1er siècle. — Fête : le 16 septembre.

S. Sennen (Voir *S. Abdon*). — Fête : le 30 juillet.

S. Senoch, *Senochus*, abbé, en Touraine, d'un monastère qu'il avait fondé et où il mourut en 579. — Fête : le 24 octobre.

S. Septime, *Septimus* (lat. : septième), moine et martyr en Afrique pendant la persécution des Vandales en 483. — Fête : le 17 août.

Bx Séraphin, *Seraphinus*, religieux capucin d'une charité si grande qu'il se privait de sa nourriture pour la distribuer aux pauvres ; mort en 1604. — Fête : le 12 octobre.

Ste Séraphine, *Seraphina*, dite aussi Ste Fine, florissait au milieu du ve siècle. — Fête : le 29 juillet.

Ste Sérapie, *Serapia* (consacrée au dieu Sérapis), esclave ou protégée de Ste Sabine (Voir ce nom), martyrisée avec elle en 119. — Fête : le 3 septembre.

S. Sérein, *Serenus* (calme, tranquille), originaire de Metz, passa sa jeunesse à Bethon (Marne). Il était chargé de garder les troupeaux du seigneur Boson ; mais il employait ses loisirs à s'instruire, au monastère de Nesle-la-Reporte, en compagnie du fils de son maître. Ayant ainsi fait de solides études, il alla à Rome où le pape Jean III l'ordonna prêtre. Enfin il revint à la Celle-sous-Chantemerle, où il vécut dans la retraite ; il y mourut après de longues austérités[2] ; viie siècle. — Fête : le 13 juin.

> Invoqué pour les Animaux malades.

S. Séréné et **S. Sérénic**, *Serenus* et *Serenicus* (comme ci-dessus). Ils étaient frères et avaient pris en Italie l'habit de Saint-Benoît. Pour fuir les honneurs, ils vinrent en France. Séréné se fit reclus à Salvia (Sauges) (Mayenne) ; et Sérénic se retira au diocèse de Séez ; fin du viie siècle. — Fête : le 7 mai.

> Invoqués contre la Fièvre et la Colique des Enfants.

---

1. Pour toutes ces intentions, on recourt à S. Sébastien dans l'église qui porte son nom à Narbonne (Aude).
2. Renseignements fournis par M. le curé de Bethon.

S. Sérénus, évêque de Marseille, sacré par S. Grégoire le Grand, fut un ardent prédicateur de l'Évangile; VIᵉ siècle. — Fête : le 9 août.

>Invoqué dans les Calamités publiques.

S. Serge, *Sergius*, martyr à Rasaphe, en Syrie, était un officier distingué des troupes de Maximien; il fut décapité pour la Foi, après avoir subi un grand nombre de tortures. — Fête : le 7 octobre.

S. Servais, *Servatius* (lat. : esclave), évêque de Tongres, qu'il édifia par ses austérités et son abstinence. Il eut beaucoup à souffrir des Huns qui le tinrent longtemps enfermé dans un cachot. Il fut mis en liberté par quelques-uns de ces barbares que ses miracles avaient convertis, et mourut à Maëstricht en 384. — Fête : le 13 mai.

>Invoqué pour le bon succès des Entreprises et des Affaires, pour la Prospérité, pour les Estropiés; contre les maux aux Jambes, les Rhumatismes; contre la crainte de la Mort et contre les Rats et les Souris.

S. Servule, *Servulus* (lat. : petit esclave), pauvre, paralytique depuis sa jeunesse jusqu'à la fin de sa vie, demeurait couché sous un porche près de l'église Saint-Clément, à Rome. Les anges vinrent chercher sa belle âme et l'accompagnèrent de leurs harmonies célestes jusqu'aux éternelles demeures du Paradis (en 570). — Fête : le 23 décembre.

>Invoqué contre la Paralysie.

S. Sever, *Severus*, curé de *Cessac*, dans le Bigorre, se fit surtout admirer par sa charité envers les pauvres. — Fête : le 1ᵉʳ août.

S. Sévère, *Severus*, né à Ravenne, dont il fut évêque plus tard; exerça d'abord la profession d'ouvrier *laneur*. Le miracle d'une colombe, qui vint se reposer sur sa tête pendant l'élection d'un évêque, le fit choisir par ses concitoyens pour remplir cette haute fonction où il se distingua par une grande sagesse et une rare vertu. Comme il avait été marié avant son élévation aux ordres, dès qu'il sentit sa fin approcher, il se fit ouvrir le tombeau où reposaient sa femme et sa fille, et ce fut là qu'il rendit à Dieu son âme, en 389. — Fête : le 1ᵉʳ février.

>Patron des Ouvriers en Laine, Bonnetiers, Mitainiers, Sergiers, Fileurs, Tisserands, Drapiers, Aumussiers, Tisseurs en Soie et Chapeliers.

Sᵗᵉ Sévère, *Severa*, belle-sœur du Bᵗ Pépin de Landen; morte vers 640. — Fête : le 20 juillet.

>Invoqué pour les Femmes qui vont être mères et pour obtenir la Maternité.

S. Sévère, riche habitant de Syrie qui, après avoir employé sa fortune au soulagement des pauvres et au rachat des captifs, vint fonder à Agde (Hérault), le monastère de Saint-André dont il fut abbé, et où il mourut; vᵉ siècle. — Fête : le 21 août.

Invoqué contre la Migraine et la Fièvre.

S. Séverin, *Severinus*, apôtre de la Norique (partie de la Bavière, de l'Autriche et de la Styrie). On ignorait son âge et son pays; à ceux qui l'interrogeaient à ce sujet, il répondait : « On ne doit pas être en peine de l'âge et du pays d'un homme qui fait profession de ne connaître d'autre âge que l'Eternité, ni d'autre pays que le Ciel. » Il se fit remarquer, en particulier, par le don de prophétie; mort en 482. — Fête : le 8 janvier.

Invoqué contre le mal de Tête et pour la fertilité des Vignes.

S. Séverin, ou **Seurin**, évêque de Cologne, puis de Bordeaux, fut un des grands adversaires de l'arianisme; vᵉ siècle. — Fête : le 23 octobre.

Invoqué contre les Calamités publiques, et surtout contre la Sécheresse persistante.

S. Siffrein, ou **Syffroy**, né en Italie; moine de Lérins, puis évêque de Carpentras; mort en 659. — Fête : le 29 novembre.

Invoqué contre les Esprits malins.

S. Sifroy, ou **Sigefride**, *Sigifredus*, évêque en Suède et apôtre de ce pays; mort vers 1002. — Fête : le 15 février.

S. Sigebert, *Sigisbertus* (allem. : homme victorieux), roi de France, fils de Dagobert Iᵉʳ, fut d'une piété et d'une charité remarquables; mort en 656. — Fête : le 1ᵉʳ février.

Invoqué pour obtenir la Pluie, et dans les Calamités publiques.

S. Sigismond[1], *Sigismundus* (teut. : victorieux), roi de Bourgogne, pénitent et martyr en 524. — Fête : le 1ᵉʳ mai.

Invoqué contre la Fièvre.

Sᵗᵉ Sigouleine, ou **Sigoulène**, *Siggolena*, veuve, puis abbesse de Troclar, près d'Albi; viiiᵉ siècle. — Fête : le 24 juillet.

Patronne des Veuves.

S. Silvestre, ou **Sylvestre**, *Sylvester* (lat. : habitant des Forêts), évêque de Chalon-sur-Saône, d'où il s'appliqua surtout à faire disparaître les dernières traces du paganisme; viᵉ siècle. — Fête : le 20 novembre.

Invoqué contre la Fièvre.

---

1. On attribue à S. Sigismond l'institution des *chœurs de psalmodie* pour la récitation des Psaumes. Il l'aurait fait à l'imitation d'une mélodie céleste que Dieu lui permit d'entendre.

S. Silvestre, pape, successeur de S. Melchiade, sous le règne de Constantin; mort en 335. — Fête : le 31 décembre.

> Patron des Clercs Tonsurés.
> Invoqué contre la Lèpre.

Ste Silvie, ou **Silvanie**, *Silvia*, vierge, édifia la ville de Constantinople par ses vertus et ses austérités; morte vers 420. — Fête : le 15 décembre.

S. Silvin, *Sylvanus* (lat. : habitant des forêts), confesseur à Levroux (Cher); remplit durant sa vie toute la contrée du renom de sa piété et de l'éclat de ses miracles[1]; 1er siècle (?). — Fête : le 22 septembre.

> Invoqué contre la maladie de Peau nommée Feu de S. Sylvin, les maux de Gorge, les Convulsions et, en général, toutes les maladies des Enfants, les Inflammations, etc.

S. Silvin[2], né d'une famille illustre, et peut-être même fils de Pépin d'Héristal, renonça à sa fortune, à son rang et à son épouse pour se consacrer au ministère apostolique. Il devint évêque missionnaire et ramena l'intégrité de la Foi surtout au pays de Thérouanne (Pas-de-Calais); mort en 718. — Fête : le 17 février.

> Invoqué contre la Grêle et le Tonnerre.

S. Siméon (hébr. : exaucé dans sa prière), évêque de Jérusalem, successeur de S. Jacques le Mineur; mort martyr en 106, à l'âge de cent vingt ans. — Fête : le 18 février.

S. Siméon le Stylite, fils d'un berger de Cilicie, garda lui-même les troupeaux dans son enfance; s'étant fait religieux, il ne trouva pas la règle de son cloître assez austère. Il s'établit alors sur le sommet d'une sorte de colonne, ou de tour, qu'il fit élever progressivement jusqu'à la hauteur de quarante coudées. Il ne la quittait ni le jour, ni la nuit, et, de ce sommet, — qui n'avait que trois pieds de diamètre, — il adressait ses instructions et ses conseils à la foule de ceux qui venaient le consulter. Il y mourut en prières en 460. — Fête : le 5 janvier.

S. Siméon, ou **Simon**, enfant, martyr des Juifs à Trente, en 1472. — Fête : le 24 mars.

> Patron des Enfants.

S. Siméon de Vaucé, solitaire, puis prêtre et prédicateur dans

---

1. La tradition locale qui fait de S. Silvin le *Zachée* de l'Évangile ne repose sur aucun monument antique, d'après l'abbé Pétin; malgré cette opinion, il y a lieu de croire qu'elle n'est pas erronée.
2. Les noms de Silvin, Silvie et Silvestre s'écrivirent aussi Sylvin et Sylvain, Sylvie et Sylvestre.

les diocèses de Laval et du Mans; mort en 850. — Fête : le 7 septembre.

Invoqué contre la Fièvre.

S. Similien, évêque de Nantes qu'il préserva des barbares; mort en 310. — Fête : le 16 juin.

S. Simon (hébr. : exaucé), surnommé Zélotès dans l'Évangile, pour le distinguer de S. Pierre qui s'appelait aussi Simon; était frère de S. Jude. Il évangélisa seul l'Égypte, puis, en compagnie de son frère, la Perse où il subit le martyre. D'après une tradition respectable, il aurait été scié en morceaux; 1er siècle. — Fête : le 28 octobre.

Patron des Scieurs, Tanneurs, Maçons et Tisserands.

S. Simon, confesseur non pontife, à Molines-en-Queyras (Hautes-Alpes). — Fête : le 6 août.

Invoqué pour les Yeux et contre la Sécheresse.

S. Simon Stock, général des religieux Carmes, qui institua, après une révélation de la Ste Vierge, la confrérie du Scapulaire; mort en 1265. — Fête : le 16 mai.

S. Simplice, *Simplicius* (lat. : simple), évêque de Bourges, successeur de S. Eulode; convertit un grand nombre de personnes et réforma son diocèse, plus encore par ses exemples que par ses paroles; mort en 477. — Fêtes : le 1er mars et le 14 juin.

S. Simplice, pape, ardent défenseur de la foi contre les hérésies; mort en 483. — Fête : le 2 mars.

S. Simplicien, *Simplicianus*, fils d'un gouverneur du Poitou pour les Romains, ne voulant pas renoncer à sa foi, fut décapité par ce père cruel, au IIe siècle. — Fête : le 31 mai.

Invoqué contre les maux de Tête.

S. Sixte II, *Sixtus* (lat. : sixième), pape, né à Athènes, fut, d'après S. Cyprien, « ami de la paix et excellent en toutes sortes de vertus ». Il eut pour diacre S. Laurent et fut martyrisé trois jours avant lui en 258. — Fête : le 6 août.

Invoqué pour la bénédiction des Raisins nouveaux.

Ste Solange, *Solongia* (lat. : unique), née à Villemont, près de Bourges, se fit remarquer dès son enfance par la plus tendre piété : elle employait à la prière tout le temps qu'elle pouvait dérober à la garde du troupeau de son père, qui était cultivateur. Elle mourut martyre de la virginité en 880. — Fête : le 10 mai.

Ste Soline, *Solina* (diminutif de *seule*), riche jeune fille d'Aquitaine, qui consacra de bonne heure à Dieu sa virginité et vint à Chartres se mettre sous la protection de la Mère de

Dieu qui, dès son époque, y était déjà honorée. Comme elle prêchait la foi chrétienne dans cette ville, le préfet païen la fit saisir et décapiter, vers l'an 80. — Fête : le 17 octobre.

Ste Sophie, *Sophia* (gr. : Sagesse), veuve qui, encore païenne, mais désireuse de s'instruire de la religion chrétienne, vint à Rome avec ses trois filles *Foi, Espérance* et *Charité*. Elle fut baptisée avec elles ; puis, ayant été dénoncées toutes quatre, elles subirent le martyre, en 132. — Fête : le 30 septembre.

Patronne des Veuves.

S. Sosthène, *Sosthenes* (gr. : qui garde sa force), disciple de S. Paul qui l'appelle son *frère*, dans l'*Épître aux Corinthiens*. — Fête : le 28 novembre.

S. Sotère, *Soter*, pape et martyr, successeur de S. Anicet ; fut d'une très grande charité pour les pauvres ; mort en 177. — Fêtes : le 22 avril.

S. Souleine, ou **Solemne**. *Solemnis*, évêque de Chartres ; mort vers 509. — Fête : le 24 et le 26 septembre.

Ste Spéciosa (lat. : belle), vierge de Pavie ; morte vers 620. — Fête : le 18 juin.

Ste Spéranda (lat. : qu'on peut espérer), religieuse bénédictine de Cingoli, dans la Marche d'Ancône, morte en 1276. — Fête : le 11 septembre.

S. Spiridion, *Spiridion*, marié avant d'entrer dans les ordres, était d'une telle charité que sa maison était comme l'hôtellerie des pauvres ; sacré évêque de Trémithonte, dans l'île de Chypre, il continua à signaler sa vie par ses vertus et ses miracles ; mort vers 347. — Fête : le 14 décembre.

Patron des Orphelins.
Invoqué contre les Inondations.

Ste Sponsa (lat. : épouse), vierge, l'une des compagnes de Ste Ursule, massacrée avec elle par les Huns, près de Cologne, vers 453. — Fête : le 13 juillet.

S. Stanislas, *Stanislaus* (vx. slave : gloire de l'État), né en Pologne de parents avancés en âge qui le consacrèrent à Dieu dès son berceau. Il étudia les sciences et les lettres avec succès, devint chanoine et prédicateur, puis fut choisi pour être évêque de Cracovie. Persécuté par le farouche roi Boleslas, il obtint de Dieu la résurrection d'un mort pour prouver la fausseté d'une accusation portée contre lui. Ayant ensuite excommunié Boleslas à cause de sa dépravation et de ses crimes, il fut immolé par ce tyran lui-même, dans une chapelle de Saint-Michel, où il s'était retiré (1030-1079). — Fête : le 7 mai.

Invoqué dans les Combats.

S. Stanislas Kotska, descendant d'une des plus illustres familles de Pologne, se distingua dès son enfance par sa modestie, sa docilité et sa piété. Il eut l'insigne honneur, pendant une grave maladie où il ne pouvait être assisté d'aucun prêtre, de recevoir miraculeusement la sainte communion par l'intercession de Ste Barbe, protectrice des mourants. Il guérit, par une conduite spéciale de Dieu, contre toute espérance, et entra au noviciat de la Compagnie de Jésus. Mais il était mûr pour le ciel et il mourut en 1568 à l'âge de dix-huit ans. — Fête : le 13 novembre.

> Patron de la Jeunesse.
> Invoqué dans les Cas désespérés, contre les battements de Cœur, les Fractures des membres, les maladies des Yeux et la Fièvre.

S. Stapin, ou **Estève**, ou **Etienne**, *Stapinus*, ou *Stephanus*, 5ᵉ évêque de Carcassonne, montra un courage et une charité incomparables pendant une épidémie qui désolait le pays ; vɪɪᵉ siècle. — Fête : le 6 août.

> Invoqué contre la Goutte, les Rhumatismes et tous les maux aux Jambes.

Sᵗᵉ Stéphanie, *Stephania*, vierge et martyre près d'Amalfi (royaume de Naples). — Fête : le 18 septembre.

Bᵉ Stéphanie ou **Etiennette** (Voir Bˢᵉ *Quinzani*).

S. Sulpice Sévère, *Sulpicius*, disciple de S. Martin, auteur d'un *Abrégé d'Histoire sacrée*, d'une *Vie de S. Martin* et de plusieurs autres ouvrages ; fut probablement évêque de Bourges ; mort vers 410. — Fête : le 29 janvier.

S. Sulpice le Débonnaire, né à Vatan, dans le Berry, fut élevé à la cour de Thierry II, puis devint prêtre et chapelain de Clotaire II. Ce roi étant tombé dans une maladie qui faisait désespérer de sa vie, Sulpice se mit en prière, déclarant qu'au bout de sept jours le roi serait guéri. Il resta pendant ces sept jours sans manger, ni dormir, en oraison continuelle, et le roi fut rétabli. Les fidèles de Bourges l'élurent pour leur évêque, et il mourut sur ce siège dans un âge très avancé, en 644. — Fête : le 17 janvier.

> Invoqué contre la Goutte, les maux de Reins, et pour les Enfants qui tardent à marcher.

Sᵗᵉ Suzanne, *Susanna* (hébr. : lis), jeune femme de l'Ancien Testament, accusée faussement d'un crime ; fut sauvée par le prophète Daniel du châtiment immérité qu'on lui préparait. — Fête : le 25 janvier.

Sᵗᵉ Suzanne, nièce du pape S. Caïus ; vierge et martyre à Rome, en 295. — Fête : le 11 août.

> Invoquée dans les Calamités publiques et pour obtenir de la Pluie.

S. Sylvain (Voir *S. Silvin*).

Bⁱ Sylvestre, *Sylvester*, frère convers et cuisinier du couvent des Anges (Ordre des Camaldules), à Florence; mort en 1348. — Fête : le 9 juin.

> Patron des Cuisiniers.

S. Symphorien, *Symphorianus* (gr. : avantageux, utile), jeune homme d'une noble et pieuse famille d'Autun, fut mis à mort, sous les yeux de sa mère qui l'encourageait au martyre, pour n'avoir pas voulu se mêler à une fête païenne; en 178. — Fête : le 22 août.

> Patron des Écoliers.
> Invoqué pour les Enfants maladifs et contre la maladie des Yeux appelée Maille ou Taie.

Sᵗᵉ Symphorose, *Symphorosa* (comme Symphorien), veuve d'un officier romain, martyrisée à Tivoli avec ses sept fils, en 120. — Fête : le 18 juillet.

Sᵗᵉ Syrie, ou **Syre**, *Syria*, née à Arcis-sur-Aube, mariée à dix-huit ans, devint veuve et perdit la vue peu de temps après. Au bout de quarante ans, elle fut miraculeusement guérie de sa cécité et se consacra à Dieu. — Elle était sœur de S. Fiacre (fin du IIIᵉ siècle). — Fête : le 8 juin.

> Invoquée contre les Hernies, la Gravelle et la Pierre.

T

Sᵗᵉ Tanche[1], *Tanca*, martyre de la virginité, au diocèse de Troyes dans le VIIᵉ siècle. Ayant été frappée en plein visage d'un coup de pommeau d'épée, elle perdit tout son sang par la bouche et les narines. — Fête : le 10 octobre.

> Invoquée contre l'Hémorrhagie, le Flux de sang et l'incontinence d'Urine.

Bᵉ Taraise, *Tharasia* (gr. : craintive), domestique du curé de Santarem (Portugal). Elle était d'une charité si admirable que Dieu daigna plusieurs fois faire des miracles pour la récompenser; morte en 1266. — Fête : le 3 septembre.

> Invoquée contre les maux d'Oreilles.

Sᵗᵉ Taraise, princesse de Portugal et reine de Léon, sœur de Sᵗᵉ Sanche. On appelle ces deux saintes, en Espagne et en

---

[1]. Les paysans du centre de la France l'appellent *Sᵗᵉ Étanche*.

Portugal, les *Deux Reines*; XIIIe siècle. — Elles sont honorées ensemble le 17 juin.

Invoquées contre la Fièvre.

S. Taraque, *Taracus* (gr. : troublé, ému), ancien soldat de l'armée romaine, martyr qui eut la tête arrachée, en 239, à l'âge de soixante-cinq ans, à Tarse, en Cilicie. — Fête : le 11 octobre.

Invoqué contre les maux de Tête.

S. Tarsitius, jeune clerc de Rome, qui fut rencontré par des païens au moment où il portait le Saint-Sacrement; n'ayant pas voulu livrer son précieux fardeau, il fut tellement battu qu'il tomba sous les coups; mais, quand ses bourreaux le fouillèrent, la sainte Eucharistie avait miraculeusement disparu; IIIe siècle. — Fête : le 15 août.

Patron et protecteur des Ouvriers tourmentés pour leur foi.

S. Térence, *Terentius*, martyr en Afrique, pendant la persécution des Vandales, en 484. — Fête : le 6 décembre.

S. Tertullien, *Tertullianus*, prêtre de l'Eglise romaine et martyr en 259. — Ses reliques sont à la cathédrale du Puy. — Fête : le 4 août.

Ste Thaïs, grande pécheresse qui se condamna à la plus austère pénitence; IVe siècle. — Fête : le 3 mars.

Patronne des Pénitentes et des Repenties.

Ste Thècle, *Thecla*, vierge et martyre; fut la première femme qui donna son sang pour Jésus-Christ. Elle souffrit sous l'empereur Néron, à Aquilée, en Italie. — Fête : le 3 septembre.

S. Thémistocle, *Themistocles* (gr. : célèbre par sa justice), berger de Lycie, martyrisé à la place d'un chrétien dont il ne voulut pas faire connaître la retraite, vers 250. — Fête : le 21 décembre.

S. Théobald (Voir *S. Thibault*).

S. Théodard, *Theobaldus*, ou **Audard**, évêque de Narbonne, signala son épiscopat par toutes sortes de bonnes œuvres et par la restauration de sa cathédrale dévastée par les Sarrasins. Il mourut de la fièvre vers 893. — Fête : le 1er mai.

Invoqué dans les Calamités publiques et contre les Fièvres pernicieuses.

S. Théodard, *Theodardus*, abbé de Stavelot, près de Liège, puis évêque de Maëstricht et martyr vers 668. — Fête : le 11 septembre.

Patron des marchands de Bestiaux.

S. Thédomire, *Theodomirus*, abbé de Saint-Mesmin, près d'Orléans, mort vers 885. — Fête : le 15 avril.

S. Théodore, *Theodorus* (gr. : présent de Dieu), né en Thrace, de parents chrétiens. Ayant délivré ce pays d'un monstre qui y semait la terreur, il fut dénoncé comme chrétien et martyrisé ; IVe siècle. — Fête : le 7 février.

Invoqué dans les Combats.

S. Théodore, jeune soldat de l'armée romaine, fut dénoncé comme chrétien ; mais, comme il avait l'affection de ses camarades et de ses officiers, il fut relâché. Plus tard, ayant détruit le temple d'une divinité païenne, il fut jeté dans une fournaise ardente après avoir subi diverses tortures, en 304. — Fête : le 9 novembre.

Invoqué contre les Orages.

Ste Théodora, pénitente qui se soumit pendant de longues années à des austérités extraordinaires ; morte en Égypte vers 480. — Fête : le 11 septembre.

S. Théodose, *Theodosius* (même signification que les précédents), solitaire, fondateur de monastères, puis abbé sur le mont Scopule en Cilicie. Il était tellement respecté que les barbares eux-mêmes n'osèrent pas piller son couvent[1] ; mort vers le milieu du Ve siècle. — Fête : le 11 janvier.

S. Théodote, *Theodotus* (même sens). Pendant la persécution de Dioclétien, *Théodote* avait choisi la profession de cabaretier, pour faire de sa maison l'asile sûr des persécutés. Ayant été découvert, il fut cruellement frappé de verges. Comme il se moquait de ses bourreaux, leur reprochant de ne pas frapper assez fort, on lui trancha la tête, en 303. — Fête : le 18 mai.

Patron des Cabaretiers.

S. Théodule, *Theodolus* (gr. : serviteur de Dieu), né probablement à Besançon, de la noble famille de Grammont, évêque de Sion, dans le Valais, fut en relation avec Charlemagne ; mort en 806. — Fête : le 16 août.

Invoqué contre les puissances de l'Enfer.

S. Théodule, vénérable vieillard aimé et estimé de tout le monde, qui fut martyrisé à Césarée de Palestine pour avoir visité les confesseurs de la foi dans les prisons, et les avoir encouragés dans leurs souffrances (309). — Fête : le 17 février.

---

1. On l'a surnommé le *Chevelu*, parce que ses cheveux, qu'il ne coupait pas, étaient devenus si longs qu'ils traînaient sur la terre, et qu'il était obligé de les rouler autour de son corps.

S. Théodulphe, ou **Thiou,** *Theodulphus,* abbé du Mont-d'Hor ou de Saint-Thierry, près de Reims, mort vers 590. — Fête : le 1er mai.

Invoqué pour les Animaux domestiques.

S. Théophane, *Theophanes* (gr. : manifestation de Dieu), martyr à Constantinople en 780. — Fête : le 4 décembre.

S. Théophile, *Theophilus* (gr. : ami de Dieu), évêque d'Antioche et Père de l'Eglise ; écrivit pour la défense de la religion chrétienne, dans un style plein de noblesse et d'élégance ; mort vers 190. — Fête : le 13 octobre.

S. Théotime, *Theotimus* (gr. : qui honore Dieu), évêque de Tomes, dans la petite Scythie qu'il protégea, par ses miracles et la vénération qu'il inspirait, des incursions des Barbares. Il fut ami de S. Chrysostome, et philosophe très profond ; mort vers 407. — Fête : le 20 avril.

Patron des Philosophes.

Ste Thérèse, *Theresia* (gr. : farouche), née à Avila, dans la Vieille-Castille, aspirait dès sa plus tendre enfance à conquérir la palme du martyre. Ayant perdu sa mère à l'âge de douze ans, elle choisit la très Ste Vierge pour la remplacer et se consacra entièrement à elle. Cependant, durant quelques années, elle se laissa captiver par les attraits du monde. Pour la préserver du danger, son père la mit dans un couvent où elle tomba malade. Elle avait commencé à y goûter les charmes de la vie d'union avec Dieu, et peu après, dès que sa santé se fut rétablie, elle entra dans l'Ordre du Carmel. Les dix-huit premières années de sa vie religieuse furent de longues années d'épreuves. Non seulement elle ne goûtait aucune des douceurs de l'oraison ; elle en était même venue à l'avoir en horreur. Pour récompenser sa constance, Dieu permit qu'ayant surmonté cette longue tentation elle devînt le type le plus accompli de l'union de l'âme avec son céleste époux. La principale œuvre de sa vie fut la réforme du Carmel, selon la règle primitive. Son couvent d'Avila, placé sous la protection de S. Joseph, fut le premier sanctuaire dédié à ce saint et le berceau de sa dévotion en Europe. Ste Thérèse mourut à Albe, en 1582, à l'âge de soixante-sept ans. — Fête : le 15 octobre.

Patronne des Galonniers ou fabricants et brodeurs de Galons [1].
Invoquée pour obtenir la grâce de l'Oraison.

S. Thibault de Montmorency, *Theobaldus,* baron de Marly, après une brillante jeunesse, se fit religieux au monastère de

---

1. Ste Thérèse aimait à confectionner les vêtements sacrés : le Carmel de Tours conserve un ornement auquel elle a travaillé.

Vaux-Cernay, près de Paris, et en devint abbé. Malgré sa haute dignité, son humilité lui faisait accomplir les plus bas offices de la communauté. Il mourut plein de jours et de mérites en 1247. — Fête : le 8 juillet.

> Invoqué pour obtenir la grâce de la Maternité et contre l'Incendie.

S. Thibault de Provins, ermite en Allemagne, puis pèlerin, et religieux à Salonique ; mort en 1066. — Fête : le 1ᵉʳ juillet.

> Patron des Charbonniers, Corroyeurs, Boyaudiers et Foulons.
> Invoqué contre la Fièvre.

S. Thibauld, né à Vigo, en Italie, exerça d'abord la profession de cordonnier ou savetier. Au retour d'un pèlerinage à Saint-Jacques de Compostelle, il changea, par humilité, son premier métier en celui de portefaix. Il partageait avec les pauvres le peu de profits qu'il pouvait faire ; mort en 1150. — Fête : le 1ᵉʳ juin.

> Patron des Cordonniers et Savetiers.

S. Thierry, ou **Théodoric**, *Theodoricus* (teut. : chef puissant), né à Aumenancourt-le-Petit (Marne), fut, malgré les défauts de ses parents, porté à la piété dès sa jeunesse. Elevé par l'archevêque de Reims, il fit de rapides progrès dans la science et la vertu, et, après avoir fondé le monastère du Mont-Dore ou d'Hor (dans la Marne), il en devint abbé et y mourut après avoir accompli de nombreux miracles (533). — Fête : le 1ᵉʳ juillet.

> Invoqué contre la Fièvre, les Douleurs et les Rhumatismes.

S. Thiou (Voir *S. Théodulphe*).

S. Thomas, l'apôtre, surnommé **Didyme** (ces deux noms signifient *Jumeau*), galiléen et pêcheur, semble avoir montré plus d'attachement que les autres apôtres à la personne de son divin Maître, dans différentes circonstances de sa vie de prédication. Cependant, il fut le plus incrédule après la résurrection, et Jésus dut lui faire toucher son corps glorieux pour obtenir l'assentiment de sa foi. On croit qu'il alla porter l'Evangile jusqu'à l'extrémité des Indes et qu'il y fut martyrisé. — Fête : le 21 décembre.

> Patron des ouvriers du Bâtiment : Architectes, Maçons et Tailleurs de pierres.

S. Thomas d'Aquin, dominicain, originaire du royaume de Naples ; l'un des plus grands génies de l'Eglise et du monde, et assurément le plus grand théologien et le plus profond philosophe de son siècle et de ceux qui l'ont suivi ; fut d'une piété de cœur et d'une pureté de mœurs incomparables [1] (1226-1274). — Fête : le 7 mars.

<small>Patron des Libraires, des Théologiens, et de toutes les Écoles catholiques.
Invoqué pour conserver la Chasteté et contre les Orages.</small>

B[x] Thomas Bellacio, exerça d'abord la profession de boucher, puis entra dans l'Ordre des Franciscains, où il fut un modèle de pénitence, et de zèle pour la diffusion de la foi ; mort en 1447. — Fête : le 31 octobre.

<small>Patron des Bouchers.</small>

Ste Thorette, *Thorita*, bergère, honorée dans le diocèse de Moulins. — Fête : le 1er mai.

S. Thrason, *Thraso*. L'empereur Maximien ayant appris que Thrason nourrissait de ses propres deniers les chrétiens condamnés à travailler aux bains et autres édifices publics, le fit arrêter et le condamna à mort avec S. Pontien et S. Prétextat, vers 293. — Fête : le 11 décembre.

<small>Patron des Baigneurs et Étuvistes.</small>

S. Tibéry, *Tiberius*, **S. Modeste** et **Ste Florence** moururent martyrs, entre Agde et Pézenas, à quelques lieues de Béziers ; au IVe siècle. — Fête : le 10 novembre.

<small>Invoqués contre la Folie.</small>

S. Tiburce, *Thiburtius* (originaire de Tibur), fils d'un préfet de Rome converti par S. Sébastien ; embrassa, sur les conseils de son père, la foi chrétienne, et le fit avec tant de ferveur que Dieu lui accorda le don des miracles : un jour, il guérit, en récitant un *Pater* et un *Credo* à son intention, un ouvrier qui s'était brisé les membres en tombant d'un toit. Dénoncé par un faux frère, il fut martyrisé en 287. — Fête : le 11 août.

<small>Invoqué contre les Hernies.</small>

S. Tiburce, frère du mari de Ste Cécile, fut martyrisé avec lui en 229. — Fête : le 14 avril.

S. Timothée, *Timotheus* (gr. : crainte de Dieu), disciple de S. Paul ; évêque d'Éphèse et martyr en 97. — Fête : le 24 janvier. — S. Timothée était atteint d'une maladie d'estomac.

<small>Invoqué contre la faiblesse de l'Estomac.</small>

<small>1. S. Thomas d'Aquin est l'auteur de tout l'office du très S. *Sacrement*, et par conséquent des hymnes : *Pange, lingua...*, *Tantum ergo*; *Sacris solemniis*, et du *Lauda, Sion*, dont le chant, emprunté à l'Antiquité, n'est autre que celui de la Ire *Pythique* de Pindare, retrouvée dans un couvent de Messine avec sa notation primitive.</small>

S. Tite, *Titus* (gr. : honoré), autre disciple de S. Paul, mais antérieurement l'un des 72 disciples de Notre-Seigneur ; mourut à quatre-vingt-quatorze ans dans l'île de Crète, dont il était originaire. — Fête : le 4 janvier.

S. Tobie, *Tobias* (héb. : bon maître), patriarche, père du jeune Tobie qui fit le voyage de Médie sous la conduite de l'archange Raphaël. Tobie, durant la captivité des Juifs à Ninive, employait son argent à secourir les pauvres, et ses forces à ensevelir les morts. Il recouvra sa vue accidentellement perdue, en se pansant les yeux avec le fiel d'un poisson miraculeusement pêché par son fils dans son voyage ; VIIe siècle avant J.-C. — Fête : le 12 septembre.

Patron des Fossoyeurs et des Ensevelisseurs.

S. Torpez, ou **Torpès**, ou **Tropez**, *Torpetius*, noble romain, officier de Néron, martyr : épargné par les bêtes les plus féroces auxquelles il avait été livré, il eut la tête tranchée ; Ier siècle. — Fête : le 17 mai.

Invoqué pour le lait des Nourrices.

S. Tranquille, *Tranquillus*, abbé de Saint-Bénigne de Dijon, au VIe siècle. — Fête : le 15 mars.

S. Trémeur, ou **Trémor**, *Tremarius*, martyr en Bretagne. On croit qu'il était encore enfant lorsqu'il fut mis à mort avec sa mère, Ste Trifine, par son propre père, comte et lieutenant de Childebert dans l'Armorique (milieu du VIe siècle). — Fête : le 8 novembre.

S. Trophime, *Trophimus* (gr. : nourrisson, élève), disciple de S. Paul, né à Ephèse ; passa dans les Gaules et fut le 1er évêque d'Arles ; mort au IIe siècle. — Fête : le 29 décembre.

Patron des Enfants.
Invoqué contre la Goutte.

S. Trouvé, ou **Trobat**, *Inventus*, martyr à Gironne, en Espagne, au IVe siècle. — Fête : le 22 janvier.

Invoqué contre la Fièvre quarte.

S. Tryphon, *Triphon* (gr. : nourrisseur), jardinier d'origine grecque, à qui Dieu accorda, dès l'enfance, le don des miracles ; mort martyr vers 250. — Fête : le 10 novembre. — S. Tryphon est très honoré en Grèce.

Patron des jardiniers.

Ste Tullie, ou **Tullia**, vierge, morte en Gaule en 489. — Fêtes : le 5 octobre et le 13 novembre.

S. Tugdual, ou **Tual**, appelé aussi **Pabu** par les Bretons, *Tugdualdus*, évêque de Tréguier ; IVe siècle. — Fête : le 30 novembre.

Invoqué contre les maladies de Poitrine.

S. Turibe, *Turibius*, romain envoyé en Gaule, par le Souverain Pontife avec S. Julien du Mans, dont il fut le successeur. Ce grand saint, pendant sa vie, guérit un nombre considérable de personnes aveugles ou atteintes de maladies des yeux. Les mêmes grâces sont obtenues depuis sa mort par son intercession; 11ᵉ siècle. — Fête : le 16 avril.

    Invoqué pour les Yeux.

U

S. Ubald, ou **Thiébaut**, *Ubaldus*, né à Gubbio, en Italie, fut prieur du chapitre de la cathédrale, puis évêque de cette ville. Il honora ce siège par ses austérités, sa modestie, sa patience et y donna l'exemple de toutes les vertus. Il mourut en 1160 après deux ans passés dans les infirmités les plus douloureuses. — Fête : le 16 mai.

    Invoqué pour les Enfants malades; contre les méfaits et les Possessions du Démon, les Névralgies et les Migraines.

S. Udaut, *Udaldus*, prêtre et martyr, apôtre des Huns du Danube et des vallées pyrénéennes de l'Ariège; mort en 452. — Fête : le 11 mai.

    Invoqué dans la Sécheresse et pour l'heureuse issue des Couches.

S. Uguzon, ou **Luguzon**, *Luguzonus*, berger dans le diocèse de Côme, en Italie, fut tué par son maître qui croyait être volé par lui, ne s'expliquant pas qu'*Uguzon* pût faire des aumônes avec le peu qu'il gagnait (époque incertaine). — Fête : le 12 juillet.

    Patron des marchands de Lait et de Fromages, et des Eleveurs de bestiaux.
    Invoqué pour la conservation de la Vue et pour ou contre la Pluie, selon le besoin.

S. Ulric, ou **Udalric**, *Udalricus* (teut. : heureux), d'une famille très noble, fut élevé à l'abbaye de Saint-Gall et devint évêque d'Augsbourg (890-973). — Fête : le 4 juillet.

    Invoqué pour les Agonisants, et l'heureuse issue des Couches; contre la Fièvre, la faiblesse de Complexion, la Rage et les Loirs.

S. Urbain, *Urbanus* (lat. : habitant de la ville), 6ᵉ évêque de Langres, choisi pour ce poste élevé à cause de la sainteté de sa vie; mort en 375. — Fête : le 2 avril.

    Patron des Vignerons, des Tonneliers et des Jardiniers.
    Invoqué contre les Fléaux, la Foudre, les Intempéries, la Gelée, et les ravages causés par les Rats des champs; pour l'Abondance des récoltes et le Temps favorable aux biens de la terre.

S. Urbain, pape, passa presque toute sa vie dans les catacombes et mourut martyr, d'après le Martyrologe, en 222 ou 231. — Fête : le 25 mai.

> Patron des Vignerons.
> Invoqué pour la prospérité des Vignes, contre la Foudre, les Orages et tous les Fléaux[1], et contre la Fièvre.

S. Urbain, martyr en Campanie, avec S. Ariston et huit autres, sous l'empereur Dioclétien. — Fête : le 2 juillet.

> Invoqué contre le mal de Tête et les Vertiges.

S. Ursicin, *Ursicinus* (lat. : petit ours), était médecin ; ayant été condamné à mort pour sa religion, il fut tellement impressionné qu'il allait apostasier quand S. Vital lui cria : « Urcisin, vous qui sauvez la vie des autres, allez-vous vous donner la mort éternelle ? » Ursicin reprit courage et mourut sans faiblesse vers 62. — Fête : le 19 juin.

> Patron des médecins.

S. Ursmars, *Ursmarus* (lat.: ours marin), abbé de Lobbes en Hainaut, fut en même temps l'apôtre zélé des diocèses de Cambrai, Arras, Tournay, Noyon, Thérouanne, Laon, Metz, Trèves et Maëstricht. Il mourut très âgé, après avoir brillé par l'austérité de sa vie et le grand nombre de ses miracles (644-713). — Fête : le 18 avril.

> Invoqué contre les Ennemis de l'âme et du corps, contre les Possessions du démon, la Fièvre, les maux de Dents et contre les Rats; pour fortifier les Reins et pour les Enfants perclus ou en retard pour marcher.

Ste Ursule, *Ursula*, riche et noble princesse de la Grande-Bretagne, fut demandée en mariage par un très puissant roi de son pays. Comme elle avait fait vœu de virginité, elle usa du pieux subterfuge suivant, avec la pensée seulement de gagner du temps. Elle demanda à son futur époux de lui envoyer un nombre de jeunes filles[2] et de faire construire assez de vais-

---

[1]. Près de Busigny (Nord) se trouve une chapelle dédiée à S. Urbain, et, à 1 kilomètre environ, au milieu d'une côte, une croix, dite *croix de S. Urbain*. Or, de la chapelle à cette croix, en certaines années, on aperçoit une ligne directe, large à peu près de 1 mètre. Sur toute cette ligne, les céréales et les autres plantes ont une nuance particulière qu'elles n'ont ni à droite, ni à gauche. C'est ce qu'on appelle, dans le pays, le *sentier de S. Urbain*. On n'a pas encore réussi à l'expliquer naturellement. — Son apparition annonce la protection du saint ; sa disparition est un signe de malheur. D'après la tradition, S. Urbain serait apparu pendant la nuit, suivant cette direction, en habits pontificaux, et environné de lumière (l'abbé Morel, cité par l'abbé Colpin).

S. Urbain est honoré dans plusieurs églises de Rome qui ont de ses reliques. Il l'est aussi dans la plupart des pays d'Europe. En France : reliques à l'église Saint-Urbain de Troyes et à Busigny (Nord).

[2]. Les historiens disent onze mille : c'eût été une sorte d'armée de l'Innocence ; mais il n'est guère possible d'accepter ce nombre. Le manuscrit porte, il est vrai, XI. M. V.; mais il faut très vraisemblablement lire : *onze martyres vierges*, et non : *onze mille vierges*.

seaux pour les conduire en pèlerinage, pendant que lui-même se ferait instruire de la foi chrétienne. Le roi consentit, et les jeunes vierges arrivèrent. Dès que les vaisseaux furent prêts, toutes s'embarquèrent, et le voyage commença sous la direction d'*Ursule*. Elles abordèrent heureusement à Cologne ; mais les Huns qui assiégeaient cette ville se ruèrent comme des loups sur ces très douces brebis et les massacrèrent (383). — Fête : le 21 octobre.

> Patronne des Institutrices et du collège de la Sorbonne.
> Invoquée pour le choix d'un Etat, pour trouver un bon Parti, pour les Enfants malades, pour la bonne Mort, pour être assisté à l'heure de la Mort, pour recevoir alors les derniers sacrements, et pour éviter le Purgatoire.

V

S. Vaast (Voir *S. Waast*).

S. Valbert, *Valdebertus*, abbé de Luxeuil, successeur de S. Eustase ; mort en 665. — Fête : le 2 mai.

Ste Valburge, *Valdeburgis*, née en Angleterre, sœur de S. Guillebaud et de S. Gombaud ; fut abbesse de Hendenheim, monastère fondé par ses frères, et y donna pendant trente-cinq ans l'exemple de toutes les vertus ; morte vers 779. — Fête : le 25 février.

> Invoqué contre la Rage ou les chiens enragés.

S. Valens (lat. : fort, *ou* bien portant), diacre et martyr à Césarée de Palestine, en 309. — Fête : le 16 février.

S. Valentin, *Valentinus* (diminutif du précédent), prêtre de l'Eglise de Rome, martyrisé pour avoir secouru les confesseurs de la foi détenus dans les prisons, pendant la persécution de l'empereur Claude. Le martyrologe romain le qualifie d'*illustre martyr* et mentionne sa science profonde et son pouvoir éminent d'opérer des miracles ; mort en 270. — Fête : le 14 février.

> Patron des Fiancés, des Jeunes gens et des Jeunes filles à marier, des Voyageurs, des Apiculteurs.
> Invoqué contre la Peste, l'Epilepsie et les Evanouissements.

Ste Valentine, *Valentina*, vierge de Césarée en Palestine qui, voyant les tourments qu'on infligeait à une jeune fille pour sa foi, osa apostropher le bourreau publiquement et mérita elle-même la couronne du martyre en 308. — Fête : le 25 juillet.

S. Valère, *Valerius* (lat. : fort), évêque de Trèves, envoyé dès les premiers siècles par le Saint-Siège, pour prêcher la foi dans cette contrée. — Fête : le 29 janvier.

S. Valéri (même origine), né en Auvergne, et gardeur de troupeaux dans son enfance ; moine de Luxeuil, puis 1ᵉʳ abbé de Leucone, à l'embouchure de la Somme. S. Valéri fut l'apôtre d'une grande partie du littoral de la Manche, et surtout du pays de Caux ; mort vers 620. — Fête : le 1ᵉʳ avril.

Patron des Mariniers.
Invoqué contre les Hernies et la Folie.

Sᵗᵉ Valérie, *Valeria* (lat. : bien portante) : cette sainte fut la 1ʳᵉ martyre des Gaules. Elle fut une des premières à se convertir aux prédications de S. Martial. Elle fit vœu de virginité et eut la tête tranchée pour être restée fidèle à ce vœu et à sa religion, le 10 décembre 46, deux ans après l'arrivée de S. Pierre à Rome et la première année du séjour de S. Martial à Limoges. Ses reliques furent quelque temps cachées à Chambon-sur-Voueize (Creuse), qui possède encore sa tête. — Fête : le 10 décembre[1].

Patronne des Jeunes filles pour la conservation de leur piété et de leur Innocence.

S. Valérien, *Valerianus* (diminutif des précédents), époux de Sᵗᵉ Cécile, converti par elle le premier jour de ses noces ; convertit lui-même son frère S. Tiburce ; fut baptisé par le pape S. Urbain, et souffrit le martyre en 229. — Fête : le 14 avril.

Invoqué contre les Orages.

S. Valfrid, ou **Valfroi**, *Valfridus*, moine d'Atane en Limousin, puis de Carigan, non loin de Trèves ; se fit remarquer par ses austérités extrêmes. Il était d'une très grande dévotion envers S. Martin ; mort en 600. — Fête : le 7 juillet.

S. Vallier, *Valericus*, évêque de Viviers, mort vers 510. — Fête : le 22 janvier.

S. Vandrille, *Vandregisilus*, gentilhomme de la cour de Dagobert 1ᵉʳ, se fit moine à l'abbaye de Romans où il passa dix ans. Il fut ordonné prêtre par S. Ouen, puis fonda la célèbre abbaye de Fontenelle, en Normandie, qui depuis a porté son nom ; mort en 666. — Fête : le 22 juillet.

S. Vaury, *Valericus*, jeune homme de Reims qui, dans un pèlerinage à Saint-Martial de Limoges, se montra d'une telle piété que les chanoines, pour le retenir en leur pays, lui donnèrent assez de terrain pour construire un ermitage.

---

1. Renseignements dus à l'amabilité de M. l'abbé Lascaux, curé de Chambon.

C'est l'origine de la ville de Saint-Vaury ; mort vers 620. — Fête : le 8 juillet.

Invoqué pour les Enfants malades.

S. Venance (Voir *S. Fortunat*).

S. Venant, *Venantius* (lat. : chasseur), né près de Bourges, étant sur le point de se marier, vint à Tours implorer, pour ce grand acte, la protection de S. Martin ; mais, touché de la grâce de Dieu près du tombeau du Thaumaturge, il renonça à sa fiancée et se fit moine dans un couvent bâti par S. Silvain. Il en fut plus tard abbé ; mort vers la fin du ve siècle. — Fête : le 13 octobre.

Invoqué contre la Fièvre.

S. Vénérand, *Venerandus* (lat. : vénérable), évêque en Auvergne ; l'un des plus illustres prélats de son siècle ; mort en 423. — Fête : le 24 décembre.

S. Ventura (lat. : futur), prêtre et martyr à Citta-di-Castello, en Italie ; fut mis à mort par un bûcheron auquel il reprochait de blasphémer, vers 1250. — Fête : le 7 septembre.

Invoqué contre les Hernies.

S. Véran, ou **Vrain**, *Veranus*, solitaire dans le vallon de Vaucluse qu'il délivra d'un horrible monstre ; puis évêque de Cavaillon (aujourd'hui chef-lieu du canton, département de Vaucluse) ; mort à la fin du vi^e siècle. — Fête : le 11 novembre.

Invoqué contre la Sécheresse et la Peste.

S. Véron, *Vero*, ermite sur les confins du Brabant et du Hainaut ; ixe siècle. — Fête : le 31 mars.

Invoqué contre la Fièvre et les maux de Tête.

Ste Véronique, *Veronica* (lat. : vraie image). Une femme juive, du nom de Sérapia, s'approcha du Sauveur portant sa croix et lui essuya le visage avec un linge sur lequel la *vraie image* de Jésus se trouva imprimée ; elle reçut de là le surnom de Véronique. C'était très probablement la femme du Zachée qui avait été l'hôte de Notre-Seigneur, et qu'on honore sous les noms de S. Amateur et de S. Sylvain ; 1er siècle. — Fête : le 4 février.

Patronne des Blanchisseuses, des Imagiers et des Photographes.

Ste Véronique, vierge, religieuse de l'Ordre de Saint-Augustin, à Binasco, près de Milan ; morte en 1497. — Fête : le 13 janvier.

S. Viance (lat. : voyageur), palefrenier du duc d'Aquitaine ; mort vers 667. — Fête : le 2 janvier.

Invoqué contre les maladies des Animaux.

S. Viateur, ou **Viâtre**, *Viator* (lat. : voyageur), confesseur, mort au vi⁶ siècle; honoré en Sologne. — Fête : le 29 mai.

Sᵗᵉ Victoire, *Victoria*, vierge, sœur de Sᵗᵉ Anatolie; dénoncée comme chrétienne par un jeune païen qu'elle n'avait pas voulu épouser, fut mise à mort en 250. — Fête : le 23 décembre.

S. Victor (lat. : vainqueur), soldat de Marseille; fut mis en prison pour n'avoir pas voulu renoncer à sa foi. Comme un ange venait chaque nuit ouvrir les portes de son cachot pour qu'il pût aller visiter et consoler les malades, ses gardes s'en aperçurent, et, après divers tourments, on le fit écraser sous une meule de moulin; en 290. — Fête : le 21 juillet.

Patron des Meuniers et des Fourbisseurs.
Invoqué pour les Enfants maladifs ou lents à marcher.

S. Victor[1], de Campbon, au diocèse de Nantes; ermite au vi⁶ ou vii⁶ siècle. — Fête : le 31 août.

Invoqué contre la Fièvre.

S. Victoric, *Victoricus*, disciple de S. Cyprien, fut martyrisé à Carthage en Afrique, avec plusieurs autres, en 259. — Fête : le 24 février.

S. Victorien, *Victorianus*, proconsul de Carthage, martyr des Vandales, en 484. — Fête : le 23 mars.

S. Victorin, *Victorinus*, domestique d'un prêtre païen d'Auvergne; fut converti par S. Cassius dont il devint le collaborateur; martyr des Germains, en 266. — Fête : le 15 mai.

Sᵗᵉ Victorine, *Victorina*, martyre en Afrique (époque incertaine). — Fête : le 26 novembre.

S. Victurnien, *Victurnianus* (lat. : qui doit vivre longtemps), gentilhomme écossais, venu en France pour mener la vie érémétique; se construisit une cellule sur l'emplacement du gros bourg qui porte actuellement son nom, au diocèse de Limoges; vii⁶ siècle. — Fête : le 30 septembre.

Invoqué pour les Fous et les Frénétiques.

S. Vincent, *Vincentius* (lat. : victorieux), jeune diacre de S. Valère, évêque de Saragosse, fut arrêté avec ce saint prélat et conduit à Valence. Comme il ne voulait pas renoncer à sa foi, il fut étendu sur un chevalet, battu de verges, déchiré avec des peignes de fer. Rien n'ébranlant la constance du martyr, Vincent, dont les entrailles avaient été mises à nu, fut placé sur un lit de fer hérissé de pointes, et on alluma dessous un grand brasier; mais la mort ne venait pas encore. La victime fut reconduite en prison et couchée sur un

---

1. Le nom de *Victor* ayant toujours été très commun, il y a au Martyrologe environ soixante saints qui l'ont porté.

amas de débris de vases où les anges vinrent, la nuit, la consoler en chantant les louanges de Dieu. Le geôlier entendit ces chants, vit le cachot tout illuminé d'une clarté céleste et se convertit. S. Vincent succomba enfin à ses horribles blessures, en 304. — Fête : le 22 janvier.

> Patron des Vignerons, Marchands et Inspecteurs de Vins, Cafetiers, Vinaigriers, Tuiliers, Briquetiers, Couvreurs, Pannetiers, Marins et Ecoliers.
> Invoqué pour faire une pêche abondante et pour retrouver les Objets volés; contre les maux d'Entrailles, les maladies de Langueur, les Tempêtes, et pour les Perclus.

S. Vincent Ferrier, de l'Ordre de Saint-Dominique, orateur d'une puissance et d'une éloquence merveilleuses; évangélisa une grande partie de l'Espagne, et, en France, les villes de Bourges, Tours, Angers, Nantes, Caen et Vannes, qu'il régénéra pour ainsi dire dans la foi. Il mourut dans cette dernière ville, en 1419, à l'âge de soixante-deux ans. On rapporte de lui des centaines de miracles parmi lesquels plusieurs résurrections de morts. — Fête : le 5 avril.

> Patron des Briquetiers, Couvreurs, Tuiliers et Plombiers.
> Invoqué contre les Calamités publiques, l'Epilepsie, la Fièvre et le mal de Tête.

S. Vincent de Paul, né à Poy, près de Dax, gardait, dans son enfance, les troupeaux de son père, et trouvait déjà le moyen de faire la charité avec ses très petites économies. Ayant fait de brillantes études, quelques années plus tard, chez les Cordeliers de Dax, il fut ordonné prêtre, bien qu'il s'en jugeât indigne par humilité. Pendant un voyage en mer qu'il avait dû entreprendre pour ses affaires personnelles, il fut capturé par des pirates et vendu en Afrique comme esclave. Ayant converti son maître, il revint en France, fut nommé curé de Clichy, près de Paris, et se mit sous la direction spirituelle du cardinal de Bérulle. Ce fut à partir de cette époque que S. Vincent accomplit ses plus grandes œuvres : il prêcha de nombreuses missions et, pour étendre son rayon d'action, fonda la congrégation de *Saint-Lazare* ou des *Prêtres de la Mission*; s'occupa d'améliorer le sort des forçats condamnés aux galères; créa des hôpitaux et des asiles pour les enfants trouvés; fonda l'Ordre admirable des *Filles de la Charité*, qui a été, depuis, le modèle de tant d'autres; envoya des missionnaires jusque dans les parties les plus reculées du monde; fut chargé de l'administration des affaires ecclésiastiques, en France; assista Louis XIII à l'heure de la mort, et établit cette œuvre si belle des *Conférences* pour la visite des pauvres, qui est aujourd'hui répandue dans le monde entier. Il mourut à quatre-vingt-cinq ans, en 1660. — Fête : le 19 juillet.

> Patron du Clergé de France, des Curés, des Orphelins et des Sociétés charitables auxquelles on a donné son nom.

S. Vinebaut, *Vinebaldus* (angl. : vin fade), était un jeune berger des environs de Châlons-sur-Marne. A l'inverse de beaucoup d'autres, il quittait la campagne et son troupeau pour aller passer quelques instants dans une école un peu éloignée ; mais le troupeau causa un jour quelque dégât, et les propriétaires qui avaient été lésés fouettèrent l'enfant avec du genièvre ; or, depuis ce temps, le genièvre ne pousse plus sur le territoire du Vézier et des communes voisines, où la scène avait eu lieu. Vinebaut mourut à Villeneuve-la-Lionne où il fut enterré ; VIIe siècle. — Fête : le 1er avril.

Invoqué contre la Fièvre.

Ste Viola, ou **Violette**, vierge et martyre, honorée à Vérone, en Italie. — Fête : le 3 mai.

S. Virgile, *Virgilius* (lat. : petite branche), évêque d'Arles, après avoir été religieux de Lérins. — Ce fut S. Virgile qui sacra évêque S. Augustin de Cantorbéry. — Il mourut en 610. — Fête : le 5 mars.

S. Virgile, évêque de Saltzbourg et apôtre des contrées arrosées par la Drave et le Danube ; mort en 784. — Fête : le 27 novembre.

Ste Virginie, *Virginia*. — Fête : le 8 juillet.

S. Vital, *Vitalis* (lat. : qui donne la vie), disciple de S. Rupert, évêque de Saltzbourg, dont il fut le successeur ; mort en 730. — Fête : le 20 octobre.

Invoqué pour les futures Mères, les Accouchées et les Enfants.

S. Vital, martyr à Rome, sur la voie Ardéatine, avec S. Félicule et un autre. — Fête : le 14 février.

S. Vital, père de S. Gervais et de S. Protais, et époux de Ste Valérie, martyr, brûlé vif, en 62, sous le règne de Néron. — Fête : le 28 avril.

S. Vite, ou **Guy**, *Vitus*, fils d'un païen acharné, fut converti par son précepteur qui était chrétien. Il commença dès son enfance à opérer des guérisons miraculeuses : tous ceux qui cherchèrent à l'inquiéter pour sa foi, et son père le premier, furent frappés de diverses infirmités que S. Guy fit disparaître par ses prières. Le saint jeune homme finit par quitter la Sicile où il était né, avec S. Modeste, son précepteur, et Ste Crescence, sa nourrice, mais ce fut pour trouver de nouveaux dangers. Venus en Italie, ils y furent martyrisés par ordre de Dioclétien (commencement du IVe siècle). — Fête : le 15 juin.

Patron des Comédiens et des Danseurs.
Invoqué contre l'Agitation nerveuse, la Chorée ou Danse de S. Guy, le Sommeil prolongé, la Catalepsie, la Rage, les Possessions du Démon, et pour les Chiens.

S. Vivien, évêque de Saintes, successeur de S. Ambroise qui l'avait élevé. Il sauva les habitants de sa ville épiscopale des fureurs de Théodoric, roi des Visigoths et des pirates saxons ; mort en 460. — Fête : le 28 août.

Patron des Tisseurs de drap.

S. Voël, *Vodoalus*, solitaire à Soissons ; mort en 720. — Fête : le 5 février.

Invoqué contre les Incendies.

S. Volusien, *Volusianus*, évêque de Tours, emmené en exil par les Goths pour avoir soutenu la cause de Clovis, mourut loin de son troupeau, près de Pamiers, en 491. — Fête : le 18 janvier.

S. Vulcain, ou **Volquain**, *Volquinus*, curé, puis religieux de Cîteaux et abbé de Sichem en Westphalie ; xiie siècle. — Fête : le 13 novembre.

S. Vulgan, *Vulganius*, d'origine anglaise, vint sur un ordre du Ciel prêcher l'Évangile dans le Pas-de-Calais, et mourut ermite à Arras ; viie siècle. — Fête : le 2 novembre.

Patron des Porteurs de grains.
Invoqué contre les Coliques, la Gravelle et les Hernies.

S. Vulgis, ou **Wulgis**, *Vulgisus*, originaire de Reims, élève de S. Remy ; se fit solitaire dans la forêt de Retz, sur les bords de l'Ourcq, et y vécut jusqu'à l'âge de quatre-vingts ans ; mort en 550. — Fête : le 1er octobre.

Invoqué contre les maladies des Troupeaux.

W

S. Waast, *Vedastus*, appelé aussi **S. Gaston**, né au château de Corbefin, sur les limites du Limousin et du Périgord, était prêtre à Toul quand il fut choisi par Ste Clotilde pour enseigner les vérités de la foi à Clovis et accompagner ce prince jusqu'à Reims où il devait recevoir le baptême. Pendant le voyage, Waast affermit la foi de Clovis par plusieurs miracles. S. Remi le retint quelque temps près de lui ; puis, voyant ses éminentes qualités, il l'envoya prêcher dans la ville d'Arras dont il le sacra évêque. S. Waast gouverna ce diocèse pendant quarante ans, ne cessant de confirmer la doctrine qu'il enseignait par d'éclatants miracles ; mort en 639. — Fête : le 6 février.

 Patron des Foulons.
 Invoqué pour les Enfants qui tardent à marcher et contre les maladies des Yeux.

Ste Walburge (Voir Ste *Valburge*).

S. Walfried, *Walfridus* (all. : rempart de la paix), pieux chrétien dès sa jeunesse, s'étant engagé dans le mariage, éleva cinq enfants qui furent ses émules dans les vertus chrétiennes, puis devint abbé d'un monastère qu'il avait fondé en Étrurie ; mort en 764. — Fête : le 15 février.

S. Walstan, *Walstanus*, quoique d'une illustre famille d'Angleterre, s'engagea comme domestique, par amour du renoncement et de l'humilité. Toute sa vie fut employée au travail, à la prière et à l'aumône. Il mourut subitement dans une prairie où il travaillait, en 1016. — Fête : le 31 mai.

 Patron des Faucheurs et des Laboureurs.
 Invoqué contre la Fièvre et la Paralysie.

S. Wasnou, *Wasnuphus*, solitaire en Picardie, puis apôtre d'une partie du Hainaut ; mort à la fin du VIIe siècle. — Fête : le 11 octobre.

 Invoqué contre les Orages, la Foudre et les Incendies.

S. Wenceslas, *Wenceslaüs*, duc de Bohême, modèle des princes chrétiens ; poussait si loin l'horreur de la guerre qu'il préférait se mesurer en combat singulier avec les ennemis de sa patrie, plutôt que de faire verser le sang de ses sujets. Mort martyr, victime de sa droiture et de sa confiance en ses ennemis, en 938. — Fête : le 28 septembre.

S. Wendelin, ou **Wendel**, *Wandalinus*, quoique d'une illustre famille d'Écosse, après s'être fait pèlerin et solitaire, accepta de garder les troupeaux d'un seigneur du pays de Trèves. Ayant été admis comme religieux au monastère de Tholey, il en devint abbé et y mourut en 1015. — Fête : le 22 octobre.

 Patron des Pâtres et des Bergers.
 Invoqué pour les Brebis et contre les Épizooties.

S. Werenfride, ou **Gerfroy**, *Werenfridus* (tud. : qui cherche la paix), un des douze apôtres emmenés d'Angleterre par Willibrord pour prêcher l'Évangile en Allemagne ; exerça son ministère en Frise, puis en Hollande où il mourut, au VIIIe siècle. — Fêtes : le 14 et le 27 août.

 Invoqué contre la Goutte et les maladies des Articulations.

S. Werner, *Warnerus*, était le fils d'un vigneron, de la partie méridionale de la Prusse. Il perdit son père très jeune, et, comme sa mère s'était remariée à un homme qui le maltraitait, il s'éloigna. Arrivé près de Wesel, au pays de Trèves, un jour qu'il venait de communier pieusement, des

Juifs l'attirèrent chez eux sous prétexte de lui procurer du travail, s'emparèrent de lui, le suspendirent la tête en bas, lui déchirèrent les chairs et lui ouvrirent les veines, en haine du Dieu qu'il venait de recevoir. Il avait treize ans (1287). — Fête : le 19 avril.

Patron des Vignerons.

S. **Wilfrid**, *Wilfridus* (tud. : qui veut la paix), évêque d'York, fut l'ami de S. Benoît Biscop et de S. Martin, pape; travailla avec zèle et succès à l'extension de la foi et à la fixation définitive de la discipline de l'Eglise; fonda plusieurs monastères et mourut après avoir pratiqué de grandes vertus et accompli de grandes œuvres (634-709). — Fête : le 12 octobre.

S. **Willibald**, ou **Wilbaud** (Voir *S. Guillebaud*). — Fête : le 7 juillet.

S. **Willibrord**, *Willibrordus*, né dans le Northumberland; apôtre de la Frise, de la Hollande, de la Zélande, de la Flandre et du Brabant; fut évêque d'Utrecht, où il mourut en 738. — Fête : le 7 novembre.

Invoqué contre les Convulsions et l'Epilepsie.

S. **Willigis**, ou **Willigise**, fils d'un charron de la Saxe, devint évêque de Mayence; fut la lumière de l'Empire et de l'Eglise; mort en 1011. — Fête : le 23 février.

Patron des Charrons.

S. **Winebaud** (Voir *S. Vinebaud*).

S. **Winoc**, ou **Winnoc**, *Winocus*, fondateur d'un monastère au lieu où se trouve actuellement Bergues-Saint-Winnoc (Nord), puis abbé de Wormhoudt. Il était si humble qu'il broyait lui-même, dans un moulin à main, le grain nécessaire à la nourriture de ses moines; mort en 817[1]. — Fête : le 6 novembre.

Patron de la Flandre. — Patron des Meuniers.

S. **Wladimir**, *Wladimirus*, duc de Moscovie ou de Russie, signala sa jeunesse par sa cruauté et la dépravation de ses mœurs; mais, s'étant converti, il se livra, sur la fin de ses jours, à de grandes austérités et fit des aumônes abondantes et des bonnes œuvres nombreuses; mort en 1014. — Fête : le 15 juillet.

S. **Wolfgang**, *Wolfgangus* (allem. : qui marche à pas de loup), né en Souabe; fut d'abord chanoine de Trèves, puis missionnaire aux extrémités de l'Esclavonie et de l'Autriche et

---

1. Les reliques de S. Winoc sont à Bergues, et l'on a constitué, dans la même localité, un musée historique où l'on a recueilli de nombreux et très intéressants souvenirs de l'antique abbaye.

devint enfin malgré lui évêque de Ratisbonne. Il mourut dans une course apostolique, à Papping, en 994. — Fête : le 31 octobre.

>Patron des Charpentiers.
>Invoqué contre l'Apoplexie et la Paralysie.

S. Wulfran, *Wulfranus*, gentilhomme de la cour de Clotaire III, puis de Thierry III, fut placé sur le siège archiépiscopal de Sens; mais son zèle le poussa à aller évangéliser les Frisons. Il opéra parmi eux de très nombreuses conversions, surtout par le miracle qu'il fit en sauvant de la mort de pauvres petits enfants exposés aux flots de la mer par ces barbares. S. Wulfran vint mourir au monastère de Saint-Vandrille (647-720). — Fête : le 20 mars.

>Invoqué contre les dangers de la Mer.

S. Wulmer, *Wulmarus*, né de parents très nobles, près de Boulogne-sur-Mer, entra jeune encore dans un monastère du Hainaut où on lui donna la fonction de charretier. Son humilité et sa piété le firent élever au sacerdoce. Après avoir fondé un premier monastère en Flandre, il revint près de Boulogne où il en fonda un second dont il fut abbé; mort en 700 ou 710. — Fête : le 20 juillet.

>Patron des Cochers.

X

S. Xénophon (gr. : qui a l'accent étranger), moine à Jérusalem au VIe siècle. — Fête : le 26 janvier.

S. Xyste, *Xystus*, 1er évêque de Reims, convertit un grand nombre de païens dont plusieurs souffrirent le martyre sous le président Rictiovare; IIIe siècle. Il eut S. Sinice pour successeur. — Fête : le 1er septembre.

Y

S. Yon, ou **Ion** (gr. : originaire d'Ionie), prêtre, disciple de S. Denis de Paris, évangélisa le territoire de la petite ville actuelle d'Arpagon (Seine-et-Oise). Il fut martyrisé dans une de ses courses apostoliques; IIe siècle. — Fête : le 5 août.

 Invoqué contre la Sécheresse.

S. Ygnace d'Antioche, ou **Ignace** (Voir *S. Ignace*).

B[se] Yolande, *Yolendis*, vierge, religieuse de l'Ordre de Saint-Dominique, à Marienthal; morte en 1283. — Fête : le 17 décembre.

S. Yves, *Yvo*, né près de Tréguier (Côtes-du-Nord), de parents nobles, fit des études brillantes à Paris, particulièrement dans le droit. Il exerça les fonctions d'avocat, puis de juge. Devenu prêtre, il fut successivement nommé curé de deux paroisses : son presbytère était un véritable hôpital pour les pauvres malades, auxquels il donnait lui-même les soins les plus répugnants (1253-1303). — Fête : le 19 mai.

 Patron des Curés et de tous les hommes de loi et de justice. Invoqué pour la réussite des Affaires de justice.

B[se] Yvette, *Yveta*, veuve et recluse à Huy, au diocèse de Liège; morte en 1228. — Fête : le 13 janvier.

S. Yvon, *Yvo*, évêque étranger dont on ignore le siège, est honoré en Angleterre. — Fête : le 10 juin.

Z

S. Zacharie, *Zacharias* (hébr. : souvenir du Seigneur), prêtre et prophète de la Loi Ancienne; époux de Ste Elisabeth et père de S. Jean-Baptiste. — Fête : le 5 novembre.

S. Zacharie, pape, né en Grèce; fut un pontife remarquable par sa bonté et sa grandeur d'âme. Il orna la ville de Rome de plusieurs églises magnifiques; mort en 752. — Fête : le 15 mars.

S. Zachée, *Zachæus* (Voir *S. Amadour*, ou *Amateur*, et *S. Savin*). On pense, d'après l'autorité du pape Martin V, que S. Amadour ne serait autre que le Zachée dont il est parlé dans l'Evangile et qui était probablement l'époux de Ste Véronique. Il vint aborder avec les saintes femmes sur les côtes de Provence. — Fête : le 20 août.

 Patron des Aubergistes.

Ste Zénaïde, *Zenaïdis*, parente de S. Paul, qui la convertit à la foi. On pense qu'elle était de Tarse, en Cilicie. — Fête : le 11 octobre.

S. Zénobe, *Zenobius* (gr. : fils de Jupiter), évêque de Florence ; gouverna son diocèse avec une vigilance extrême et pratiqua à un très haut degré la mortification. Il fut ami intime de S. Ambroise de Milan ; mort en 407. — Fête : le 25 mai.

Invoqué contre les maux de Tête.

S. Zénon, *Zeno*, souffrit le martyre à Rome en 298 avec 10.203 compagnons. — Fête : le 9 juillet.

Invoqué contre les Sauterelles.

S. Zéphyrin, *Zephyrinus* (gr. : vent léger), pape et martyr, successeur de S. Victor ; fit triompher la foi contre les hérésies de son temps ; mort en 219. — Fêtes : le 26 août et le 20 décembre.

B^{se} Zite, ou **Zita**, née d'une famille pauvre, près de Lucques, en Italie ; se sanctifia dans la condition de servante, où elle évita avec le plus grand soin la curiosité, l'indiscrétion et le bavardage inutile. Aussi Dieu la récompensa-t-il par le don des miracles. Morte en 1272. — Fête : le 27 avril.

Patronne des Servantes et des Femmes de Charge.

Ste Zoé (gr. : la vie), épouse de S. Nicostrate, secrétaire du préfet de Rome ; fut convertie par S. Sébastien et souffrit le martyre, en 286. — Fête : le 5 juillet.

S. Zolle, *Zoilus*, martyr à Cordoue avec 19 autres, au IVe siècle. — Fête : le 27 juin.

Invoqué contre la Pleurésie.

S. Zozime, ou **Zosime**, *Zosimus* (gr. : qui aime la vie), abbé de Ste Lucie, puis évêque de la ville de Syracuse où il était né. Se distingua par ses austérités, son abnégation et sa charité ; mort en 660. — Fête : le 30 mars.

Invoqué contre la Peste.

II

LES SAINTS DE CHAQUE JOUR

JANVIER

1. S. Agrippin ; S. Almaque ; S. Euphrosin ; S. Fulgence ; Ste Martine ; S. Odilon.
2. S. Adelard; S. Basile le Grand ; S. Défendant ; S. Macaire; S. Viance.
3. S. Athanase; S. Cyrin et ses compagnons; S. Daniel ; Ste Geneviève ; S. Prime.
4. Ste Dafrose ; S. Grégoire ; S. Marcien ; Ste Pharaïlde ; S. Rigobert ; S. Tite.
5. Ste Apollinaire ; S. Edouard ; S. Siméon le Stylite.
6. S. Gaspard ; S. Mélaine ; S. Pierre-Thomas ; SS. Rois Mages.
7. S. Aldric; S. Anastase ; S. Guérin ; S. Hilloine ; Ste Mélanie ; S. Reinold.
8. S. Baudouin ; S. Frobert ; Ste Gudule ; S. Lucien ; S. Séverin.
9. S. Agathon ; S. Epictète ; S. Honoré.
10. S. Guillaume ; S. Marcien ; S. Pétrone.
11. S. Leuce ; S. Théodose.
12. S. Arcadius ; S. Benoît-Biscop ; Ste Césarie ; S. Fréjus.
13. S. Hilaire ; Ste Maure et Ste Britte ; Ste Véronique ; B^{se} Yvette.
14. S. Dace ; S. Engelmar ; S. Félix ; Ste Macrine ; Ste Nomadie.
15. S. Bond ou Bonet ; Ste Faustine ; S. Maur ; S. Paul.

FÉVRIER — 210 — Ire PARTIE

16. S. Bérard; S. Accurse; S. Ajut; S. Othon; S. Fursy; S. Honorat; S. Marcel; B^se Quinzani (Etiennette); S. Roland.
17. S. Antoine; S. Genouph; Ste Léonille; S. Sulpice.
18. S. Adam et Ste Eve, S. Ammon; S. Déicole; Ste Floride; S. Léobard; Ste Libérate; S. Volusien.
19. S. Canut; S. Dabert.
20. S. Audoin ou Ardoin; S. Fabien; S. Molac; S. Sébastien.
21. Ste Agnès; S. Aptat; S. Busiris; S. Fructueux.
22. S. Anastase; S. Dominique; S. Gauthier; S. Oronte; S. Trouvé; S. Vallier; S. Vincent.
23. S. Bernard; Ste Emérentienne; S. Ildefonse; S. Raymond.
24. S. Timothée.
25. S. Ananie; B^se Archangèle; Ste Castule; S. Louans; S. Prix; Ste Suzanne.
26. Ste Arille ou Aredie; S. Aubéry; S. Dieudonné; S. Marc; Ste Nothburge; S. Polycarpe; S. Xénophon.
27. Ste Angèle de Mérici; S. Emère; S. Jean Chrysostome; Ste Paule.
28. B^x Charlemagne; Ste Hermine; S. Jean de Réomay; S. Julien.
29. S. Arnould; S. Dallain; S. François de Sales; S. Gildas; S. Julien l'Hospitalier; S. Sulpice Sévère; S. Valère.
30. Ste Aldegonde; S. Aleaume; Ste Bathilde; B^se Habrille; Ste Martine; S. Pierre Nolasque.
31. S. Robin; S. Cyr; S. Jules; Ste Marcelle.

FÉVRIER

1. Ste Agrève; Ste Brigide ou Britte; S. Cécil; S. Chartier; V^ble Ele; S. Eubert; S. Ignace; Ste Kinnie; Ste Lienne; S. Précord; S. Raymond de Hitero; S. Sévère; S. Sigebert.
2. S. Candide; S. Corneille; Ste Halloie.
3. S. Anatole; Ste Bellande; S. Blaise; Ste Célerine; S. Célerin; S. Laurentin et S. Ignace; S. Evance; B^x Odéric.

4. S. André Corsini; S. Aventin; S. Gemmule; S. Philéas; Ste Véronique.
5. Ste Adélaïde; Ste Agathe; S. Avit; Ste Calamande; S. Voël.
6. S. Amand; S. Antolien ou Antolein; Ste Dorothée; S. Elric; Ste Hildegonde; S. Waast ou Gaston.
7. S. Chrysolien; S. Parthène; S. Romuald; S. Théodore.
8. S. Ampèle; S. Cuthman; Ste Elfède; S. Etienne; S. Paul.
9. S. Ansbert; Ste Apolline ou Apollonie; S. Nicéphore; S. Renaud.
10. Ste Austreberthe; S. Caralampe; Ste Elisabeth; S. Guillaume; S. Prothade; Ste Scholastique.
11. S. Adolphe; S. Castrense; S. Désiré; S. Gaudin; S. Hilarion.
12. S. Constance; S. Damien; Ste Eulalie; S. Ludans; S. Mélèce; Bx Réginald de Saint-Gilles.
13. S. Castor; S. Donnis; S. Gilbert; S. Lézin; Ste Maure; S. Polyeucte.
14. S. Antonin; S. Brun; S. Gilbert; S. Valentin; S. Vital.
15. Ste Agape; S. Aquilin; S. Colombin; S. Décorose; S. Eusée; S. Faustin; Ste Georgie; S. Phébus; S. Sifroy; S. Valfried.
16. Ste Cécilienne; Ste Julienne; S. Onésime; S. Samuel; S. Valens.
17. S. Alexis Falconiéri; Vble Gilles; S. Théodule; S. Guirec; S. Silvin.
18. S. Angilbert; Bse Chrétienne; S. Siméon.
19. S. Biec; S. Conrad; S. Gabin; S. Loup; S. Mansuet.
20. S. Eucher.
21. Bx Pépin de Landen.
22. S. Abile; Ste Anthuse; Ste Marguerite.
23. Bx Dosithée; S. Lazare; S. Pierre Damien; Ste Romaine; S. Willigis.
24. S. Ethelbert; S. Mathias; Ste Mina; S. Prétextat; S. Victoric.
25. S. Césaire; Vble Ethérée; S. Gothard; S. Guillaume; Ste Valburge.
26. S. Alexandre; S. Conon; S. Nestor.
27. Vble Emmanuel; S. Galmier; S. Guillaume; Ste Honorine; S. Julien.

28. Ste Aveline; S. Cassien; S. Romain.
29. S. Oswald.

MARS

1. Ste Antonine; S. Aubin; S. David; S. Léon.
2. S. Bonavita; S. Charles le Bon; S. Simplice.
3. Ste Arthélaïde; Ste Camille; Ste Cunégonde; S. Guénolé; S. Lily; Ste Thaïs.
4. S. Casimir.
5. S. Drausin; S. Phocas; S. Virgile.
6. S. Cadroël; S. Claudien; Ste Colette; S. Conon; S. Evagre; S. Fridolin; S. Godebert; S. Sané.
7. S. Ardon; S. Daunas; S. Eubule; S. Thomas d'Aquin.
8. S. Bermond; S. Conon; S. Etienne; S. Jean de Dieu.
9. S. Cyrille et S. Méthode; Ste Françoise.
10. S. Blanchard; S. Doctrovée; S. Domitien.
11. S. Benoît de Milan; S. Euloge.
12. S. Eutyche; S. Grégoire le Grand.
13. Ste Euphrasie; S. Gérald; S. Rodrigue.
14. S. Lubin; Ste Mathilde.
15. S. Abraham; V^ble César de Bus; S. Longin; Ste Matrone; S. Menigne; S. Tranquille; S. Zacharie.
16. S. Agapit; V^ble Bénédette; Ste Eusébie; S. Grégoire; S. Héribert.
17. S. Agricole; Ste Gertrude; S. Joseph d'Arimathie; S. Patrice.
18. S. Alexandre; S. Anselme; S. Edouard; S. Gabriel; S. Narcisse; B^x Salvator.
19. S. Joseph.
20. S^tes Alexandra, Claude, Euphrasie, Julienne et Euphémie; S. Ambroise de Sienne; S. Cuthbert; S. Joachim; Ste Photine; S. Wulfran.
21. S. Acace; S. Benoît; S. Berylle; V^ble Clémence.

AVRIL

22. S. Afrodise; S. Benvenuto; S. Camélien; Ste Catherine de Suède; S. Léandre; Ste Léa; S. Paul.
23. V^{ble} Claude Bernard; S. Eusèbe; S. Frumence; S. Libérat; S. Victorien.
24. S. Adelmar; Ste Berthe; S. Siméon.
25. S. Baront et S. Dizier; S. Dismas; S. Humbert; S. Richard.
26. S. Bercaire; S. Castule; S. Pons.
27. Ste Augusta; S. Narsès.
28. S. Gontran.
29. S. Armogaste; S. Etienne; S. Eustase; S. Pasteur.
30. B^x Amédée; V^{ble} Angélique; V^{ble} Brunon; Ste Eubule; S. Quirin; S. Rieul; S. Zozime.
31. S. Acace; Ste Albane; S. Amos; S. Athénée; Ste Balbine; S. Benjamin; Ste Cornélie; S. Véron.

AVRIL

1. B^{se} Catherine; S. Hugues; Ste Irène; S. Valeri; S. Vinebaut.
2. S. François de Paule; Ste Marie l'Égyptienne; S. Urbain.
3. Ste Agape; S. Benoît le More; B^x Hermann Joseph; S. Richard.
4. S. Ambroise; S. Isidore; B^{se} Alix.
5. S. Ambroise; Ste Irène; S. Vincent Ferrier.
6. S. Célestin; S. Prudent.
7. S. Aybert; S. Calliope; B^x Chrétien; S. Clotaire; S. Hégésippe; B^x Hermann Joseph.
8. B^x Albert; S. Denis; Ste Denyse; S. Edèse; S. Gautier; B^x Martin.
9. S. Casilde; S. Gaucher; S. Mauger.
10. B^x Fulbert; S. Macaire; S. Pallade.
11. Ste Godeberthe; S. Léon.
12. S. Airy; S. Darius; S. Jules.

13. S. Crescent; Ste Herménigilde; S. Quintilien.
14. S. Ardalion; Ste Bérénice; Ste Pélagie; Ste Lidwine; S. Tiburce; S. Valérien.
15. S. Pierre Gonzalès; S. Théodomire.
16. S. Benoît-J. Labre; Ste Engrace; S. Drogon; S. Joachim; S. Paterne; S. Turibe.
17. S. Anicet; S. Donan; S. Gébuin; B^x Rodolphe.
18. S. Apollonius; Ste Aye; S. Eleuthère; B^se Marie de l'Incarnation; S. Parfait; S. Ursmars.
19. S. Elpheg; S. Expédit; S. Léon; S. Werner.
20. S. Astier; S. Théotime.
21. S. Anselme; S. Arator; S. Pusier.
22. S. Apelles et S. Luce; S. Léonide; S. Néarque; Ste Opportune; S. Sotère; S. Caïus.
23. S. Adalbert; S. Georges le Grand.
24. Ste Beuve ou Bone; S. Fidèle; S. Georges; S. Guillaume; S. Robert.
25. S. Anien ou Aignan; S. Fidèle; Ste Franche; S. Marc.
26. S. Anaclet; S. Berthillon; Ste Espérance; V^ble Grignon de Montfort; S. Richer.
27. Ste Zite ou Zita.
28. S. Aimé; S. Vital.
29. S. Aimé; Ste Antonia et Ste Agape; S. Hugues; S. Pierre de Vérone.
30. S. Adjuteur ou Ajoutre; Ste Aimée; Ste Catherine de Sienne; S. Dirier; S. Erkonwald; S. Eutrope; S. Forannan; S. Gualfard; Ste Hoïlde; Ste Onnenne; Ste Othilde; S. Pérégrin Latiosi.

MAI

1. S. Africain; S. Aldebrand; S. Amateur; S. Andéol; Ste Berthe; S. Brieuc; S. Divy; S. Jacques; S. Jérémie; S. Josias; S. Marcou; S. Philippe; S. Sigismond; S. Théodard; S. Thiou ou Théodulphe; Ste Thorette.
2. S. Antonin; S. Athanase; S. Constantin; Ste Flamine; S. Germain; Ste Rachilde; S. Valbert.

3. S. Flovier; Ste Viola.
4. S. Antoine du Rocher; S. Briand; S. Ethelred; S. Florien; S. Godard; Ste Monique; S. Silvain.
5. S. Adrien; S. Ange; S. Avertin; S. Landon; S. Pie.
6. Ste Avoie; Ste Bénédicte; S. Jean Porte-Latine; Ste Juliette; B^{se} Prudence.
7. S. Bason; S. Clément; S. Domitien; Ste Domitille; Ste Euphrosine; Ste Flavie; S. Gibrien; Ste Gisèle; Ste Isbergue; S. Sérénic; S. Stanislas.
8. Ste Aglaé; S. Aurélien; S. Désiré; S. Elade; S. Michel.
9. S. Grégoire.
10. S. Antonin; S. Béat; B^{se} Béatrix; S. Catalde; S. Dioscoride; S. Guillaume; S. Isidore; S. Job; S. Philadelphe; Ste Solange.
11. S. Anthime; S. Gengoult; S. Maïeul; S. Mamert; S. Udaut.
12. S. Achille; S. Blanchar; S. Danio; S. Domingue; S. Epiphane; B^{se} Imelda; S. Nérée; S. Pancrace.
13. Ste Agnès; S. Albert; S. Christantien; S. Muce; Ste Rolande; S. Servais.
14. S. Ampèle; Ste Ange; S. Erembert; Ste Justine; S. Natal.
15. S. Achille; S. Auger; Ste Dympne; S. Géréberne; S. Guimer; S. Robert; S. Victorin.
16. S. Adam; S. Brendan; S. Fort; S. Gens; S. Honoré; S. Pèlerin; S. Ubald; S. Simon Stock.
17. S. Andronic; S. Brunon; Ste Framechilde; S. Pascal; Ste Restitute; S. Torpez.
18. S. Dioscore; S. Eric; S. Félix; S. Théodote.
19. V^{ble} Alcuin; B^{se} Bartholomée; S. Donateur; S. Dustan; S. Pierre Célestin; Ste Sara; S. Yves.
20. Ste Bassile; S. Bernardin; B^{se} Colombe; S. Parthène.
21. Ste Estelle; V^{ble} Ezon; Ste Gisèle; Ste Isbergue; Ste Martyre; S. Ortaire.
22. S. Ausone; S. Boétian; S. Emile; Ste Humilité; S. Loup; Ste Quiterie; Ste Rite de Cascia.
23. Ste Alméride; S. Beuvon; S. Didier; S. Euphèbe.
24. S. Donatien; S. Davids; S. Elpide; S. Gérard; S. Jean de Prado; Ste Laurienne.
25. S. Grégoire; S. Maxime; S. Urbain; S. Zénobe.

26. S. Augustin; S. Eleuthère; S. Godon; S. Philippe de Néri; S. Prix.
27. V^{ble} Bède; Ste Évangèle; S. Hildevert; S. Olivier.
28. S. Germain; S. Guillaume; S. Juste.
29. S. Maximin; S. Viâtre.
30. S. Basile; Ste Emmelie; S. Ferdinand; S. Hubert.
31. S. Cant, S. Cantien et Ste Cantianille; S. Eugène; Ste Pétronille; S. Prote; S. Simplicien; S. Walstan.

JUIN

1. S. Caprais; S. Clair; S. Elpide; S. Florent; S. Justin; S. Pamphile; S. Révérien; S. Thibauld.
2. Ste Antonia; Ste Blandine; Ste Emilie; S. Erasme; Eugène; S. Jean de Ortica; S. Pothin.
3. Ste Clotilde; S^e Huna; S. Isaac; S. Jean Grandé; S. Liphard; S. Morand.
4. Ste Francisque; S. Optat; Ste Saturnine.
5. S. Amand; S. Lucius; S. Alexandre; S. Andald; S. Boniface; B^x Placide d'Ancône.
6. S. Claude; S. Félicien et S. Prime; Ste Florine; S. Norbert; S. Philippe.
7. S. Gilbert; S. Marcellin; S. Mériadec; S. Mohin; Ste Ouine.
8. S. Marius; S. Mary; S. Médard; Ste Syrie.
9. Ste Pélagie; B^x Sylvestre.
10. S. Agnan; S. Emar; B^{ee} Diane; S. Evremont; B^x Foulques; B^x Henri; S. Landry; Ste Olive; S. Yvon.
11. S. Amable; Ste Antonine; S. Ausone; S. Barnabé; Ste Macre; Ste Roseline.
12. Ste Cunéra; S. Nazaire; Ste Olympe.
13. S. Antoine de Padoue; S. Serein.
14. S. Basile le Grand; S. Elisée; S. Rufin; S. Simplice.
15. S. Abraham; Ste Crescence; Ste Germaine Cousin; Ste Léonide; S. Psalmode; S. Vite ou Guy.

16. Ste Aline: S. Antide ou Autel; S. Aurélien; S. Bennon; S. Bertaud; S. Cyr et Ste Julitte ou Juliette; S. François Régis; Bse Julienne; Ste Lutgarde; S. Similien.
17. S. Hervé; S. Manuel; S. Ours; Ste Taraise.
18. S. Caloger; Ste Marine; Ste Osane; Ste Spéciosa.
19. S. Adéodat ou Déodat; S. Gervais; Ste Julienne; Bse Micheline; S. Protais; S. Rasson; S. Ursicin.
20. Ste Bénigne.
21. S. Alban; Ste Démétria; L. Leufroi; S. Louis de Gonzague; S. Mars; S. Méen; S. Raoul.
22. Ste Consorce; S. Fernand; S. Paulin.
23. Ste Agrippine; Ste Ediltrude; S. Jacob; Ste Marie d'Oignies.
24. S. Jean-Baptiste; Bx Jean; Ste Romula; S. Frise.
25. Ste Afranie; S. Antide ou Autel; S. Dizain; S. Emilien; Ste Eurosie; S. Prosper; S. Salomon.
26. S. Bénédet; S. Jean et S. Paul; S. Pélage; S. Sauve; S. Efflam.
27. S. Adelin; S. Rodolphe; S. Zoïle.
28. S. Irénée.
29. Ste Béata; S. Cassius; S. Paul; S. Pierre.
30. S. Alpinien; S. Austriclinien; S. Bertrand; S. Donat; Ste Emilienne; S. Eudes; Ste Lucine; S. Martial; S. Othon.

JUILLET

1. S. Aaron; S. Calais; S. Floret; S. Gal; S. Thibault; S. Thierry.
2. S. Consul; S. Juvénal; S. Othon; S. Urbain.
3. S. Bertrand; Ste Brigide; S. Dat; S. Héliodore; S. Phocas; S. Raymond de Toulouse.
4. S. Flavien; S. Laurien; S. Ulric.
5. S. Domitius; Ste Zoé.
6. Ste Angèle; S. Goard; Ste Godolève; S. Isaïe.

7. S. Elie; S. Eudes; S. Félix; S. Guilbaud; S. Odon; S. Valfroi; Ste Aubierge.
8. S. Adrien; S. Aquila; S. Arnold; S. Edgard; Ste Elisabeth; S. Thibault; S. Vaury; Ste Virginie.
9. S^{tes} Anatolie et S^{tes} Victoire; S. Ephrem; Ste Procule; S. Zénon.
10. Ste Amelberge ou Amalberge; Ste Amélie; S. Emar; S. Etton; Ste Félicité; S. Félix; B^x Pacifique; S. Pasquier; Ste Rufine.
11. S. Alexandre; S. Hidulphe; S. Jean; Ste Olga; S. Pie; S. Savin.
12. S. Jean Gualbert; Ste Marcienne; S. Menou; S. Nabor; S. Uguzon.
13. S. Anaclet; S. Etienne; S. Eugène; S. Myrope; Ste Sponsa.
14. S. Bonaventure; S. Libert; Ste Reinofre; S. Roland.
15. Ste Apronie ou Evronie; S. Aubrin; Ste Bonose; S. Cyriaque; S. Evrard; S. Henri; S. Wladimir.
16. V^{ble} Alain; S. Domnin; S. Faust; S. Hélier; Ste Reinelde.
17. S. Alexis; S. Frédegaud; Ste Généreuse; S. Généreux; S. Ennode.
18. S. Camille; S. Clair; S. Frédéric; Ste Radégonde; Ste Symphorose.
19. S. Arsène; Ste Aure; B^x Bernulphe; S. Célestin; Ste Juste; S. Vincent de Paul.
20. S. Elie; S. Jérôme; Ste Marguerite; Ste Sévère; S. Wulmer.
21. S. Arbogaste; S. Daniel; Ste Julie; Ste Praxède; S. Victor.
22. Ste Marie-Madeleine; S. Vandrille.
23. S. Apollinaire; S. Cassien; S. Liboire; Ste Romula.
24. Ste Christine; S. François Solano; Ste Sigouleine.
25. S. Christophe; Ste Glossinde; S. Jacques le Majeur; Ste Valentine.
26. Ste Anne; S. Frédebert; S. Joachim.
27. Ste Natalie; B^x Nevolon; S. Pantaléon.
28. S. Innocent; S. Ours.
29. Ste Lucille; Ste Marthe; Ste Séraphine; Ste Béatrix.
30. S. Abdon et S. Sennen.
31. S. Fabius; S. Germain; S. Ignace.

AOUT

1. Ste Almède; Ste Charité; Ste Espérance; S. Exupère; Ste Foi; S. Friard; S. Léonce; S. Pierre ès Liens; S. Sever; S. Bon.
2. S. Alphonse; S. Auspice; S. Boaire; S. Etienne.
3. S. Aspren; V^{ble} Chérubin; S. Geoffroy; Ste Lydie; S. Nicodème.
4. S. Dominique; S. Euphrône; Ste Perpétue; S. Tertullien.
5. S. Abel; Ste Afre; S. Oswald; S. Yon.
6. S. Simon; S. Sixte; S. Stapin.
7. S. Albert; S. Donatien; S. Emygde; S. Gaëtan.
8. S. Cyriaque; S. Myron.
9. V^{ble} Claude-Martin; S. Hormisdas; S. Sérénus.
10. S. Dinault; S. Laurent; Ste Philomène.
11. S. Alexandre; Ste Suzanne; S. Tiburce.
12. Ste Claire; S. Porcaire.
13. Ste Anne; S. Cassien; Ste Concorde; S. Hippolyte; S. Junien; Ste Radégonde; S. Jean Berchmans.
14. Ste Athanasie; B^x Evrard.
15. S. Arnoulph; Ste Marie; S. Napoléon; S. Tarsitius.
16. S. Armel; S. Frambourg; S. Hyacinthe; S. Roch; S. Théodule.
17. S. Jean; S. Jéron; S. Mammès; S. Septime.
18. S. Agapit; S. Flore et S. Laure; Ste Hélène.
19. S. Calmin; S. Louis; S. Marien; S. Sébald.
20. S. Amadour ou Amateur; S. Audoin ou Ardoin; S. Bernard; S. Philbert; S. Samuel; S. Zachée.
21. Ste Chantal; Ste Cyriaque; S. Léonce; S. Maximilien; S. Privat; S. Sévère.
22. S. Philibert; S. Symphorien.
23. S. Philippe Beniti.
24. Ste Aura; S. Barthélemy; S. Eptade; S. Ouën.

25. S. Genès; S. Grégoire; S. Guébhard; S. Louis; Ste Lucille; S. Magin; S. Rabier.
26. S. Eleuthère; S. Genès; S. Martory; S. Oronte.
27. S. Césaire; S. Joseph Calasanz; S. Narne; S. Werenfride ou Gerfroy.
28. S. Augustin; S. Hermès; S. Julien; S. Vivien.
29. Ste Sabine.
30. S. Fiacre; Ste Rose.
31. B^x Albertin; S. Aristide; Ste Florentine; B^{se} Isabelle; S. Raymond Nonnat; S. Victor.

SEPTEMBRE

1. B^{se} Alix; Ste Anne; S. Gilles; B^{se} Julienne; S. Loup; B^x Pierre Armengol; S. Xiste.
2. S. Etienne; S. Octavien.
3. S. Guirard; Ste Phébé; Ste Sérapie; B^{se} Taraise; Ste Thècle.
4. S. Marcel; S. Marin; S. Moïse; Ste Rosalie.
5. S. Bertin.
6. S. Eleuthère; Ste Eva; S. Hugolin; S. Magne; S. Humbert.
7. S. Cloud; S. Eustache; S. Facile; Ste Grimonie; Ste Reine; S. Ventura.
8. S. Adrien; S. Anastase.
9. S. Gorgon; S. Omer.
10. S. Apelles et S. Luce; S. Nicolas de Tolentino; S. Oger; Ste Pulchérie; S. Aubert d'Avranches.
11. Ste Spéranda; S. Théodard; Ste Théodora.
12. Ste Bona; S. Guy; S. Tobie; S. Levias; S. Révérend.
13. S. Aimé; S. Lidoire; S. Maurille; S. Nectaire.
14. S. Corneille; S. Ly.
15. S. Achard; Ste Eutrope; S. Porphyre; S. Ribert; S. Roland.
16. S. Cyprien; Ste Dulcissima; Ste Edith; Ste Euphémie; B^{se} Imelda; Ste Innocence; B^x Jean Massias; Ste Sébastienne.

17. Ste Agathoclie; Ste Camelle; S. Lambert; Bx Regnauld; S. Rouin.
18. S. Dizier; S. Ferréol; S. Joseph de Cupertino; Ste Richarde; Ste Stéphanie.
19. Ste Constance; S. Janvier; Ste Marie de Cervellon.
20. S. Eustache et Ste Théopiste.
21. S. Cadoc; Ste Iphigénie; S. Mathieu; Ste Maure.
22. Ste Aimée; S. Innocent; S. Lô; S. Maurice; S. Silvin.
23. S. Constance; S. Libère.
24. Ste Ame; S. Dalmace; S. Germer; S. Souleine.
25. S. Christophore; S. Cléophas; S. Firmin; S. Loup.
26. S. Cyprien et Ste Justine; S. Eusèbe; S. Souleine.
27. SS. Côme et Damien; Ste Delphine et S. Elzéar; S. Grat; Ste Hiltrude.
28. S. Annemond ou Chamond; S. Céran; S. Eberhard; Ste Eustochie; S. Exupère; S. Wenceslas.
29. S. Bernardin.
30. S. Ambert; S. Jérôme; Ste Sophie; S. Victurnien.

OCTOBRE

1. S. Bavon ou Alowin; S. Lor; S. Piat; S. Remi; S. Vulgis.
2. SS. Anges gardiens; S. Baudry; S. Gérin; S. Léger.
3. S. Cyprien; S. Gérard de Brogne; S. Leudomir; S. Lumier.
4. S. François d'Assise; S. Méloir; S. Raphaël.
5. Ste Charitine; Ste Enimie; S. Firmat; Ste Galla; S. Placide.
6. S. Bruno; Ste Foy; Ste Modeste; S. Pardou.
7. S. Léopardin; S. Serge.
8. S. Amour; S. Baudry; Ste Benoîte; Ste Romaine; Ste Brigitte; S. Démétrius; Ste Laurence; Ste Pélagie; S. Pipe.
9. S. Abraham; S. Bernard de Rodez; S. Denys; S. Gislain; Bx Jean.

10. S. Clair ; S. François de Borgia ; S. Géréon ; S. Paulin ; Ste Tanche.
11. S. Gomer ; Br Jacques ; S. Kenny ; S. Saintin ; S. Taraque ; S. Wasnon ; Ste Zénaïde ; S. Florent.
12. Br Enguerrand ; Ste Espérie ; Br Séraphin ; S. Wilfrid.
13. S. Edouard ; S. Léobon ; S. Maurice ; S. Théophile ; S. Venant.
14. Ste Angadrême ; S. Burchard ; S. Callixte ; S. Céleste ; S. Fortunat ; Ste Menehould ; Stes Puelles.
15. Ste Aurèle ou Aurélie ; S. Austriclinien ; S. Léonard ; S. Roger ; Ste Thérèse.
16. S. Doucis ; S. Gal ; S. Gaudry ; S. Grat ; S. Mainbœuf ; Ste Maxime ; S. Mommolin.
17. Ste Edwige ; S. Soline.
18. S. Athénodore ; S. Fabien ; S. Juste ; S. Luc.
19. S. Aquilin ; S. Pierre d'Alcantara ; S. Ptolémée.
20. S. Vital.
21. S. Anatole ; Ste Céline ; Br Gonsalve ; S. Hilarion ; S. Réparat ; Ste Ursule.
22. S. Berthier ; Ste Candide ; S. Népotien ; Ste Salomé ; S. Wendelin.
23. S. Amon ou S. Aymon ; S. Gratien ; Br Grégoire Celli ; S. Léotade ; S. Lugle ; S. Pierre Pascal ; Br Pompée ; S. Romain ; S. Séverin.
24. Vble Armelle ; S. Florentin ; S. Fromond ; S. Senoch ; S. Magloire.
25. S. Chrysanthe ; S. Crépin et S. Crépinien ; S. Front ; S. Génitour ; S. Martyre ; Ste Maure.
26. S. Amand ; S. Evariste ; S. Rustique.
27. Vble Armand ; S. Epain.
28. Vble Alfred ; Ste Anastasie ; S. Faron ; S. Genès ; S. Jude ; S. Simon.
29. S. Bald ; S. Dodon ; Ste Ermelinde ; S. Germain ; S. Mazorien ; S. Narcisse.
20. S. Saturnin.
31. Br Alphonse Rodriguez ; Ste Lucille ; S. Quentin ; Br Thomas B. ; S. Wolfgang.

NOVEMBRE

1. S. Austremoine; Ste Cyrienne et Ste Julienne; S. Marcel; S. Mathurin.
2. S. Vulgan.
3. S. Flour; S. Genest; S. Hubert; S. Pirmin; Ste Rachilde; S. Papoul.
4. S. Agricol et S. Vital; S. Amans; S. Charles Borromée; S. Clair; S. Emery; S. Girard; Ste Modeste; S. Piérus.
5. S. Acace; Ste Berthille; Ste Elisabeth; S. Gousseau; S. Lié; B^x Martin; S. Milefort; S. Zacharie.
6. S. Léonard; S. Winoc; S. Efflam.
7. S. Amandis; S. Amaranthe; S. Baud; S. Engelbert; S. Ernest; S. Florent; S. Iltut; S. Restitut; S. Willibrord.
8. S. Claude et ses compagnons; S. Dieudonné; S. Drouault; S. Godefroy; S. Trémeur.
9. S. Mathurin; S. Théodore.
10. S. André Avellino; S. Juste; S. Lusor; S. Noé; Ste Nymphe; S. Tibéry; S. Modeste et Ste Florence; S. Tryphon.
11. S. Martin; S. Ménas; S. Véran.
12. S. Diègue; S. Livin; S. Mahé; Ste Nymphe; S. Principin; S. René.
13. S. Amand; S. Brice; S. Floride; S. Homobon; S. Quintien; S. Stanislas Kotska; Ste Tullia; S. Vulcain.
14. Les 14 Saints Auxiliateurs; Ste Balsamie.
15. V^{ble} Albert le Grand; S. Arnould; S. Cessateur; S. Léopold; S. Malo.
16. Ste Céronne; S. Emilion; S. Eucher; S. Grégoire de Tours; S. Namphase.
17. S. Acisele et Ste Victoire; S. Aignan; S. Grégoire.
18. Ste Aude; S. Eugène; S. Mandé; S. Odon; S. Patrocle.
19. Ste Elisabeth; S. Modeste.
20. S. Edmond; S. Octave; S. Silvestre; S. Bernward.
21. S. Colomban.

22. S. Appien; Sᵗᵉ Cécile; S. Philémon.
23. S. Clément; S. Hartman; S. Phalier.
24. S. Bénigne; S. Pourçain; S. Romain.
25. Sᵗᵉ Catherine; S. Mercure.
26. S. Bellin.; Sᵗᵉ Dauphine; Sᵗᵉ Victorine; S. Basle.
27. S. Acaire; S. Eusitius; Bᵉᵉ Marguerite; S. Maudez; S. Siffrein.
28. S. Mansuet.
29. S. Saturnin; S. Sosthène.
30. S. André; S. Tugdual.

DÉCEMBRE

1. S. Eloi; Sᵗᵉ Flore; Sᵗᵉ Florence.
2. Sᵗᵉ Bibiane ou Vivienne; S. Constantien; Sᵗᵉ Pauline.
3. Sᵗᵉ Atala ou Atalie; S. François Xavier; S. Lucius.
4. S. Annon; Sᵗᵉ Barbe; Sᵗᵉ Marine; S. Pierre Chrysologue; S. Pierre de Sienne.
5. Sᵗᵉ Crispine; Sᵗᵉ Denise; S. Théophane.
6. S. Emilien; Sᵗᵉ Gertrude d'Hamage; S. Nicolas; S. Térence.
7. S. Ambroise; Sᵗᵉ Fare; S. Gerbaud.
8. S. Apollon.
9. Sᵗᵉ Azénor; S. Budoc; Sᵗᵉ Léocadie; S. Nectaire.
10. Sᵗᵉ Eulalie; Sᵗᵉ Valérie.
11. S. Damase; S. Gentien; S. Thrason.
12. S. Corentin.
13. S. Aubert; S. Josse; Sᵗᵉ Lucie; Sᵗᵉ Odile; S. Oreste.
14. S. Anastase; S. Fortunat; S. Nicaise; S. Spiridion.
15. Bx Jannic; S. Mesmin; Sᵗᵉ Silvie.
16. Sᵗᵉ Adélaïde ou Adèle; Sᵗᵉ Albine; S. Evrard; Bᵉᵉ Ide.
17. S. Justinien; S. Lazare; Sᵗᵉ Yolande.
18. S. Désiré; S. Flavit; S. Gatien.
19. Sᵗᵉ Fauste.

20. S. Dominique; S. Libéral; S. Philogone; S. Zéphyrin.
21. S. Thémistocle; S. Thomas.
22. Ste Angelina ou Angéline; S. Flavien; S. Honorat; S. Israël.
23. S. Armand ou Hartmann; S. Asclipe; S. Dagobert; S. Nicolas Factor; S. Servule; Ste Victoire.
24. Ste Delphine; Ste Emilienne; Ste Ermine; S. Vénérand.
25. Ste Anastasie; V^{ble} Anguerrand; Ste Eugénie.
26. S. Denys; S. Étienne.
27. S. Alain; Ste Fabiola; S. Jean l'Évangéliste.
28. S. Abel; SS. Innocents.
29. S. David; Ste Eléonore; S. Trophime.
30. S. Evroult; S. Roger; S. Sabin.
31. Ste Colombe; S. Frobert; Ste Mélanie; S. Silvestre.

AVIS

Le Manuel indique ordinairement, pour chaque grâce à obtenir, plusieurs saints intercesseurs, et, pour chaque corporation, plusieurs patrons : c'est que chaque époque, chaque contrée, a eu, ou a encore le sien.

Il n'existe, ni pour tous les saints, ni pour toutes les demandes qu'on leur adresse, des formules spéciales de prières ou des pratiques déterminées, employées de préférence. Quand rien n'est indiqué, le choix est laissé à la piété des fidèles. Les pratiques les plus ordinaires sont les Neuvaines et les Triduums de prières, les Communions, les Messes, les Jeûnes, les Aumônes, les Mortifications, etc., et surtout les Evangiles que l'on fait dire dans les églises ou chapelles qui possèdent des reliques, ou au moins une statue du saint.

Il suffit généralement, comme cela est répété souvent dans le Manuel, d'envoyer aux prêtres qui desservent les sanctuaires où l'on ne peut se rendre, les honoraires nécessaires, pour obtenir des messes, évangiles, cierges, recommandations, etc.

Quand le Manuel indique un pèlerinage, il s'agit assez souvent des lieux où, — selon l'expression populaire, — on fait des voyages, c'est-à-dire où l'on récite des Evangiles[1].

Voici le texte d'un Evangile fréquemment employé. On peut le réciter soi-même, s'il y a impossibilité de le faire dire par un prêtre.

† Sequentia sancti Evangelii secundum Marcum.
Gloria tibi, Domine.
In illo tempore, dixit Jesus discipulis suis : Habete fidem Dei : Amen, dico vobis, quia quicum-

† Suite du saint Evangile selon S. Marc.
Gloire à vous, Seigneur.
En ce temps-là, Jésus dit à ses disciples : Ayez de la foi en Dieu. Oui, je vous dis en vérité que

---

1. La dévotion aux évangiles remonte aux grandes époques de foi. Les pèlerinages étaient alors très en honneur, et, quand on ne pouvait pas y faire célébrer la messe à son intention, on demandait au moins la récitation de l'évangile et de l'oraison, parties du saint Sacrifice qui peuvent se répéter à discrétion.

que dixerit huic monti : Tollere et mittere in mare, et non hæsitaverit in corde suo, sed crediderit quia quodcumque dixerit, fiat ; fiet ei. Propterea dico vobis : omnia quæcumque orantes petitis, credite quia accipietis, et evenient vobis.

Deo gratias. — (S. Marc, ch. xi, vers. 42, 43, 44.)
℣. Ora pro nobis, sancte N...
℟. Ut digni efficiamur promissionibus Christi.

OREMUS

Deus refugium nostrum et virtus : Adesto piis Ecclesiæ tuæ precibus, auctor ipse pietatis, et præsta ; ut quod fideliter petimus, efficaciter consequamur. Qui vivis et regnas in sæcula sæculorum. — Amen.

quiconque dira à cette montagne : Ôte-toi de là, et te jette dans la mer (et cela sans hésiter dans son cœur, mais croyant que tout ce qu'il aura dit arrivera) : il le verra en effet arriver. C'est pourquoi je vous dis : quoi que ce soit que vous demandiez dans vos prières, croyez que vous l'obtiendrez, et il vous sera accordé.

Grâces soient rendues à Dieu.
— (Traduction de l'abbé Drioux.)
Priez pour nous, saint N...
Pour que nous devenions dignes des promesses du Christ.

ORAISON

O Dieu, notre refuge et notre force, soyez propice aux prières de votre Eglise, vous, l'auteur même de la piété, et faites, nous vous en supplions, que ce que nous demandons conformément à votre parole, nous l'obtenions sûrement ; vous qui vivez et régnez dans tous les siècles des siècles. Ainsi soit-il.

Les bénédictions citées dans ce livre sont surtout, dans la pensée de l'auteur, des documents historiques. Leur valeur liturgique dépend uniquement de leur approbation par l'Eglise. Sans cette approbation, on ne saurait en faire un usage légitime.

Il faudrait donc, avant de s'en servir, s'assurer qu'elles sont extraites des livres liturgiques officiels, ou qu'elles ont reçu l'approbation nécessaire. L'auteur l'a indiqué lorsque cela lui a été possible.

DEUXIÈME PARTIE

PATRONAGES DES SAINTS

ET GRACES IMPLORÉES PAR LEUR INTERCESSION

A

Abcès (Intercesseurs contre les) :
S. Quirin.
S. *Cloud* : pèlerinage à Saint-Cloud (Seine-et-Oise), surtout du 7 au 15 septembre.
S. *Guirec* : pèlerinages à Cléguérec (Morbihan), et à Goulven, par Lesneven (Finistère).

Abcès dans la gorge (Intercesseurs contre les) :
S. Quirin. — S. *Albert*, carme.
Une pratique ancienne, et par laquelle on obtient souvent la guérison, consiste à aller en pèlerinage à une église quelconque des religieux carmes, et à y réciter l'acte d'espérance en invoquant S. Albert.
(Voir aussi aux mots *Angine* et *Gorge*.)

Abeilles (Protecteur des) :
S. *Ambroise* de Milan.

Abondance des fruits de la terre et leur conservation (Pour l'), on prie :
S. *Fiacre*. — S. *Floret*. — S. *Josse*. — Ste *Rolande*.
Les vignerons invoquent particulièrement :
S. *Urbain* de Langres et S. *Vincent*.
(Voir *Récoltes*.)

Acariâtres (Protecteurs contre les personnes) :
S. *Acaire*. — S. *Achard*.

Accidents (Intercesseurs contre les) :
Ste *Bibiane*. — S. *Christophe*.

Accouchées (Pour les), on invoque :
S. *Baudile*. — Ste *Rite* de Cassia. — S. *Vital*.

Acteurs (Patron des) :
S. Ardallion et S. Genest.

Affaires désespérées (Dans les), on invoque :
S. Grégoire le Thaumaturge. — Ste Geneviève. — S. Joseph. — S. Roch. — S. Stanislas Kotska. — S. Gatien. — S. Jude surnommé Thaddée.

A La Hauteville, par Condé-sur-Vègre (Seine-et-Oise), on invoque *Tous les Saints* dans les affaires difficiles et même désespérées. Il y a pèlerinage le jour de S. Jean-Baptiste pour se mettre sous la protection des « bons Saints », et le jour de la Toussaint pour les remercier des grâces obtenues. Les pratiques sont : faire brûler des cierges pendant un, neuf, trente jours ; — messes au sanctuaire, neuvaines pendant lesquelles on dit les prières suivantes : *Pater, Ave,* ... trois fois l'invocation : « *Saints et Saintes de Dieu, priez pour nous et gardez-nous toujours.* »

On termine cette neuvaine en faisant dire une messe à laquelle on communie s'il est possible[1].

Prière à S. JUDE
DANS LES CAS DÉSESPÉRÉS

Très saint apôtre, très fidèle serviteur et ami de Jésus-Christ, Jude Thaddée, qui, à cause de votre ressemblance de nom avec le traître, avez été mis de côté par la simplicité de quelques-uns, mais qui, pour votre vie très sainte et apostolique, avez été très pieusement honoré et invoqué comme avocat spécial des malheureux et des désespérés, dans presque tout l'univers, par la véritable Église, priez Dieu pour moi, malheureux, afin que, par vos mérites, je sois consolé dans mes tribulations et mes angoisses ; que j'éprouve votre secours et celui de Dieu dans la peine et la tribulation où je suis, et surtout à l'heure de ma mort, et que, avec vous et avec tous les élus, je bénisse le Dieu éternel. Ainsi soit-il. — (BOLLANDISTES.)

AUTRE

Glorieux apôtre, martyr et parent de Jésus, S. Jude, qui avez répandu la foi au sein des nations les plus barbares et les plus éloignées, et qui avez engendré à Jésus-Christ des peuples innombrables par la vertu de la parole sainte, faites, je vous en supplie, que je renonce, dès ce jour, à l'habitude du péché, que je sois préservé des pensées mauvaises, que j'obtienne toujours votre secours dans les choses désespérées, et que je parvienne enfin à cette patrie céleste où est adorée la sainte Trinité, Dieu seul en trois personnes, Père, Fils et Saint-Esprit. Ainsi soit-il. — (PETITS OFFICES.)

---

1. Communication de M. le curé de La Hauteville.

Affaires difficiles et douteuses au spirituel et au temporel (Dans les), invoquer :
  Ste *Christine* de Saint-Trond. — S. *Servais*.

Affaires de justice (Pour la réussite des), on invoque :
  S. *Yves* : S. Yves est invoqué dans presque toutes les églises de Bretagne, mais surtout à la cathédrale de Tréguier, et à Louanec (Finistère), où il fut curé. On peut y recommander ses intentions.

Afflictions spirituelles et corporelles (Dans les), prier :
  Ste *Maure* et Ste *Britte*. — S. *François de Paule*.

Dévotion des treize vendredis à S. François de Paule :
On fait dire treize messes en son honneur, treize vendredis de suite : la 1re de la Ste Trinité, la 2e de la Passion de N.-S., la 3e de la Croix, la 4e du S. Sacrement, la 5e de la Ste Vierge, la 6e des Anges, la 7e des Apôtres, la 8e celle qui se dit *pour toute nécessité*, la 9e pour la rémission des péchés, la 10e selon les besoins de la personne intéressée, la 11e des défunts, et les deux dernières de S. François de Paule. — Nota : Quand le degré des fêtes occurrentes empêche de célébrer des messes votives, on dit la messe du jour, mais en conservant l'intention [1].

(Dévotion recommandée par saint François de Paule, approuvée par Clément XII et enrichie de nombreuses indulgences.)

Afflictions et malheurs de la France (Dans les), on prie :
  Ste *Geneviève*.

Agitation nerveuse (Dans l'), on prie :
  S. *Vite*, ou *Guy*.

Agneaux (Pour les), on prie :
  S. *Jean-Baptiste*.

On fait bénir les agneaux par un prêtre le jour de la fête du saint, dans un grand nombre d'endroits.

Agonisants (Pour les), prier :
  S. *André Avellin*. — S. *Etton*. — S. *Joseph*. — Ste *Libérate*. — S. *Liévin*. — S. *Sébastien*. — S. *Ulric* ou *Udalric*. — S. *Benoît*, abbé. — S. *Michel*, archange. — S. *Camille de Lellis*.

Dévotion envers S. Benoît pour être secouru dans son agonie :
Rendre gloire à Dieu chaque jour pour les faveurs dont le divin Maître a comblé les derniers moments du saint abbé.

---

1. Pour faire dire ces messes, on peut s'adresser à M. l'Econome du Petit Séminaire, à Tours. Le tombeau de S. François de Paule se trouve dans une propriété de cet établissement.

(Dans une apparition, S. Benoît promit à Sᵗᵉ Gertrude de secourir à ses derniers moments celui qui aurait observé cette pratique.)

Prière à S. MICHEL
POUR OBTENIR SON SECOURS AU MOMENT DE L'AGONIE

Vous êtes établi par Dieu pour recevoir les âmes et les introduire dans les joies du Paradis ; ô saint et bienheureux Archange, je vous prie de vouloir bien, quand mon âme se séparera de mon corps, la prendre sous votre protection, afin de lui obtenir un jugement favorable de Notre-Seigneur Jésus-Christ qui jugera le monde. Ainsi soit-il. — (Prière allemande.)

Prière à S. CAMILLE

O Dieu, qui par un privilège spécial de votre charité avez rendu l'illustre *S. Camille* protecteur des âmes à leur dernière agonie, répandez, nous vous en prions par ses mérites, l'esprit de votre amour dans nos cœurs, afin qu'à l'heure de la mort, nous méritions de vaincre l'ennemi et d'arriver à la couronne céleste, par J.-C. N.-S. Ainsi soit-il. — (Prière liturgique.)

(Voir *Mort*.)

Agriculteurs (Patrons des) :
 Bʳ *Engelmare*. — *S. Isidore*.

Aiguilles (Patrons des fabricants d') :
 S. Eloi. — *S. Fiacre*.

Aiguillettes (Patrons des fabricants d') :
 S. Clair. — *S. Louis*. — *S. Sébastien*.

Aine (Contre les tumeurs à l'), on invoque :
 S. Rémy.

Air (Pour la sérénité de l'), on invoque :
 S. Odon d'Urgel. — *S. Raymond* de Hitero. — *S. Agricol*.
Pour ce dernier, on porte sa statue en procession.

Alchimistes (Patron des) : Voir *Chimistes*.

Aliénés (Pour les) : Voir *Folie*.

Amaigrissement des Enfants (Contre l'), on prie :
 S. Bernulphe. — *S. Milefort*.

Amidonniers (Patron des) :
 S. Charles Borromée.

Amitiés (Protecteurs des saintes) :
 S. Jean l'Evangéliste. — *S. Julien* de Brioude et
 S. Ferréol.

Prière à S. JEAN
POUR L'AFFECTION MUTUELLE

Excitez, Seigneur, nous vous en prions, dans votre Eglise, la véritable affection que *Jean*, l'ami cher à votre Fils, recommandait constamment ; afin qu'étant remplis de ce même esprit nous nous aimions mutuellement d'une sincère affection. Par Jésus-Christ Notre-Seigneur. Ainsi soit-il. — (ANCIENNE LITURGIE.)

Ambitieux (Pour corriger les), on prie les :
SS. *Innocents*.

Anes (Pour les), on invoque :
S. *Antoine de Padoue*.

Anasarque (Contre l') (sorte d'inflammation très étendue), on invoque :
Ste *Aubierge*.

Sur la paroisse de Saint-Augustin, par Faremoutiers (Seine-et-Marne), et non loin de cette dernière localité, se trouve une chapelle dédiée à Ste *Aubierge*, et où reposent ses reliques. De très nombreux pèlerins la visitent toute l'année ; mais les pèlerinages officiels ont surtout lieu le lundi et le mardi de Pâques, le lundi de Pentecôte et le 7 juillet. On y adresse aussi souvent ses recommandations. Enfin on fait venir de fort loin, et même de l'Etranger, de l'eau d'une fontaine qui est consacrée à la sainte [1].

Angines (Pour guérir des), prier :
S. *Blaise*, évêque.

BENEDICTIO PANIS	BÉNÉDICTION DU PAIN
Adjutorium nostrum..., etc.	
OREMUS	**PRIÈRE**
Salvator mundi Deus, Domine Jesu Christe, qui hodiernam diem beatissimi Blasii martyrio consecrasti, et diversas creaturas ad salutem hominum creasti, qui ex quinque panibus et duobus piscibus quinque millia hominum satiasti, ac populum Judaïcum in deserto miraculose pavisti ; ineffabilem misericordiam tuam suppliciter exoramus et petimus, ut	O Dieu sauveur du monde, Notre-Seigneur Jésus-Christ, qui avez consacré ce jour au bienheureux Blaise, et avez créé diverses créatures pour le salut des hommes, qui, avec cinq pains et deux poissons, avez rassasié cinq mille hommes et avez nourri dans le désert le peuple Juif, nous implorons humblement votre ineffable miséricorde et nous vous

---

1. M. l'abbé Jobert, curé de Saint-Augustin, signale la guérison subite, à la chapelle de Ste Aubierge, d'une dame Petin, encore vivante au mois de mars 1900, et qui était atteinte d'une inflammation très considérable de la partie supérieure du corps.

hos panes quos plebs fidelis tibi devote hodie ad sanctificandum attulit, tua pietate † benedicere et † sanctificare digneris, ut qui ex eis comederint vel gustaverint, ab omni *gutturis plaga* et totius corporis infirmitate, meritis et intercessione *beati Blasii*, martyris tui, plenam recipiant sanitatem et nos servos ab omni corporis et animæ ægritudine sanos conserves, qui vivis et regnas, etc. Amen.

prions de daigner bénir et sanctifier par votre bonté ces pains que le peuple fidèle vous a aujourd'hui dévotement apportés pour les sanctifier; afin que ceux qui en goûteront ou en mangeront soient entièrement guéris par les mérites et l'intercession du *bienheureux Blaise*, votre martyr, de toute *maladie du gosier* et infirmité de tout le corps, et que nous, vos serviteurs, vous nous conserviez sains de toute maladie du corps et de l'âme, vous qui vivez et régnez dans les siècles des siècles. Ainsi soit-il.

BENEDICTIO VINI

Domine Jesu Christe, omnipotens æterne Deus, qui vinum, quod lætificat cor hominis, in sacrificio in die Cenæ offerri præcepisti, et in Cana Galilææ ex aqua vinum fecisti; tu qui es vitis vera, intercessione beati Blasii, martyris tui, multiplica super servos tuos pietatis tuæ misericordiam, quemadmodum fecisti cum patribus nostris in tua ineffabili misericordia sperantibus pietatem, † benedicere et † sanctificare tua clementia digneris hanc creaturam vini, quam ad servorum tuorum subsidium tribuisti: quatenus ubicumque fuerit fusum vel a quibuslibet potatum, divinæ † benedictionis tuæ repleantur dulcedine cum gratiarum actione, et in eorum visceribus sanctificetur per te salvator mundi.

BÉNÉDICTION DU VIN

Seigneur Jésus-Christ, Dieu tout-puissant et éternel qui avez prescrit, au jour de la Cène, d'offrir en sacrifice le vin qui réjouit le cœur de l'homme, et qui, à Cana en Galilée, de l'eau avez fait du vin : vous qui êtes la vraie vigne, par l'intercession de saint Blaise, votre martyr, multipliez sur nous vos serviteurs les marques miséricordieuses de votre bonté, ainsi que vous avez fait avec nos pères qui espéraient dans votre miséricorde ineffable; par votre clémence, daignez bénir et sanctifier ce vin que vous avez créé et destiné au soutien de vos serviteurs, et qu'en tous les lieux où il aura été versé, ceux qui l'auront bu soient remplis, avec actions de grâces, de la bénédiction de votre douceur, et que, dans leurs entrailles, ce vin serve à leur sanctification, par vous qui êtes le Sauveur du monde.

BENEDICTIO FRUCTUUM

OREMUS

Domine Jesu Christe, Deus de Deo, qui famulum tuum beatum *Blasium* hodierna die martyrio

BÉNÉDICTION DES FRUITS

PRIONS

Seigneur Jésus-Christ, Dieu de Dieu, qui en ce même jour avez consacré par le martyre votre

consecrasti, † benedicere et † sanctificare tua pietate digneris hos fructus arborum, ficus, nuces, avellanas, uvas et alia quæ indigni detulimus, per tui sancti nominis invocationem, et per intercessionem gloriosissimæ virginis Mariæ atque ejusdem gloriosi martyris tui atque pontificis *Blasii* † benedicere et ad profectum præsentis familiæ tuæ, atque omnium fidelium præsentium et absentium provenire concede, ut in quocumque loco deprecati fuerint, salvi et maxime a dolore gutturis efficiantur; et omnes iniquitates sive illusiones ab eorum habitaculis abscedant, et quicumque ex eis tenuerint tua gratia et benedictione repleantur.

serviteur saint Blaise, daignez dans votre bonté bénir et sanctifier ces fruits des arbres, figues, noix, noisettes, raisins et autres que vous présentent vos serviteurs indignes, par l'invocation de votre saint nom, par l'intercession de la très glorieuse vierge Marie, et du même *Blaise*, votre glorieux martyr et pontife; faites-les servir au profit de votre famille qui est ici et de tous les fidèles présents et absents, afin qu'en quelque lieu qu'ils vous adressent leurs prières ils obtiennent la guérison principalement des maux de gorge, et que toutes les malices et illusions diaboliques s'éloignent de leurs maisons, et que tous ceux qui recevront de ces fruits et les goûteront soient remplis de votre grâce et de votre bénédiction.

(Ces trois bénédictions sont extraites d'un Rituel romain du XVIᵉ siècle (1584). Nous ignorons si elles sont encore autorisées.)

BENEDICTIO CANDELARUM IN FESTO S. BLASII EPISCOPI ET MART.

Adjutorium... etc.

OREMUS

Omnipotens et mitissime Deus, qui omnium mundi rerum diversitates solo Verbo creasti, et ad hominum reformationem illud idem Verbum, per quod facta sunt omnia, incarnari voluisti: qui magnus es et immensus, terribilis atque laudabilis ac faciens mirabilia : pro cujus fidei confessione gloriosus martyr et pontifex *Blasius*, diversorum tormentorum genera non pavescens, martyrii palmam feliciter est adeptus : quique eidem, inter cæteras gratias, hanc prærogativam contulisti, ut quoscumque gutturis morbos tua virtute curaret; majestatem tuam suppliciter exoramus, ut non inspectu reatus nostri, sed ejus placatus

BÉNÉDICTION DES CIERGES EN LA FÊTE DE S. BLAISE, ÉV. ET MART.

PRIONS

Dieu tout-puissant et très doux, qui, par votre seul Verbe, avez créé toutes les différentes choses qui sont dans le monde, et qui, pour former les hommes de nouveau, avez voulu que ce même Verbe, par qui tout a été fait fût incarné; vous qui êtes grand et immense, terrible et digne de louanges, et qui faites des choses admirables, dont le glorieux martyr et pontife *Blaise* a confessé la foi, ne redoutant aucun genre de tourments, ce qui lui a valu de conquérir heureusement la palme du martyre; vous qui, entre autres grâces, lui avez conféré cette prérogative de guérir par votre puissance toutes les maladies de la gorge; nous supplions instam-

meritis et precibus, hanc ceræ creaturam † benedicere ac † sanctificare tua venerabili pietate digneris, tuam gratiam infundendo; ut omnes quorum colla per eam ex bona fide tacta fuerint, a quocumque gutturis morbo ipsius passionis meritis liberentur et in Ecclesia tua sancta sani et hilares tibi gratiarum referant actiones, laudentque nomen tuum gloriosum, quod est benedictum in sæcula sæculorum, per Dominum nostrum... etc. Amen.

ment votre Majesté, afin que, sans avoir égard à nos fautes, mais apaisé par ses mérites et ses prières, vous daigniez, dans votre bonté que nous vénérons, bénir et sanctifier cette cire que vous avez créée, répandant sur elle votre grâce, en sorte que tous ceux qui, avec une vraie foi, en auront eu le cou touché, soient délivrés, par les mérites de la passion de votre serviteur, de toute maladie de gorge, et que, sains et joyeux, ils vous rendent des actions de grâces dans votre Eglise et y louent votre nom glorieux, qui est béni dans les siècles des siècles, par N.-S. J.-C. Ainsi soit-il.

On bénit ainsi deux cierges, et, après les avoir aspergés d'eau bénite, le prêtre, portant l'étole du jour, dispose en forme de croix ces deux cierges allumés et les place sous le menton et la gorge de chacun des fidèles à bénir, agenouillés devant l'autel, en disant :

Per intercessionem sancti *Blasii*, episcopi et martyris, liberet te Deus a malo gutturis et a quolibet alio malo. In nomine Patris, et Filii, et Spiritus Sancti. Amen.

Par l'intercession de S. Blaise, évêque et martyr, que Dieu te délivre du mal de gorge et de tout autre mal. Au nom du Père, et du Fils, et du Saint-Esprit. Ainsi soit-il.

(BÉNÉDICTION DU RITUEL, approuvée par la Sacrée Congrégation des Rites.)

Prière à S. BLAISE
POUR LA GORGE

O Dieu qui, par l'intercession du S. évêque *Blaise*, martyr, délivrez ceux qui l'invoquent de toute sorte de misères, mais particulièrement des maux de gorge, accordez à nos supplications, que, par ses mérites et son intercession, nous soyons délivrés de toutes les douleurs de gorge et qu'après vous avoir pieusement servi nous soyons heureusement réunis dans la gloire céleste. Ainsi soit-il. — (PRIÈRE USITÉE EN ALLEMAGNE.)

Angoisses du cœur (Contre les), invoquer :
Ste *Quiterie*. — S. *Léothade*.
(Voir *Cœur*.)

Animaux domestiques (Pour les), on prie :
S. Ambroise. — S. Beuron. — S. Bond ou Bald. — S. Corneille, pape. — S. Eberhard, ou Evrard. — S. Ferréol. — S. Félix de Nôle. — S. Jean-Baptiste. — Ste Nomadie. — Ste Pharailde. — S. Martin. — S. Raymond Nonnat. — S. Théodulphe de Reims.

BÉNÉDICTION DES ANIMAUX, PAR L'INTERCESSION DE S. ANTOINE, ABBÉ

Adjutorium, etc.

OREMUS

Deus, refugium nostrum et virtus, adesto piis Ecclesiæ tuæ precibus, auctor ipse pietatis, et præsta ut quod fideliter petimus efficaciter consequamur. Per Christum D. N. Amen.

PRIONS

O Dieu notre refuge et notre force, soyez propice aux prières de votre Eglise et faites, vous qui êtes l'auteur de la piété, que nous obtenions effectivement ce que nous demandons avec foi, par J.-Ch. N.-S. Ainsi soit-il.

OREMUS

Omnipotens sempiterne Deus, qui gloriosum beatum Antonium, variis tentationibus probatum, inter mundi hujus turbines illæsum abire fecisti; concede famulis tuis, ut et præclaro ipsius proficiamus exemplo, et a præsentis vitæ periculis, ejus meritis et intercessione, liberemur. Per Ch. D. N. Amen.

PRIONS

Dieu éternel et tout-puissant, qui avez permis que le glorieux S. Antoine, éprouvé par des tentations de toutes sortes, passât invulnérable au milieu des tempêtes de ce monde; accordez à vos serviteurs que nous profitions de son glorieux exemple, et que, par ses mérites et son intercession, nous soyons préservés des périls de la vie présente. Par J.-Ch. N.-S. Ainsi soit-il.

OREMUS

Bene†dictionem tuam, Domine, hæc animalia accipiant : qua corpore salventur, et ab omni malo per intercessionem beati Antonii liberentur. Per Christum D. N. Amen.

PRIONS

Seigneur, que ces animaux reçoivent votre bénédiction qui donnera la santé à leurs corps, et qu'ils soient délivrés de tout mal, par l'intercession de saint Antoine, au nom de N.-S. J.-C. Ainsi soit-il.

Aspergantur aqua benedicta.

(Bénédiction extraite du *Veni mecum sacerdotum* de la Société de Saint Augustin, où l'on n'a inséré que des prières approuvées. Il n'y a aucune indication de réserve.)

BÉNÉDICTION DES TROUPEAUX, DES CHEVAUX, DES BŒUFS ET DES BREBIS, ETC.

OREMUS	PRIONS
Deus, pater Domini nostri Jesu Christi cujus verbo cœli firmati sunt, cui omnis creatura deservit, omnis potestas subjecta est, cujus audito nomine serpentes conquiescunt, dracones fugiunt, viperæ silent, scorpiones extinguuntur, reguli vincuntur, phalangia nihil noxium operantur, venenata non nocent, cunctaque noxia animalia licet ferocia terrentur : ad auxilium nostrum te imploramus tu ab hoc armento omnes diaboli fraudes repelle, ferarum incursus amove, venena rescinde, illudque ab omnibus infirmitatibus, et periculis libera : Dignare, Domine, per nomen sanctissimum Dulcissimi Filii tui, per intercessionem B. V. Mariæ, matris ejus, per merita S. *Antonii*, omniumque electorum tuorum, conservare hunc gregem, expurgare ab omni adversariorum nequitia stabulum, salvificare pabulum, fœcunditatem ei tribuere et tua efficacissima benedictione replere omnia, quæ usui hujus armenti adaptantur et adaptanta erunt. Per Dominum N. J. C.	O Dieu, père de N. Seigneur Jésus-Christ, à la parole duquel les cieux ont été affermis, auquel toute créature obéit, toute puissance est soumise, au nom duquel les serpents s'apaisent, les dragons prennent la fuite, les vipères se taisent, les scorpions sont détruits, les basilics sont annihilés, les tarentules ne peuvent plus nuire, les êtres venimeux deviennent inoffensifs, et tous les animaux malfaisants, même féroces, sont terrifiés, secourez-nous, nous vous en supplions. Éloignez de ce troupeau toutes les embûches du démon, repoussez les attaques des bêtes féroces, annulez les poisons et délivrez-le de toute maladie et de tout péril : daignez, Seigneur, par le très saint nom de Votre très cher Fils, par l'intercession de la B. Vierge Marie, sa mère, par les mérites de S. *Antoine* et de tous vos élus, conserver ce troupeau, purger l'étable de tous les maléfices de l'ennemi, purifier les fourrages, leur accorder la vertu de la fécondité et remplir de vos plus efficaces bénédictions tout ce qui est et sera

consacré à l'entretien de ce troupeau. Par N.-S. J.-C.

Animaux malades (Pour les), on prie :
S. Viance. — *S. Blaise.* — *S. Serein.*

BÉNÉDICTION DES GRAINS POUR LA GUÉRISON DES ANIMAUX MALADES, PAR L'INTERCESSION DE S. BLAISE

Adjutorium nostrum... etc.

OREMUS

Creator omnium, Deus, qui semina subtus terram posita fructificare et multiplicare facis, et in usus nostros misericorditer concedis, intercedente beato *Blasio* martyre tuo, supplicationes nostras placatus intende, ut hæc seminum genera † benedicere et † sanctificare tua benignitate digneris ut etiam jumenta quæ ex eis comederint vel gustaverint, a quacumque detineantur infirmitate, plenam recipiant curationem. Per Ch. D. N. Amen.

PRIONS

Dieu, créateur de toutes choses, qui faites fructifier et se multiplier les plantes semées dans la terre, et par votre miséricorde nous les concédez pour notre usage, apaisé par l'intercession de *S. Blaise*, votre martyr, prêtez l'oreille à nos supplications, afin que vous daigniez, dans votre bonté, bénir et sanctifier ces espèces de graines et que les bêtes de somme qui en mangeront ou en goûteront soient entièrement guéries, quelles que soient leurs maladies. Par N.-S. J.-Ch. Ainsi soit-il.

(RITUEL ROMAIN ANCIEN.)

En l'honneur de *S. Serein*, pèlerinage pour les animaux malades, à Bethon (Marne), par Villenauxe (Aube), surtout le 13 juin. On y vient de fort loin et en grand nombre. Chacun emporte de l'eau bénite ou du pain bénit pour en mettre en petite quantité dans la nourriture ou le breuvage des animaux.

Animaux nuisibles à l'Agriculture (Contre les), on invoque : *S. Grat* ou *Gratus* d'Aoste. — *S. Magne*.

FORMULE DE BÉNÉDICTION DE L'EAU, DONT SE SERVAIT S. GRATUS, CONTRE LES ANIMAUX NUISIBLES AUX BIENS DE LA TERRE

On met de l'eau pure dans un vase, et du sel dans un autre, séparément.

Le prêtre, revêtu d'un surplis et d'une étole, dit ce qui suit :

Adjutorium... etc., comme au commencement de toutes les bénédictions.

OREMUS

Præsta, quæsumus, Domine, tuum salubre remedium super hanc creaturam salis et aquæ ut ubicumque fuerit aspersa, ad animæ et corporis proficiat sani-

PRIONS

Répandez, nous vous en prions, Seigneur, votre salutaire bénédiction sur cette créature du sel et de l'eau, afin que, partout où elle sera versée, elle procure la

tatem, sitque ipsa destructio bruchorum et omnium animalium fructibus terræ nocentium, per Dominum Nostrum J. C. etc.

℞. Amen.
℣. Dominus vobiscum.

℞. Et cum spiritu tuo.
℣. Sursum corda.
℞. Habemus ad Dominum.

℣. Gratias agamus Domino Deo nostro.
℞. Dignum et justum est.

Vere dignum et justum est, æquum et salutare. Te autem creaturam salis et aquæ, adjuro per Deum vivum †, per Deum verum †, per Deum sanctum †, te adjuro per eum qui te in principio separavit ab arida †, adjuro te per Deum verum qui te de fonte Paradisi manare præcepit † adjuro te per eum † qui te in Cana Galilææ sua potentia convertit in vinum, qui tibi nomen imposuit natatoriam Siloe. Adjuro te per eum † qui per te Naaman Syrum a lepra sua curavit, adjuro te per eum † qui te immisso sale per manus Eliseæ prophetæ mundavit dicens : Aqua ista munda fiat †, aqua quæ omnes sordidos lavat †, peccata mundat. Adjuro te per eum † qui super te pedibus suis ambulavit. Adjuro te per Deum vivum † ut te mundam exhibeas nec in te aliquid phantasmatis retineas, sed efficiaris fons exorcisatus, et salus in tuam virtutem credentibus; et ubicumque aspersa fueris, sive in segetibus, sive in vineis et arboribus, sive in domibus urbanis seu rusticis, sive in cubilibus aut aliis animalium et pecudum mansionibus, sive in agris oleribus, rapis, cæterisque frugibus, sive in pecoribus et jumentis, et aliis anima-

santé de l'âme et du corps, et qu'elle devienne elle-même la destruction des sauterelles et de tous les animaux nuisibles aux fruits de la terre, par N.-S. J.-Ch.

℞. Ainsi soit-il.
℣. Que le Seigneur soit avec vous.

℞. Et avec votre esprit.
℣. En haut les cœurs!
℞. Nous les avons vers le Seigneur.
℣. Rendons grâces au Seigneur notre Dieu.
℞. C'est une chose digne et juste.

C'est vraiment une chose digne et juste, équitable et salutaire. Aussi, je t'adjure, créature du sel et de l'eau, je t'adjure au nom du Dieu vivant, du Dieu véritable, du Dieu saint, je t'adjure par celui qui, au commencement, te sépara de la terre aride, je t'adjure par le Dieu véritable, qui t'ordonna de couler de la fontaine du paradis, je t'adjure par celui qui à Cana de Galilée par sa puissance te changea en vin, qui t'imposa le nom de piscine de Siloé; je t'adjure par Celui qui, avec toi, guérit le Syrien Naaman de la lèpre; je t'adjure par Celui qui te purifia par le sel répandu des mains du prophète Elisée, disant : « Que cette eau devienne une eau pure qui lave toutes les souillures, efface les péchés »; je t'adjure par Celui qui marcha sur toi; je t'adjure par le Dieu vivant de devenir pure, de ne retenir en toi rien de l'esprit diabolique; mais d'être une fontaine purifiée et le salut de tous ceux qui croiront en ta vertu; que, partout où tu seras répandue, sur les moissons, sur les vignes et sur les arbres, dans les maisons, à la ville et à la campagne, dans les chambres ou dans quelque autre lieu et partie des habitations, dans les étables et

libus domesticis et utilibus; vel si quis te senserit, aut ex te gustaverit, fias aqua exorcisata, et sis in remedium et defensionem adversus omnes insidias latentis inimici.

autres demeures des animaux et des troupeaux; dans les champs, sur les potagers, les légumes et sur les autres fruits; sur les troupeaux, bêtes de somme et autres animaux domestiques et utiles; et, enfin que, pour celui qui te touchera ou te goûtera, tu sois une eau purifiée et un remède et une protection contre toutes les embûches de l'ennemi caché.

Tu autem, Domine Sancte, Deum verum, credentes, exoramus suppliciter, ut ad defensionem nostram placatus aspicias, et hanc salis et aquæ creaturam, tuæ benedictionis gratia sanctifices, quidquid hujus liquoris rore fuerit aspersum, careat omni immunditia, et ab omni versutia et potentia malignorum vacuum fiat et liberum. Hinc procul fiant pestilentiæ, morbus et cætera omnia quæ saluti hominum et animalium domesticorum et utilium sunt obnoxia: hujus aquæ tactu fugiant locusta, bruchus et eruca: fugiant talpæ et alia hujus modi fructibus terræ nocitura expellantur. Omnesque adversæ potestates inimicorum tam visibilium quam invisibilium, patentes et latentes non prævaleant, sed per hujus creaturæ salis et aquæ aspersionem et tui sanctissimi Nominis invocationem procul expellantur et arceantur, nec ullas diaboli et ministrorum ejus insidias ullatenus nocere permittas ubi de tuo auxilio agitur et nomen sanctum tuum invocatur, per Christum Dominum nostrum. Amen.

Et vous, Seigneur Saint, que nous reconnaissons pour le vrai Dieu, nous vous supplions ardemment, dans l'intérêt de notre défense, de regarder d'un œil miséricordieux et de sanctifier, par la vertu de votre bénédiction, cette créature du sel et de l'eau, afin que tout ce qui aura été aspergé de ce liquide soit purgé de toute impureté et soit désormais exempt et libre de toute embûche et influence maligne. Que par lui soient éloignés les contagions, les maladies et tout ce qui est nuisible à la santé des hommes et des animaux domestiques et utiles: qu'au contact de cette eau fuient les insectes, la sauterelle et la chenille; que les taupes s'éloignent, et que toutes les autres bêtes du même genre nuisibles aux fruits de la terre soient chassées. Que toutes les puissances adverses des ennemis visibles et invisibles, connus et inconnus, ne prévalent pas; mais que, par l'aspersion de cette créature du sel et de l'eau et par l'invocation de votre très saint nom, elles soient chassées au loin et pour toujours enchaînées. Enfin, ne permettez jamais au démon ni à ses suppôts de nuire par leurs embûches, là où votre secours sera imploré et votre saint nom invoqué; par Notre-Seigneur Jésus-Christ. Ainsi soit-il.

Domine sancte, Pater omnipo-

Seigneur Saint, Père tout-puistens, æterne Deus, spiritum sanctum tuum emitte desuper cum Angelo et Archangelo tuo qui omnia prædicta visitent atque defendant, videlicet segetes, semina, vineas, arbores, bestias, agros, jumenta, rapas, olera, hortos et alia omnia super quibus hæc aqua aspersa fuerit et ab omnibus locustis, erucis, bruchis, talpis, muribus, serpentibus et aliis quibuscumque animalibus, fructibus terræ nocentibus, protegant, nec ea nocere illis ullo modo permittant : et, ut in omni loco nomen tuum santificetur, benedic, Domine †, et per hanc creaturam salis et aquæ procul repellantur omnia animalia fructibus et frugibus nocentia, per invocationem nominis Domini Jesu Christi quod invocatum est in ipsa creatura messis; ut sit in cibum et alimentum humano generi, et cæteris omnibus qui iis frui debent. Fugite igitur, partes adversæ : vicit Leo de tribu Juda, radix David. Alleluia.

Fit commixtio salis et aquæ.
Commixtio salis et aquæ fiat, et benedictio Domini nostri Jesu Christi descendat super hanc creaturam salis et aquæ pariter, in nomine Patris †, et Filii †, et Spiritus Sancti. Amen.

sant, Dieu éternel, envoyez d'en haut votre Esprit-Saint, avec votre Ange et votre Archange, afin qu'ils visitent et défendent toutes les choses susdites : moissons, semences, vignes, arbres, bestiaux, champs, bêtes de somme, raves, potagers, jardins et toutes choses sur lesquelles cette eau sera répandue, et qu'ils les protègent contre les insectes, les chenilles, les sauterelles, les taupes, les rats, les serpents et tous les autres animaux nuisibles aux fruits de la terre et ne leur permettent de nuire en aucune manière; pour que votre nom soit partout sanctifié, que votre bénédiction se répande et que, par cette créature du sel et de l'eau, soient éloignés tous les animaux nuisibles aux fruits et aux récoltes, par l'invocation du nom de Notre-Seigneur Jésus-Christ qui est invoqué sur cette créature, la moisson, afin qu'elle devienne la nourriture et l'aliment du genre humain et des autres êtres qui doivent en jouir. Fuyez donc, parties adverses ! Il a vaincu, le lion de la tribu de Juda, rejeton de David. Alleluia.

On mélange le sel et l'eau.
Que le mélange du sel et de l'eau se fasse, et que la bénédiction de Notre-Seigneur Jésus-Christ descende sur cette créature du sel et de l'eau en même temps. Au nom du Père, et du Fils, et du Saint-Esprit. Ainsi soit-il.

Ensuite on dit à volonté les psaumes 121, 126, 147, 69, 68, 23, 28 et 50, puis les Litanies des Saints, et enfin :

Ut fructus terræ, arbores, segetes, vineas, hortos, sata, prata, animalia et alia omnia quæ hujus aquæ unda aspersa fuerint, a bruchis, muribus, talpis, serpentibus, vermiculis vineis nocentibus, et aliis immundis spiri-

Daignez préserver les fruits de la terre, les arbres, les moissons, les vignes, les jardins, les champs, les prés, les animaux et tout ce qui aura été aspergé de cette eau, des sauterelles, des rats, des taupes, des serpents, des mi-

tibus a quibus læduntur et corrumpuntur, conservare digneris, te rogamus, Sancte Pater, per Christum Dominum nostrum. Amen.

Ut nos famulos tuos de quacumque tribulatione clamantes exaudire et eripere digneris : et aquam istam ad effugandos omnes bruchos, mures, talpas, serpentes, vermiculos vineis nocentes et alia animalia fructibus terræ nocentia, benedicere et sanctificare digneris, te etiam humiliter rogamus. Per Christum Dominum nostrum.

OREMUS

Deus, cui proprium est misereri semper et parcere : suscipe deprecationem nostram ut nos, et omnes famulos tuos quos delictorum catena constringit, miseratio tuæ pietatis clementer absolvat. Per Christum Dominum nostrum. Amen.

OREMUS

Omnipotens sempiterne Deus qui, in principio, tua ineffabili potentia, cuncta ex nihilo creasti : et ut vitæ hominis provideres, terræ marique, ut fructus et animantia quibus in escam utereretur, producerent, imperasti, præsta, quæsumus, ut fructus et cætera quæ in sudore vultus nostri, te cooperante, nobis parare contendimus illæsa permaneant, et per virtutem nominis sancti tui, aquæ, hujus aspersione sint ab omni inimicorum tam visibilium, quam invisibilium, impugnatione secura : quatenus illis corporum nostrorum imbecillitate sustentata, fortiori animo tendamus ad cœlestia. Per

crobes nuisibles aux vignes et des autres esprits immondes qui les ravagent et les détruisent, nous vous en supplions, Père Saint, par Jésus-Christ Notre-Seigneur. Ainsi soit-il.

Daignez nous écouter, nous vos serviteurs, criant vers vous, et nous délivrer de toutes nos tribulations : daignez bénir et sanctifier cette eau destinée à mettre en fuite toutes les sauterelles, les rats, les taupes, les serpents, les microbes nuisibles aux vignes et les autres animaux nuisibles aux fruits de la terre, nous vous en supplions humblement par Jésus-Christ Notre-Seigneur.

PRIONS

O Dieu dont le propre est de faire grâce et de pardonner, recevez favorablement notre prière, afin que votre pitié miséricordieuse et votre clémence nous absolvent, nous et tous vos serviteurs que les liens du péché tiennent enchaînés. Par Jésus-Christ Notre-Seigneur. Ainsi soit-il.

PRIONS

Dieu tout-puissant et éternel, qui au commencement avez tout créé de rien, par votre puissance ineffable, et qui, dans votre bonté prévoyante pour la vie de l'homme, avez commandé à la terre et à la mer de produire des fruits et des animaux qui serviraient à sa nourriture, faites, nous vous en prions, que les fruits et les autres choses, qu'avec votre coopération nous nous efforçons de produire à la sueur de notre front, soient maintenus intacts et que par la vertu de votre saint nom, après les avoir aspergés de cette eau, ils soient à l'abri de toute attaque de la part des ennemis visibles et

Christum Dominum nostrum. Amen.

invisibles; et qu'enfin la faiblesse de nos corps ayant été sustentée par eux, nous nous dirigions avec une plus énergique résolution vers les choses du Ciel. Par Jésus-Christ Notre-Seigneur. Ainsi soit-il. — (CALENDARIUM BENEDICTIONUM, cité par du Broc.)

Prière à S. MAGNE

(POUR LA PRÉSERVATION DES BIENS DE LA TERRE CONTRE LES INSECTES)

PRIÈRE

Grand saint qui, par un éclatant prodige, avez délivré la Souabe d'un monstrueux serpent et converti les idolâtres à la foi de Jésus-Christ; vous qui avez reçu du Ciel un pouvoir admirable pour préserver les biens de la terre des vers et des insectes nuisibles, protégez, nous vous en supplions, nos prés, nos vergers et nos champs et obtenez du Seigneur qu'il détourne de nous les fléaux de sa colère que nous avons mérités par nos péchés. Ainsi soit-il. — (PRIÈRE USITÉE EN ALLEMAGNE.)

BÉNÉDICTION DES CHAMPS EN L'HONNEUR DE SAINT MAGNE POUR EN CHASSER LES SAUTERELLES, LES INSECTES, ETC.

OREMUS

Omnipotens, sempiterne Deus, bonorum omnium auctor et conservator, in cujus nomine omne genu flectitur, cœlestium, terrestrium et infernorum: concede, ut quod de tuâ misericordiâ confisi agimus, per tuam gratiam (intercedente sancto Magno abbate) efficacem consequatur effectum; quatenus hos vermes, mures, bruchos, aves, locustas, aut alia noxia animalia segregando segreges, exterminando extermines, ut ab ista calamitate liberati, gratiarum actiones majestati tuæ referamus. Per C., etc.

PRIÈRE

Dieu tout-puissant et éternel, auteur et conservateur de tout bien, au nom duquel tout genou fléchit dans les cieux, sur la terre et dans les enfers, accordez-nous que tout ce que nous faisons avec pleine confiance en votre miséricorde produise son effet salutaire par votre grâce (et l'intercession du saint abbé Magne), afin que, chassant, vous chassiez, exterminant, vous extermineiz ces vers, ces rats, ces sauterelles, ces oiseaux, ces insectes ou tout autre animal nuisible, de telle sorte que, délivrés de ce fléau, nous payions un tribut d'action de grâces à votre majesté. Par le Christ, etc.

OREMUS

Largire et conservare dignare, Domine Deus noster, per merita et intercessionem sancti Magni abbatis fructus terræ, ut tempo-

PRIONS

Seigneur, notre Dieu, daignez nous donner et nous conserver les fruits de la terre par les mérites et l'intercession du saint

ralibus gaudeamus auxiliis et spiritualibus proficiamus incrementis. Per Christum, etc. Amen.

OREMUS

Oramuste, Domine Deus noster, ut per merita et intercessionem *sancti Magni* abbatis hos agros aut vineas serenis oculis hilarique vultu respicere digneris, tuamque super eos mitte benedictionem †, ut non grando surripiat, non vis tempestatis detruncet, non æstus exurat, non animalia noxia corrodant, neque inundatio pluviæ exterminet, sed fructus incolumes uberesque usui nostro ad plenam maturitatem perducas. Per Dominum Nostrum, etc.

OREMUS

Preces nostras, quæsumus, Domine, clementer exaudi, ut, qui juste pro peccatis nostris affligimur, et hanc vermium, murium, bruchorum, avium, locustarum vel aliorum animalium calamitatem patimur, pro tui nominis gloria, per merita et intercessionem sancti Magni abbatis ab ea misericorditer liberemur, ut per potentiam tuam expulsi nulli noceant, et hos agros aut hortos intactos dimittant, quatenus, quæ exorta fuerint, tuæ majestati deserviant. Per Christum, etc.

abbé *Magne*, afin que nous nous réjouissions des biens temporels et que nous avancions dans le progrès des biens spirituels. Par le Christ, etc. Ainsi soit-il.

PRIONS

Nous vous prions, Seigneur notre Dieu, par les mérites et l'intercession de saint *Magne*, abbé, de daigner regarder ces champs ou ces vignes d'un œil de bonté et avec un visage bienveillant, de telle sorte que la grêle ne les détruise point, que la violence de la tempête ne les arrache point, que la chaleur ne les brûle point, que les animaux nuisibles ne les rongent point, que les inondations ne les anéantissent point; mais que vous nous ameniez ces fruits abondants, sains et saufs, à pleine maturité pour notre usage. Par Notre-Seigneur, etc.

PRIONS

Nous vous en prions, Seigneur, écoutez favorablement nos prières, afin que nous qui sommes justement affligés à cause de nos péchés, et qui souffrons ce fléau des vers, des rats, des sauterelles, des oiseaux, des insectes ou des autres animaux, nous en soyons miséricordieusement délivrés pour la gloire de Votre Nom, par les mérites et l'intercession du saint abbé *Magne*, de telle sorte que, chassés par votre puissance, ils ne nuisent à rien et abandonnent intacts ces jardins ou ces champs et que ce qui est né serve à votre majesté. Par le Christ, etc. —
(CALENDARIUM BENEDICTIONUM.)

AUTRE BÉNÉDICTION DE L'EAU CONTRE LES ANIMAUX NUISIBLES

OREMUS

Deus qui ad salutem humani generis maxima quæque sacramenta in aquarum substantia condidisti; adesto propitius invocationibus nostris et elemento huic multimodis purificationibus præparato, per merita et intercessionem sancti *Magni* abbatis virtutem tuæ benedictionis infunde, ut creatura tua mysteriis tuis serviens, ad abigendos dæmones morbosque pellendas, divinæ gratiæ sumat effectum, ut quidquid in agris, vel vineis, vel hortis, vel segetibus fidelium tuorum hæc unda resperserit, careat omni immunditia, liberetur a noxiis animalibus, non illic resideat spiritus pestilens. Amen.

PRIONS

O Dieu qui, pour le salut du genre humain, avez établi vos plus grands sacrements sur la substance de l'eau, écoutez favorablement nos prières et répandez la puissance de votre bénédiction par les mérites et l'intercession du saint abbé *Magne*, sur cet élément déjà préparé par toute espèce de purification, de telle sorte que votre créature servant à vos mystères reçoive les effets de la grâce divine pour guérir les maladies et mettre en fuite les démons; afin que tout ce qui aura été aspergé de cette eau, dans les champs, les vignes, les jardins ou les moissons de vos fidèles, soit préservé de toute impureté, délivré de tout animal nuisible et que nul esprit pestilentiel ne puisse y résider. Ainsi soit-il. — (CALENDARIUM BENEDICTIONUM.)

Animaux venimeux (Contre les), on invoque :
S. *Amable* de Riom.

Apiculteurs (Patron des) :
S. *Valentin*.

Apoplexie (Contre l'), prier :
S. *André Avellino*. — S. *Wolfgang*, évêque.

Pour S. *André*, se procurer une médaille à l'effigie du saint, et bénite à S. André-della-Valle à Rome, la porter sur soi et réciter trois fois par jour une prière à son choix à l'intention du même saint. — Cette prière peut être la suivante; mais par elle on gagne les indulgences indiquées, sans qu'il soit nécessaire de porter la médaille.

Prière à S. ANDRÉ AVELLINO
CONTRE L'APOPLEXIE ET TOUTE MORT SUBITE

I. Sancte gloriosissime qui datus es a Deo ut protector adversus apoplecticos morbos, te supplices deprecamur, ut nos ab eodem morbo adeo frequenti et periculi pleno servare digneris.

Saint très glorieux, qui avez été donné par Dieu comme protecteur contre les maladies apoplectiques, nous vous supplions humblement de nous préserver de ce même mal si fréquent et si plein de péril.

On dit une fois le *Pater*, l'*Ave* et le *Gloria Patri*, et l'on ajoute :

℣. Per intercessionem S. Andreæ apoplectico morbo correpti,

℟. A subitanea et improvisa morte libera nos, Domine.

II. Sancte gloriosissime, si contingat ut morbo aliquo apoplectico, ex justis Dei judiciis corripiamur, te supplices deprecamur, ut nobis non desit temporis spatium ut sanctissimis sacramentis muniri valeamus, et in gratia divina ex hac vita decedamus.

Par l'intercession de S. André atteint d'apoplexie;

De toute mort subite et imprévue délivrez-nous, Seigneur.

O saint très glorieux, si nous avions le malheur d'être saisis, par un juste châtiment de Dieu, de quelque mal apoplectique, nous vous demandons humblement de nous obtenir un temps suffisant pour être fortifiés par la réception des sacrements, et de mourir dans la grâce de Dieu.

Pater, Ave, Gloria et ℣ comme ci-dessus.

III. Sancte gloriosissime qui animam efflaturus certamen acerrimum cum dæmone subiisti, a quo Beata Virgo et Archangelus Michael te liberarunt, te supplices deprecamur, ut in tremendo mortis momento nobis auxilieris.

O Saint très glorieux qui, au moment de rendre l'âme, avez soutenu un terrible combat contre le Démon, et en êtes sorti victorieux avec l'aide de la B. Vierge et de l'archange S. Michel, nous vous demandons humblement de nous secourir au redoutable moment de la mort.

Pater, Ave, etc., comme ci-dessus.

[Indulgence de 300 jours chaque fois, et plénière une fois le mois, sans obligation de visiter une église (25 juillet 1869)].

Apprêteurs de Drap (Patrons des) :
S. *Maurice*. — S. *Jean l'Évangéliste*.

Architectes (Patrons des) :
S*te* *Barbe*. — S. *Thomas*, apôtre.

Ardents (Contre le mal des), on invoque :
S. *Martin*. — S*te* *Geneviève*. — S. *Gilbert*. — S. *Germer*. — S. *Israël* du Dorat.

Pèlerinages : en l'honneur de S. *Martin*, à son tombeau, à Tours (Indre-et-Loire), et en l'honneur de S. *Germer*, à Saint-Germer-de-Fly (Oise).

Prière à S*te* GENEVIÈVE

CONTRE LE MAL DES ARDENTS (SORTE DE FIÈVRE CONTAGIEUSE)

O Dieu, qui avez manifesté l'excellence de la vierge S*te* Geneviève par la multiplicité de ses glorieux miracles, nous vous prions de faire que celle qui, par votre grâce, en ce monde, a éteint dans les membres humains l'incendie de cet horrible mal, nous préserve du feu de l'enfer et nous introduise dans la joie avec les anges. Ainsi soit-il. — (ANCIEN MISSEL DE PARIS.)

Armées chrétiennes (Patrons et protecteurs des) :
 S. Martin. — S. Georges. — S. Maurice.

Prière à S. GEORGES et SES COMPAGNONS

Seigneur Dieu qui arrêtez la guerre, protecteur et soutien de tous ceux qui espèrent en vous, écoutez favorablement notre prière, et, par les mérites de vos SS. martyrs et guerriers, *Maurice, Sébastien, Georges*, accordez à nos soldats la victoire sur leurs ennemis, et par une faveur toute spéciale sauvez-les, vous qui avez daigné racheter l'homme par votre précieux sang. Ainsi soit-il. — (BOLLANDISTES.)

AUTRE PRIÈRE A L'UN DES SAINTS CI-DESSUS

Noble et généreux soldat de Jésus-Christ, S. X...., qui avez terrassé le dragon véritable, à l'heure du danger, accourez à notre aide; invincible protecteur des armées chrétiennes, comme aux âges de foi, défendez la Sainte Église contre ses ennemis; soutenez ses enfants au milieu des combats et conduisez-les à la conquête du royaume des cieux. Ainsi soit-il. — (PRIÈRE POPULAIRE.)

Argenteurs sur métaux (Patron des) :
 S. Pierre ès Liens.

Armuriers (Patrons des) :
 S‍te Barbe. — S. Eloy. — S. Georges. — S. Guillaume d'Aquitaine. — S. Marcien.

Arpenteurs (Patrons des) :
 S. Isidore.

Arquebusiers (Patrons des) :
 S. Antoine. — S‍te Barbe. — S. Denis. — S. Eloy. — S. Jean-Baptiste. — S. Sébastien. — S. Louis.

Arsenaux (Patrons des employés et ouvriers des) :
 S. Noé, le patriarche.

Articulations (Contre les maladies des), on invoque :
 S. Gebuin, ou Jubin. — S. Werenfride. — S. Philippe de Néri. — S. Ortaire.

Artificiers (Patronne des) :
 S‍te Barbe.

Artilleurs et canonniers (Patrons des) :
 S‍te Barbe. — S. Quentin.

Artistes (Patron des) :
 S. Luc.

Asthme (Contre l'), prier :
 S. Goussant. — S. Elric.

Assurances (Patron des agents d') :
 S. Bernardin de Feltre.

Pour obtenir la guérison de l'asthme par l'intercession de S. Elric, on fait le vœu de célébrer tous les ans sa fête qui tombe le 6 février. On peut encore faire un pèlerinage à Fussenich, près de Tolbiac ou Zulpich, non loin de Cologne, au duché de Juliers, et y boire de l'eau de la fontaine de S. Elric.

Aubergistes (Patrons des) :
S. Gentien. — S. Abraham. — S. Théodule.
(Voir aussi *Hôteliers*.)

Aumôniers (Voir *Chapelains*).

Aumussiers (Patron des) :
S. Sévère de Ravenne.

Auneurs de toile (Patrons des) :
S. André. — S. Louis.

Aveuglement (Contre l'), on invoque :
S. Paul de Narbonne.

Aveugles (Pour les), on invoque :
Ste Fare. — S. Guillaume, prêtre. — S. Mucius. — S. Clair de Nantes.

S. Hervé : pèlerinage, messes, recommandations, cierges, dans les paroisses suivantes : Saint-Hervé, par Uzel-près-l'Oust, et Plourivo, par Paimpol (Côtes-du-Nord ; Gourin (Morbihan), etc.

Prière à S. CLAIR

O saint Clair, digne serviteur de Dieu, clément, bon, juste, doux, illustre guide des Bretons, plus brillant que le feu, réjouissez les yeux qui pleurent et qui sont privés de la lumière, illuminez les esprits, exaucez ceux qui dignement vous invoquent. Amen. — (PRIÈRE ANCIENNE DE BRETAGNE.)

(Voir encore au mot *Yeux*.)

Avocats (Patrons des) :
S. Nicolas. — S. Yves. — S. Philogone.

Prière à S. YVES
POUR LES CURÉS ET LES AVOCATS

O Dieu qui offrez comme modèle, aux curés de paroisses et aux avocats des tribunaux, S. Yves, illustré par le patronage des pauvres et la prédication de la parole sainte, accordez-leur de suivre ses traces d'assez près pour obtenir aussi la même récompense. Ainsi soit-il.

S. Yves, priez pour les curés et les avocats. — (PRIÈRE DE L'ÉGLISE.)

Avoués (Patron des) :
S. Yves.

B

Bahutiers ou **Malletiers** (Patron des) :
S. Jean Porte-Latine.

Baigneurs-Étuvistes (Patron des) :
S. Louis. — S. Michel. — S. Thrason.

Balais (Patronne des faiseurs de) :
Ste Anne.

Balances (Patron des fabricants de) :
S. Michel.

Bandagistes (Patrons des) :
SS. Cosme et Damien. — S. Lambert, évêque.

Banquiers (Patron des) :
S. Pierre.

Baptême (Pour les enfants morts sans), on invoque, afin qu'il les rende à la vie :

S. Marcellin. — S. Ours d'Aoste : « Cette grâce a été plusieurs fois obtenue par son intercession ; aussi sa chapelle de Meyronnes (Basses-Alpes) est-elle un lieu de pèlerinage où viennent de nombreux pèlerins des Alpes de la haute Italie. » (Communication de M. l'abbé Barbaroux, secrétaire général de l'évêché de Digne.)

(Voir, au mot *Rhumatismes*, le grand pèlerinage à S. Ours.)

Baquetiers (Patron des) :
S. Barnabé.

Barbiers (Patrons des) :
S. Catherine. — SS. Cosme et Damien. — S. Louis. — S. Patrice.

Bas au métier (Patrons des fabricants de) :
S. Clair du Vexin. — S. Louis. — S. Jacques.

Basse-Cour (Voir *Oiseaux*).

Basaniers (Patron des) :
S. Martin.

Bateaux (Patron des déchireurs ou démolisseurs de) :
S. Nicolas.

Bateaux (Patron des déchargeurs de) :
S. Christophe.

Bateliers (Patrons des) :
S. Christophe. — S. Clément, pape. — S. Nicolas.

Bâtiments (Patron des intendants des) :
S. Pusier.

Batteurs d'or (Patron des) :
S. Eloy.

Baudriers (Patron des fabricants de) :
S. Léonard.

Bedeaux (Patron des) :
S. Constance d'Ancône.

Bergers (Patrons des) :
S. Armogaste. — S. Gilles. — S. Benezet. — S. Julien l'Hospitalier. — S. Cuthbert. — S. Loup. — S. Dominique de Silos. — S. Mammès. — S. Drogon. — Ste Nomadie. — S. Evroult. — S. Pascal Baylon. — Ste Germaine Cousin. — S. Wendelin.

Bergères (Patronnes des) :
Ste Agathe. — Ste Nomadie. — Ste Geneviève. — Ste Solange. — Ste Germaine Cousin.

Bestiaux (Patrons des marchands de) :
S. Corneille, pape. — S. Honoré de Buzançais. — S. Théodart, évêque.

Bétail (Pour la santé du), il faut prier :
S. Cadoc. — Ste Christine de Saint-Trond. — S. Mathurin. — S. Claude. — Ste Pharaïlde. — S. Sauve : pèlerinage et recommandations à Saint-Saulve, par Valenciennes (Nord). — S. Goussault. — S. Guy d'Anderlecht. — S. Roch (Voir pèlerinage au mot *Epidémie*). — Ste Saturnine. — S. Gilles. — S. Jean-Baptiste. — S. Vulgis. — S. Etton : pèlerinage et recommandations à Dompierre (Nord) et à Bienvillers-au-Bois (Pas-de-Calais) (Voir au mot *Existence*). — S. Aubert d'Avranches : recommandations à Madré, par Neuilly-le-Vendin (Mayenne). — S. Blaise (Voir *Animaux malades*). — S. Pompée (invoqué surtout pour les porcs). — S. Floret : pèlerinage à Estaing (Aveyron), où l'on fait bénir du pain et du sel, pour donner aux animaux ; on a coutume d'offrir aussi une messe en l'honneur du saint. — S. Guérin : on fait toucher les animaux par la clef de S. Guérin à Sion-en-Valais. — S. Marius : pèlerinage à Pébrac (Haute-Loire). —

S. *Viance* : à Saint-Viance (Corrèze), le dimanche dans l'octave de l'Ascension, on bénit les troupeaux avec les reliques du saint. — Ste *Pharaïlde* : pèlerinage à Bruai (Nord).

Bêtes à cornes (Pour les), on invoque :

S. *Beuvon*. — S. *Gui* d'Anderlecht. — Ste *Brigide* d'Irlande. — S. *Corneille*, pape : pèlerinages à Carnac (Morbihan), et à Tourc'h, par Rosporden (Finistère). On y amène les bœufs de fort loin, aux jours de Pardon. Moyennant une légère offrande, les animaux malades sont recommandés aux prières à la grand'-messe.

Bêtes de somme (Protecteur des) :

S. *Antoine de Padoue*.

Bêtes féroces (Contre les), on prie :

S. *Blaise*.

Bêtes venimeuses (Contre les), on prie :

S. *Phocas*. — S. *Amable* de Riom : on est guéri par le contact d'une relique du saint.

(Voir encore au mot *Serpents*.)

Beurre (Pour la bonne confection du beurre), invoquer trois fois :

Ste *Pharaïlde*.

Beurriers, marchands et fabricants de beurre (Patrons des) :

S. *Christophe*. — B^se *Julienne*, camaldule. — S. *Léonard*.

Biens de la terre (Pour les), on s'adresse à :

Ste *Amelberge*. — S. *Floret*. — S. *Aubert* d'Avranches. — S. *Grat* d'Aoste. — S. *Roland*. — S. *Isidore*. — S. *Magne*.

(Voir *Animaux nuisibles*.)

Prière des laboureurs à S. ISIDORE
POUR LES BIENS DE LA TERRE

Grand saint qui, par le secours de la grâce êtes arrivé à une si haute sainteté; qui, de l'obscurité de votre condition, êtes monté sur le trône de la gloire, et qui avez vu prosternés auprès de votre tombeau les Rois et les Grands de la terre; la charité qui vous animait ici-bas ne s'est point ralentie depuis que vous êtes monté au Ciel, et le grand nombre de malheureux que vous avez secourus montre l'étendue de votre pouvoir auprès de Dieu. Mais, glorieux S. Isidore, pour qui vous intéresserez-vous plus vivement que pour ceux qui, par la ressemblance de la condition, ont avec vous un rapport si particulier? Ah! vous savez combien notre nature est faible ; obtenez-nous d'avoir part à la grâce qui vous y rendit supérieur en nous faisant triompher de nos passions. Vous connaissez les dangers qui nous environnent, les ennemis qui nous poursuivent, les tentations qui nous obsèdent, les pièges qui nous sont tendus : obtenez-nous la force de résister courageusement à tout ce qui pourrait nous séparer de Dieu. Vous savez quelles sont nos fatigues, nos travaux, nos peines ; demandez pour nous l'esprit de patience et de résignation. Que nous devenions saints, comme vous, sous votre glorieuse protection. Obtenez-nous une douleur sincère et efficace de nos fautes, une vive horreur du péché, un ardent amour pour Dieu, une tendre et solide piété, une soumission sans réserve à sa volonté, une confiance inébranlable en sa miséricorde, une charité attentive et constante pour notre prochain, le détachement de nous-mêmes et de tous les biens du monde, l'esprit de pénitence et de mortification, en un mot toutes les vertus qui vous ont rendu notre digne et parfait modèle. Mais, grand saint, en nous obtenant des secours spirituels, daignez aussi vous intéresser à notre bien temporel. Demandez, nous vous en conjurons, la fécondité de nos terres, un temps favorable pour nos semences, l'abondance de nos moissons ; détournez, par l'efficacité de vos prières, ces terribles fléaux qui nous enlèvent en un jour toute l'espérance d'une année. Enfin, faites-nous jouir des biens de cette vie, de sorte que nous ne perdions pas ceux de la vie éternelle. Ainsi soit-il. — (PRIÈRE ANCIENNE USITÉE DANS LE DIOCÈSE DE TOURS.)

Biens (Pour obtenir toutes sortes de), on s'adresse aux quatorze saints appelés *Auxiliateurs ;* on peut les invoquer sous forme de litanies, ou encore leur faire des *neuvaines*, des *triduums*, etc. — Voici leurs noms :
S. Georges. — S. Cyriaque. — S. Blaise. — S. Acace. — S. Erasme. — S. Eustache. — S. Pantaléon. — S. Gilles. — S. Vite. — Ste Marguerite. — S. Christophe. — Ste Barbe. — S. Denis. — Ste Catherine.

Prière aux QUATORZE SAINTS AUXILIATEURS

Dieu tout-puissant et très doux qui, de préférence aux autres saints, avez honoré d'une faveur spéciale vos saints *Georges, Blaise, Erasme, Pantaléon, Vite, Christophe, Denis, Cyriaque, Acace, Eustache, Gilles, Marguerite, Barbe* et *Catherine*, faites que tous les hommes qui implorent leur assistance dans leurs nécessités, obtiennent, selon vos divines promesses, l'effet salutaire qu'ils désirent : accordez-nous aussi, nous vous en supplions, Seigneur, la rémission de nos fautes ; délivrez-nous, par leur intercession, de tous les maux, et exaucez favorablement cette prière. Par Jésus-Christ Notre-Seigneur. Ainsi soit-il.

Bimbelotiers (Patron des) :
S. *Claude* de Besançon.

Blanchisseurs (Patrons des) :
S. *Clair* de Nantes. — Ste *Claire*. — Ste *Hunna*. — S. *Laurent*.

Blé (Patron des porteurs de) :
Ste Avoye. — S. Louis.

Blé (Patron des marchands de) :
S. Nicolas.

Blessures graves (Contre les), on prie :
Ste Aldegonde : pèlerinage et fontaine à Maubeuge (Nord). — Ste Reinelde : laver les blessures avec l'eau de la fontaine de Ste Reinelde près de Maubeuge (Nord).

Blessures mortelles (Contre les), on invoque :
B^x Nicolas Factor.

PRIÈRE

Protecteur spécial dans toute blessure mortelle, médecin obéissant à celui qui a recours à votre clémence, priez pour nous. Amen. — (PRIÈRE ESPAGNOLE.)

Bois (Patrons des fendeurs de) :
S. Gomer.

Bois (Patronne des mouleurs sur) :
Ste Geneviève.

Boisseliers (Patron des) :
S. Clair, martyr.

Boissons (Patron des marchands de) :
S. Amand.

Boiteux (Pour les), on invoque :
S. Gibrien. — S. Malo. — S. Claude : pèlerinage à Saint-Claude, et à Marigna-sur-Valouse, par Arinthod (Jura). — S. Pourçain : pèlerinage à Saint-Pourçain (Allier)[1], où l'on vénère et baise sa châsse.

Bonnes d'enfants (Patronnes des) :
Ste Concorde. — Ste Maure. — Ste Laurence.

Bonnetiers (Patrons des) :
S. Fiacre. — S. Louis. — Ste Isabelle de France. — S. Michel. — S. Sévère de Ravenne.

Botteleurs de foin (Patron des) :
S. Charlemagne.

Bouchers (Patrons des) :
S. Adrien. — S. Barthélemy. — S. André. — S. Antoine. — S. Hubert. — S. Aurélien (patron des bouchers de Limoges). — S. Nicolas. — Ste Barbe. — S. Pierre.

---

1. Station sur la ligne de Varennes à Marcillat.

Bouffons (Patron des) :
S. Mathurin.

Boulangers (Patrons des) :
S. Aubert — S. Honoré. — S. Donat. — S. Michel. — S. Eusice. — S. Paul, moine.

Bouquetières (Patron des) :
S. Fiacre.

Bourreaux (Patrons des) :
S. Adrien, martyr. — S. Cyriaque.

Bourreliers (Patrons des) :
S. Eloy. — S. Jean-Baptiste.

Bourses (Patrons des fabricants de) :
S. Brice. — Ste Madeleine. — S. Brieuc. — S. Martin. — S. Gomer.

Bouteilles (Patrons des fabricants de) :
S. Clair du Vexin. — S. Paul. — S. Eloy. — S. Pierre. — S. Jean Porte-Latine.

Boutons et Pustules (Contre les), on prie :
S. Laurent. — S. Martin : pèlerinage à son tombeau, à Tours.
(Autres dévotions indiquées au mot *Peau*.)

Boutonniers (Patrons des) :
S. Louis. — S. Nicolas.

Bouviers (Patron des) :
S. Blaise.

Boyaudiers (Patron des) :
S. Thibault.

Boyaux (Patron des retordeurs et des fabricants de cordes en) :
S. Louis.

Bras (Intercesseurs contre les maux aux) :
Ste Amelberge. — S. Patrocle : pèlerinage à Colombier, par Commentry (Allier).

Brasseurs (Patrons des) :
S. Adrien. — Ste Dorothée. — S. Amand. — S. Médard — S. Arnoult de Soissons. — S. Nicolas. — Ste Barbe.

Brebis (Pour les), on invoque :
S. Drogon. — S. Loup. — S. Wendelin.

Briquetiers (Patrons des) :
S. Pierre. — S. Vincent. — S. Vincent Ferrier.

Brocanteurs (Patron des) :
S. Roch.
(Voyez aussi *Fripiers*.)

Brodeurs (Patrons des) :
S. *Clair* du Vexin. — S. *Louis*. — Ste *Claire*. — S. *Luc*.

Brossiers (Patrons des) :
Ste *Barbe*. — S. *Martin* de Tours. — S. *Louis*. — S. *Sébastien*. — S. *Roch*.

Brûlures (Contre les), on s'adresse à :
S. *Jean devant la Porte Latine*. — S. *Lazare*, moine. — Ste *Julitte*. — S. *Laurent*.

Prière à S. LAURENT

Faites-nous la grâce, nous vous en prions, ô Dieu tout-puissant, d'éteindre les flammes de nos vices, vous qui avez accordé à S. Laurent la force de vaincre le feu de ses tourments. Par Jésus-Christ Notre-Seigneur. Ainsi soit-il. — (Oraison du Bréviaire.)

Bûcherons (Patron des) :
S. *Joseph*.

Buveurs repentants (Protecteur des)
S. *Mathias*.

C

Cabaretiers (Patrons des) :
S. *Amand*. — S. *Jean-Baptiste*. — S. *Laurent*. — S. *Théodote*.

Cafetiers (Patrons des) :
S. *Amand*. — S. *Vincent*.

Cages (Patrons des fabricants de) et **Grillageurs** :
S. *Michel*, archange.

Calamités ou **Nécessités publiques** (Dans les), on peut invoquer sous forme de litanies les saints suivants, protecteurs spéciaux dans ce cas :
S. *Agricole*. — Ste *Casilde*. — S. *Aignan*. — S. *Claude*. — S. *Amand* de Caunes et ses compagnons. — Ste *Céronne*. — S. *Amand* de Rennes. — S. *Dié*. — S. *Dizier* de Langres. — S. *Donatien*. — Ste *Eulalie*. — Ste *Eulalie* de Mérida. — Ste *Anne*. — S. *Fiacre*. — S. *Antonin*. — Ste *Godeberte*. — S. *Austriclinien*. Ste *Geneviève*. — Les *XIV SS. Auxiliateurs*. — Ste *Hoïlde*. — S. *Brieuc*. — Ste *Brigide* d'Irlande.

— *S. Honorat* d'Arles. — *S. Caloger*. — *S. Jean* de Bergame. — *Ste Julie*. — *S. Sigebert*, roi d'Austrasie. — *S. Lugle* et *S. Luglien*. — *Ste Solange*. — *S. Malo*. — *S. Martial*. — *Ste Soline*. — *S. Médard*. — *Ste Suzanne*. — *S. Rieul*. — *S. Roch*. — *S. Vincent Ferrier*. — *S. Saintin*. — *S. Ynigo*. — *S. Sévérin*.

Dans les calamités publiques on fait des processions avec les reliques des saints ci-dessus, particulièrement avec celles de *S. Caloger*, de *S. Dié*, de *Ste Eulalie* de Mérida, de *S. Honorat* d'Arles, de *S. Rieul*, de *S. Sévérin* et de *Ste Solange*. — Pèlerinages en l'honneur de *S. Amand* de Rennes à Fouesnant (Finistère) et à Paule (Côtes-du-Nord) où une chapelle lui est dédiée. — Pèlerinage à *S. Amand* et ses compagnons, à Caunes (Aude), le 25 juin. — Grande procession traditionnelle avec la châsse des Saints Corps.

Les reliques des SS. *Lugle* et *Luglien* se trouvent à Saint-Pierre-de-Montdidier où ils sont invoqués avec une confiance sans borne.

Autre pèlerinage et recommandations à *Ste Céronne* dans la paroisse de ce nom, département de l'Orne (par Mortagne).

Prière à S. ANTONIN
DANS LES MALHEURS PUBLICS

O *S. Antonin*, assistez-nous et arrachez de notre patrie tous les germes sacrilèges de la guerre! éloignez la famine et la peste, et toutes les souffrances de notre pauvre humanité, afin que toujours une âme droite anime un corps sain. Amen.

Calculs (Contre les), invoquer :
  S. Benoit. — *S. Godard.*
  (Voir aussi *Pierre*.)

Calomnies (Contre les), invoquer :
  S. Marien. — *S. Jean Lobedan.* — *S. Brice* de Tours. — *S. Chrysante.* — *Ste Daria.* — *S. Nicolas.* — *S. Raymond Nonnat.* — *S. Léonard.* — *S. André*, apôtre.

Prière à S. JEAN LOBEDAN
CONTRE LA CALOMNIE

O Dieu, qui avez voulu que votre serviteur *S. Jean* fût miraculeusement délivré de la calomnie, et singulièrement honoré pour avoir secouru les gens voyageant sur l'eau, faites, nous vous en prions, que tous ceux qui sont accablés par la calomnie et ceux qui naviguent soient délivrés par son intercession de tout mal de l'âme et du corps. Par Jésus-Christ Notre-Seigneur. Ainsi soit-il.

Prière à S. NICOLAS
POUR LE MÊME OBJET

Ô Dieu qui avez illustré par de nombreux miracles après sa mort, S. *Nicolas*, protecteur pendant sa vie de l'innocence en danger, faites que, par ses mérites nous soyons délivrés de la calomnie pendant notre vie, et, après notre mort, des flammes de l'enfer. Ainsi soit-il. — (Prière de l'Église.)

S. Nicolas, priez pour ceux qui souffrent de la calomnie.

Cancers (Contre les), il faut invoquer :
Ste *Aldegonde*. — S. *Béat* ou *Bié*. — S. *Fiacre*. — S. *Gilles*.

Neuvaines et triduums en leur honneur ; application de leurs reliques sur le mal. — Pèlerinage des plus importants en l'honneur de S. *Gilles*, à Saint-Gilles (Gard)[1].

Cannes (Patronne des fabricants de) :
Ste *Anne*.

Canonniers (Patrons des) :
S. *Quentin*. — Ste *Barbe*.

Captifs (Pour la délivrance des), on invoque :
S. *Médard*. — S. *Pierre Nolasque*. — S. *Nicolas*. — S. *Dominique* de Silos.

Prière à S. DOMINIQUE DE SILOS
POUR LA DÉLIVRANCE DES CAPTIFS

Ô Dieu qui avez illustré votre Église par les mérites éclatants de la vie du bienheureux *Dominique* votre confesseur, et qui l'avez réjoui par ses glorieux miracles pour la délivrance des captifs, faites que nous, vos serviteurs, nous soyons instruits par ses exemples, et que, par son intercession, nous soyons délivrés de toute servitude du vice. Par Jésus-Christ Notre-Seigneur. Ainsi soit-il. — (Prière liturgique.)

Cardeurs de laine (Patrons des) :
S. *Blaise*. — Ste *Madeleine*. — S. *Roch*.

Cardiers, ou fabricants de **cardes** (Patron des) :
S. *André*.

---

[1]. Ligne de Lunel à Arles. — Les grâces obtenues à ce pèlerinage sont très fréquentes. Écrire à M. le curé-doyen pour toutes recommandations ou demandes de renseignements.

Carillonneurs (Patrons des) :
　　Ste *Barbe*. — *S. Joseph*.

Carreau (Pour les enfants malades du), on invoque :
　　S. Germain d'Auxerre. — *S. Hugues*. — *S. Loup* ou *Leu*. — *S. Marcel*. — *S. Nazaire*.

Pour guérir les enfants du carreau, on les conduit aux pèlerinages de *S. Loup*, à l'une des chapelles de Marquivilliers[1], de Billancourt[2] ou de Léchelle[3] (diocèse d'Amiens). Dans ce dernier village on fait baiser aux enfants la tête du loup qui accompagne la statue du saint.

On fait, pour la même intention, le pèlerinage de Fleury (Oise), station à Liancourt-Saint-Pierre, ligne de Paris au Tréport et à Dieppe.

On fait aussi dire des évangiles en l'honneur des saints ci-dessus, dans toutes les églises où sont leurs statues. On en demande fréquemment, en l'honneur de *S. Hugues* à la paroisse de Chemillé-sur-Indrois, par Montrésor (Indre-et-Loire).

Carriers (Patrons des) :
　　Ste *Barbe*. — *S. Blaise*. — *S. Roch*.

Carrossiers (Patron des) :
　　S. Eloy.

Cartes à jouer (Patron des fabricants de) :
　　S. Balthazar, roi mage.

Cartonniers (Patron des) :
　　S. Jean Porte-Latine.

Cas désespérés (Dans les), on invoque :
　　S. Stanislas Kotska (pour la santé du corps). — Ste *Olympe* (pour le salut de l'âme). — *S. Joseph* en toute circonstance.
　　(Voir aussi *Affaires...* et *Grâces*.)

Catalepsie (Contre la), on recommande les malades à :
　　S. Vite ou *Gui*.

Cauchemar (Contre le), invoquer :
　　Ste *Franque* ou *Franche*.

Cavaliers (Patrons des) :
　　S. Martin de Tours. — *S. Georges*.

Caudataires des cardinaux et évêques (Patronne des) :
　　Ste *Anne*.

---

1. Station à Labuissière, ligne de Maubeuge à Charleroi.
2. Station à Nesle, ligne d'Amiens à Tergnier.
3. Station à Ytres, ligne de Saint-Quentin à Velu.

Cécité (Contre la), prier :
> S. *Christoval*, ou *Christophore*. — S. *Sabin*, évêque d'Assise.
>
> (Voir *Yeux*.)

Ceinturonniers et fabricants de **ceintures** (Patron des) :
> S. *Jean-Baptiste*.

Chagrins (Contre les grands), on prie :
> S. *Job*, le patriarche.

Prière à S. JOB
POUR OBTENIR LA RÉSIGNATION DANS LES CHAGRINS

O Dieu qui, pour instruire les âges futurs, avez décoré le bienheureux *Job*, votre confesseur et prophète, de la vertu de patience au milieu des épreuves, faites, dans votre miséricorde, qu'à son exemple nous supportions d'une âme égale, les afflictions de la vie présente et que nous méritions d'obtenir les joies de la vie future, par Jésus-Christ Notre-Seigneur. Ainsi soit-il. — (ANCIENNE PRIÈRE LITURGIQUE.)

Chaînetiers (Patrons des) :
> S. *Martin*. — S. *Alexis*. — S. *Pierre ès Liens*.

Chamoiseurs (Patron des) :
> S. *Martin*.

Champions de la Foi, de l'Église ou de la Patrie (Patron des) :
> S. *Drausin*.

Se consacrer à S. *Drausin*, évêque de Soissons.

Chancres (Contre les), invoquer :
> S. *Fiacre*. — S*te* *Macre* : pèlerinage à une de ses reliques, par exemple à Fère-en-Tardenois [1] (Aisne).

Chandelles (Patrons des fabricants de) :
> S. *Honoré*. — S. *Jean-Baptiste*. — S. *Lubin*. — S. *Maur*. — S. *Nicolas*.

Changeurs (Patron des) :
> S. *Mathieu*, apôtre.

Chantres (Patrons des) :
> S. *Aldric*. — S. *Grégoire le Grand*.

Chapelains et **Aumôniers** (Patrons des) :
> S. *Quentin*. — V*ble* *Brunon*.

Chapeliers (Patrons des) :
> S*te* *Barbe*. — S. *Maurice*. — S. *Clément*, pape. —

---
1. Station à Coincy, ligne de Château-Thierry à la Ferté-Milon.

S. Michel. — S. Christophe. — S. Pierre et S. Paul. — Sᵗᵉ Geneviève. — S. Sévère de Ravenne. — S. Jacques le Majeur. — S. Martin.

Charbon (Patrons des porteurs de) :
S. Louis, évêque. — S. Nicolas.

Charbonniers (Patrons des) :
S. Alexandre. — S. Thibault.

Charcutiers (Patrons des) :
S. Antoine. — Sᵗᵉ Rite de Cascia.

Charpentiers (Patrons des) :
Sᵗᵉ Barbe. — S. Joseph. — S. Blaise. — S. Louis. — S. Christophe. — S. Mathias. — Sᵗᵉ Colette. — Sᵗᵉ Reine. — S. Euloge. — S. Wolfgang, évêque. — S. Jean-Baptiste.

Charretiers (Patrons des) :
S. Eloy. — S. Richard. — S. Roch.

Charrons (Patrons des) :
Sᵗᵉ Catherine d'Alexandrie. — S. Joseph. — S. Eloy. — S. Willigise, évêque.

Chartre (Voir *Rachitisme*).

Chasseurs (Patrons des) :
Bʳ Conrad. — S. Eustache. — S. Hubert.

Chasteté (Protecteurs de la) :
S. Casimir. — S. Thomas d'Aquin. — Sᵗᵉ Agnès.

Prière à S. AGNÈS
GARDIENNE DE LA CHASTETÉ

O Dieu, qui avez inspiré à Sᵗᵉ *Agnès* déjà embrasée de votre amour, une aversion pour toute proposition charnelle, entourez nos oreilles des épines de votre crainte, afin que rien de contraire à la chasteté ne pénètre en nous par elles. Par Notre-Seigneur Jésus-Christ. Ainsi soit-il. — (ANCIENNE PRIÈRE LITURGIQUE.)

(Voir *Pureté*.)

Chasubliers (Patron des) :
S. Louis.

Chaudronniers (Patrons des) :
S. Eloy. — S. Maur. — S. Fiacre. — S. Pierre ès Liens. — S. Léonard. — S. Quentin.

Chaussetières (Patronne des) :
Sᵗᵉ Anne.

Chaussetiers (Patrons des) :
S. *Jacques*. — S. *Eustache*. — S. *Blaise*.

Chenilles (Contre les), invoquer :
S. *Magne*.
(Voir *Animaux nuisibles*.)

Chevaliers (Patrons des) :
S. *Longin*. — S. *Georges*.

Chevaux (Pour les), on invoque :
S. *Antoine de Padoue*. — S. *Blaise*. — S. *Martin*.

S. *Eloy* : pèlerinages et *procession des chevaux*, à Rosporden et à Trégunc, par Concarneau (Finistère).
(Voir *Animaux domestiques*.)

S. *Antoine*, abbé : on suspend une médaille de S. *Antoine* sur le front des chevaux pour leur servir de protection.

BÉNÉDICTION DES CHEVAUX ET AUTRES BÊTES DE SOMME LE JOUR DE LA FÊTE DE S. ANTOINE OU TOUT AUTRE JOUR

OREMUS

Omnipotens sempiterne Deus, qui produxisti fœnum jumentis et herbam servituti hominum et imples omne animal benedictione, exaudi preces nostras, et super hos equos tuam sanctam † benedictionem infundere dignare, per intercessionem sancti *Antonii*, abbatis, ut ab eis discedant omnes insidiæ latentis inimici, liberentur ac preserventur ab omni maleficio, noxa et ab omni infestatione demoniaca et a quacumque lue, peste ac morbo, et sic illis tua divina virtute adjutis atque protectis illorum domini et custodes gratiarum tibi in ecclesia tua referant actiones. Per C.

PRIONS

Dieu tout-puissant et éternel qui avez produit le foin pour les bêtes de somme et l'herbe pour les animaux destinés au service de l'homme et remplissez tout animal de bénédiction, exaucez nos prières et daignez répandre sur ces chevaux votre sainte bénédiction, par l'intercession de S. *Antoine*, abbé, afin que toutes les embûches de l'ennemi caché s'éloignent d'eux, qu'ils soient délivrés et préservés de tout maléfice, châtiment et de toute attaque du démon, et aussi de tout fléau, peste et maladie et qu'étant ainsi aidés et protégés par votre divine puissance, leurs maîtres et leurs gardiens vous rendent des actions de grâces

dans votre Eglise, par J.-C. N.-S. Ainsi soit-il.

On les asperge d'eau bénite. — (BÉNÉDICTION USITÉE EN ITALIE.)

Chevaux (Contre les maladies des), on prie :
Ste *Bertille*.
(Voir aussi *Animaux malades*.)

Chevaux méchants et dangereux (Contre les), on prie :
S. Eloy.

Chevaux (Patron des marchands de) :
S. Gilles.

Chiens non enragés (Contre la morsure des), on invoque :
S. Bellin.

Chiens (Pour les), on prie :
S. Hubert. — S. Vite ou Guy.

Chimistes (Patron des) :
S. Jean l'Évangéliste.

Chirurgiens (Patrons des) :
S. Côme et S. Damien. — S. Luc. — S. Lambert. — S. Quentin. — S. Roch.

Choléra (Contre le), invoquer :
S. Caralampe. — S. Nicaise. — S. Roch.

Prière à S. ROCH
CONTRE LE CHOLÉRA ET LES ÉPIDÉMIES

O Dieu qui avez daigné honorer votre confesseur S. Roch de l'admirable don des guérisons, de telle sorte qu'il rendait à la santé, par le seul signe de la croix, ceux qui étaient atteints du fléau des épidémies, accordez à vos serviteurs, qui ont confiance en ses mérites et en son patronage, d'être miséricordieusement délivrés, par votre bonté, du péril de ces contagions et de toute mort subite et imprévue. Par Jésus-Christ Notre-Seigneur. Ainsi soit-il.

AUTRE PRIÈRE A LA MÊME INTENTION

Oh, que votre nom est glorieux, S. Roch, qui par votre intercession avez su guérir d'innombrables malades et vous montrer propice à tous ceux qui implorent votre nom puissant ; venez et délivrez-nous de la maladie et du choléra, et obtenez-nous la salubrité de l'air. Par Jésus-Christ Notre-Seigneur. Ainsi soit-il.

AUTRE POUR LA FÊTE DE S. ROCH

O Dieu qui avez promis à S. Roch, votre confesseur, par votre ange lui apportant une tablette, que celui qui l'invoquerait pieusement ne serait atteint par aucune maladie épidémique, faites que, célébrant aujourd'hui sa naissance, nous soyons délivrés du choléra si mortellement redoutable pour le corps et pour l'âme. Par N.-S. J.-C. Ainsi soit-il. — (PRIÈRES LITURGIQUES ANCIENNES.)

On se préserve encore de ce mal en mangeant du pain bénit le jour de S. Roch, pour cet objet. Un nombre incalculable de faits et de miracles prouvent l'efficacité de cette invocation.

Chorée (Voir *Danse de S. Guy*).

Chutes (Contre les), on prie :
S. *Georges*.

Ste *Quiterie* : pèlerinages à Aire (Landes) et à Beauteville par Villefranche-de-Lauragais (Haute-Garonne).

BÉNÉDICTION DES MÉDAILLES A L'EFFIGIE DE S. GEORGES
POUR PRÉSERVER DES CHUTES

OREMUS	PRIONS
Adjutorium, etc. Omnipotens, sempiterne Deus, largitor bonorum omnium, salus et vita nostra, te supplices exoramus et petimus, ut hanc monetam, cui imago S^{ti} *Georgii* martyris tui impressa est, † benedicere et † sanctificare digneris, ut qui eam devote gestaverint, vel domi asservaverint, per merita et intercessionem S^{ti} Georgii ab omni graviore corporis lapsu præserventur, ejusque, uti et animæ, sanitatem continuam consequantur. Per Dominum nostrum Jesum Christum Filium tuum, verum animarum nostrarum corporumque medicum, qui tecum vivit, etc. Amen.	Dieu tout-puissant et éternel, donateur de tous biens, notre salut et notre vie, nous vous supplions humblement, et nous vous demandons de daigner bénir et sanctifier cette médaille où est imprimée l'effigie de S. *Georges*, votre martyr, afin que tous ceux qui la porteront ou la conserveront dévotement chez eux soient préservés, par les mérites et l'intercession de S. *Georges*, de toute chute grave pour le corps et conservent toujours la santé corporelle et la pureté de l'âme. Par Notre-Seigneur Jésus-Christ, vrai médecin de nos âmes et de nos corps, qui vit et règne... etc. Ainsi soit-il.

(MANUEL DES BÉNÉDICTIONS CHOISIES.)

Cidre (Patron des marchands de) :
S. *Clément*.

Ciriers (Patron des) :
SS. *Côme et Damien*. — S. *Martin*. — Ste *Geneviève*. — S. *Nicolas* de Myre. — S. *Jacques le Majeur*.

Clercs de Notaires (Patron des) :
S. *Nicolas*, archevêque de Myre.

Clercs tonsurés (Patron des jeunes) :
S. *Sylvestre*.

Clergé de Rome (Patron du) :
   S. Charles Borromée.

Clergé de France (Patron du) :
   S. Vincent de Paul.

Clous (Voir *Furoncles*).

Cloutiers (Patrons des) :
   S. Cloud. — S. Eloy.

Cochers (Patrons des) :
   S. Eloy. — Ste Lucie. — S. Vulmer, abbé.

Cœur (Contre les angoisses du), prier :
   Ste Quiterie : recommandations et demandes de prières à Beauteville par Villefranche-de-Lauragais. (Haute-Garonne).

Cœur (Contre les maladies du), on prie :
   S. Doucis. — S. Stanislas Kotska.

Coffretiers (Patron des) :
   S. Jean Porte-Latine.

Coiffeurs (Patrons des) :
   Ste Anne. — SS. Côme et Damien. — S. Louis, roi.

Coliques (Contre les), il faut prier :
   S. Agapit. — S. Mammès. — S. Brice de Tours. — S. Fursy. — S. Bond. — S. Cyr et Ste Julitte. — S. Vulgan. — Ste Emérentienne, ou Emérence. — S. Geins ou Gens. — S. Erasme. — S. Sérénic et S. Séréné. — S. Fiacre. — S. Loup. — S. Psalmode.

Pour obtenir la guérison des coliques rebelles, on va en pèlerinage au tombeau de S. Geins, dans la solitude du Bausset, près de Monteux[1] (Vaucluse), à 5 kilomètres sud-ouest de Carpentras, et l'on se couche avec foi sur cette tombe.

On va en pèlerinage contre les coliques des enfants, à Villeneuve-les-Chanoines, près de Caunes (Aude), en l'honneur de S. Mammès, et à Eymoutiers (Haute-Vienne), en l'honneur de S. Psalmode.

On fait aussi prendre aux enfants de la poussière d'un bloc de granit conservé dans l'église de Saint-Ceneri-le-Géréi[2], et qui était le lit de S. Sérénic. Pèlerinages au même saint à Château-Thierry (Aisne); et à S. Séréné, à Saulges, par Chéméré-le-Roi (Mayenne).

---

1. Ligne de Carpentras à Sorgues.
2. Par Saint-Denis sur-Sarthon (Orne). Station au même lieu, ligne du Mans à Domfront.

Coliques du Miserere (Contre les), invoquer :
S{to} *Amelberge*.

Coliques néphrétiques (Contre les), on invoque :
S{to} *Rolande*. — *S. Liboire*.

Porter, si l'on peut s'en procurer, quelque relique de l'un de ces saints.

Prière à S. LIBOIRE

O Dieu qui avez orné S. Liboire, votre pontife, déjà célèbre par des miracles innombrables, du privilège spécial de guérir les tortures de la gravelle et de la pierre, faites, nous vous en prions, que, délivrés par ses mérites et son intercession, de ces maux et de tous les autres, nous méritions de jouir des joies éternelles. Par Notre-Seigneur Jésus-Christ, etc...

Colporteurs (Patron des) :
B{r} *Charlemagne*.

Combats (Dans les), on invoque :
S. André. — *S. Jacques le Majeur*. — *S. Casimir*. — *S. Maurice*. — *S. Denis*. — *S. Sébastien*. — *S. Florian*. — *S. Stanislas*, évêque. — *S. Georges*. — *S. Théodore*.

Le moment du combat n'étant pas un temps favorable aux longues prières, le pieux combattant peut se contenter d'avoir recours à de courtes invocations mentales, ou à des vœux ou promesses à accomplir s'il sort de la mêlée sain et sauf, ou victorieux.

Les personnes étrangères au combat, mais intéressées à son issue favorable, offrent des messes en l'honneur des saints ci-dessus.

Comédiens (Patrons des) :
S. Ardalion. — *S. Genest*. — *S. Vite* ou *Guy*.

Comédiennes (Patronne des) :
Ste *Pélagie*.

Compagnons du Devoir (Patron des) :
S. Jacques le Majeur.

On invoque particulièrement *S. Jacques* pour les jeunes ouvriers qui font le « Tour de France ». Aucune prière n'est déterminée, même par l'usage, pour cette intention. C'est à la piété de chacun de choisir.

Complexion (Contre la faiblesse de), on s'adresse à :
S. Ulrich, évêque.

Pèlerinage au tombeau de *S. Ulrich*, à Augsbourg, en Bavière.

Concorde dans la vie commune (Pour la), on invoque :
Ste *Eusébie*, d'Hamages.

Prière à Ste EUSÉBIE
POUR LA CONCORDE

O Dieu, protecteur de ceux qui espèrent en votre puissant secours ; vous qui, par les conseils et les exemples de Ste *Eusébie*, avez rendu remarquables le vœu de virginité, l'*union des cœurs*, l'humble obéissance et l'absolue confiance en votre Providence, faites, nous vous en conjurons, que, par son intercession, nous arrivions un jour heureusement jusqu'à vous en suivant la même voie. Ainsi soit-il.

[Prière qui se récite devant les reliques de la sainte, à Wandignies-Hamage (Nord), où l'on peut adresser ses recommandations.]

Condamnés à mort (Pour la conversion des), on prie :
S. *Dismas* (le bon Larron).

Conférences charitables (Patron des) :
S. *Vincent de Paul*, établi par S. S. Léon XIII.

Confesseurs (Patron des) :
S. *Aybert*.

Confession à l'heure de la mort (Pour obtenir la grâce de la) (Voir *Mort*).

Confiseurs (Patrons des) :
S. *Antoine*. — SS. *Côme et Damien*. — S. *Mathias*, apôtre.

Conscription (Voir *Numéro*).

Consomption (Contre la), invoquer :
S. *Pantaléon*.

Contagions (Contre les), on invoque :
S. *Adelard*. — Ste *Julienne* de Nicomédie. — Ste *Christine* de Saint-Trond. — Ste *Lucie*. — Ste *Godeberthe*. — S. *Léobon*. — S. *Hydulphe*. — S. *Roch*.

(Voir *Choléra*.)

Pas de forme spéciale de dévotions, excepté pour Ste *Godeberthe* en l'honneur de laquelle on fait une neuvaine de prières pour être préservé des contagions.

(Voir *Epidémies* et *Maladies contagieuses*.)

Conversion des pécheurs (Pour la), prier :
Ste *Avoye*. — Ste *Colombe*.

Prière à Ste COLOMBE

O Dieu qui êtes le protecteur de ceux qui se confient en vous, et sans lequel il n'y a en personne rien de ferme ni de saint, accordez-nous, s'il vous plaît, la grâce, à l'imitation de *Ste Colombe*, vierge et martyre, d'être fortifiés en l'amour de votre nom. Ainsi soit-il.

Ste Colombe, priez pour la conversion des pécheurs.

Conversion d'un fils (Pour la), faire des neuvaines en l'honneur de :
    Ste Monique.

Conversion d'un mari (Pour la), on s'adresse, par des neuvaines, à :
    Ste Monique. — *Ste Clotilde*.

Convulsions (Contre les), on a recours à :
    S. Barthélemy. — *S. Leu*, ou *Loup*. — *S. Claude*. — *S. Maurice*, évêque. — *S. Corneille*, pape. — *S. Willibrord*. — *S. Jean-Baptiste*. — *S. Sylvin*. — *S. Gervais*. — *S. Gilles*.

Pèlerinage en l'honneur de *S. Claude*, à Marigna-sur-Valouse, par Arinthod (Jura), et en l'honneur de *S. Gervais*, à Jarnages (Creuse). M. le curé se charge d'acquitter les intentions de messes. — Autre pèlerinage à Levroux[1] (Indre), principalement le cinquième dimanche après Pâques et le jour de l'Assomption, en l'honneur de *S. Sylvin*. Pendant tout le cours de l'année, M. le curé de Levroux reçoit les demandes de saluts, prières et évangiles à l'intention de *S. Sylvin*. Ce pèlerinage est un des plus importants du Centre de la France.

Prière à S. GILLES
CONTRE LES CONVULSIONS

Seigneur Jésus qui disiez à vos apôtres : « Laissez venir à moi les petits enfants »; Seigneur Jésus, vous qui aimiez à les bénir et à les caresser, nous vous présentons notre enfant atteint de convulsions. Cette affreuse maladie le torture, et à cette vue notre cœur est agité de mille inquiétudes. Daignez, Seigneur, par l'intercession du puissant *S. Gilles*, dont vous avez récompensé l'innocence, dès l'âge le plus tendre, par des miracles éclatants, mettre fin à nos alarmes en rendant à cet enfant, qui nous est si cher, le calme et la santé; préservez-le de tout mal, protégez-le au milieu des dangers de cette vie, et daignez le faire arriver au séjour du bonheur éternel. Ainsi soit-il. — (PRIÈRE POPULAIRE.)

---

1. Station à Châteauroux, ligne de Tours à Montluçon.

Dans presque toutes les paroisses du Centre et de l'Ouest de la France placées sous le vocable de S. Gilles, et dans un bon nombre d'autres qu'il est impossible de citer, on dit des *évangiles* en l'honneur de S. Gilles contre les convulsions des enfants. Le prêtre place le bout de son étole sur la tête de l'enfant et récite un passage du texte sacré suivi d'une oraison appropriée. C'est une pratique de piété que le bon Dieu récompense de grâces innombrables pour la foi qui la fait accomplir, bien que cette foi ne se montre pas toujours assez éclairée.

(Voir encore *Épilepsie* : les saints invoqués pour ce mal l'étant aussi pour les *Convulsions*.)

Contusions (Contre les), prier :
Ste *Amelberge*.

Coqs (Pour les), on invoque :
S. *Gall*, abbé[1].

Coqueluche (Contre la), prier :
S. *Babon*. — S. *Blaise* (Voir *Angines*). — S. *Nicaise* : se vouer à ce saint.

Coquetiers ou **Marchands d'œufs** (Patron des) :
S. *Léonard*.

Cordiers (Patrons des) :
S. *André*, apôtre. — Ste *Catherine*. — S. *Paul*, apôtre.

Cordonniers (Patrons des) :
S. *Anien*. — S. *Barthélemy*. — SS. *Crespin et Crépinien*. — S. *Blaise*. — S. *Gengoult*. — Ste *Catherine*. — S. *Maur*. — S. *Névolon*.

Cornettiers ou **Ouvriers en corne** (Patronne des) :
Ste *Foy*, vierge.

Corps (Contre la faiblesse du), invoquer :
S. *Hippolyte*.

Corroyers ou **Courrayers, Fabricants de ceintures de cuir** (Patron des) :
S. *Jean-Baptiste*.

Corroyeurs (Patrons des) :
S. *Thibaud*. — S. *Barthélemy*. — Ste *Catherine*.

(Voir aussi *Tanneurs*.)

Costumiers (Patron des) :
S. *Dominique*.

---

1. Cette invocation n'est nullement supposée : elle est de pratique très ancienne dans les pays où l'on élève les volailles, et nous répétons que, faisant un livre de piété, nous ne nous permettrions pas d'y introduire la moindre fantaisie.

Côté (Contre le point de) (Voir *Pleurésie*).
Cou (Contre les douleurs du), on invoque :
S. Arnoul. — S. Marlou.
Couches difficiles (Dans les), on prie :
S. Ours. — S. Udaut. — S. Hyacinthe, de Pologne.
Couches (Pour l'heureuse issue des), s'adresser à :
S. Agapit. — S. Alexandre. — Ste Julienne. — S. Antoine de Padoue. — S. Léon de Bayonne. — Ste Apronie. — S. Léonard, solitaire. — Ste Aubierge. — S. Lezin, évêque d'Angers. — Ste Balsamie. — Ste Lutgarde. — Ste Marguerite. — S. Benoît le More. — Ste Marie d'Oignies. — Ste Camelle. — S. Marien du Berry. — Ste Maure et Ste Britte. — S. Chrétien, prêtre. — B^x Nicolas Factor. — Ste Eulalie. — Ste Nothburge. — Ste Foy. — S. Gébard. — Ste Rose de Lima. — Ste Hildegonde. — S. Udalric. — S. Honoré. — S. Norbert. — Ste Jeanne de Chantal. — S. René.

S. *Marien* : pèlerinage très important à Evaux (Creuse), où sont les reliques du saint. L'affluence est surtout considérable le dimanche qui suit le 10 octobre ; ce jour-là, 15 à 20.000 pèlerins assistent aux fêtes, et la réunion conserve son caractère absolument religieux.

S. *Dominique* de Silos : on va en pèlerinage à Silos, en Espagne vénérer le bâton de S. Dominique.

Ste *Julienne* : pèlerinage en l'honneur de Ste Julienne, au Val-Saint-Germain, près de Dourdan, diocèse de Versailles, où l'on fait dire des évangiles. Ce pèlerinage est fréquenté surtout le lundi et le mardi de la Pentecôte, le jeudi de la Fête-Dieu et le 16 février.

Pèlerinage en l'honneur de Ste *Aubierge*, à la chapelle de la sainte, sur la paroisse de Saint-Augustin, par Faremoutiers (Seine-et-Marne). On y adresse des honoraires de messes ou de recommandations dont se charge M. le curé.

Pèlerinage à Meyronnes (Basses-Alpes) en l'honneur de S. *Ours* (Voir, au mot *Rhumatismes*, des détails sur cet important pèlerinage.

Ste *Jeanne de Chantal* : on adresse quelque vêtement de la future mère et la layette de l'enfant au couvent des Dames de la Visitation, à Nevers, pour être placés sur le lit où mourut Ste Jeanne.

Prière à S. HONORÉ

O bienheureux *Honoré*, qui fûtes l'honneur du sacerdoce et le digne successeur du glorieux S. Sernin, vous avez été vraiment admirable par la grandeur de vos œuvres ; nous implorons donc votre protection, afin que vous nous soulagiez dans nos misères, que vous nous aidiez de votre main favorable dans nos tentations, et que vous obteniez aux femmes sur le point d'être mères l'heureuse délivrance, afin que nous puissions mériter, tous tant que nous sommes, la couronne du ciel. Ainsi soit-il.

Prière à Ste MARGUERITE

O Dieu qui avez promis les remèdes du salut à ceux qui invoquent la glorieuse *Marguerite*, exaucez-nous pour votre servante N... qui met sa confiance dans les suffrages de votre martyre.

Ste *Marguerite*, nous vous prions que la malédiction qu'Eve a attirée sur les femmes qui vont être mères n'opprime pas votre servante. Ainsi soit-il.

Autre prière à Ste MARGUERITE
POUR L'HEUREUSE ISSUE DES COUCHES

Glorieuse vierge et martyre, Ste *Marguerite*, je te salue et je t'honore par le tendre cœur de Jésus-Christ, et je remercie avec toi le bon Dieu de t'avoir accordé une si grande fermeté pour pouvoir supporter tes cruels martyres. Je te rappelle tes douloureux tourments, alors que tu as été dépouillée de tes vêtements et torturée sur le chevalet, brûlée avec une torche jusqu'aux entrailles, meurtrie à coups de verges et de fouets, déchirée par la hache jusqu'à la profondeur des os, exposée à un combat avec le diable devenu visible, jetée à l'eau pour y être noyée, baptisée par le Saint-Esprit sous la forme d'une colombe, et enfin, hélas! décapitée par le glaive. Je vénère avec dévotion ces douloureux martyres, et au nom de tes peines cruelles je te supplie humblement de m'assister dans les douleurs de la maternité et de me donner la joie d'avoir un enfant bien portant. Que ta dernière et sainte prière, ainsi que la promesse de Jésus-Christ soient efficaces pour moi et me préservent de tout mal dans mes couches. Ainsi soit-il. — (PRIÈRE POPULAIRE ALLEMANDE, TRADUCTION DE DU BROC.)

Enfin, pour cette même intention, on peut réclamer des prières, messes, neuvaines, etc., en l'honneur de *S. René*, à la Possonnière (Maine-et-Loire), et de Ste *Foy* à Conques (Aveyron), où l'on peut aussi demander des ceintures bénites en l'honneur de la sainte martyre.

(Voir *Maternité.*)

Couches prématurées (Contre les), on invoque:
Ste *Catherine* de Suède.

Coups et blessures (Contre les), on invoque:
Ste *Marcienne*. — Ste *Quiterie*: pèlerinage à Beauteville, par Villefranche-de-Lauragais (Haute-Garonne).

Courriers (Patron des):
S. *Adrien* de Nicomédie.

Courtiers en vins (Patron des) :
S. Martin.

Courtisans (Patron des) :
S. Laurent.

Couteliers (Patrons des) :
S. Eloy. — S. Jean-Baptiste.

Couturières (Patrons des) :
Ste Anne. — S. Dominique. — Ste Lucie. — S. Louis.

Couverturiers (Patrons des) :
S. Sébastien. — S. Louis.

Couvreurs (Patrons des) :
Ste Barbe. — S. Vincent. — S. Julien l'Hospitalier. — S. Vincent Ferrier.

(Les *couvreurs* font surtout leur fête le jour de l'Ascension.)

Crampes (Contre les), on va boire de l'eau du puits de S. Firmin, à Morbecque (Nord).

Crieurs publics (Patron des) :
S. Martin.

Cris des Enfants (Contre les) :
S. Abraham, abbé.

Crocheteurs ou **Portefaix** (Patron des) :
S. Christophe.

Croup (Contre le) (Voir *Angines*).

Cuir (Patrons des ouvriers en) :
SS. Crépin et Crépinien.

Cuisiniers et **Cuisinières** (Patrons des) :
Ste Barbe. — S. Ouen. — S. Laurent. — S. Pascal Baylon. — S. Jean de Prado. — S. Sylvestre.

Culottiers (Patron des) :
S. Dominique.

Cultivateurs (Patron des) :
S. Roch.

Curés (Patrons des) :
S. Vincent de Paul. — S. Yves.

(Voir *Avocats*, où il y a une prière commune pour les *Curés* et les *Avocats*.)

Custodes ou **Gardiens de propriétés et d'appartements** (Patron des) :
S. Parthène.

D

Damnation (Contre la crainte de la), on invoque :
Ste *Marthe*.
(Voir *Enfer*.)

Dangers sur l'eau (Contre les), on invoque :
S. *Wulfran*.

Danse de Saint-Guy (Contre la), on invoque :
S. *Jean-Baptiste*.
S. *Guy*, ou *Vite* : pèlerinage à la chapelle du saint, à Ulm (Wurtemberg).
S. *Saturnin* : pèlerinage à Saint-Wandrille-Rançon (Seine-Inférieure), où les guérisons sont fréquentes, d'après les renseignements fournis par M. le curé de la paroisse.

Danseurs et **Maîtres de danse** (Patrons des) :
S. *Vite ou Guy*. — S. *Julien l'Hospitalier*.

Dartres (Contre les), on prie :
S. *Antoine*. — S. *Amand* : pèlerinage et fontaine à Bascons, par Grenade-sur-l'Adour (Landes). — S. *Fursy*. — S. *Julien l'Hospitalier*. — S. *Jean-Baptiste*. — S. *Psalmode* : pèlerinage en l'honneur de S. *Psalmode* dans l'église d'Eymoutiers (Haute-Vienne) (ligne de Clermont à Limoges). — S. *Antoine* du Rocher : pèlerinage à la paroisse de ce nom (Indre-et-Loire), (ligne de Tours au Mans).

PRIÈRE CONTRE LES DARTRES OU FEU DE SAINT-ANTOINE

O Dieu qui accordez, par l'intercession de S. *Antoine*, votre confesseur et abbé, d'éteindre le feu morbide et d'apporter des rafraîchissements aux membres malades, soyez-nous propice et faites que, par ses mérites, délivrés des feux de l'enfer et purs de corps et d'esprit, nous soyons heureusement introduits dans votre gloire. Ainsi soit-il. — (ANCIENNE PRIÈRE LITURGIQUE.)

(Voir aussi au mot *Peau*.)

Débardeurs (Patron des) :
S. *Nicolas*.

Découragement (Contre le), surtout dans la piété, on prie :
S. *Remy* de Reims.
Les neuvaines et les invocations journalières sont particulièrement recommandées.

Défenseurs de la Foi, de l'Eglise et de la Patrie (Patron des) :
S. *Drausin*.

Dégâts de l'Orage (Contre les), invoquer :
S. Dié.

Délaissés (Patronne des) :
Ste Colombe.

Prière à Ste COLOMBE
POUR LES DÉLAISSÉS

O Dieu qui êtes le protecteur de ceux qui espèrent en vous, et sans lequel il n'y a en personne rien de ferme ni de saint, accordez-nous, s'il vous plaît, la grâce, à l'imitation de Ste Colombe, vierge et martyre, que nous trouvions dans l'amour de votre nom la force de supporter l'abandon. Par Notre-Seigneur Jésus-Christ. Ainsi soit-il. — (Prière de la liturgie ancienne.)

Délire (Contre le) causé par la fièvre :
Ste Restitute.
(Voir Fièvre chaude.)

Délivrance (Pour l'heureuse), on invoque :
S. Raymond Nonnat.

PRIÈRE

O S. Raymond, obtenez le soulagement des malheureux. Dieu vous a tiré vivant du sein de votre mère déjà morte, afin que vous apportiez secours aux mères dans le moment critique de la naissance de leur enfant, et que vous délivriez les fidèles du Christ de tous les périls de l'âme.

S. Raymond, priez pour nous. — (Antienne d'un ancien office de S. Raymond.)

Autre prière à N.-D. DE LA MERCI et à S. RAYMOND

O très pieuse Vierge Marie de la Merci, je vous en supplie par les entrailles très tendres de votre amour, écoutez l'affligée qui vous invoque et, par celui qui est né de vous sans douleur et par les mérites de votre serviteur S. Raymond, dont la naissance fut miraculeuse, favorisez-moi pour la naissance de cet enfant ; je vous offre d'être votre humble servante pour rendre un culte plus parfait à votre Fils unique, Jésus-Christ, notre Rédempteur. Ainsi soit-il. — (Prière espagnole.)

(Voir aussi aux mots Couches et Femmes.)

Démangeaisons (Contre les), on prie :
S. Antoine.
(Voir Dartres.)

Démons (Contre les), invoquer :
S. Christophe. — Ste Restitute. — S. Patrocle. — S. Ubald. — S. Antoine, abbé. — Ste Quiterie. — S. Benoît, abbé.

Prière à S. ANTOINE
CONTRE LES DÉMONS

Dieu tout-puissant et éternel, accordez-nous, nous vous en supplions, de même que le bienheureux *Antoine*, votre glorieux confesseur, a mis en fuite la multitude des démons, par l'intervention du Saint-Esprit, d'être pareillement, par ses mérites et son patronage, délivrés des embûches de Satan. Par Jésus-Christ Notre-Seigneur. Ainsi soit-il.

Prière à Ste QUITERIE
(MÊME INTENTION)

Faites, nous vous en prions, Dieu tout-puissant, qui avez illustré la bienheureuse *Quiterie* par le martyre et la virginité, que, comme par votre pouvoir elle a enchaîné le diable et converti un roi avec un peuple immense, vous nous délivriez de même, par ses prières assidues, de la férocité du démon et de toutes les embûches de l'enfer, par N.-S. J.-C. Ainsi soit-il. — (PRIÈRES TIRÉES DE BRÉVIAIRES TRÈS ANCIENS.)

Médaille de S. BENOIT
CONTRE LES EMBUCHES DU DÉMON ET TOUTES LES MISÈRES DE LA VIE

Des faits *nombreux* et *incontestables* prouvent l'efficacité de cette médaille. Grâces spirituelles et corporelles, protection contre les démons, guérison des maladies, préservation dans les dangers, secours aux animaux domestiques eux-mêmes : il semble qu'on peut tout obtenir par elle. C'était l'avis du Vble M. Dupont, le Saint Homme de Tours, et, chaque jour, des faits nouveaux viennent donner raison à la confiance des âmes pieuses.

Cette médaille se fait en toutes sortes de métaux. Elle porte, d'un côté, l'image de S. Benoît, et, de l'autre, une croix dans un cercle ou dans un ovale, selon la forme de la médaille. Un certain nombre de caractères accompagnent cette croix; ce sont les lettres initiales de mots qui forment des phrases latines dont voici l'explication.

Autour de la croix, dans le cercle extérieur :

V. R. S. N. S. M. V. — S. M. Q. L. I. V. B.

Ce qui signifie :

Vade retro, satanas; nunquam suade mihi vana;
Sunt mala quæ libas; ipse venena bibas.

Arrière, Satan; ne me conseille jamais tes vanités;
Le breuvage que tu verses est le mal; bois toi-même tes poisons.

Entre les bras de la croix :

C. S.
P. B.

Crux sancti Patris Benedicti
Croix du Père S. Benoît.

DÉMONS

Dans la croix :

```
         C
         S
   N. D. S. M. D.
         M
         L.
       Crux
       Sacra
Non Draco Sit Mihi Dux
       Mihi
       Lux
```

Que la croix sainte soit ma lumière ;
Que le Dragon ne soit pas mon chef.

Cette médaille a été approuvée par le pape Benoît XIV en 1741 ; elle est enrichie de nombreuses indulgences.

FORMULE DE LA BÉNÉDICTION DES MÉDAILLES DE S. BENOÎT

Cette bénédiction est réservée aux prêtres de l'Ordre de Saint-Benoît, ou à ceux à qui le privilège est concédé.

Le prêtre, revêtu de l'étole et ayant les médailles devant lui, commence ainsi :

℣ Adjutorium nostrum in nomine Domini.
℟ Qui fecit cœlum et terram.

Exorciso vos, numismata, per Deum Patrem † omnipotentem qui fecit cœlum et terram, mare et omnia quæ in eis sunt. Omnis virtus adversarii, omnis exercitus diaboli et omnis incursus, omne phantasma Satanæ, eradicare et effugare ab his numismatibus, ut fiant omnibus qui eis usuri sunt salus mentis et corporis, in nomine Dei Patris † omnipotentis, et Jesu † Christi filii ejus Domini nostri, et Spiritus † Sancti Paracliti, et in charitate ejusdem Domini nostri Jesu Christi qui venturus est judicare vivos et mortuos et sæculum per ignem. Amen.	Je vous exorcise, médailles, par Dieu, le Père tout-puissant, qui a créé le ciel et la terre, la mer et tout ce qui y est contenu. Toute puissance adverse, toute armée du diable et toute attaque de sa part, toute illusion de Satan, soyez arrachées et fuyez de ces médailles, pour qu'elles deviennent, pour tous ceux qui s'en serviront, le salut de l'âme et du corps, au nom de Dieu le Père tout-puissant, et de Jésus-Christ, son fils et Notre-Seigneur, et du Saint-Esprit Paraclet, et par la charité du même Notre-Seigneur Jésus-Christ qui viendra juger les vivants et les morts, et ce siècle lui-même par le feu. Ainsi soit-il.

Kyrie eleison. — Christe eleison. — Kyrie eleison. — Pater noster... *etc.*

℣ Et ne nos inducas in tentationem.
℟ Sed libera nos a malo.
℣ Salvos fac servos tuos.
℟ Deus meus, sperantes in te.

℣ Esto nobis, Domine, turris fortitudinis.
℟ A facie inimici.
℣ Deus virtutem populo suo dabit.
℟ Dominus benedicet populum suum in pace.
℣ Mitte eis, Domine, auxilium de Sancto.
℟ Et de Sion tuere eos.
℣ Domine, exaudi orationem meam.
℟ Et clamor meus ad te veniat.
℣ Dominus vobiscum.
℟ Et cum spiritu tuo.

OREMUS

Deus omnipotens, bonorum omnium largitor, supplices te rogamus, ut per intercessionem sancti Patris Benedicti, his sacris numismatibus, litteris et characteribus a te designatis, tuam benedictionem infundas, ut omnes qui ea gestaverint ac bonis operibus intenti fuerint, sanitatem mentis et corporis, et gratiam sanctificationis, atque indulgentias nobis concessas consequi mereantur, omnesque diaboli insidias et fraudes, per auxilium misericordiæ tuæ, effugere valeant, et in conspectu tuo sancti et immaculati appareant. Per Dominum nostrum Jesum Christum Filium tuum, qui tecum vivit et regnat in unitate spiritus sancti Deus, per omnia sæcula sæculorum. Amen.

PRIONS

Dieu tout-puissant, qui donnez tous les biens, nous vous supplions humblement, par l'intercession du saint Père Benoît, de répandre votre bénédiction sur ces médailles sacrées, sur les lettres et les caractères par vous désignés, afin que ceux qui les auront portés et qui se seront appliqués aux bonnes œuvres, méritent d'obtenir la santé de l'âme et du corps, la grâce de la sanctification et les indulgences qui nous sont concédées; qu'ils puissent éviter toutes les embûches et les fraudes du démon, par le secours de votre miséricorde, et qu'ils apparaissent saints et immaculés en votre présence. Par Notre-Seigneur Jésus-Christ, votre Fils, qui vit et règne avec vous dans l'unité de Dieu le Saint-Esprit, pendant tous les siècles des siècles. Ainsi soit-il.

OREMUS

Domine Jesu Christe, qui voluisti pro totius mundi redemptione de Virgine nasci, circumcidi, a Judæis reprobari, Judæ osculo tradi, vinculis alligari, flagellis cædi, spinis coronari, clavis perforari, inter latrones crucifigi, lancea vulnerari et tandem in cruce mori : per hanc tuam sanctissimam Passionem, humiliter exoro, ut omnes diabolicas insidias et fraudes expellas ab eo, qui Nomen sanctum

PRIONS

Seigneur Jésus, qui avez voulu, pour le salut de tout le monde, naître de la Vierge, être circoncis, réprouvé par les Juifs, livré par le baiser de Judas, enchaîné de liens, frappé de verges, couronné d'épines, percé de clous, crucifié au milieu des larrons, blessé de la lance et enfin mourir sur la croix; par cette très sainte passion que vous avez soufferte, nous vous supplions humblement de chas-

tuum his litteris et characteribus a te designatis devote invocaverit, et eum ad salutis portum perducere digneris. Qui vivis et regnas in sæcula sæculorum. Amen.

Benedictio Dei Patris † omnipotentis, et Filii †, et Spiritus † Sancti, descendat super hæc numismata ac ea gestantes, et maneat semper, in nomine Patris †, et Filii †, et Spiritus † Sancti. Amen.

ser toutes les embûches et les fourberies du démon loin de celui qui aura invoqué pieusement votre nom par ces lettres et ces caractères désignés par vous, et de daigner le conduire au port du salut, vous qui vivez et régnez dans les siècles des siècles. Ainsi soit-il.

Que la bénédiction de Dieu le Père tout-puissant, du Fils et de l'Esprit Saint descende sur ces médailles et sur ceux qui les porteront, et qu'elle y demeure toujours, au nom du Père et du Fils et de l'Esprit Saint. Ainsi soit-il.

Le prêtre asperge ensuite les médailles d'eau bénite. — (Formule authentique, conforme à l'exemplaire du Mont-Cassin, d'après le R. P. Dom P. Guéranger).

Dévotion à S. ANTOINE DE PADOUE
CONTRE LES DÉMONS

Porter sur soi des billets, nommés vulgairement *fléaux du démon*, sur lesquels sont écrits ces mots :

Jésus † Marie,
Jésus Nazaréen, roi des Juifs

† Ecce crucem † Domini; † fugite partes adversæ, † vicit leo de tribu Juda, radix David. Alleluia, Alleluia, Alleluia.

Voici la croix † du Seigneur; † fuyez partis adverses; le lion de la tribu de Juda, souche de David, vous a vaincus. Alleluia, Alleluia, Alleluia.

(*Collectio benedictionum.* Sanning.)

Prière à Ste RESTITUTE
CONTRE LES ATTEINTES DU DÉMON

O Ste *Restitute*, objet de notre culte pieux, nous vous le demandons avec un vif amour, venez à notre aide contre Satan, pour que nous ne soyons point condamnés au jour du jugement, quand se fera, au bruit du tonnerre, le suprême interrogatoire. Cachez-nous alors à l'abri de vos ailes et faites-nous prendre part à la joie des élus.

ORAISON

Faites, nous vous en prions, Dieu tout-puissant, Père bon et miséricordieux, que nous soyons protégés par les mérites et les prières de votre bienheureuse Vierge et Martyre dont nous célébrons la mémoire, et au patronage de laquelle nous recourons, par J.-C. N.-S. Ainsi soit-il. — (Prière populaire ancienne.)

Prière à S. UBALD
CONTRE LES MÉFAITS DU DÉMON

Seigneur, nous vous en supplions, laissez-vous apaiser, donnez-nous votre secours, et, par l'intercession de S. Ubald, votre confesseur et Pontife, étendez sur nous votre main secourable, contre tous les méfaits du démon; par J.-C. N.-S. Ainsi soit-il. — (Prière liturgique de l'office de S. Ubald.)

Dentelières (Patrons des):
S¹ᵉ *Anne*. — *S. François Régis*. — *S*ᵗᵉ *Elisabeth* de *Hongrie*. — *S. Nicolas*.

Dentistes (Patrons des):
S. Côme et S. Damien. — *S. Lambert*.

Dentition des enfants (Pour la bonne), prier:
S. Agapit.

S. Méloir : pèlerinages à Locmélar, par Landivisiau (Finistère), et à Saint-Méloir-des-Ondes (Ille-et-Vilaine).

Dents (Contre les maux de), on invoque:
*S*ᵗᵉ *Alène*. — *S*ᵗᵉ *Elisabeth* de *Hongrie*. — *S. Blaise*. — *S. Forannan*. — *S. Céran*. — *S. Grégoire* d'Arménie. — *S*ᵗᵉ *Charitine*. — *S*ᵗᵉ *Ide* de Nivelle. — *S. Christophe*. — *S. Médard*. — *S. Crescence*. — *S. Dalmace Monier*. — *S. Rigobert*. — *S. Dizié* ou *Dirié*. — *S. Ursmars*.

S. Gildas : pèlerinages dans un très grand nombre de paroisses de Bretagne.

S. Bald : pèlerinages à Pavant, par Nogent-l'Artaud (Aisne), à Sens et à Perron, par Sens-sur-Yonne (Yonne).

On met sur la dent un objet ayant touché au tombeau de *S. Crescence*, à Saint-Denis, près Paris.

*S*ᵗᵉ *Apolline* ou *Apollonie*: C'est la sainte la plus universellement invoquée contre les maux de dents. Dans un grand nombre d'églises, chapelles et oratoires où se trouvent des reliques ou la statue de la sainte, on dit des évangiles en son honneur.

Saint François de Sales, souffrant d'un grand mal de dents, fut guéri par le contact d'un linge qui avait touché les reliques de Sᵗᵉ Apolline.

Prière à Sᵗᵉ APOLLINE
CONTRE LE MAL DE DENTS

O Dieu, pour l'amour duquel la Bᵉᵉ *Apolline*, vierge et martyre, a souffert avec constance l'horrible arrachement des dents, faites, nous vous en prions, que tous ceux qui célèbrent assidûment sa mémoire soient conservés exempts des maux de dents et de tête et qu'après les afflictions de cet exil ils soient conduits aux joies éternelles. Par J.-C. N.-S. Ainsi soit-il. — (Bréviaire ancien.)

AUTRE PRIÈRE A LA MÊME INTENTION

O Dieu, qui par ses dents arrachées pour l'amour de votre nom avez fait triompher merveilleusement la B^{se} *Apolline* de son cruel ennemi, accordez-nous, nous vous en supplions, par ses mérites et son intercession, d'être délivrés des maux de dents et de toute maladie du corps et de l'âme. Par N.-S. J.-C. Ainsi soit-il. — (Ibidem.)

AUTRE

Illustre vierge martyre, *Apollonie*, répandez pour nous vos prières aux pieds du Seigneur, afin que nous ne soyions pas, à cause de nos péchés, affligés du mal de dents; vous à qui la cruauté des bourreaux les a arrachées si violemment, veuillez en dissiper doucement la douleur. Ainsi soit-il. — (Prière française du XVe siècle.)

AUTRE

Par la douleur si aiguë que vous avez soufferte, ô glorieuse Ste *Apolline*, quand, par l'ordre du tyran, on vous arracha les dents qui ajoutaient un si bel ornement à votre visage angélique, obtenez-nous du Seigneur la grâce d'être toujours délivrés de toute semblable douleur, ou tout au moins de les supporter courageusement avec une imperturbable résignation. Ainsi soit-il. — (Prière usitée en Italie.)

AUTRE

O mon Dieu, ayez égard à la piété et aux mérites de votre chère épouse *Apollonie*, qui, par amour pour vous, a enduré patiemment qu'on lui arrachât les dents, ainsi que les douleurs du feu qui consumaient son corps. Accordez-nous, par l'intercession de cette vierge qui est invoquée tout particulièrement pour les maux de dents, que nous soyons délivrés de ces douleurs. Ainsi soit-il. — (Prière allemande.)

Désastres sur terre et **Dangers sur l'eau** (Contre les), on prie :
S. Romain.

Invocation indiquée par S. Grégoire de Tours, rapportée dans le bréviaire de Bordeaux :

« Ayez pitié de nous, *S. Romain*, confesseur de Dieu ! »

Descendance masculine (Pour obtenir une), on invoque :

    Ste *Félicité*, de Rome, qui fut mère de sept garçons. — *S. François de Paule* (la dévotion des treize vendredis, indiquée à l'article *Afflictions spirituelles et corporelles*, a été très souvent employée efficacement pour obtenir la grâce ci-dessus).

Diarrhée (Contre la), invoquer :

    S. Germain d'Auxerre.

    S. Loup de Limoges : pèlerinage à l'église de Saint-Michel-des-Lions, à Limoges, où se trouvent les reliques du saint, et à Saint-Rémy-sur-Durolle (Puy-de-Dôme). Ce dernier pèlerinage est très important ; il a lieu surtout le premier dimanche de septembre. On peut faire demander des prières.

Difformités (Contre les), on prie :

    Ste *Isbergue*.

Dimanche (Patron et protecteur des associations pour favoriser le repos du) :

    S. Eustache.

L'Église reconnaît ce saint abbé comme promoteur spécial de l'observation du dimanche, dans la prière suivante que diront souvent ceux qui ont à cœur la fidélité à cette loi capitale.

Prière à S. EUSTACHE

O Dieu, qui avez suscité, dans votre miséricorde, le bienheureux abbé *S. Eustache*, pour être le rénovateur de l'observation fidèle du dimanche, accordez, s'il vous plaît, à nos prières, que par ses mérites et son intercession, il renouvelle encore de nos jours ce qu'il a autrefois accompli par sa prédication et ses miracles ; au nom de J.-C. N.-S. Ainsi soit-il. — (ORAISON DU BRÉVIAIRE DE BEAUVAIS.)

Discrétion (Pour obtenir la), on invoque :

    S. Jean Népomucène.

PRIÈRE

O Dieu, qui avez décoré votre Église d'une nouvelle couronne à cause du silence invincible de *S. Jean* sur les secrets de confession, accordez-nous, par son intercession, de si bien garder notre bouche que nous méritions d'être ajoutés au nombre des Bienheureux qui n'ont point péché par la langue. Par J.-C. N.-S. Ainsi soit-il. — (ORAISON LITURGIQUE.)

Disette (Contre la), on prie :

    Ste *Maure* et Ste *Britte*.

Distillateurs (Patrons des):
S. *Amand*. — S. *Louis*, roi.

Docteurs en droit canon (Patron des):
S. *Raymond* de Pennafort.

Domestiques (Voir *Serviteurs*).

Domestiques de couvents (Patronne des):
Ste *Marthe*.

Doreurs (Patrons des):
S. *Clair*. — Ste *Claire*. — S. *Eloi*. — S. *Michel*. — S. *Pierre ès Liens*.

Doreurs sur cuir (Patron des):
S. *Jean-Baptiste*.

Dos (Voir *Reins*).

Douceur (Pour obtenir la), on s'adresse à:
S. *Hamon* de Laudachop. — S. *Mansuet*.

Doute (Contre le), on invoque:
S. *Paul* de Narbonne.

Pèlerinage à l'église de Saint-Paul, à Narbonne (Aude), principalement le 22 mars et le 11 décembre, contre le doute religieux, hélas! si commun aujourd'hui. On peut y recommander les personnes chères qui sont dans ce malheureux état.

Douleurs (Contre les), on invoque:
Ste *Amelberge*. — S. *Arnould*. — Ste *Marine*.

S. *Loup* de Lyon : pèlerinage à Panissière (Loire) (Voir *Rhumatismes*).

S. *Thierry* : pèlerinage à Auménancourt-le-Petit, par Bourgogne (Marne), où l'on peut se recommander en écrivant à M. le curé de Saint-Etienne-sur-Suippe, desservant de la paroisse d'Auménancourt.

Ste *Emérence* ou *Emérentienne* : pèlerinage dans l'église du Temple, près de Carentoir (Morbihan). Ecrire, s'il est besoin, à M. le curé de cette dernière paroisse.

Draps (Patrons des fabricants et des marchands de):
Ste *Barbe*. — S. *Blaise*. — Ste *Catherine*. — S. *Eustache*. — S. *Homobon*. — S. *Louis*. — S. *Marceau*. — S. *Nicolas*. — S. *Pierre* et S. *Paul*. — S. *Sévère*. — Ste *Marie l'Egyptienne*.

Droguistes (Patrons des):
S. *Côme* et S. *Damien*. — S. *Jacques le Majeur*.

Dysenterie (Contre la), invoquer:
S. *Guy* d'Auderlecht. — S. *Loup*.

S⁽ᵉ⁾ *Eulalie* : pèlerinage à l'église de la Sainte-Trinité, à Caen, où l'on possède le chef de la sainte.

S. *Fiacre* : pèlerinage en l'honneur de S. Fiacre dans l'église cathédrale de Meaux, et au village de Saint-Fiacre, voisin de la même ville.

S⁽ᵉ⁾ *Lucie* : il existe, à Anvers (Belgique), une confrérie qui a pour but d'obtenir du Tout-Puissant, par l'intermédiaire de S⁽ᵉ⁾ *Lucie*, toutes sortes de faveurs spirituelles et temporelles. Le directeur de la confrérie bénit des ganses de soie rouge que l'on doit porter au cou pour être préservé des maladies contre lesquelles S⁽ᵉ⁾ *Lucie* est invoquée et qui sont : les maladies de la Gorge, des Yeux, la Dysenterie et les Hémorragies.

(L. DU BROC).

E

Eau (Contre les désastres causés par l') :
S. *Hildevert*. — S. *Maurille* d'Angers. — S. *Nicolas*. — S. *Romain*.

(Voir *Dangers*.)

Eau (Patron des porteurs d') :
S. *Léonard*.

Eau-de-vie, Alcools et Spiritueux (Patron des marchands d') :
S. *Amand*.

Ébénistes (Patron des) :
S⁽ᵗᵉ⁾ *Anne*. — S. *Pierre*.

Écoles catholiques (Patron des) :
S. *Thomas d'Aquin*.

Écoliers (Patrons des) :
S. *Cassien*. — S. *Nicolas*. — S⁽ᵗᵉ⁾ *Catherine*. — S. *Symphorien*. — S. *Grégoire le Grand*. — S. *Vincent*.

Écolières (Patronne des) :
B⁽ᵘᵉ⁾ *Osanne* de Mantoue.

Économes (Patrons des) :
S. *Laurent*. — S. *Marcien*.

Écrivains (Patrons des) :
S. *Cassien*. — S⁽ᵗᵉ⁾ *Lucie*.

Écrivains copistes (Patron des) :
S. *Jean Porte-Latine*.

Écrivains publics (Patron des) :
S. Geniez.

Écrouelles ou **Humeurs froides** (Contre les), on s'adresse à :
Ste Balbine. — S. Donan. — S. Gérard. — S. Lienne.
S. Cado : pèlerinage à Saint-Cado, en Belz (Morbihan).
S. Amand : à Bascons, par Grenade-sur-l'Adour (Landes); il y a une fontaine très célèbre et un pèlerinage en l'honneur de ce saint évêque. On peut s'adresser à M. le curé pour demander des prières.
S. Méen : à Ploërmel (Morbihan), on plonge les enfants scrofuleux dans une fontaine située près de la chapelle de S. Méen.

Antienne à S. CLOUD

O S. Cloud, jetez sur nos misères un œil de compassion, et apportez-nous le secours médicinal de votre amitié.
℣ Priez pour nous, S. Cloud.
℟ Afin que nous devenions dignes des promesses de J.-C.

PRIÈRE

Roi des rois, Seigneur des seigneurs, Jésus-Christ, notre Sauveur, nous supplions humblement Votre Majesté de daigner nous accorder, par l'intercession de S. Cloud, votre confesseur, le pardon de nos fautes, la sainteté de vie, la guérison de toutes les maladies, spécialement des écrouelles, et l'éternelle félicité. Vous qui vivez et régnez dans tous les siècles des siècles. Ainsi soit-il. — (PRIÈRE POPULAIRE ANCIENNE.)

Les deux saints principalement invoqués pour les *écrouelles* sont S. Eloy et S. Marcou. Pèlerinage en l'honneur de S. Eloy, à Luzoir, par Wimy (Aisne).

Prière à S. MARCOU

ANTIENNE

O bienheureux S. Marcou, notre Père, que votre bienveillance vienne en aide à vos serviteurs, qu'ils retrouvent la santé parfaite et aspirent aux joies éternelles.
Que la maladie des scrofules abandonne nos membres épuisés.

ORAISON

Dieu tout-puissant, Père des éternelles consolations, accordez-nous, nous vous en supplions, le salut de l'âme et la santé du corps, afin qu'affranchis de toute maladie, et surtout de celle des écrouelles, nous nous attachions de toute notre âme à vos préceptes, et que nous jouissions un jour des joies éternelles. Par J.-C. N.-S. Ainsi soit-il. — (PRIÈRES LITURGIQUES.)

BÉNÉDICTION DES SCROFULEUX EN L'HONNEUR DE S. MARCOUL ET DE S. ÉLOY, QUI SE DONNE PAR LES PÈRES DOMINICAINS

Le prêtre impose la main sur les malades en disant :

Super ægros manus imponent et bene habebunt; Jesus, Mariæ filius, mundi salus et dominus, qui te (vel vos) traxit ad fidem catholicam, te (vel vos) in ea conservet et beatum (vel aliter) faciat et meritis Beatæ Virginis Mariæ et beati *Dominici* patris nostri, et beatorum *Eligii* et *Marculphi* confessorum, et omnium sanctorum, te (vel vos) ab hac infirmitate liberare dignetur.

℣ Lætamini in Domino et exultate, justi.
℟ Et gloriamini, omnes recti corde.

Ils imposeront les mains sur les malades, et ils seront guéris. Que Jésus, Fils de Marie, Seigneur et Sauveur du monde, qui vous a amené à la foi catholique, vous maintienne dans cette foi, qu'il vous rende bienheureux et qu'il daigne vous délivrer de cette maladie, par les mérites de la Bienheureuse Vierge Marie, du bienheureux *Dominique* notre Père, des bienheureux *Eloy* et *Marcoul* et de tous les saints.

Réjouissez-vous dans le Seigneur, justes, et soyez heureux.
Et glorifiez-vous, vous tous dont le cœur est droit.

OREMUS

Præsta quæsumus, omnipotens Deus, ut qui sanctorum confessorum tuorum *Eligii* et *Marculphi* patrocinia petimus, a cunctis malis eorum intercessionibus liberemur. Per Christum Dominum nostrum. Amen.

Divinum auxilium maneat semper nobiscum. Amen.

PRIONS

Faites, nous vous en prions, Dieu tout-puissant, que, nous qui implorons la protection de vos saints confesseurs *Eloy* et *Marcoul*, nous soyions délivrés de tout mal par leur intercession. Par J.-Christ N.-Seigneur. Ainsi soit-il.

Que le secours divin demeure toujours sur nous. Ainsi soit-il.

Puis le prêtre fait un signe de croix sur les plaies, en disant :

Per intercessionem sancti *Eligii* et S*ti Marculphi*, liberet te (vel vos) Jesus ab hoc malo, secundum fidem tuam (vel vestram), quantum expedit animæ tuæ (vel aliter). In nomine Patris †, et Filii †, et Spiritus Sancti †. Amen.

Par l'intercession de S. *Eloy* et de S. *Marcoul*, que Jésus vous délivre de ce mal selon votre foi, autant que cela est avantageux pour votre âme. Au nom du Père, et du Fils, et du Saint-Esprit. Ainsi soit-il.

Eczéma (Contre toutes les formes de l'), on invoque :
Ste Rose.

Pèlerinage très fréquenté à Ballan (Indre-et-Loire), le 26 août, jour de la fête de la sainte, et le dimanche qui suit. — M. le curé de Ballan reçoit et se charge d'acquitter toutes les intentions des pieux fidèles.

Église universelle (Patron de l') :
S. Joseph.

Église (Pour l'), on invoque :
S. Drausin.

Église (Pour la liberté de l'), on invoque :
S. Grégoire VIII, pape.

PRIÈRE RECOMMANDÉE PAR LE SOUVERAIN PONTIFE

O invincible défenseur de la liberté de l'Eglise, illustre S. Grégoire, par cette force d'âme que vous avez montrée dans le maintien de ses droits contre les puissances de la terre et de l'Enfer conjurées ensemble, étendez du haut du ciel sur elle, nous vous en supplions, votre bras puissant, pour la fortifier et la défendre dans la guerre terrible qu'elle a encore aujourd'hui à soutenir. Fortifiez principalement dans cette lutte le vénérable Pontife qui a hérité de votre siège et aussi de l'intrépidité de votre cœur, et obtenez-lui de voir ses saints efforts couronnés par le triomphe de l'Eglise et par le retour des égarés dans la bonne voie. Faites aussi que toute la terre comprenne enfin que c'est une entreprise vaine de s'attaquer à cette foi qui a toujours vaincu et qui vaincra toujours le monde : *hæc est victoria quæ vincit mundum, fides nostra*. C'est le vœu que, d'un commun accord, nous vous adressons; et nous avons la douce confiance qu'après nous avoir exaucés sur la terre vous nous appellerez un jour avec vous dans le ciel, auprès de l'éternel Pontife qui, avec le Père et avec le S.-Esprit, vit et règne dans tous les siècles. Ainsi soit-il.

Éleveurs de bestiaux (Patron des) :
S. Uguzon.

Émailleurs (Patron des) :
S. Clair.

Emballeurs (Patrons des) :
S. Fiacre. — S. Nicolas. — S. Louis.

Émouleurs ou **Gagne-Petit** (Patron des) :
S. Catherine.

Énergumènes (Pour les), on implore :
S. Grégoire de Langres. — S. Hidulphe. — S. Eustase.
S. Mathurin : pèlerinage à Larchant (Seine-et-Marne).

S. *Patrocle*; pèlerinage à Colombier, par Commentry (Allier). (Voir aussi *Possessions* et *Obsessions*.)

Enfants (Patrons des):
S. *Agapit*. — S. *Siméon* de Trente. — S. *Brice*. — S‍te *Solange*. — S. *Christophore* de la Guardia. — S. *Joseph Calasanz*. — S. *Gilles*. — S. *Nicolas*. — S. *Pierre Armengol*. — S. *Joseph*. — S. *Trophime*.

Enfants de Lyon (Patron des):
S. *Bonaventure*.

Enfants (Pour les), on invoque sous forme de litanie:
S. *Cant*, S. *Cantien* et S‍te *Cantianille*. — S. *Cloud*. — S. *Nicolas*. — S‍te *Camelle*. — S. *Christophore* de la Guardia. — S. *Ghislain*. — S. *Ignace de Loyola*. — S. *Martial*. — S. *Raymond Nonnat*. — S. *Trophime*. — S. *Vital*.

S‍te *Camelle*, ou *Camille*, est une des grandes protectrices de l'enfance. Adresser les recommandations et les demandes de prières à M. le curé de Sainte-Camelle (Aude), où se fait un important pèlerinage.

On conduit les enfants à la procession des *Corps saints*, en l'honneur des SS. *Cant, Cantien* et *Cantianelle*, à Étampes (Seine-et-Oise).

Pèlerinage très fréquenté en l'honneur de S. *Nicolas*, à une chapelle qui lui est dédiée dans la forêt de Château-la-Vallière (Indre-et-Loire).

Enfants à la mamelle (Protecteur des):
S. *Marcel*.

Enfants malades de différentes maladies peu déterminées (Pour les), on s'adresse à:
SS. *Abdon* et *Sennen*. — S. *Gibrien*. — S. *Agnan*. — S‍te *Aldegonde*. — S. *Blaise*. — S. *Jean-Baptiste*. — S. *Clément*. — S. *Leufroy*. — S‍te *Clotilde*. — S. *Loup* (Voir *Carreau*). — S. *Dodon*. — S. *Domnin*. — S. *Maurice*. — S. *Eustache*. — S. *Priv*. — S. *Félix* de Spello. — S. *Pompée*. — S. *Fidèle* de Spello. — S. *Ubald*. — S. *Gengoult*. — S‍te *Ursule*.

Il existe un nombre considérable de sanctuaires où l'on va prier pour les enfants malades.

Ils sont beaucoup trop nombreux pour qu'on puisse les citer tous; en voici seulement quelques-uns:

Pèlerinage à Favières, près Grivesnes (Somme), en l'honneur de S. *Agapit*;

Pèlerinage à S‍te *Aldegonde* à Maubeuge (Nord);

Pèlerinage en l'honneur de S. *Boëtian* à Pierrepont-en-Laonois (Aisne);

Pèlerinage à S⁽ᵗᵉ⁾ *Eutropie*, à Bertichères, paroisse de Chaumont (Oise);

Pèlerinage à *S. Dodon*, à Moustier, par Trélon (Nord);

Pèlerinages à Guignecourt, Janville, Saint-Aubin-en-Bray, Thiascourt (Oise), en l'honneur de *S. Aubin* d'Angers;

Pèlerinage à la fontaine de Battigny, par Vandéléville (Meurthe-et-Moselle), en l'honneur de *S. Germain* de Montfort;

Pèlerinage à l'église *S. Pierre*, à Constance (grand-duché de Bade);

Pèlerinage tous les jours, mais surtout le vendredi, à la fontaine de *S⁽ᵗᵉ⁾ Pharaïlde*, à Bruai (Nord); L'église de cette paroisse possède aussi des reliques de la sainte, et des grâces sans nombre sont accordées à ceux qui les vénèrent avec confiance.

Pèlerinage en l'honneur de *S. Vaury*, à Saint-Vaury (Creuse);

Pèlerinages en l'honneur de *S. Gilles* à une chapelle du saint, près de Saint-Paterne (Indre-et-Loire); à Aiguevives, par Montrichard (Loir-et-Cher), et surtout à Saint-Gilles (Gard);

Pèlerinage en l'honneur de *S⁽ᵗᵉ⁾ Camelle*, à la paroisse de ce nom, département de l'Aude. M. le curé veut bien se charger de recevoir les intentions de messes et les recommandations¹ (Voir au mot *Maternité*).

En l'honneur de *S. Eustache*, à Saint-Germer-de-Fly (Oise), où l'on peut faire recommander les enfants et demander pour eux des prières.

Dans le jardin du presbytère de Magny-Saint-Médard, par Mirebeau-sur-Bèze (Côte-d'Or), se trouve une fontaine dite de Saint-Médard où l'on vient, de temps immémorial, puiser de l'eau pour les enfants malades. On y trempe aussi des langes qu'on leur fait porter, en l'honneur de S. Médard. Ces marques de foi et de confiance sont récompensées par de fréquentes guérisons².

S. Gengon, ou *Gengoult*, est invoqué dans la cathédrale de Langres et à Rémérangles, par Bulles (Oise), où sont ses reliques. On peut écrire, pour demander des messes ou des prières, à M. le curé de Rémérangles. A Varennes-sur-Amance (Haute-Marne), se voit une fontaine qui jaillit sur l'ordre de *S. Gengon* et dont l'eau opère de nombreuses guérisons. Ce saint, aujourd'hui moins connu, était jadis très honoré, non seulement en France, mais même en Belgique, en Allemagne, etc.

---

1. « Depuis cinq ans que je suis curé à Sainte-Camelle, écrit M. l'abbé Bourdoncle, j'ai vu de merveilleuses guérisons d'enfants dangereusement malades, subitement rétablis par l'intercession de notre sainte. Les malades des yeux sont aussi guéris par l'eau de la fontaine où elle a été martyrisée. J'ai constaté des cas étonnants. »

2. Communication de M. l'abbé Sordel, curé de Magny-Saint-Médard.

Pèlerinage au grand S. SYLVAIN
A LEVROUX (INDRE)

Cette paroisse a l'honneur de posséder la tête vénérée de S. Sylvain.

L'ostension solennelle de cette précieuse relique se fait au jour de la fête dite *du chef*, qui a lieu le cinquième dimanche après Pâques; également au jour de l'Assomption; enfin le dimanche qui suit le 22 septembre, fête obituaire du saint.

Pour ces trois solennités, la foule des pèlerins est particulièrement considérable. — Mais il ne se passe guère de jour qu'on ne vienne de loin ou qu'on n'écrive, soit pour remercier des grâces obtenues par l'intercession de S. Silvain, soit pour demander des prières, principalement en faveur des petits *enfants atteints de convulsions* ou bien encore de cette *affection charbonneuse qu'on désigne dans le pays sous le nom de feu ou mal de S. Silvain*.

Souvent on remporte pour les malades des cordons bénits ou du linge qu'on a trempé dans la fontaine Sainte-Rodène.

Des mères inquiètes pour leur famille, des femmes enceintes font pour elles et leurs enfants le vœu de renouveler ce pèlerinage pendant trois ans.

Les pèlerins, le plus ordinairement, remettent une offrande de *trente* centimes pour avoir *un voyage :* c'est-à-dire le chant d'une antienne en l'honneur de S. Silvain avec la récitation d'un Evangile.

Le clergé de la paroisse, à toute heure, est à la disposition des fidèles, et l'on peut demander par correspondance des messes, des neuvaines, etc.

Pour tout ce qui concerne le pèlerinage, messes, voyages, cierges, cordons, médailles, etc., s'adresser à M. le curé-doyen de Levroux (Indre).

Ce pèlerinage est un des plus importants du Centre de la France, et il remonte à la plus haute antiquité, puisque l'histoire nous apprend que le grand *S. Martin*, évêque de Tours, le faisait chaque année. Il conserve aujourd'hui sa splendeur, et des grâces sans nombre y sont obtenues [1].

On invoque encore *S. Silvain*, surtout pour les maladies des enfants, à Saint-Sylvain, par Bellegarde (Creuse), où les grâces obtenues sont aussi très fréquentes [2]; à La Celle-Bruère,

---

[1]. Renseignements dus à l'obligeance de M. l'abbé Gay, curé de Levroux.
[2]. M. l'abbé Raynaud, curé actuel de Saint-Silvain-Bellegarde, a été lui-même guéri, étant enfant, par l'intercession de S. Silvain, d'une maladie dont les médecins désespéraient. Il nous a communiqué avec une grande amabilité des renseignements dont, à notre grand regret, l'espace ne nous permet pas de rendre compte en détail.

par Bruère-Allichamps (Cher); à Noyers, par Saint-Aignan (Loir-et-Cher); et dans une foule d'autres églises[1].

Enfants langoureux ou **maladifs** (Pour les), on prie :
S. Aubert. — S. Eutrope. — S. Christophe (mêmes pratiques que pour les convulsions). — S. Dizaint. — S. Symphorien. — S. Hilier.
S. Hugues : pèlerinage à Chemillé-sur-Indrois, par Montrésor (Indre-et-Loire).

PRIÈRE PAR LAQUELLE LE PÈRE DE S. HILIER OBTINT LA GUÉRISON DE SON ENFANT QUI ÉTAIT LANGOUREUX

Dieu tout-puissant et éternel, salut éternel des croyants, qui avez ouvert les yeux de l'aveugle-né, rendez à cet enfant languissant son ancienne santé, et guérissez-le par votre miséricorde. Ainsi soit-il.

Enfants en chartre (Pour les) (Voir *Rachitisme*).

Enfants en danger de mort (Pour les), on prie :
Ste Cunégonde. — SS. Innocents.

Enfants (Contre la fièvre des) :
S. Millefort. — Ste Radegonde.
S. Cyr : pèlerinage à Massigny (Côte-d'Or), et au Pont-de-Metz (Somme), pour les enfants fiévreux.

Enfants (Pour donner des forces aux), on s'adresse à :
S. Dizaint.
S. Martin : pèlerinage à Saint-Martin de Tours; offrandes de messes, évangiles, aumônes, etc., à la basilique où se trouve le tombeau du grand saint, dans cette même ville de Tours.
S. Fort : pèlerinages et évangiles dans presque toutes les églises dédiées à S. Fort, ou ayant au moins sa statue; le plus important a lieu à l'église Saint Seurin, à Bordeaux, qui possède son tombeau.
S. Millefort : pèlerinages nombreux, notamment à Camps-en-Amiénois par Molliens-Vidame (Somme), et à Buzenval, canton de Blangy (Seine-Inférieure). Ce dernier pèlerinage a lieu surtout le mardi de Pentecôte.

Enfants tardant à marcher ou vulgairement **noués** (Pour les) :
Ste Aldegonde (Voir *Enfants malades*). — S. Aubert d'Avr. — Ste Avoie. — S. Boëtian (Voir *Enfants malades*). — S. Fort. — S. Guillaume. — S. Hilloine. Ste Marie-Madeleine. — S. Nabor. — S. Waast.

---

1. M. Lecoy de la Marche compte, en France, 3.700 paroisses sous le vocable de S. Sylvain.

Pour les enfants qui tardent à marcher, il se fait de nombreux pèlerinages ; en voici quelques-uns :

A Cormeilles (Eure), en l'honneur de S. *Firmin*;

A Saint-Augustin, par Faremoutiers (Seine-et-Marne), en l'honneur de S. *Lié*;

A Clazay, par Bressuire (Deux-Sèvres), et en beaucoup d'autres églises, en l'honneur de S. *Fort*;

A Riceys-Bas, ville de Riceys (Aube), en l'honneur de Ste *Sabine*;

A Chastel-Marlhac, par Seignes (Cantal), en l'honneur de S. *Victor*;

A Coudun et Milly (Oise), en l'honneur de S. *Hilaire*;

A Madré (Mayenne), par Neuilly-le-Vendin, en l'honneur de S. *Aubert*.

Dans un grand nombre d'églises de l'Oise et de la Somme en l'honneur de S. *Sulpice*.

En l'honneur de S. *Ursmars*, à Floyon (Nord), pèlerinage très fréquenté : on plonge les enfants dans une splendide fontaine qui n'a jamais tari. Elle se trouve près de la chapelle construite sur le lieu de la naissance de S. *Ursmars*[1].

Prière aux SS. ABDON et SENNEN
POUR LES ENFANTS MALADES ET QUI TARDENT A MARCHER

Au nom du Père,... etc.

Notre Père qui êtes aux cieux,... etc.

Mon doux Jésus, je vous en conjure, au nom de vos cinq plaies adorables, de votre sainte Passion, de votre mort et de votre résurrection glorieuse, prenez compassion de l'enfant *N...* Oh! Dieu de bonté, que votre nom soit béni. Bénissez cet enfant chaque jour; fortifiez-le, purifiez-le, guérissez-le promptement des maux qu'il a dans tous ses membres. Faites-le parler et marcher le plus promptement possible.

Je vous salue, Marie, etc.

Oui, ô Marie, Mère de Jésus et la nôtre, salut des infirmes, consolatrice des affligés, secours des chrétiens, par toutes les douleurs que vous ressentîtes au pied de la croix et qui ont transpercé votre cœur maternel pendant la Passion et la mort de votre divin Fils, Notre-Seigneur, prenez pitié de l'enfant *N...* Ah! mère de Miséricorde, je vous en conjure, du haut du Ciel priez pour lui; bénissez-le chaque jour, fortifiez-le, guérissez-le promptement des maux qu'il a dans ses membres, faites-le parler et marcher le plus promptement possible.

S. *Abdon* et S. *Sennen*, priez pour nous.

Je vous salue, bienheureux S. *Abdon*, martyr, vous et votre compagnon S. *Sennen*; vous êtes dans le ciel, entendez ma voix, prenez

---

1. Communication de M. le curé de Floyon (Nord), qui se charge des intentions qu'on lui confie.

compassion de cet enfant N... guérissez-le promptement des maux qu'il a dans ses membres ; faites-le parler et marcher le plus promptement possible. Ainsi soit-il. — (Prière populaire.)

Pèlerinages très fréquentés en l'honneur des mêmes saints à Villers-la-Faye[1] (Côte-d'Or) et à Arles-sur-la-Tech, où se trouve leur tombeau qui contient une eau miraculeuse toujours renouvelée.

(Voir au mot *Jambes*.)

Enfants ayant la langue embarrassée (Pour les), on invoque :
S. Mommolin.

Enfants qui ont les jambes en croix (Pour les), on prie :
S. Gervais et S. Protais : pèlerinage à Jarnages (Creuse).
Ste Colombe : pèlerinage et fontaine à Sainte-Colombe, par Hagetmau (Landes), où il s'opère de nombreuses cures.

Enfants de chœur (Patrons des) :
SS. Innocents. — S. Nicolas.

Enfants trouvés (Patrons des) :
SS. Innocents. — S. Vincent de Paul.

Enfants (Pour avoir des) (Voir *Maternité*).

Enfantement (Contre les douleurs de l'), prier :
S. Erasme. — Ste Rose de Lima. — S. Ours. — S. Psalmode. — S. Raymond Nonnat.

Prière à Ste ROSE DE LIMA

O Dieu qui nous permettez de recourir à vos saints, pour qu'ils nous recommandent eux-mêmes à votre miséricorde, exaucez les prières que nous vous adressons par l'entremise de Ste Rose, votre fidèle servante ; que son intercession délivre nos âmes du péché, et nos corps des maux que nous endurons, afin que nous puissions bénir votre nom. Par J.-C. N.-S. Ainsi soit-il.

(Voir aussi *Délivrance* et *Couches*).

Enfer (Contre les puissances de l'), on invoque :
S. Laurent. — S. Théodule.

(Voir encore *Démons*, *Esprits immondes*, etc.)

Enfer (Pour éviter l'), on prie surtout :
S. Antoine. — S. Patrice. — S. Eugène. — S. Nicolas.

---

1. Station à Corgoloin, ligne de Paris à Lyon par la Bourgogne.

Prière à S. EUGÈNE
POUR ÉVITER L'ENFER

O Dieu qui, par l'intercession de S. *Eugène*, votre confesseur, avez arraché l'âme de son parent du gouffre de la mort éternelle, faites que par ses mérites et ses prières les âmes de vos fidèles soient à jamais délivrés des embûches de l'esprit infernal. Par J.-C. N.-S. Ainsi soit-il.

Prière à S. NICOLAS
POUR LA MÊME INTENTION

Dieu qui avez illustré S. *Nicolas*, votre pontife, par d'innombrables miracles, faites, nous vous en prions, que par ses mérites et par ses prières nous soyions délivrés des feux de l'enfer. Par Jésus-Christ Notre-Seigneur. Ainsi soit-il.

Enflures (Contre les), prier :
Ste *Bertille*. — S. *Eutrope*.
S. *Maudez* : pèlerinage à Saint-Maudez, par Plélan-le-Petit (Côtes-du-Nord), ainsi que dans plus de 50 autres paroisses de Bretagne.

Engelures (Contre les), on invoque :
S. *Genès* : pèlerinage à Jardres, par Saint-Julien-Lars (Vienne).

Enlumineurs (Patrons des) :
S. *Luc*. — S. *Jean Porte-Latine*.

Ennemis de l'âme et du corps (Contre les), on invoque :
S. *Ferdinand* de Castille.

PRIÈRE

O Dieu, qui avez donné à votre bienheureux confesseur *Ferdinand* la grâce de combattre vos combats et de vaincre les ennemis de la foi, faites que, protégés par son intercession, nous soyons délivrés des ennemis de l'âme et du corps. Par Jésus-Christ Notre-Seigneur. Ainsi soit-il. — (ORAISON LITURGIQUE.)

Prière à S. URSMARS
CONTRE LES ENNEMIS ET POUR TOUTES LES NÉCESSITÉS SPIRITUELLES ET TEMPORELLES

Glorieux S. *Ursmars*, nous venons avec toute l'ardeur de notre âme, implorer votre grande bonté et vous prier d'intercéder pour nous près de notre Créateur, de notre Rédempteur et de notre Dieu.

Bienheureux apôtre des nations infidèles, comblé de tant de grâces, orné de tant de vertus pendant votre vie, illustre par tant de miracles et si puissant près de Dieu après votre mort ; nous vous supplions d'exercer envers nous votre grande charité et de montrer le crédit dont vous jouissez dans le paradis.

Du haut du ciel où vous régnez avec Jésus-Christ, tournez sur nous, pauvres pécheurs, les regards de votre miséricordieuse compassion ; obtenez-nous le pardon de nos péchés et la grâce d'accomplir en tout la sainte volonté de Dieu. Défendez-nous contre nos ennemis visibles et invisibles, secourez-nous dans toutes nos nécessités spirituelles et temporelles, surtout dans la grande nécessité où nous nous trouvons, et pour laquelle nous vous invoquons.

Soyez toujours notre protecteur et notre père, afin qu'après avoir servi Dieu sur cette terre nous parvenions avec une conscience pure, au tribunal du Souverain Juge, pour aller éternellement avec vous jouir de la vue de Dieu dans le paradis. Par Jésus-Christ Notre-Seigneur. Ainsi soit-il. — (PRIÈRE POPULAIRE, approuvée par Mgr l'Archevêque de Cambrai[1].)

Ennemis de la Religion et de la Patrie (Contre les), s'adresser à :
    S. *Casimir*. — S. *Bernard* : pèlerinage à Fontaine-lès-Dijon, le 20 août.

Enrouement de la voix (Contre l'), prier :
    S. *Bernardin* de Sienne.

Ensevelisseurs (Patrons des) :
    S. *Joseph d'Arimathie*. — S. *Tobie*. — S. *Roch*.

Entrailles (Contre les douleurs d'), on invoque :
    S. *Brice* de Tours. — S. *Psalmode*, ou *Psalmet*. — Ste *Emérence*. — Ste *Rolande*. — S. *Erasme*. — S. *Vincent*. — S. *Philbert*.

Pèlerinage à Ste *Emérence* à Saint-Symphorien-des-Ponceaux, ancienne paroisse du diocèse de Tours. — Ecrire, pour les évangiles à M. le curé d'Avrillé, par Langeais (I.-et-L.).

Pèlerinage à S. *Psalmet*, dans l'église paroissiale d'Eymoutiers (Haute-Vienne). — Le principal exercice de dévotion consiste à faire 9 fois le tour de l'autel le plus proche du tombeau de S. Psalmet, en priant selon l'inspiration de sa piété.

Pèlerinage en l'honneur de S. *Philbert*, à une grande chapelle qui lui est dédiée sur le bord de la mer, à Trégunc, par Concarneau ; à Plomelin, par Quimper ; et enfin à Moëlan (Finistère).

Entrepreneurs de bâtiments (Patron des) :
    S. *Sébastien*.

Entreprises (Pour le bon succès des), on prie :
    S. *Servais*. — S. *Expédit*.

---

1. Communication de M. le curé de Floyon (Nord).

Prière à S. EXPÉDIT

Nous vous supplions, Seigneur, de répandre votre grâce sur nous ; qu'elle nous prévienne dans toutes nos actions et pensées ; qu'elle les accompagne secourablement, afin que nos prières et nos œuvres soient commencées en vous et qu'elles se poursuivent par l'intercession de *S. Expédit*, courageusement, fidèlement, promptement, heureusement et s'accomplissent en temps utile, afin que nous méritions d'arriver à la possession des biens célestes, par Notre-Seigneur Jésus-Christ. Ainsi soit-il. — (Prière approuvée par Mgr l'évêque de Quimper.)

Épées (Patron des fabricants d') :
S. Michel.

Éperonniers (Patrons des) :
S. Eloy. — *S. Gilles.*

Épiciers (Patrons des) :
S. Côme et *S. Damien.* — *S. Nicolas.* — *S. Michel.*

Épidémies (Protecteurs contre les) :
S. Antoine. — *S. Jean* l'Évangéliste. — *S. Julien* de Brioude. — *S. Marien.* — *S. Martial.* — *S. Sébastien.* — *S. Remy.*

S. Corentin : pèlerinage à la cathédrale de Quimper.

S. Eloi : pèlerinage à Castellane (Basses-Alpes).

Ste Radegonde : pèlerinage et recommandations en l'honneur de cette sainte, et de *S. Marien*, à Chambon-sur-Voueize (Creuse).

S. Roch : pèlerinage à Moutier-d'Ahun, par Ahun (Creuse), surtout le 16 août[1] ; et à Montrésor (Indre-et-Loire) (procession solennelle le dimanche qui suit la fête du saint.)

Enfin, contre tous les genres d'épidémies, il y a un pèlerinage très suivi à La Hauteville, par Condé-sur-Vègre (Seine-et-Oise), qui se fait en l'honneur de *Tous les Saints*.

BÉNÉDICTION DU VIN CONTRE LES ÉPIDÉMIES
LE JOUR DE LA FÊTE DE S. JEAN L'ÉVANGÉLISTE

Adjutorium... etc.

OREMUS

Benedicere † et consecrare † digneris, Domine Deus, dextera tua, hunc calicem vini et cujuslibet potus : et præsta ut per merita sancti *Joannis Apostoli* et

PRIONS

Seigneur Dieu, daignez bénir et consacrer par votre droite ce calice de vin et de boisson quelconque ; faites que, par les mérites de *S. Jean*, apôtre et évan-

---

[1]. Il y a en quelquefois jusqu'à 22 paroisses réunies à ce pèlerinage.

evangelistæ, omnes in te credentes, et de calice isto bibentes, benedicantur et protegantur. Et sicut beatus *Joannes*, de calice bibens venenum, illæsus omnino permansit; ita omnes hac die in honorem beati *Joannis* de calice isto bibentes, meritis ipsius, ab omni ægritudine veneni et noxiis quibuslibet absolvantur, et corpore ac anima se offerentes ab omni culpa liberentur. Per Christum Dominum nostrum. Amen.

Benedic †, Domine, hanc creaturam potus : ut sit remedium salutare omnibus sumentibus : et præsta per invocationem sancti nominis tui, ut quicumque ex eo gustaverint, tam animæ quam corporis sanitatem, te donante, percipiant. Per C. D. N.

Pour conclure :

Et benedictio Dei omnipotentis, Patris †, et Filii †, et Spiritus † sancti, descendat super hanc creaturam vini, et cujuslibet potus, et maneat semper. Amen.

géliste, tous ceux qui croient en vous et boiront de ce calice, soient bénis et protégés, de même que S. Jean, buvant le poison d'un calice, est resté tout à fait sain et sauf, que de même tous ceux qui boiront aujourd'hui de ce calice en l'honneur de S. *Jean*, soient, par ses mérites, préservés de toute maladie provenant du poison et de toute chose nuisible, et que, s'offrant à lui de corps et d'âme, ils soient délivrés de toute faute. Par le Christ Notre-Seigneur. Ainsi soit-il.

Bénissez, Seigneur, cette créature de boisson, pour qu'elle soit un remède salutaire pour tous ceux qui en prendront, et faites, par l'invocation de votre saint nom, que quiconque en goûtera reçoive de votre générosité la santé de l'âme et du corps. Par J.-C. N.-S.

Et que la bénédiction du Dieu tout-puissant, Père, Fils et Saint-Esprit, descende sur cette créature du vin ou de toute autre boisson, et y demeure toujours. Ainsi soit-il.

On asperge ensuite d'eau bénite. — (Bénédiction approuvée par la S. Congrég. des Rites.)

Prière à S. ROCH
CONTRE LES ÉPIDÉMIES

Dieu, qui êtes glorifié par la gloire des saints et qui exaucez les prières de tous ceux qui ont recours à leur patronage, accordez, par l'intercession de S. *Roch*, votre confesseur, à votre peuple qui célèbre sa fête avec dévotion, d'être délivré du mal épidémique qu'il a souffert en son corps pour la gloire de votre nom et de vous être toujours dévoué. Par J.-C. N.-S. Ainsi soit-il. — (Prière du XVIe siècle.)

On fait bénir du pain le jour de *S. Roch* pour le manger comme préservatif en temps d'épidémie.

Prière à S. SÉBASTIEN
CONTRE LES ÉPIDÉMIES

Martyr egregie, decus militiæ, athleta fidei, ora natum Dei, ut avertat a nobis indignationem suam : Martyr, suffragia effunde pia; epidemia non sit noxia in hac patria, aut in alia, quæ subsidia poscit nunc tua, audi talia tu præconia : Hic prece pia dentur præmia; miles eia nobis!

℣. Ora pro nobis, beate Sebastiane.
℟. Ut digni efficiamur promissionibus Christi.

OREMUS

Da nobis, quæsumus, Domine, populo tuo salutem mentis et corporis, ut interventu beati *Sebastiani* martyris tui bonis operibus inhærendo, tuo semper munere, et suorum meritorum interventione ab epidemia et omni tribulatione mereamur tua protectione defendi. Per C. D. N. Amen.

Martyr incomparable, honneur des armées, athlète de la Foi, priez le Fils de Dieu d'écarter de nous son indignation. O martyr, accordez-nous vos pieux suffrages. Qu'aucune épidémie ne vienne ravager ni ce pays, ni aucun autre, nous vous le demandons : écoutez nos prières; ne laissez pas notre confiance sans récompense; ô noble soldat, venez à notre aide!

℣. S. Sébastien, priez pour nous.
℟. Pour que nous devenions dignes des promesses de J.-C.

PRIÈRE

Nous vous en prions, Seigneur, accordez-nous, puisque nous sommes votre peuple, la santé de l'âme et du corps, pour que, par l'intercession de S. *Sébastien*, votre martyr, nous nous attachions aux bonnes œuvres, et que, par votre grâce et les mérites de ce saint, nous méritions d'être protégés par vous des épidémies et de toute tribulation, au nom de N.-S. J.-C. Ainsi soit-il.

(PRIÈRE TRÈS ANCIENNE, usitée dans la Congrégation de N.-D. du Calvaire.)

Prière à S. SÉBASTIEN
MÊME INTENTION

Dieu, qui avez donné au bienheureux *Sébastien*, votre martyr, tant de fermeté et d'ardeur dans votre foi et dans votre amour, que ni les convoitises de la chair, ni les menaces des tyrans, ni les flèches ou les glaives du bourreau n'ont pu le détourner de votre culte, accordez-nous, à nous misérables pécheurs, par ses insignes mérites et son intercession, le secours dans la tribulation, la consolation dans la persécution et dans tous les temps malheureux un remède efficace contre la peste et l'épidémie, afin que nous puissions combattre vaillamment contre toutes les embûches des démons : mépriser le monde et tout ce qu'il renferme et ne redouter aucune de ses disgrâces, et que nous puissions ainsi obtenir ce que vous nous avez inspiré de demander. Par Jésus-Christ Notre-Seigneur. Ainsi soit-il. — (PRIÈRE ANCIENNE.)

Autre prière commune à S. SÉBASTIEN et à S. ROCH

℣ Priez pour nous, S. *Sébastien* et S. *Roch*.
℟ Afin que nous méritions d'être préservés des épidémies.

PRIÈRE

O Dieu, qui avez fortifié dans sa passion le bienheureux *Sébastien*, votre martyr, par l'énergie du courage, et qui avez aidé le bienheureux *Roch*, votre confesseur dans la maladie de la peste et de l'épidémie, qu'il a soufferte en son corps pour la gloire de votre nom, faites, nous vous en prions, que nous, qui faisons mémoire de ces saints, nous soyons délivrés, par leurs mérites, de la peste qui tue le corps et l'âme. Par J.-Christ N.-Seigneur. Ainsi soit-il. — (ANCIENNE PRIÈRE LITURGIQUE de Marseille.)

(Voir, en outre, *Contagions, Choléra, Peste*, etc.)

Épilepsie (Contre l'), on s'adresse à :

S. Adam, abbé. — *S. Aphrodise*. — *S. Jean Chrysostome*. — *S*te *Bibiane*. — *S. Jean l'Évangéliste*. — *S. Colomban*. — *S. Albane*. — *B*r *Joachim* de Sienne. — *S. Annemond*. — *S. Léothade*. — *S. Corneille*. — *S. Loup* de Sens. — *S. Dinault*. — *S. Mathurin*. — *S*te *Dympne*. — *S. Florent*. — *S. Maurice* de Langonnet. — *S. Millefort*. — *S. Frise* d'Auch. — *S. Nymphase*. — *S. Genès*. — *S. Gilles*. — *S*te *Nomadie*. — *S. Hildevert*. — *S. Philippe Beniti*. — *S*te *Restitute*. — *S. Valentin*. — *S. Vincent Ferrier*.

Pèlerinages :

A *S. Maurice* de Langonnet, dans une chapelle, dernier reste de son église abbatiale, à Clohart-Carnoët, par Quimperlé (Finistère), où se trouvent ses principales reliques, et où les guérisons sont nombreuses; puis à Notre-Dame-de-Langonnet, par Gourin (Morbihan).

A Saint-Hilaire-Saint-Florent (Maine-et-Loire), en l'honneur de *S. Florent*;

A Saint-Christophe (Indre-et-Loire), en l'honneur de *S. Christophe*;

A Faverolles, par Montdidier (Somme), en l'honneur de *S. Défendant*.

A Argenton (Indre), en l'honneur de *S. Evroult*;

A Bassoues-d'Armagnac (Gers), en l'honneur de *S. Frise*.

A Lunel, diocèse de Ferno (Italie), en l'honneur de *S. Gérard*;

A la cathédrale d'Amiens en l'honneur de *S. Jean-Baptiste*;

A Saint-Martory (Haute-Garonne), en l'honneur de *S. Martory*.

A Carnac (Morbihan) et en d'autres lieux de Bretagne, en l'honneur de S. *Colomban* et de S. *Cornély* ou *Corneille*, pape.

A Gournay-en-Bray (Seine-Inférieure), en l'honneur de S. *Hildevert*, surtout le dimanche de la Passion et le quatrième dimanche après Pâques;

A Dargies, par Grandvilliers et à La Chaussée-du-Bois-d'Ecu, par Crève-Cœur (Oise), en l'honneur de Ste *Restitute*.

Autres dévotions :

Faire des aumônes en l'honneur de S. Adam;

Porter sur soi les noms écrits des trois *Rois Mages* (pratique très ancienne, xive siècle).

Faire partie de la confrérie de Sainte-Restitute établie dans l'église paroissiale d'Arcy-Sainte-Restitute, par Fère-en-Tardenois (Aisne) (demander des renseignements à M. le curé).

Prière à S. VALENTIN
CONTRE L'ÉPILEPSIE

Regardez, ô mon Dieu, les mérites de votre saint évêque et martyr *Valentin* qui, par amour pour vous, a méprisé toutes les fureurs et la rage de l'ennemi, qui a souffert héroïquement la flagellation, les misères de l'emprisonnement et même la mort, afin de ramener au bercail les brebis égarées; faites que nous tous qui implorons son intercession nous soyons, par ses prières, délivrés dans cette vallée de larmes de toute attaque d'épilepsie et que nous obtenions les joies célestes. Ainsi soit-il. — (PRIÈRE ALLEMANDE ANCIENNE.)

Épingliers de la ville de Liège (Patrons des) :
S. Apollinaire. — S. Eloy. — S. Fiacre.

Épizooties, ou **Maladies contagieuses des Animaux** (Contre les), on prie :
S. Antoine, abbé (Voir *Animaux*). — S. Eloi. — S. Antoine de Padoue. — S. Charalampe. — S. Etton. — S. Eberhard. — S. Gerlac. — S. Guy d'Anderlecht. — S. Sébastien. — S. Wendelin.

Pèlerinages et recommandations à Castellane (Basses-Alpes), en l'honneur de S. *Eloi*, et à Dompierre (Nord), en l'honneur de S. *Etton*.

Époux (Protecteurs des jeunes) :
Ste Dorothée. — S. Antoine de Padoue.

BÉNÉDICTION DES ANNEAUX AU NOM DE S. ANTOINE DE PADOUE

Adjutorium... etc.

CHŒUR

Benedic, quæsumus, Domine, annulos hos, quos nos in tuo Nomine et *sancti Antonii Paduani* benedicimus, ut qui eos portaverint in tua pace quiescant, et in tua voluntate permaneant, et in amore tuo vivant et senescant, multiplicentur in longitudine dierum. Per Dominum... Amen.

PRIONS

Bénissez, nous vous en prions, Seigneur, les anneaux que nous bénissons en votre nom et au nom de *S. Antoine de Padoue* afin que ceux qui les porteront, reposent en votre paix, restent dans votre volonté, vivent et vieillissent dans votre amour et qu'ils se multiplient dans la suite des temps. Par N.-S. J.-C. Ainsi soit-il.

Époux chrétiens (Patrons des) :
S. *Elzéar* et Ste *Delphine*.

Éruptions cutanées (Protecteur contre les) :
S. *Méen* : pèlerinage très suivi à Attigny (Ardennes), surtout le 12 juin.

Éruptions volcaniques (Contre les), on invoque :
S. *Janvier*, prié surtout à Naples contre le Vésuve.

Érysipèle (Contre l'), on prie :
S. *Antoine*. — S. *Benoît*. — S. *Firmin*. — S. *Israël* du Dorat. — S. *Théobald*. — S. *Martin*.

L'érysipèle est souvent appelé « feu de S. Martin ». On en demande la guérison par tous les genres de dévotion à ce grand saint, spécialement en faisant brûler des cierges à son tombeau, à Tours, ou dans les églises sous son vocable.

Esclaves nègres (Patron des) :
S. *Benoît le More*.

Escrimeurs et **Maîtres d'escrime** (Patron des) :
S. *Michel*.

Esprits troublés (Pour les), on prie :
S. *Hidulphe*.

Esprits immondes (Contre les), on recourt à :
S. *Fortunat*.
(Voir aussi au mot *Démons*.)

Esquinancie (Contre l'), on prie :
S. *Blaise*. — Ste *Godelève*. — S. *Goussault*.
Ste *Aldegonde* : pèlerinage et fontaine à Maubeuge (Nord).
(Voir *Angine* et *Gorge*.)

Estomac (Contre les maladies d'), prier :
S. *Timothée*.

Estomac (Contre la faiblesse d'), prier :
S. *Doucis*. — S. *Timothée*. — S. *Roland* : pèlerinage à Chézery (Ain).

Ste *Emérentienne* : pèlerinage à Montravers, par Cerizay (Deux-Sèvres), et dans un grand nombre d'autres églises.

S. *Psalmode* est invoqué pour les maux d'estomac des enfants dans l'église d'Eymoutiers (Haute-Vienne); le pèlerinage a lieu surtout le dimanche qui suit le 13 juin; mais on y vient aussi dans le cours de l'année. On peut adresser ses recommandations à M. le curé.

Estropiés (Pour les), on invoque :
S. *Servais*.

S. *Claude* : pèlerinage à Marigna-sur-Valouse, par Arinthod (Jura).

S. *Eutrope* : pèlerinage et fontaine à Trensacq, par Sabres (Landes) : on fait 9 fois le tour de l'autel du saint. De nombreuses messes d'actions de grâces indiquent qu'il y a des guérisons.

S. *Gilles* : pèlerinage à l'église de Gipple Gate, à Londres.
S. *Pourçain* : pèlerinage à Saint Pourçain (Allier).

Étaimiers, ou **Fabricants de Bonneterie en étaim** (Patrons des) :
Ste *Catherine*. — Ste *Madeleine*. — S. *Michel*.

État (Pour le choix d'un), on s'adresse à :
S. *Louis de Gonzague*. — Ste *Ursule*.

Tous les genres de pratiques sont employés pour ce recours.

Étudiants (Patrons des) :
S. *Ambroise de Sienne*. — S. *Laurent*. — Ste *Catherine* d'Alexandrie. — S. *Louis de Gonzague*. — S. *Grégoire le Grand*. — Ste *Marie-Madeleine*. — S. *Jérôme*. — S. *Mathurin*. — S. *Thomas d'Aquin*.

Étuvistes (Patrons des) :
S. *Michel*. — S. *Trazon*.

Évanouissements (Contre les), on invoque :
S. *Valentin*. — S. *Jean-Baptiste*.

Éventaillistes (Patrons des) :
S. *Louis*, roi.

Examens (Pour le succès aux), on prie :
Ste *Gertrude*. — S. *Joseph* de Cupertino.

Messes, communions, aumônes, mortifications, neuvaines de prières, etc.

Exilés (Pour les), on prie :
S. *Joseph*.

Existence (Pour prolonger l', et pour être bien préparé à l'heure de la mort), on s'adresse à :
S. Etton.

Pour cette intention on invoque tout spécialement *S. Etton* à Dompierre (Nord). — Les paysans y prient aussi pour la santé de leurs bestiaux.

Le pèlerinage de *S. Etton*, à Dompierre, est un des plus pittoresques et des plus suivis de France. Il a lieu le 10 juillet, et surtout le jour de l'Ascension. Ce jour-là, 8 à 10.000 pèlerins, dont 7.000 hommes au moins se trouvent réunis ; il y a six à sept messes dans la matinée et sermon à chacune. Les cérémonies de cette superbe manifestation sont des plus curieuses et empreintes de la foi la plus vive.

On peut se faire inscrire à la confrérie de Saint-Etton dont l'origine est antérieure au xie siècle. Des indulgences précieuses ont été accordées aux affiliés à cette confrérie par Sa Sainteté Léon XIII en date du 15 décembre 1885. M. le curé veut bien aussi recevoir les intentions de messes, les recommandations, etc.

Autre pèlerinage en l'honneur de *S. Etton*, à Binvillers-au-Bois, par Foucquevillers (Pas-de-Calais), le 10 juillet. Messe solennelle, chaque mois, à neuf heures. — On y prie surtout pour conserver la *santé*.

Prière à S. ETTON

O Dieu qui voulez bien permettre à vos saints de nous venir en aide, lorsque nous vénérons leurs reliques, accordez-nous, s'il vous plaît, par l'intercession de *S. Etton*, votre confesseur et pontife, la grâce d'être délivrés de tout péril de l'âme et du corps. Par J.-C. N.-S. Ainsi soit-il. — (ORAISON LITURGIQUE.)

Expédition des Affaires et Procès (Voir *Affaires*, *Entreprises*, etc.).

F

Facteurs d'instruments de musique (Patronne des) :
Ste Cécile.

Faiblesse de complexion (Contre la), prier :
S. Udalric ou Ulric.

Prière à S. ULRIC

Faites, Seigneur, que la prière de S. *Ulric* et les mérites qu'il a acquis par la pratique de toutes les vertus nous soient une source de grâces et de guérison. Glorifiez, Seigneur, votre nom en exaltant votre saint évêque, dont nous implorons la protection. Nous vous en prions, par J.-C. N.-S. Ainsi soit-il.

Faïenciers (Patrons des) :
S. *Antoine*, abbé. — S. *Martin*. — S. *Antoine de Padoue*.

Familles (Pour ramener la paix dans les), prier :
S. *Bond* ou *Bald*. — Ste *Eusébie*.
(Voir *Concorde*.)

Prière à S. BOND
POUR LA PAIX DANS LES FAMILLES

O Dieu, qui, par un excès de bonté qui vous est propre, êtes toujours prêt à faire grâce et à pardonner, et qui nous avez donné en S. *Bond* un si charitable avocat auprès de vous, pour obtenir de votre cœur la paix, l'union et la charité qui doivent régner dans les familles chrétiennes ; daignez, par ses prières et ses mérites, nous accorder la grâce que nous sollicitons de votre bonté, par J.-C. N.-S. Ainsi soit-il.

Famine (Contre la), on invoque :
S. *Christophe*. — S. *Maurille* d'Angers.
(Voir encore *Calamités publiques*.)

Faneurs (Patron des) :
S. *Gervais*.

Farine (Patron des marchands de) :
S. *Honoré*.

Fatigue (Contre la), on s'adresse à :
S. *Arbogaste*.

Faucheurs (Patron des) :
S. *Walstan*.

Femmes mariées (Patronnes des) :
Ste *Barbe*. — Ste *Clotilde*. — Ste *Félicité*. — Ste *Françoise*. — Ste *Geneviève*. — Ste *Marguerite*. — Ste *Marie-Madeleine*. — Ste *Monique*. — Ste *Perpétue*.

Femmes qui vont être mères (Pour les), on a recours à :
S. *Israël* du Dorat. — S. *Arnoulphe* de Soissons. — S. *Ignace* de Loyola. — S. *Didier* de Langres. —

Sᵗᵉ *Libérate.* — *S. Drogon.* — *S. Magin.* — Sᵗᵉ *Foy.* — *S. Marien.* — *S. Ghislain.* — Sᵗᵉ *Marguerite,* vierge. — *S. Pérégrin Latiosi.* — *S. Pirmin.* — *S. Vital* de Saltzbourg.

DÉVOTIONS PARTICULIÈRES A QUELQUES SAINTS POUR LES FUTURES MÈRES.

A S. Paul alla Regola, à Rome, on bénit des cierges que les mères allument pendant leurs couches.

Mettre dans les aliments de la mère des feuilles du laurier poussé sur le tombeau de *S. Baudile,* à Nîmes.

Porter des reliques de *S. Bernard* de Rodez.

Le jour de la vigile de *S. Jean-Baptiste* (23 juin), à Saint-Jean-de-Latran, à Rome, le cardinal-archiprêtre bénit des clous de girofle que les chanoines de la basilique distribuent aux femmes qui vont être mères.

Pèlerinage au monastère de *S. Pierre Fourrier,* à Reims, en l'honneur de *Sᵗᵉ Beuve* et de *Sᵗᵉ Dode.*

Pèlerinage à Saint-Jacques-de-Douay (Nord), en l'honneur de *S. Chrétien,* le lundi de Pentecôte.

Pèlerinage à Évaux (Creuse) et en plusieurs autres lieux du voisinage en l'honneur de *S. Marien.*

Pèlerinage à la chapelle de *S. René,* à la Possonnière (Maine-et-Loire).

(Voir au mot *Couches.*)

Femmes méchantes (Contre les), on invoque :
S. Gomer. — S. Mathurin.

Femmes de charge (Patronne des) :
Sᵗᵉ Zite.

Fendeurs de bois (Patrons des) :
S. Henri de Bolzano. — S. Gomer.

Fer (Patron des tireurs de fil de) :
S. Eloy.

Ferblantiers (Patrons des) :
S. Eloy. — S. Pierre ès Liens.

Fermiers (Patrons des) :
S. Antoine, abbé. — S. Eloy.

Ferronniers (Patrons des) :
S. Pierre ès Liens. — S. Lubin.

Ferraille (Patron des marchands de) :
S. Sébastien.

Fertilité des champs (Pour la), on invoque :
   Ste *Agathe*. — S. *Jean l'Évangéliste*. — S. *Médard*.
   S. *Paul*, apôtre.

   (Voir *Abondance des fruits de la terre* et *Récoltes*.)

Ferveur dans la dévotion (Pour obtenir la), on prie :
   Ste *Gertrude* d'Hamage.

Prière à Ste GERTRUDE
POUR OBTENIR LA FERVEUR

Exaucez-nous, ô Dieu, notre salut, et faites que la mémoire de Ste *Gertrude*, qui déjà nous comble de joie, nous inspire aussi la ferveur d'une sainte et vraie dévotion. Nous vous le demandons, par J.-C. N.-S. Ainsi soit-il. — (PRIÈRE LITURGIQUE.)

On peut se faire recommander à Wandignies-Hamage (Nord).

Feu de S. Jean (Bénédiction du) :

Adjutorium, etc.

Domine Jesu Christe, lux vera illuminans omnem hominem venientem in hunc mundum, benedic † hunc ignem quem in honorem nativitatis *Sancti Joannis Baptistæ* lætantes accendimus, et concede ut gratia tua illuminati et amore tuo succensi, securi perveniamus ad te quem sanctus Præcursor et cecinit adfuturum, et adesse monstravit salvatorem mundi.	Seigneur Jésus-Christ, vraie lumière éclairant tout homme qui vient en ce monde, bénissez ce feu que, pleins de joie, nous allumons en l'honneur de la nativité de *S. Jean-Baptiste*, et faites que, illuminés par votre amour, nous arrivions sûrement jusqu'à vous, que ce saint précurseur a annoncé et montré comme devant être le sauveur du monde.
Qui vivis et regnas, etc.	Vous qui vivez et régnez dans tous les siècles des siècles. Ainsi soit-il.

Feu (Protecteur contre les dangers du) :
   S. *Hildevert* : spécialement invoqué à Gournay (Seine-Inférieure).

   (Voir *Incendie*.)

Feu sacré ou **Feu de S. Antoine** (Voir *Dartres*).

Feu de S. Martin (Voir *Erysipèle*).

Feu de S. Sylvain (Contre le), on invoque :
   S. *Sylvain* : pèlerinage très fréquenté à Levroux (Indre);

à La Celle-Bruère, par Bruère-Allichamps (Cher) ; à Noyers, par Saint-Aignan (Loir-et-Cher) ; etc...

(Voir aux mots *Enfants malades*, pour les détails.)

Fiancés (Protecteurs des) :

Ste Agnès. — S. Antoine de Padoue. — S. Valentin.

Prière à S. VALENTIN
POUR LES FIANCÉS

Que notre bouche, notre âme et notre vie soient occupées à vous louer, Seigneur ; et, comme une parfaite santé est un don de votre libéralité, accordez-nous ce don précieux par les mérites de S. Valentin. Qu'en outre, ce saint prêtre et martyr prie particulièrement pour ceux et celles qui doivent s'unir par les liens du mariage, afin que, s'aimant d'un amour mutuel et inviolable, ils vous soient agréables par la sainteté de leur vie. Ainsi soit-il. — (Tirée de l'*Intercession miraculeuse des Saints*.)

(Voir Époux.)

Fièvre (Contre la), on invoque un très grand nombre de saints. Il n'est possible d'en donner que les principaux. Ce sont :

S. Abraham. — S. Adelard. — S. Albert de Trapani. — Ste Aldegonde. — S. Antoine de Padoue. — S. Antonin. — S. Arnould. — S. Aubrin. — S. Aymon ou Amon. — S. Berthilon. — S. Carmery. — Ste Colette. — S. Corneille, pape. — S. Damase, pape. — S. Dominique de Sora. — S. Donan. — S. Donat. — S. Domitien. — S. Élie. — S. Elric. — S. Eustache. — S. Evroult. — S. Exupère d'Arreau. — S. Friard et S. Second. — S. Fursy. — S. Gal. — S. Gautier. — Ste Geneviève. — S. Gérard. — S. Germain de Paris. — Ste Gertrude. — S. Gildas. — S. Gilles. — Ste Godelièva. — Ste Halloie. — Ste Hiltrude. — S. Hugues. — S. Ignace de Loyola. — S. Israël du Dorat. — S. Josse. — Ste Julie. — S. Julien de Brioude. — S. Liboire. — S. Lienne. — S. Ludre. — S. Lugle et S. Luglien. — S. Népotien. — B^x Pacifique. — Ste Pétronille. — S. Piat. — S. Pipe. — S. Placide. — S. Patrocle. — S. Raymond Nonnat. — B^x Réginald de Saint-Gilles. — Ste Reinofre. — S. Remy. — S. Richard. — S. Rigobert. — S. Rouin. — S. Salvator de Horta. — S. Sérénic et S. Séréné. — S. Sever d'Agde. — S. Stanislas Kotska. — S. Sylvestre, évêque. — S. Thierry. — S. Udalric. — S. Venant de Tours. — S. Véron. — S. Vincent Ferrier. — S. Vinebault. — S. Walstan.

Pratiques diverses en l'honneur des saints
CONTRE LA FIÈVRE

Faire le vœu à *S. Elric* de célébrer dévotement, chaque année, sa fête qui se trouve le 6 février.

Neuvaine en l'honneur des S^{tes} *Taraise* et *Sanche*, pendant laquelle on répète chaque jour les Psaumes de la Pénitence.

À Gand, les pêcheurs de l'Escaut et du Lys ont l'habitude d'offrir un esturgeon à l'église, en l'honneur de Ste *Amelberge* pour être préservés de la fièvre.

Boire de l'eau du saint puits, ou puits de *S. Eustache*, non loin de Cantorbéry (Angleterre)[1], pratique à laquelle les protestants eux-mêmes ont recours.

Boire de l'eau du puits de *S. Firmin*, à Morbecque (Nord).

Boire de l'eau de la fontaine de *S. Flavit*, à Marcilly, près de Chanteloup, par La Chapelle-Saint-Laurent (Deux-Sèvres).

Se servir de linges ayant touché à la statue de *S. Millefort*, à Bouillant, canton de Crépy-en-Valois (Oise).

Boire de l'eau qui a été contenue dans la patène de *S. Pierre Chrysologue*, à Ymola (Romagne).

Boire de l'eau de la fontaine de *S. Thibaut*, à Provins (Seine-et-Marne).

Se coucher dans le tombeau de *S. Victor*, à Campbon (Loire-Inférieure) (Ligne de Paris-Le-Mans Saint-Nazaire).

PÈLERINAGES CONTRE LA FIÈVRE

En l'honneur de *S. Ansbert*, à Fresnes-Lesguillon, par Chaumont-en-Vexin (Oise).

En l'honneur de *S. Charles le Bon*, à la cathédrale de Bruges.

En l'honneur de *S. Chrysole*, à Comines (Nord).

En l'honneur de *S. Gildas*, à sa chapelle, près de Cast par Quéménéven (Finistère), le 2e dimanche de mai et le 3e de juillet.

En l'honneur de *S. Patrocle*, le 8 octobre, et surtout le 18 novembre, à Colombier, par Commentry (Allier) (station à Hyds, ligne de Montluçon à Gannat).

Les archives de Colombier possèdent deux brefs pontificaux bien encourageants pour cette dévotion. Par le premier, il est accordé une indulgence de sept ans et de sept quarantaines à tous les fidèles qui visiteront l'église de Colombier, le 9 octobre (date de la translation ou de

---

1. À Wiesbaden, près de Wy, comté de Kent, d'après M. l'abbé Bornet, curé de Saint-Germer (Oise).

l'exhumation du corps de S. Patrocle en 1076) et le 18 novembre, jour de sa fête, et qui, au moins contrits de cœur, prieront pour la paix entre les princes chrétiens, pour l'extirpation des hérésies et l'exaltation de la Ste Église, notre mère.

Par le second, il est accordé une indulgence plénière à tous les fidèles qui, s'étant confessés et ayant communié, visiteront la susdite église, y prieront aux intentions ci-dessus énoncées, l'un des huit jours qui précèderont ou l'un des sept jours qui suivront immédiatement le 9 octobre et le 18 novembre, à leur choix. De plus, il est accordé une indulgence partielle de cent jours chaque jour de l'année à tous les fidèles qui, au moins contrits de cœur, visiteront l'église de Colombier et l'autel près duquel reposent les reliques de S. Patrocle et y prieront comme il est dit plus haut.

Toutes ces indulgences sont applicables aux âmes du Purgatoire.

En l'honneur de S. Dominique, le 1er dimanche d'octobre, à Prouille, paroisse de Fanjeaux (Aude) [1].

En l'honneur de S. Eustache, à Saint-Germer-de-Fly (Oise).

En l'honneur de S. Jubin, à l'église Saint-Irénée, de Lyon.

En l'honneur de S. Rémy, à Courlay (Deux-Sèvres), et à Saint-Remy, par Lathus (Vienne).

En l'honneur de S. Lugle et S. Luglien, dans l'église de Saint-Pierre, à Montdidier (Somme). La population de la ville a la plus entière confiance dans ces deux saints, et Dieu accorde de nombreuses grâces par leur intercession.

En l'honneur de Ste Aldegonde, à Cousolre, et surtout à Maubeuge (Nord). — Dans un des faubourgs de Maubeuge il y a une fontaine dédiée à Ste Aldegonde où l'on vient puiser de fort loin, contre la fièvre, les maux d'yeux, de tête, etc., etc.

En l'honneur de S. Sylvestre, évêque, à Luzoir, par Marly (Aisne).

En l'honneur de S. Florent, à Saint-Hilaire-Saint-Florent (Maine-et-Loire), surtout le dimanche qui suit le 11 octobre.

En l'honneur de S. Gilles, pèlerinages à Saint-Gilles (Gard), à Aiguevives, par Montrichard (Loir-et-Cher), et dans un grand nombre d'autres sanctuaires.

En l'honneur du B^x Réginald de Saint-Gilles, à Saint-Gilles-du-Gard, surtout le 1er mars.

En l'honneur de Ste Céronne, à la paroisse de ce nom, par Mortagne (Orne); il s'y trouve une fontaine où un grand nombre de pèlerins vont puiser pour être préservés ou guéris de la fièvre [2].

---

[1] Mgr Billard fait construire une magnifique église (à côté du monastère des Dominicains), où se rendent de très nombreux pèlerins des diocèses de Carcassonne, de Toulouse, etc. On y vénère en même temps N.-D. de Prouille (Lettre de M. l'abbé Bourdoncle).

[2] M. le curé veut bien se charger d'acquitter les messes qui lui sont demandées et de faire toucher aux reliques et au tombeau de la sainte les linges qu'on lui envoie pour cela.

En l'honneur de S. *Didier*, à Saint-Didier-sur-Chalaronne, par Thoissey (Aisne).

En l'honneur de S. *Gaucher*, à une fontaine qui lui est dédiée, près de Gargenville (Seine-et-Oise).

En l'honneur de S. *Germain*, à Ribémont (Aisne).

En l'honneur de Ste *Isbergue*, à Aire (Pas-de-Calais).

En l'honneur de Ste *Marie* d'Oignies, à l'église Saint-Nicolas, à Nivelles (Belgique).

En l'honneur de S. *Médard*, à Chailly-en-Brie, par Coulommiers (Seine-et-Marne), où se trouve aussi une fontaine dont on boit l'eau contre la fièvre.

En l'honneur de Ste *Hiltrude*, à une chapelle qui lui est consacrée, sur la paroisse, et non loin de Trélon (Nord).

En l'honneur de S. *Prix* ou *Priest*, à Volvic (Puy-de-Dôme), et à Flavigny (Côte-d'Or).

En l'honneur de S. *Rieul*, à Senlis (Oise).

En l'honneur de S. *Sérénic*, à Château-Thierry (Aisne).

En l'honneur de S. *Siméon*, à Vaucé, par Couesmes (Mayenne) : la fontaine de Saint-Siméon, près du bourg du même nom, est très connue dans le pays contre la fièvre.

En l'honneur de Ste *Eusébie*, à Wandignies-Hamage, par Marchiennes (Nord).

En l'honneur de S. *Ursmars*, à Floyon (Nord).

En l'honneur de S. *Vinebault*, à Villeneuve-la-Lionne, par Courgivaux (Marne)¹, surtout le dimanche du Bon Pasteur. — L'eau de la fontaine Saint-Vinebault a aussi une très grande réputation, et on en fait demander de fort loin.

En l'honneur de S. *Aubrinx*, à Notre-Dame de Montbrison (Loire), où sont ses reliques : c'est un pèlerinage très fréquenté, et on peut adresser ses intentions à M. le curé.

En l'honneur de Ste *Aubierge*², pèlerinage très en renom et très intéressant à la chapelle de la sainte, sur la paroisse de Saint-Augustin, par Faremoutiers (Seine-et-Marne), le 7 juillet, le mardi de Pâques, le lundi de Pentecôte et le premier jeudi de chaque mois. Mais surtout le lundi de Pâques, jour où il vient des milliers de pèlerins. — M. le curé veut bien se charger d'acquitter les intentions de messes qui lui sont demandées par correspondance.

En l'honneur de S. *Claude*, le 8 novembre, à l'église paroissiale de Marigna-sur-Valouse, par Arinthod (Jura).

En l'honneur de S. *Urbain*, pape, à Busigny (Nord) et à l'église Saint-Urbain de Troyes.

En l'honneur de S. *Friand* et de S. *Second* à Besné, par

---

1. On peut adresser les intentions de messes, d'évangiles, etc., à M. le curé, qui se charge aussi de recevoir les recommandations.
2. Ce pèlerinage existait déjà au xe siècle.

Pont-Château (Loire-Inférieure). Il existe dans cette paroisse une confrérie très ancienne en l'honneur de ses deux saints patrons et à laquelle on peut se faire agréger.

En l'honneur de *S. Quintien*, à Aigueperse (Puy-de-Dôme), où il y a une grande partie de ses reliques, surtout le 12 novembre et le 20 août [1].

En l'honneur de *Ste Radegonde*, à la paroisse de Sainte-Radegonde, près Tours (Indre-et-Loire); à la chapelle de la sainte, à Saint-Germain-en-Laye (Seine-et-Oise); au Châtelet, près de Chambon (Creuse); à la fontaine de Ste Radegonde, dans la forêt de Meilhards [2] (Corrèze); à une autre fontaine, au Meix-Saint-Epoing, par Esternay (Marne); à une chapelle de la sainte, près d'Aiguevives, commune de Faverolles, par Montrichard (Loir-et-Cher).

En l'honneur de *S. Sévère*, à Agde (Hérault). On fait neuf fois le tour de l'autel en récitant un *Pater* à chaque fois pour être préservé de la fièvre et de la migraine.

En l'honneur de *S. Thierry*, pèlerinage très pittoresque à Auménancourt-le-Petit, le jour de la Sainte Trinité.

En l'honneur de *S. Sérénic* et de *S. Séréné*, à Saulges, par Chéméré-le-Roi (Mayenne).

PRIÈRES CONTRE LA FIÈVRE

Prière à S. AYBERT

O Père très saint, *Aybert*, fidèle et juste serviteur du Dieu Très-Haut, qui portez secours aux fiévreux et donnez le remède aux personnes atteintes de diverses maladies, je vous en prie, avec votre compassion accoutumée, ayez pitié de moi, et, par vos saintes prières, rendez-moi à mon ancienne santé, moi qui suis tourmenté par la pénible maladie de la Fièvre persistante, afin que, sain d'esprit et de corps, je puisse rendre au Dieu tout-puissant les grâces que je lui dois, et le servir jusqu'à la fin. Par Jésus-Christ Notre-Seigneur. Ainsi soit-il. — (BOLLANDISTES.)

---

1. La solennité est renvoyée au dimanche suivant quand ces dates tombent sur la semaine.
2. On conserve à Meilhards une relique précieuse : c'est une parcelle du voile de la grande sainte, enfermée dans un petit reliquaire d'argent; ce reliquaire a été donné en ex-voto en 1717. — Au mois de septembre ont lieu les grands pèlerinages qui attirent une foule considérable. Pendant trois dimanches consécutifs on va dire la messe à la chapelle. — LETTRE de M. le curé du Meilhards (Corrèze).

Prière à S. DOMINIQUE
CONTRE LA FIÈVRE

Que Jésus, fils de Marie, nous soit propice. Ainsi soit-il.

Le Christ triomphe, le Christ règne, le Christ commande : que le Christ nous défende de tout mal ; que Jésus de Nazareth nous guérisse ; que le Seigneur, qui lui-même nous a attirés à la foi catholique, nous y conserve ; qu'il nous rende heureux et nous délivre de cette maladie.

La belle-mère de Simon Pierre était affligée d'une fièvre violente : on pria pour elle le Seigneur qui, se tenant près d'elle, commanda à la fièvre dont elle fut délivrée, et, se levant aussitôt, elle les servait.

Soyez béni, Rédempteur des hommes qui, pourvoyant au salut de tous, avez donné au monde S. *Dominique*.

O merveilleuse espérance que vous avez donnée à ceux qui vous pleuraient à l'heure de votre mort, en promettant de venir au secours de vos frères après votre trépas ; ô père, faites ce que vous avez dit en nous aidant de vos prières ; vous qui vous êtes illustré par tant de miracles sur les corps malades, apportez-nous le secours du Christ, et réformez nos mœurs viciées. Faites, ô père, ce que vous avez promis, en nous aidant de vos prières.

℣ Priez pour nous, bienheureux père Dominique.

℟ Afin que nous devenions dignes des promesses de J.-C.

PRIONS

Faites, nous vous en supplions, Dieu tout-puissant, que nous qui sommes accablés par le poids de nos péchés, nous en soyons soulagés par la protection de S. *Dominique*, votre confesseur et notre Père. Par J.-C. N.-S. Ainsi soit-il. — (RITUEL ESPAGNOL.)

Prière à S. EXUPÈRE
MÊME INTENTION

Nous vous rendons nos hommages, ô bienheureux pontife *Exupère*; vous êtes le père des pauvres, et ils sont toutes vos richesses ; vous avez si fort aimé la pauvreté, que vous avez porté le corps sacré de Jésus dans une corbeille, et son sang précieux dans un calice de verre. Soulagez par vos prières ceux que la fièvre dévore et protégez tous ceux qui réclament votre secours.

℣. O saint pontife Exupère,

℟. Offrez à Dieu le sacrifice de nos prières.

ORAISON

Seigneur tout-puissant, qui avez guéri de la fièvre le bienheureux Ambroise par l'intercession de S. *Exupère*, votre confesseur et pontife, par l'eau de la purification du calice où le sang précieux de Jésus-Christ avait été offert, faites que par les prières de ce grand saint nous soyons guéris de toutes nos passions, afin que nous participions un jour à sa gloire. Par Jésus-Christ Notre-Seigneur. Ainsi soit-il. — (Prière usité à Saint-Sernin de Toulouse où repose le corps de S. Exupère.)

Prière à S. RICQUIER
MÊME INTENTION

Seigneur Dieu tout-puissant et miséricordieux, qui, par votre bonté infinie, avez conduit le bienheureux S. *Ricquier* dans la voie de la vérité que l'idolâtrie lui avait cachée pendant si longtemps, et qui, par les prières de ce grand prêtre, avez guéri une infinité de personnes de la fièvre, faites, s'il vous plaît, par l'intercession de votre fidèle serviteur, que nous puissions être délivrés de tous nos ennemis visibles et invisibles, afin qu'étant parfaitement sains de corps et d'esprit nous bénissions incessamment votre saint nom sur la terre et vous rendions des actions de grâces immortelles dans le ciel. Par N.-S. Jésus-C., etc. Ainsi soit-il. — (Prière populaire ancienne.)

Prière à S. SIGISMOND
POUR LES FIÉVREUX

Prêtez, Seigneur, une oreille bienveillante aux requêtes de ceux qui vous implorent et acquiescez favorablement aux demandes que nous vous adressons avec un cœur pieux, afin que votre serviteur N..., qui souffre cruellement de la fièvre, soit bénignement secouru par l'intercession de votre fidèle serviteur *Sigismond*, et que, en même temps que vous nous manifestez ses mérites, vous accordiez la guérison à votre serviteur malade. Par Jésus-Christ N.-S. — Ainsi soit-il. — (Prière du xie siècle.)

Prière très ancienne au B. REGINALD, de Saint-Gilles
CONTRE LA FIÈVRE SPIRITUELLE ET CORPORELLE

O Beate Reginalde,
Summo Regi gratus valde,
Quem amans Regina Angelorum,
Proprium visitavit thorum ;
Ab omni febris languore
Miro curavit dulcore ;
Habitum dans Prædicatorum ;
Expellens febres peccatorum ;
Tuis precum incrementis.
Sana febres nostræ mentis,
Ut cum cœtu supernorum
Videamus Regem cœlorum.
Amen.

℣. Ora pro nobis, beate Reginalde.
℟. Ut digni efficiamur promissionibus Christi.

O Bienheureux Réginald, très agréable au souverain Roi, chéri de la Reine des Anges, qui, le jour où elle daigna vous visiter dans votre cellule, vous guérit des langueurs de la fièvre par une onction d'une douceur merveilleuse et vous donna l'habit des Frères-Prêcheurs ; chassez la fièvre de nos péchés ; guérissez, par les mérites de vos prières, la fièvre de notre âme, afin qu'admis un jour dans l'assemblée des Saints nous puissions y contempler le Roi des Cieux. Ainsi soit-il.

℣. Priez pour nous, Bienheureux Réginald.
℟. Afin que nous soyons dignes des promesses de Jésus-Christ.

| FIÈVRE | DEVOTIONS |

OREMUS

Concede, quæsumus, omnipotens Deus, ut qui peccatorum nostrorum febribus incessanter affligimur, B. Reginaldi, confessoris tui, pio interventu, perpetuo sanitatis beneficio gaudeamus. Per C. D. N. Amen.

PRIONS

Accordez-nous, nous vous en supplions, Dieu tout-puissant, à nous que la fièvre de nos péchés dévore sans cesse, de jouir par la pieuse intercession du B. Réginald, votre confesseur, du bienfait d'une santé perpétuelle. Par J.-C. N.-S. Ainsi soit-il.

40 jours d'indulgence accordés par Mgr de Nîmes.

Prière à S. AUBRIN ou AUBRINX
CONTRE LA FIÈVRE

O sancte pater Albrice,
Ad te clamantes respice;
Juva nos qui sordescimus
Præ culpis quas commisimus.
Christo nos reconcilia,
Ut jam nulla nequitia
In nostro sedens pectore,
In nostro regnet corpore.
Nos a febre, tua prece,
Libera pater Albrice,
Ut te laudare possimus
Dum hic tantisper erimus.
℣. Mirabilis Deus in sanctis suis.
℟. Et sanctus in omnibus operibus suis.

O saint Aubrin, notre père, regardez ceux qui crient vers vous, aidez de pauvres pécheurs, souillés de leurs crimes; réconciliez-nous avec Jésus-Christ, en sorte qu'aucune souillure n'affecte notre esprit et notre corps. Par vos prières, vénérable Aubrin, délivrez-nous de la fièvre, afin que nous puissions vous louer pendant les jours que nous passerons sur cette terre.
℣. Dieu est admirable dans ses saints.
℟. Et saint dans toutes ses œuvres.

OREMUS

Deus qui in sanctis tuis mirabilia quotidie operaris; quæsumus ut intercessione beati Albrici, confessoris tui atque pontificis, et a noxiis mundemur, et febrium dolore liberemur; cumque ex hoc corpore migraverimus æterna cum sanctis tuis in gloria numeremur. Per Dominum nostrum...

ORAISON

O Dieu, qui opérez chaque jour des merveilles dans vos saints, nous vous prions par l'intercession du bienheureux Aubrin, votre confesseur et pontife, de nous purifier de nos péchés et de nous délivrer des douleurs de la fièvre, et, lorsque notre âme se détachera de notre corps, qu'elle soit reçue avec les saints dans la gloire éternelle. Par Notre-Seigneur J.-Ch. — Ainsi soit-il.

(Prière qui se récite de temps immémorial devant les reliques du saint, à N.-D. de Montbrison.)

Fièvres aiguës (Contre les), on invoque:
S. Leobon.

Boire de l'eau des trois fontaines de *S. Léobon*, près de Saint-Etienne-de-Fursac (Creuse). — Station à la Souterraine. — Autre pèlerinage au même saint, à Salagnac (Dordogne).

Fièvres chaudes (Contre les), on s'adresse à :

S. Germer : pèlerinage à Saint-Germer (Oise), où il est honoré en même temps que *Ste Domase*, son épouse, et *S. Amalbert*, son fils [1].

Ste Restitute : pèlerinage à Arcy-Sainte-Restitute, par Fère-en-Tardenois (Aisne), où existe une association très ancienne et toujours prospère en son honneur ; puis à Dargies, par Grandvilliers (Oise).

Fièvres intermittentes (Contre les), on invoque :

S. Julien. — *S. Sauveur* de Horta.

Prière à S. SAUVEUR ou SALVATOR
CONTRE LES FIÈVRES INTERMITTENTES

Que la puissance de Dieu le Père, que la sagesse de Dieu le Fils, que la vertu de Dieu le Saint-Esprit, par les mérites et l'intercession du bienheureux *Salvator*, nous délivre de toute fièvre tierce, quarte, ou continue, et de tous maux ; que le *B. Salvator* prie pour nous et nous bénisse. Au nom du Père, et du Fils, et du Saint-Esprit. Ainsi soit-il. — (PRIÈRE POPULAIRE.)

Fièvres quartes en particulier (Contre les), on prie :

S. Gauthier. — *B^x Nicolas Factor*. — *S. Réparat*. — *S. Trouvé*.

Fièvre jaune (Contre la), on prie :

S. Albert de Trapani.

Fièvres opiniâtres (Contre les), invoquer :

Ste Claire : boire de l'eau de la fontaine de Ste Claire, près de Guéret (Creuse) (ligne de Saint-Sulpice-Laurière à Montluçon).

S. Chrétien : pèlerinage en l'honneur de *S. Chrétien*, à Douai (Nord), à l'église Saint-Jacques et dans l'ancienne paroisse de Saint-Albin, le lundi de Pentecôte.

Fièvres pernicieuses (Contre les), on s'adresse à :

Ste Clotilde.

S. Théobald : pèlerinage à Villebrumier (Tarn-et-Garonne).

S. François Régis : pèlerinage à La Louvesc (Ardèche), où l'on peut faire prier pour les malades.

---

[1]. Les renseignements sur *S. Germer* sont dus à l'amabilité du savant M. l'abbé Bornet, curé-doyen de Saint-Germer-de-Fly, qui en a fourni en même temps un grand nombre concernant d'autres saints du diocèse de Beauvais et d'ailleurs.

Fil de fer (Patron des tireurs de) :
S. Éloi.

Fileurs (Patrons des) :
S. Sévère de Ravennes. — S. Nicolas.

Filassiers et **Filassières** (Patrons des) :
S. François d'Assise. — Ste Anne.

Fileuses (Patronne des) :
Ste Catherine.

Filets (Patron des faiseurs de) :
S. Pierre, apôtre.

Filles (Patrons des jeunes) :
S. Ambroise. — Ste Barbe. — Ste Blandine. — Ste Catherine. — Ste Marguerite. — Ste Eustelle. — Ste Valérie.
SS^tes Puelles : on peut se faire consacrer et recommander à ces saintes jeunes filles, au Mas-Saintes-Puelles, par Castelnaudary (Aude) ; et à Ste Valérie, à Chambon-sur-Voueize (Creuse).

Financiers (Patron des) :
S. Mathieu.

Fistules ou **Abcès purulents** (Contre les), invoquer :
S. Fiacre. — S. Quirin.

Fleuristes (Patrons des) :
Ste Dorothée. — S. Fiacre. — S. Nicolas.

Fléaux (Pour être préservé des), on prie :
S. Urbain, pape. — Ste Radegonde. — S. Marien. — S. Quintien.

Prière à S. URBAIN, pape
CONTRE LES FLÉAUX ET LES CALAMITÉS

O Dieu qui, avec une bonté ineffable, avez coutume d'exaucer ceux qui vous implorent dans leurs afflictions, en se fondant sur les mérites de vos saints, accordez-nous, s'il vous plaît, par l'intercession du glorieux martyr S. Urbain, la délivrance de tous nos maux, spirituels et temporels. Faites que, grâce à son appui, nous obtenions surtout la récompense du salut éternel, par la vie, la mort et la résurrection de votre Fils unique, N.-Seigneur J.-C., qui vit et règne avec vous en l'unité du S.-Esprit, dans les siècles des siècles. Ainsi soit-il. — (Oraison des litanies qui se disent à Busigny.)

(Voir au mot *Calamités* et aux différents *Fléaux*.)

Fleuves (Contre le cours désordonné des) (Voir *Désastres causés par l'eau*, *Crues*, etc.).

Flux du sang (Contre le), on invoque :
S. Alexandre. — S. Gervais. — S. Guillaume Tempier.

— Ste Lucie. — S. Asclipe. — Ste Marthe. — S. Bernardin. — Ste Matrone. — Ste Casilde. — Ste Consorce. — Ste Tanche. — S. Fiacre.

Faire partie de la Confrérie de Ste Lucie, à Anvers (Belgique).

Pèlerinage au lac de Burgos (Espagne), à Ste Casilde.

Pèlerinage à la fontaine de *Saint-Gervais*, à Jarnages (Creuse). — On peut demander des messes à M. le curé, qui les fera dire à l'autel du saint.

Prière à S. GUILLAUME TEMPIER
CONTRE LE FLUX DE SANG

Seigneur, daignez exaucer avec votre bonté ordinaire les vœux de votre peuple, pendant qu'instruit de sa bonté par l'expérience il sollicite avec instance l'intercession du bienheureux *Guillaume*, évêque de Poitiers, pour arrêter le flux de sang, par J.-C. Notre-Seigneur. Ainsi soit-il.

Foi (Pour obtenir la persévérance dans la), on invoque :
Ste *Foy*. — Ste *Hiltrude* de Liessies. — S. *Papoul*. S. *Drausin*. — Ste *Reine*.

Les habitants de Liessies, de Trélon (Nord), et des paroisses voisines, — les hommes surtout, — ne manquent pas, le jour où ils ont fait leurs pâques, d'aller à la chapelle du Bois, qui est sur la commune de Trélon, pour demander à Ste *Hiltrude* de conserver leur foi ; et le pays est resté, de fait, très religieux. On peut adresser ses recommandations à M. le curé (par Solre-le-Château, Nord).

Pèlerinage et pieuse confrérie en l'honneur de Ste *Reine*, à Flavigny (Côte-d'Or) (écrire à M. le curé). De grands avantages spirituels sont attachés à cette Association.

Prière à Ste HILTRUDE
POUR DEMANDER LA PERSÉVÉRANCE DANS LA FOI

O mon Dieu, ayez pitié de ma faiblesse ! Donnez-moi le courage de Ste *Hiltrude*, pour faire votre volonté, en m'éloignant de tout ce qui peut m'exposer à vous être infidèle. O Ste Hiltrude, vous voyez les périls qui m'environnent, priez pour moi, soutenez-moi de votre protection ; obtenez-moi la force, la générosité, l'esprit de sacrifice, pour que, comme vous, je sache préférer Dieu à tout, et aimer mieux mourir que de l'offenser. Ainsi soit-il. — (PRIÈRE DE LA NEUVAINE A Ste HILTRUDE.)

Association de SAINTE-FOY

(ÉTABLIE A CONQUES, AVEYRON)

Association universelle pour le rétablissement, l'extension et la pratique de la foi catholique dans la France et l'Europe, fondée à Conques avant le XIII° siècle, rétablie par M*gr* Bourret, évêque de Rodez, le 11 octobre 1874, sous le patronage des reliques de S*te* Foy. Siège central : l'antique église abbatiale et paroissiale de Conques.

Statut fondamental. — I. L'antique Association de Sainte-Foy, si célèbre au moyen âge, est rétablie dans l'église de Conques, desservie par les Pères Prémontrés de la Congrégation de France.

II. Le but de l'Œuvre est le raffermissement, la conservation, l'extension et la pratique de la Foi catholique, si violemment attaquée de toutes parts, par l'impiété, l'indifférence, le respect humain, la presse, les mauvais livres, les sociétés secrètes et toutes les passions humaines.

III. Tous les fidèles peuvent s'enrôler sous cet étendard de la foi : mais sont appelés plus spécialement à s'inscrire : 1° tous les chrétiens pratiquants qui résistent avec courage, à tous les efforts du monde et de l'enfer ; 2° tous les chrétiens faibles dans la foi, qui chancellent dans la lutte acharnée qu'ils soutiennent pour leur salut éternel ; 3° les parents ou amis des chrétiens non pratiquants, qui retardent leur conversion jusqu'au moment de la mort ; 4° ceux qui désirent le salut de tous les mauvais chrétiens qui combattent contre Dieu et la Religion, et que l'on peut faire inscrire pour demander et obtenir leur conversion.

Organisation. — L'Œuvre s'établit par chœurs ou familles de dix associés, sous la présidence d'un zélateur ou d'une zélatrice. Chaque associé fait inscrire son nom, reçoit son diplôme d'admission et participe dès lors à tous les avantages de l'Association. Aussitôt formé dans une paroisse, un chœur s'occupe d'en former d'autres. Les zélateurs établissent les chœurs, distribuent les billets, font connaître les décès et les remplacent sur leur liste.

Pratiques. — Cette Œuvre est à la portée de tous. Il suffit après s'être fait inscrire : 1° d'unir chaque jour ses pensées, ses paroles, ses actions, par esprit de foi, à celles de N.-S. J.-C. ; 2° de répéter le plus souvent possible : *Mon Jésus, miséricorde*, d'ajouter à ses prières du matin et du soir : *Doux cœurs de Jésus et de Marie, soyez notre refuge; S*te* Foy, priez pour nous.*

Avantages. — 1° Les associés forment une alliance de prières et d'efforts pour raffermir la foi pratique dans les âmes ; 2° toutes les œuvres acquièrent un plus grand mérite pour le Ciel, par suite de leur union intime avec N.-S. J.-C. ; 3° ils entrent en participation de toutes les messes, communions, œuvres, mérites, pénitences, offices, prières, missions, etc., de la primitive observance de l'Ordre de Prémontré ; 4° chaque jour, la communauté des Pères Prémontrés de Conques fait, soir et matin, après les offices, dans l'église Sainte-Foy, des prières spéciales au nom de toute l'Association, et pour tous ses membres, vivants et morts.

On engage instamment les fidèles à faire une offrande au sanctuaire, mais cette offrande n'est pas obligatoire.

SOUVENEZ-VOUS A Ste FOY, V. ET M.

Souvenez-vous, ô glorieuse sainte Foy, que les siècles écoulés et les monuments élevés par la piété de nos pères, proclament assez haut votre gloire et votre crédit auprès de Dieu ! Souvenez-vous aussi des prodiges sans nombre opérés pendant plus de quinze siècles en faveur des âmes qui ont imploré votre protection. Souvenez-vous encore du pouvoir irrésistible que vous avez sur le Cœur sacré de votre céleste Époux, des grâces précieuses et des faveurs divines que vous en avez fait découler sur tous ceux qui ont invoqué votre puissant secours. C'est le cœur rempli d'une pareille confiance que je me prosterne humblement à vos pieds et que je réclame votre intercession. Ne me repoussez pas, ô douce et compatissante patronne ; mais plutôt soyez touchée de mes douleurs et de mes épreuves, de mes faiblesses et de mes misères, de mon inconstance et des mille périls qui m'environnent. Au milieu des luttes et des anxiétés de l'exil, protégez-moi, secourez-moi toujours et raffermissez mon âme dans la voie du salut par une foi vive et constante comme la vôtre. Obtenez-moi la victoire sur les illusions de l'esprit et du cœur, sur les entraînements du monde et des passions. Inspirez-moi l'horreur de tout ce qui ternit l'éclat de l'angélique pureté, et la force d'imiter vos vertus. Mais intercédez surtout, ô grande sainte Foy, auprès de la divine miséricorde, afin qu'elle daigne m'accorder la grâce….. en vertu des mérites de J.-C., de Marie immaculée, de saint Joseph et des vôtres. Non, je ne puis essuyer un refus, aimable protectrice ; vous exaucerez mes vœux et mes prières pour le temps et pour l'éternité. Ainsi soit-il. — (PRIÈRE TRÈS POPULAIRE, approuvée par Mgr de Rodez.)

Dans le diocèse de Carcassonne, on invoque *S. Papoul*, apôtre du pays, pour la conservation de la Foi. Il se fait une très belle fête et un grand pèlerinage à cette intention, le deuxième dimanche après Pâques, dans la ville de Saint-Papoul (Aude). — On invoque aussi ce puissant protecteur à Saint-Sernin de Toulouse.

Prière à S. PAPOUL
POUR CONSERVER LA FOI

O Dieu qui avez daigné nous arracher des ténèbres et nous conduire à l'admirable lumière de la Foi par le bienheureux S. *Papoul*; nous avons été engendrés au Christ par les travaux de ce saint martyr; accordez-nous donc, par lui, s'il vous plait, de rester fermement fidèles à l'Evangile qu'il a prêché, par J.-C. N.-S. Ainsi soit-il. — (PRIÈRE LITURGIQUE.)

Foi (Patron de la *Propagation de la*) :
S. François-Xavier.

Folie (Contre la), on a recours à :
S. Amable. — *S. Gervais.* — *S. Gilles.* — *S. Bertaut.* — *S. Grat.* — *Ste Berthe.* — *S. Hildevert.* — *S. Colomban.* — *S. Hubert.* — *S. Dizier.* — *B^x Jean Grandé.* — *S. Dympne.* — *S. Mathurin.* — *S. Evroult.* — *Ste Quitterie.* — *S. Révérend.* — *S. Florentin.* — *S. Valery.* — *S. Germain* d'Auxerre. — *S. Viturnien.*

Pèlerinage à *Saint-Grat*, près de Villefranche-de-Rouergue (Aveyron).

Pèlerinage à *Saint-Menoux* (Allier) en l'honneur du saint de ce nom. Ce pèlerinage est très important et très fréquenté, et de nombreuses grâces y sont obtenues.

Se faire recommander à Beauteville, par Villefranche-de-Lauragais, à la protection de *Ste Quitterie*. Il y a en ce lieu un pèlerinage célèbre et un puits que la tradition dit avoir été indiqué par la Sainte dans une apparition, pour que son eau serve à la guérison de la Rage et de la Folie.

On conduisait autrefois, de fort loin, les fous furieux au tombeau de *S. Révérend*, à Nouâtre (Indre-et-Loire). Il y avait souvent des guérisons.

Contre la *Folie* et contre toutes les maladies et accidents semblables, on invoque *S. Mathurin*, surtout à Larchant (Seine-et-Marne), lieu de sa naissance. On peut y faire recommander les malades, demander des messes, neuvaines, évangiles, cierges, etc...

Au même saint et pour la même intention, pèlerinage à *Moncontour* (Côtes-du-Nord). La pratique la plus usuelle est de s'y *arrenter*, c'est-à-dire d'y promettre une offrande annuelle, plus ou moins importante et de plus ou moins longue durée, selon les moyens. Il est très invoqué aussi dans le Morbihan, et particulièrement à Quistinic, par Baud[1].

---

[1]. Renseignement fourni par M. Le Guénédal, secrétaire général de l'évêché de Vannes.

Pèlerinage en l'honneur de S. *Gervais*, à Jarnages (Creuse), surtout le 19 juin. M. le curé-doyen de Jarnages se charge de faire acquitter, à l'autel du saint, les messes dont on lui envoie les honoraires.

S. **Hildevert** est très invoqué à Gournay-en-Bray (Seine-Inférieure), où se trouvent ses reliques; on peut s'adresser à M. le curé-doyen pour toutes les recommandations.

Prière à S. HILDEVERT

O Dieu, qui nous donnez la joie de célébrer la mémoire de S. Hildevert, votre confesseur et pontife, permettez, nous vous en supplions, que nous méritions d'avoir pour intercesseur auprès de vous ce grand saint que nous vénérons sur cette terre avec une ardente dévotion. Par J.-C. N.-S. Ainsi soit-il. — (ANCIENNE LITURGIE.)

Fondeurs (Patrons des) :
Ste *Barbe*. — S. *Eloy*. — S. *Gildas*. — S. *Hubert*. — S. *Pierre ès Liens*.

Fondeurs de lettres (Patron des) :
S. *Jean Porte-Latine*.

Force (Pour acquérir la), on invoque :
S. *Phalier* : pèlerinage à Chabris (Indre).

Forestiers (Patron des) :
S. *Hubert*.

Forgerons (Patrons des) :
S. *Ampèle*. — S. *Eptade*. — S. *Dunstan*. — S. *Galmier*. — S. *Eloy*. — S. *Léonard*. — S. *Patrice*.

Forts de la douane (Patronne des) :
Ste *Barbe*.

Forts de la halle (Patrons des) :
S. *Christophe*. — S. *Jacques le Majeur*.

Fossoyeurs (Patrons des) :
S. *Antoine*. — S. *Joseph*. — Ste *Barbe*. — S. *Joseph d'Arimathie*. — S. *Tobie*.

Foudre (Contre la), les *orages*, les *tempêtes*, le *tonnerre*, etc... on invoque :
S. *Amand*, S. *Alexandre*, S. *Lucius* et S. *Andald*. — S. *Aurélien*. — S. *Amans* de Rodez. — Ste *Bertille*. — Ste *Eurosie*. — S. *Silvin*. — Ste *Hélène*. — S. *Hildevert*. — Ste *Irène*. — S. *Jean* et S. *Paul*. — S. *Lugle*. — S. *Pierre Pascal*. — Ste *Raymond* de Itero. — Ste *Scholastique*. — S. *Urbain* de Langres. — S. *Urbain*, pape. — S. *Wasnulphe* ou *Wasnou*.

PRATIQUES ET PRIÈRES

Protéger les maisons de la foudre en y plaçant l'image de la Bᵉᵉ *Berthe* de Valombreuse.

Se procurer et allumer un cierge béni, à Aoste (Piémont), en l'honneur de *S. Grat*.

A Sainte-Marie-de-la-Minerve, à Rome, le jour de S. Pierre, martyr (30 avril), on bénit des rameaux d'olivier et de palmier pour préserver de la foudre les lieux où on les place.

Les paysans de l'Hérault et des pays voisins disent, en voyant un éclair, l'invocation suivante :

Sᵗᵉ *Barbe* et Sᵗᵉ *Hélène*, préservez-nous du feu et du tonnerre !

Dans tout le pays de Thérouanne on recourt à *S. Silvin*, contre le tonnerre, par cette invocation :

S. Silvin, priez pour nous, afin que nous soyons préservés du tonnerre.

Prière à S. CHRISTOPHE et à plusieurs autres saints
CONTRE LA FOUDRE, LES TEMPÊTES, ETC.

Nous vous en prions, Seigneur, que la malice des Esprits soit chassée de notre maison, et, par la vertu de la sainte Croix, par les prières des saints Apôtres, de *S. Christophe*, de *S. Clément* et de *S. Cyrille* et de tous vos saints, que la malignité des tempêtes disparaisse, et que nous méritions, après les orages de ce monde, d'arriver paisiblement au port du salut, par Jésus-Christ Notre-Seigneur. Ainsi soit-il. — (TRÈS ANCIENNE PRIÈRE LITURGIQUE.)

Prière populaire à S. DONAT
CONTRE LA FOUDRE ET LE TONNERRE

Priez pour nous, *S. Donat*, martyr, afin que nous soyons préservés du tonnerre, de la foudre, de la grêle et de l'orage.

ORAISON

O Dieu infiniment bon, qui n'avez jamais rejeté les cœurs contrits et humiliés, nous vous supplions, par les mérites et l'intercession de votre glorieux martyr S. Donat, de détourner de dessus nos personnes, maisons, champs, vignes et forêts, tous les effets funestes du tonnerre et de la foudre, afin que vous soyez de plus en plus honoré dans vos saints, que nos cœurs demeurent pénétrés de votre crainte salutaire, et que, par une bonne mort, nous puissions éviter cet épouvantable coup de tonnerre que vous fulminerez dans votre dernier jugement contre les réprouvés : *Allez, maudits, au feu éternel !*

AUTRE PRIÈRE A LA MÊME INTENTION

✝ Voici Jésus de Nazareth, roi des Juifs ; voici le signe vivifiant de la loi du Seigneur ; voici S. Donat, protecteur contre la foudre.

Fuyez, partis adverses : le lion de la tribu de Juda, le rejeton de David a vaincu. Alleluia !

℣. Dites aux nations. Alleluia !

℞. Que le Seigneur a régné du haut de la croix. Alleluia.

Seigneur, ayez pitié de nous ; Christ, ayez pitié de nous ; Seigneur, ayez pitié de nous.

Notre Père, etc.

℣. Seigneur, écoutez ma prière.

℞. Et que ma voix s'élève jusqu'à vous.

PRIONS

Dieu tout-puissant et éternel, pardonnez à ceux qui vous craignent, à ceux qui vous invoquent, afin que, après le feu terrible de la foudre et la violence des tempêtes, cette menace d'orage devienne pour vous un sujet de louange, par le Christ Notre-Seigneur. Ainsi soit-il.

Le Christ roi est venu dans la paix.
Dieu s'est fait homme !
S. Donat, priez pour nous. — (Prière populaire ancienne.)

Autre prière à S. DONAT
MÊME INTENTION

Glorieux saint qui, par le martyre que vous avez souffert, avez mérité le bonheur de posséder Dieu, de chanter ses louanges avec ses anges et ses archanges, de participer au bonheur éternel et spirituel, nous vous supplions de vouloir bien être auprès du Sauveur Jésus-Christ notre interprète ; que, par sa grâce toute-puissante, il nous préserve des terribles malheurs de la grêle, de l'orage, des tempêtes, des funestes effets du tonnerre et autres fléaux destructeurs ; que, par votre sainte et puissante protection, Dieu nous accorde d'être préservés de toutes les intempéries contraires aux saisons et nuisibles à toutes les productions de la terre, nos plus grandes richesses, si nécessaires à notre existence ; de la perte de nos troupeaux et aussi de nos moissons, récompenses que vous accordez au cultivateur pour prix de ses veilles et de ses sueurs. Accordez-nous, Seigneur, toutes ces grâces par votre saint pouvoir, et par l'intercession de votre bien-aimé et fidèle serviteur S. Donat. Ainsi soit-il. — (Prière populaire.)

Prière à S. GRAT
QUE L'ON RECOMMANDE D'APPRENDRE PAR CŒUR ET DE RÉCITER
QUAND ON EST MENACÉ D'ÊTRE ATTEINT DE LA FOUDRE

Glorieux S. Grat, puissant protecteur de ceux qui recourent à vous dans les diverses calamités de la vie, je viens vous prier avec une grande confiance d'intercéder pour moi maintenant auprès de Dieu, afin qu'il ne fasse pas tomber sur moi les foudres vengeresses de sa colère dont je suis menacé. Je suis coupable, il est vrai, mais je demande la douleur et le pardon de mes péchés. Je demande le temps et la grâce d'en faire une vraie pénitence, et, pour que mon indignité ne m'empêche pas d'être exaucé, priez vous-même, grand saint, le Dieu des miséricordes, de m'accorder ce que je lui demande par les mérites de J.-C. notre Sauveur. Ainsi soit-il. — (PRIÈRE POPULAIRE EN PIÉMONT.)

Fouleurs de drap, feutre, etc. (Patron des):
   S. Michel, archange.

Foulons (Patrons des):
   S. Christophe. — S. Jacques et S. Philippe. — S. Jean-Baptiste. — S. Pierre et S. Paul. — S. Thibault. — S. Waast.

Foulures (Voir Luxations).

Fourbisseurs (Patrons des):
   S. Eloi. — S. Jean-Baptiste. — S. Michel. — S. Paul. — S. Victor.

Fourmilière (Contre la) ou **Picotements** dans les membres qui sont restés en défaut, on invoque:
   S. Firmin.

Fourmis (Contre les), on invoque:
   S. Saturnin et tous les saints invoqués contre les animaux nuisibles.

Fourreurs (Patronne des):
   Ste Barbe.

Fous (Voir Folie).

Fractures des membres (Contre les), on implore:
   S. Drogon. — S. Efflam. — S. François Régis. — S. Stanislas Kotska.

Pèlerinage et recommandations à S. Efflam à l'hospice de Morlaix[1] (Finistère).

Fraises (Patron des marchands et des cultivateurs de):
   S. Antoine de Padoue.

---

1. Ecrire à M. l'aumônier de l'Hospice.

Frayeurs (Voir *Peur*).

Frénésie (Contre la), on invoque en particulier :
    S. *Constantien* et tous les saints invoqués contre la *Folie* (Voir ce mot).

Frères des écoles chrétiennes (Patrons des) :
    S. *Cassien*. — S. *J.-B. de la Salle*.

Fripiers et brocanteurs (Patrons des) :
    Ste *Anne*. — S. *Côme* et S. *Damien*. — S. *Homobon*. — S. *Jean-Baptiste*. — S. *Louis*. — S. *Maurice*. — S. *Roch*.

Froid (Contre le), on prie :
    S. *Sebald*.

Fromages (Patrons des marchands et fabricants de) :
    B^{se} *Julienne*. — S. *Luguzon*. — S. *Michel*.

Fruitiers ou **Marchands de fruits** (Patrons des) :
    S. *Christophe*. — S. *Léonard*.

Furoncles (Contre les), on prie :
    S. *Antoine*.

S. *Cloud* : pèlerinage à Saint-Cloud (Seine-et-Oise), surtout pendant l'octave de la fête du saint.

S. *Firmin* : pèlerinage à Tully (Somme).

S. *Sylvain* : pèlerinage à Levroux (Indre).

G

Gainiers (Patrons des) :
    S. *Hubert*. — Ste *Madeleine*.

Gale (Contre la), on invoque :
    S. *Antoine*. — S. *Fursy*. — S. *Julien l'Hospitalier*. — S. *Job* le prophète. — S. *Marc*. — S. *Ménas*.

Ste *Aldegonde* : pèlerinages à Maubeuge et à Cousolre (Nord).

S. *Magnobode* ou *Maimbœuf* : pèlerinage à Villebernier, par Saumur (Maine-et-Loire).

S. *Méen*, un des saints les plus invoqués contre cette maladie : l'est surtout à Saint-Méen (Ille-et-Vilaine), et à un autre Saint-Méen, par Ploudaniel (Finistère) ; à Guilligomarc'h, par Arzano (Finistère) ; puis à Attigny (Ardennes) ; enfin il a une fontaine à Ruillé-le-Gravelais, par La Gravelle (Mayenne)

Ste *Reine* : pèlerinages à Alise-Sainte-Reine et à Flavigny (Côte-d'Or) (Voir au mot *Peau*).

S. Cessateur : pèlerinage à l'église de Saint-Aurélien, à Limoges.

Ste *Radegonde* : pèlerinage à la paroisse de ce nom, ville de Poitiers et à celle du même nom, par Tours (Indre-et-Loire).

Gangrène (Contre la), on invoque :
    S. Fiacre.

Galonniers (Patrons des) :
    Ste *Thérèse*. — *S. Nicolas*.

Gantiers (Patrons des) :
    Ste *Anne*. — *S. Antoine*. — *S. Barthélemy*. — *S. Crépin et S. Crépinien*. — *S. Gan ou Gond*. — *S. Gomer*. — Ste *Madeleine*. — *S. Martin*.

Gardes de nuit (Patron des) :
    S. Pierre d'Alcantara.

Gauffriers ou **Fabricants d'oublies** (Patron des) :
    S. Michel, archange.

Gelée (Contre la), invoquer :
    S. Urbain, pape. — *S. Urbain* de Langres.

On fait généralement des vœux ou des promesses à ces saints pour préserver les récoltes de la gelée.

Genoux (Contre les maux aux), on invoque :
    S. Roch.

On invoque *S. Roch* pour les maux aux genoux ou aux jambes dans presque toutes les églises qui possèdent sa statue, surtout quand cette statue le représente découvrant une plaie à son *genou*.

Geôliers (Patrons des) :
    S. Adrien. — *S. Athanase*. — *S. Hippolyte*. — *S. Josias*.

Gîte en voyage (Pour trouver un bon), on prie :
    Ste *Gertrude*.

Glaces (Patron des ouvriers en) :
    S. Clair.

Glandes (Contre les), on prie :
    S. Côme et S. Damien.

Goitre (Contre le), on s'adresse à :
    Ste *Bertille*. — *S. Goussault*. — *S. Blaise*.

Pour invoquer *S. Blaise* contre le goitre, on emploie toutes les pratiques indiquées soit au mot *Angines*, soit au mot *Gorge*.

A Bourriot, commune de Lugaut, par Retjons (Landes), il existe une fontaine consacrée à *S. Blaise* où un grand nombre de malades se rendent, surtout le 3 février, pour guérir du goitre.

Gorge (Contre les maladies de la), on prie :

S. André, apôtre. — S. Ignace d'Antioche. — Sⁱᵉ Bertille. — Sⁱᵉ Godelève. — Sⁱᵉ Cunéra. — S. Goussault. — S. Silvain.

S. Remy : pèlerinage à Courlay (Deux-Sèvres) et à Saint-Rémy, par Lathus (Vienne).

Sᵗᵉ Eugénie : pèlerinage à Erloy, par Marly (Aisne) (Voir les renseignements au mot Oreilles).

BÉNÉDICTION DU PAIN, DU VIN, DE L'EAU ET DES FRUITS CONTRE LES MAUX DE GORGE EN LA FÊTE DE S. BLAISE

Adjutorium, etc.
℣ Domine, exaudi, etc. ℞ Et clamor meus ad te veniat.
℣ Dominus vobiscum. ℞ Et cum spiritu tuo.

OREMUS

Salvator mundi, Deus, qui hodiernam diem beati Blasii martyrio consecrasti, quique eidem, inter cæteras gratias, hanc prærogativam contulisti, ut quoscumque gutturis morbos tua virtute curaret; ineffabilem misericordiam tuam suppliciter exoramus et petimus, ut hos panes, vinum, aquam et fructus, quæ plebs fidelis tibi devote hodie ad sanctificandum attulit, tua pietate bene † dicere et sancti † ficare digneris : ut qui ex his gustaverint, ab omni gutturis plaga, et quavis alia animæ et corporis infirmitate, meritis et intercessione ejusdem Beati Blasii, martyris tui atque pontificis, plenam recipiant sanitatem. Qui vivis et regnas, Deus, in sæcula sæculorum. Amen.

PRIONS

O Dieu, sauveur du monde, qui avez consacré ce jour par le martyre de S. Blaise, et qui avez donné à ce pontife, avec beaucoup d'autres grâces, la prérogative de guérir par son pouvoir toutes les maladies de la gorge; nous prions humblement votre miséricorde ineffable de daigner bénir et sanctifier, dans votre bonté, ces pains, ce vin, cette eau, ces fruits que le peuple fidèle apporte pieusement aujourd'hui pour être bénits. Faites que ceux qui en goûteront soient entièrement guéris de tous les maux de gorge et de toute autre maladie de l'âme et du corps, par l'intercession du même S. Blaise, martyr et pontife. O Dieu qui vivez et régnez dans les siècles des siècles. Ainsi soit-il.

On asperge d'eau bénite.

(BENEDICTIO approbata pro diœc. Urgellen., die 25 sept. 1883.)

Pratiques pieuses
POUR OBTENIR LA GUÉRISON DES MALADIES DE LA GORGE

Porter au cou une des ganses de soie bénites à Anvers (Belgique), par le Directeur de la Confrérie de Sᵗᵉ Lucie.

Faire le pèlerinage de *S. Rémy*, à Chanteloup (Deux-Sèvres) (station à Lagny-Thorigny, ligne de Paris à Meaux).

Autre pèlerinage en l'honneur de *S. Sylvin* et de *S. Sylvestre*, à Levroux (Indre), principalement le 5° dimanche après Pâques et le jour de l'Assomption.

En l'honneur de *S. Blaise* à Espauhourg, par Le Coudray-Saint-Germer (Oise).

En l'honneur de *S. Loup*, fontaine et pèlerinage à Philondenx, par Samadet (Landes).

A Rome, le jour de la fête de *S. Blaise* (3 février), à l'église de S.-Charles-à-Catinari, on touche la gorge des fidèles avec un os de la gorge de *S. Blaise*. Dans d'autres églises, le même jour, principalement à celle de Saint-Blaise-in-via-Giulia et à Sainte-Marie-in-via-Lata, on oint les fidèles à la gorge avec de l'huile bénite en l'honneur du même saint.

(On emploie aussi toutes les prières et pratiques indiquées au mot *Angines*.)

Gourme (Contre la), on invoque :
S. *Côme* et S. *Damien*.

Goutte (Contre la), on invoque :
S. *Armel*. — S. *Austriclinien*. — S. *Grégoire le Grand*. S. *Bald* ou *Bond*. — S. *Julien* d'Alexandrie. — S. *Bond* ou *Bonnet* [1]. — S. *Lienne*. — S. *Geréberne*. — S. *Sulpice*. — S. *Marc*. — S. *Quirin*. — S. *Maximin* de Besançon. — S. *Throphime*. — B^x *Nicolas Factor*. — S. *Valfroy*. — S. *Ortaire*. — Ste *Werenfride*.

PÈLERINAGES POUR OBTENIR LA GUÉRISON DE LA GOUTTE

A Valserres et à Remollon (Hautes-Alpes), le lundi de Pentecôte, on fait des processions en l'honneur de *S. Maurice*. Elles se réunissent à la chapelle du saint, sur une montagne qui porte son nom, et on y fait vénérer ses reliques [2].

La cathédrale de Tours est sous le vocable primitif de *S. Maurice* et de ses compagnons : on y dit des évangiles pour obtenir les grâces ordinairement implorées par l'intercession de ces saints.

---

1. Il est à remarquer que S. Bonnet n'accorde généralement ses faveurs qu'à condition qu'on les tiendra secrètes, persistant ainsi dans l'humilité qu'il pratiqua si parfaitement durant sa vie.
2. « En redescendant la forêt, chaque pèlerin coupe une branche plus ou moins longue, couverte de feuilles et de fleurs (il faut que le curé en ait une aussi), et on rentre ainsi à l'église paroissiale où l'on donne la bénédiction du Saint-Sacrement. L'église a alors l'aspect d'une petite forêt. » — (LETTRE de M. l'abbé Motte, curé de Remollon, 8 février 1900.)

Pèlerinage en l'honneur de *S. Sulpice*, à Flavacourt (Oise), par Gisors (Eure).

Pèlerinage en l'honneur de *S. Stapin* à une chapelle qui lui est dédiée, près de Dourgne (Tarn), principalement les 5 et 6 août (station à Soual, ligne de Castelnaudary à Castres). Ecrire à M. le curé pour avoir des messes ou des prières à ce sanctuaire.

Pèlerinage à Auneau (Eure-et-Loir), en l'honneur de *S. Maur*, tous les vendredis et les dimanches, depuis le 23 juin, jusqu'à la moisson (ligne de Paris à Vendôme et Tours).

En l'honneur de *S. Armel*, chapelle à Fougeray, par Langon (Ille-et-Vilaine), à Lantic, par Binic, à Saint-Juan-de-l'Ile et à Saint-Glen (Côtes-du-Nord), à Radenac, par Réguiny, et à Sarzeau (Morbihan).

On invoque encore *S. Armel* à Saint-Brieuc et à Dinan (Côtes-du-Nord), ainsi qu'à Ploemeur (Morbihan). Ecrire à MM. les Recteurs de ces paroisses pour les recommandations.

Prière à S. ANNON

CONTRE LA GOUTTE

O Dieu qui avez voulu achever la sanctification de votre ami *S. Annon* par les atroces souffrances de la goutte, par son intercession, délivrez-nous de ces mêmes souffrances, ou accordez-nous de les supporter avec les fruits abondants de la patience. Amen.

S. Annon, priez pour les goutteux et ceux qui souffrent des articulations. — (Acta sanctorum.)

Prière à S. STAPIN

MÊME INTENTION

O *S. Stapin*, évêque et confesseur, obtenez-moi de Dieu la grâce de ne pas être châtié pour mes péchés par la goutte et autres maladies semblables. Ainsi soit-il.

℣ Priez pour nous, ô saint évêque *Stapin*.
℟ Afin que nous devenions dignes des promesses de Jésus-Christ.

PRIONS

O Dieu qui, par l'intercession de votre bien-aimé serviteur *Stapin*, guérissez de la goutte et des autres maladies des membres ceux qui en sont affligés, ne châtiez pas, je vous prie, mes crimes par des maladies semblables; si toutefois vous voulez m'envoyer cette correction paternelle, accordez-moi en même temps la sainte patience. Ainsi soit-il. — (Prière allemande.)

AUTRE PRIÈRE AU MÊME SAINT

S. *Stapin*, confesseur et évêque de Jésus-Christ, illustre par vos vertus;

Portez vers Dieu les prières de ceux qui vous invoquent, afin qu'à cause de nos péchés nous ne soyons pas tourmentés par la maladie de la goutte;

Mais que, par votre intercession, nous puissions vivre sains et en parfait état dans cette misérable vie;

Et qu'après notre mort nous méritions d'être placés avec vous au ciel dans les demeures des saints.

℣ Priez pour nous, S. *Stapin*.

℟ Afin que nous devenions dignes des promesses de Jésus-Christ.

PRIONS

Dieu tout-puissant et éternel qui, à la prière du très glorieux confesseur et pontife *Stapin*, relevez ceux qui sont brisés, délivrez-les de toutes les douleurs de la goutte et leur rendez la santé, exaucez-nous, nous vous en supplions, afin que vous ne nous fassiez pas porter le châtiment que méritent nos péchés; mais que, par les mérites et l'intercession du très glorieux confesseur et pontife *Stapin* nous soyons délivrés de tous les tourments de la goutte et de tous les autres maux. Par J.-C. Notre-Seigneur. Ainsi soit-il. — (USITÉE AUTREFOIS A LYON.)

Oraison miraculeuse à S. SULPICE
CONTRE LA GOUTTE

Seigneur Dieu tout-puissant et miséricordieux, qui, par votre bonté infinie, avez conduit le bienheureux S. *Sulpice* dans la voie de la vérité qu'il a si admirablement enseignée à son troupeau, et qui, par les prières de ce grand prélat avez guéri une infinité de personnes de différentes maladies, et particulièrement de la goutte; faites, s'il vous plaît, par son intercession, que nous puissions être délivrés de tous nos ennemis visibles et invisibles, afin qu'étant parfaitement sains de corps et d'esprit nous bénissions incessamment votre saint nom sur la terre et vous rendions des actions de grâces immortelles dans le ciel. Ainsi soit-il. — (PRIÈRE POPULAIRE DU XVIIᵉ SIÈCLE.)

Gouverneurs (Patron des) :
S. *Prote*.

Grâces (Pour obtenir toutes sortes de), on invoque tous les saints, même ceux dont ce livre ne fait pas mention; mais particulièrement :

S. *Joseph*, dont S. Bernard a dit : « Il est des saints qui ont le pouvoir de protéger dans certaines circonstances; mais il a été accordé à S. *Joseph* de secourir dans toutes les espèces de nécessités et de défendre tous ceux qui recourent à lui avec des sentiments de piété.

On invoque aussi : *S. François-Xavier*, — *S. Antoine de Padoue*, — *S. Gilles*.

Il est impossible de donner toutes les pratiques de la dévotion envers *S. Joseph*; voici seulement quelques prières qu'on lui adresse plus communément.

Souvenez-vous à S. JOSEPH

Souvenez-vous, ô aimable et puissant protecteur, *S. Joseph*, que selon le témoignage de Ste Thérèse, votre fidèle servante, l'on n'a jamais entendu dire qu'aucun de ceux qui ont eu pour vous une véritable dévotion et qui ont réclamé votre secours avec confiance, ait vu sa prière rejetée. Le cœur plein d'une si douce espérance, je viens à vous, ô digne époux de Marie, je me réfugie à vos pieds, et tout pécheur que je suis, j'implore votre protection. Ne fermez point l'oreille à ma prière, ô vous qui avez porté le glorieux nom de Père de Jésus, mais écoutez-la favorablement, et présentez-la pour moi à Celui qui a voulu être appelé votre fils. Ainsi soit-il.

Prière à S. JOSEPH
COMPOSÉE ET RECOMMANDÉE PAR NOTRE S. P. LE PAPE LÉON XIII

Nous recourons à vous dans notre tribulation, bienheureux Joseph, et, après avoir imploré le secours de votre très sainte épouse, nous sollicitons aussi avec confiance votre patronage. Par l'affection qui vous a uni avec la Vierge immaculée, Mère de Dieu; par l'amour paternel dont vous avez entouré l'enfant Jésus, nous vous supplions de nous aider à arriver en possession de l'héritage que Jésus-Christ a conquis de son sang et de nous assister de votre puissance et de votre secours dans nos besoins.

Protégez, ô très sage gardien de la divine famille, la race élue de Jésus-Christ; préservez-nous, ô père très aimant, de toute souillure d'erreur et de corruption; soyez-nous propice et assistez-nous du haut du ciel, ô notre très puissant libérateur, dans le combat que nous livrons à la puissance des ténèbres; et, de même que vous avez arraché autrefois l'enfant Jésus au péril de la mort, défendez aujourd'hui la sainte Église de Dieu des embûches de l'ennemi et de toute adversité. Accordez-nous votre perpétuelle protection, afin que, soutenus par votre exemple et votre secours, nous puissions vivre saintement, pieusement mourir et obtenir la béatitude éternelle du ciel. Ainsi soit-il.

Prière très populaire à S. JOSEPH

Grand saint *Joseph* dont la protection est si prompte et si efficace auprès de Dieu, je viens déposer à vos pieds toutes mes peines, je remets entre vos mains tous mes intérêts. Daignez, ô *S. Joseph*, m'assister par votre médiation et m'obtenir de votre divin Fils les bénédictions spirituelles et temporelles en Jésus-Christ mon Sauveur, afin qu'après avoir joui ici-bas de vos célestes bienfaits je puisse, chaque jour, vous offrir mes supplications, mes remerciements et mes hommages comme au père le plus tendre et le plus aimable.

O *S. Joseph*, je ne me lasse pas de contempler Jésus-Christ endormi entre vos bras, mais je n'ose m'approcher pendant qu'il repose sur votre sein. Adorez-le, serrez-le sur votre cœur en mon nom ; imprimez un baiser sur son front, et dites-lui de me le rendre à mon dernier soupir.

℣ *S. Joseph*, patron des cas désespérés,
℟ Priez pour moi.

En copiant cinq fois cette prière et en la donnant à cinq personnes qui feront de même, on obtient de S. Joseph tout ce qu'on lui demande et qui n'est pas contraire à son salut ou à la gloire de Dieu.

Neuvaine à S. FRANÇOIS-XAVIER
POUR OBTENIR TOUTES SORTES DE GRACES
(ELLE A LIEU DU 4 AU 12 MARS)

PRIÈRE DU P. MASTRILLI

Saint très aimable et plein de charité, j'adore respectueusement avec vous la majesté divine, et parce que je me complais singulièrement dans la pensée des dons particuliers de la grâce qu'elle vous a départis pendant votre vie, et de ceux de la gloire après votre mort, je lui rends de très ferventes actions de grâces, et je vous supplie de tout mon cœur de m'obtenir, par votre puissante intercession, la grâce si importante de vivre et de mourir saintement ; je vous supplie de m'obtenir aussi... (désigner la grâce particulière que l'on veut obtenir), et, si ce que je demande n'est point selon la gloire de Dieu et le plus grand bien de mon âme, obtenez-moi ce qu'il y a de plus conforme à l'un et à l'autre.

ORAISON DE LA FÊTE DE SAINT FRANÇOIS-XAVIER

Dieu qui, par la prédication et les miracles du bienheureux *François*, avez voulu réunir à votre Église les nations des Indes, faites-moi la grâce d'imiter les vertus de celui dont nous révérons les mérites et la gloire. Par Notre-Seigneur Jésus-Christ. Ainsi soit-il.

S. François-Xavier a promis au P. Mastrilli, en le guérissant miraculeusement d'une blessure mortelle, d'accorder *tout ce qu'on lui demanderait* pendant cette neuvaine.

Prière à S. ANTOINE DE PADOUE
POUR OBTENIR TOUTES SORTES DE GRACES

Si vous cherchez des miracles : la mort, l'erreur, les calamités, le démon, la lèpre fuient et disparaissent ; les malades se lèvent guéris.

La mer obéit, les chaînes se brisent ; les jeunes gens et les vieillards demandent et recouvrent l'usage de leurs membres et les objets qui ont été perdus sont retrouvés.

Les périls disparaissent, les nécessités n'existent plus. Racontez-le, vous qui l'avez éprouvé ; que les habitants de Padoue le redisent.

Gloire au Père, au Fils, et au Saint-Esprit ; maintenant, et toujours, et pendant les siècles des siècles. Ainsi soit-il.

℣ Priez pour nous, S. Antoine,

℟ Pour que nous devenions dignes des promesses de Jésus-Christ.

PRIONS

Que la pieuse commémoration du bienheureux *Antoine*, votre confesseur, ô mon Dieu, réjouisse votre Eglise, afin qu'elle soit constamment munie de secours spirituels et qu'elle mérite de posséder un bonheur sans fin. Par Jésus-Christ Notre-Seigneur. Ainsi soit-il.
— (PRIÈRE composée par S. Bonaventure et enrichie de nombreuses indulgences par Pie IX.)

Prière à S. GILLES
QUI PEUT SERVIR DANS TOUS LES CAS OU L'ON RECOURT A SON INTERCESSION

Vous permettrez, ô grand Saint, que dans le malheur qui m'afflige je vienne implorer votre secours. En vain me tournerai-je du côté des hommes pour obtenir quelque adoucissement à mes maux ; j'ai fait trop souvent une triste expérience de leur faiblesse et de leur ingratitude. Ma plus douce consolation est de venir déposer à vos pieds l'expression de mes besoins et de ma douleur, persuadé que vous vous rendez attentif à la voix de vos enfants. Nous avons appris de nos pères à recourir à vous dans nos afflictions. Il nous a été dit que, dans les revers de la vie, leur prière n'est jamais parvenue en vain jusqu'à vous ; que jamais vous n'avez dédaigné de prêter une oreille attentive au cri de leur douleur. Nous savons qu'à des époques mémorables vous avez fait descendre sur notre patrie les bénédictions du ciel, et que vos enfants affligés ont recueilli de vos mains des grâces abondantes. Temps heureux ! souvenirs honorables ! Grand Saint, cette confiance de nos aïeux en votre protection puissante, nous l'avons reçue comme un héritage précieux ; et encore aujourd'hui, au milieu d'un siècle d'erreurs et de crimes, les cœurs en sont touchés. Tout périt autour de nous ; la foi semble vouloir s'éteindre, la charité s'affaiblit, la corruption et l'erreur étendent au loin leurs ravages effrayants ; mais ce sentiment de confiance que nous avons reçu avec la vie subsiste au milieu de tant de ruines et ne saurait s'éteindre. Voici donc, ô grand Saint, prosterné à vos pieds, un de vos enfants qui ne vous a point oublié ; il a besoin de vous dans son malheur, ne vous refusez pas d'écouter sa prière ; il vous appelle, dans le sentiment de la plus douce confiance, son refuge, son soutien, son protecteur et son père ; et, sachant tout ce que ces titres ont de glorieux pour vous, toute la puissance qu'ils exercent sur votre cœur, il ose croire fermement que vous exaucerez ses vœux. Oui, grand Saint, permettez-moi d'attendre tout de votre bonté paternelle. Pourriez-vous nous refuser ce que vous pouvez nous donner ? Pourriez-vous laisser vos enfants dans le besoin et l'affliction ? Non, il ne sera jamais dit qu'aucun de ceux qui ont mis leur confiance en vous ait été délaissé ; toujours votre bonheur sera de consoler les affligés, de fortifier les faibles et de nous inspirer à tous, dans les vicissitudes de cette malheureuse vie, les sentiments de la piété et de la foi. Ainsi soit-il. — (PRIÈRE POPULAIRE qui se récite surtout au tombeau de S. Gilles, à Saint-Gilles-du-Gard.)

Grains (Patrons des porteurs de) :
S. Barthélemy. — S. Christophe. — S. Wulgan.

Grainiers ou **Grènetiers** (Patrons des) :
S. Antoine. — S. Adrien. — S. Marcel. — S. Nicolas. — S. Roch. — S. Sébastien.

Gravelle (Contre la), on invoque :
S. Benoît. — S. Rasson. — S. Burckhardt. — Ste Rolande. — S. Emilien. — Ste Syrie. — S. Godard ou Gothard. — S. Vulgan.

Pèlerinage en l'honneur de S. Drogon, à Sebourg (Nord), le jour de sa fête (16 avril) ; mais l'affluence y est beaucoup plus considérable depuis le mardi de la Pentecôte jusqu'au jeudi du S. Sacrement. Il y a plusieurs milliers de pèlerins le dimanche de la Trinité.

Autres pèlerinages au grand S. Drogon ou Druon : à Epinoy, lieu de naissance de S. Druon (section de la ville de Carvin) ; à Vis-en-Artois ; à la paroisse Saint-Druon, faubourg de Calais, (Pas-de-Calais) ; à Warmeriville (Marne) ; à Clary (Nord), etc.

Prière à S. DRUON

O Dieu, qui, dans votre miséricorde, avez accordé au bienheureux Druon la vertu de guérir, faites que, par son intercession, nous soyons délivrés de tous les maux spirituels et corporels.

O Dieu qui, par une bonté ineffable, aimez à secourir vos serviteurs qui recourent dans leurs afflictions aux mérites de vos saints, accordez-nous, s'il vous plaît, par l'intercession de votre bienheureux confesseur Druon, la santé de l'âme et du corps ; nous vous le demandons par J.-C. N.-S., qui vit et règne avec vous en l'unité du Saint-Esprit, dans tous les siècles des siècles. Ainsi soit-il. — (ORAISON DES LITANIES qui se disent à Sebourg depuis plusieurs siècles.)

Chapelet de S. DRUON

On se sert d'un chapelet ordinaire; les *Ave, Maria*, sont remplacés par cette invocation :

Glorieux *S. Druon*, grand serviteur de Dieu, secours des infirmes, consolateur des affligés,
Priez pour nous qui avons recours à vous.

Tout le reste comme dans le chapelet de la Ste Vierge.

Prière de recommandation à S. DRUON

Bienheureux *S. Druon*, vous êtes le refuge des malades, le soutien des infirmes, le consolateur des affligés; daignez écouter mon humble prière : voyez ce pauvre malade abîmé dans sa douleur : c'est... (mon père, ou ma mère, frère, époux, enfant...) que j'aime comme moi-même ; c'est mon appui, ma force, ma joie. Voyez ses souffrances, son accablement; c'en est fait de lui si vous ne venez à son secours. Oh ! rendez-le-moi ! guérissez son corps, je vous en conjure par votre ardente charité pour le prochain, par les mérites éminents de vos vertus, par votre dévotion envers Jésus qui aimait et guérissait les malades.

Que ce souvenir vous touche; oui, ramenez à la santé ce cher malade, et vous nous rendrez la joie. Tous ensemble nous louerons votre nom et nous bénirons Dieu, auteur de tout don parfait, des grandes prérogatives dont il vous a comblé et de la faveur que vous nous aurez obtenue. Ainsi soit-il.

Jésus, Marie, Joseph, veillez sur nous.
S. Druon, priez pour nous. — (PRIÈRES POPULAIRES, approuvées par Mgr l'Archevêque de Cambrai.)

Prière à S. LIBOIRE
CONTRE LA GRAVELLE

Que le saint évêque *Liboire* daigne prier pour nous le Dieu tout-puissant, afin que, comme conséquence de nos péchés, nous ne soyons pas affligés de la Pierre; que les Anges daignent venir à notre aide et nous introduire, après les luttes de cette vie, dans les joies éternelles.

Père céleste et Dieu, qui avec une libéralité singulière avez accordé à S. Liboire le don de la guérison de la *gravelle*, accordez-nous, de grâce, que, par son intercession et ses mérites, nous soyons délivrés de ces maux ainsi que de tous les autres, et que nous jouissions des joies éternelles. Par Jésus-Christ, votre Fils, qui, avec vous et le Saint-Esprit, vit de siècles en siècles. Ainsi soit-il. —
(PRIÈRE ALLEMANDE.)

Prière à S. ÉMILIEN
CONTRE LA GRAVELLE

O Dieu tout-puissant et éternel, qui, par l'aide de *S. Émilien*, votre martyr et évêque de Nantes, accordez la santé à ceux qui sont affligés de la maladie de la Gravelle et d'infirmités diverses, nous vous en prions, Seigneur, daignez abaisser vos regards sur notre famille, afin que quiconque aura imploré votre secours, s'aperçoive qu'il a obtenu la pureté de l'âme et du corps, et qu'il s'en réjouisse. Par Jésus-Christ Notre-Seigneur. Ainsi soit-il. — (ORAISON LITURGIQUE.)

(Voir aussi au mot *Pierre*.)

Graveurs (Patrons des) :
S. *Eloy*. — S. *Jean Porte-Latine*.

Greffiers (Patrons des) :
S. *Mars*. — S. *Nicolas*. — S. *Geniez*.

Grêle (Contre la), on invoque :
S. *Amelberge*. — S. *Grat*. — S. *Christinien*. — S. *Jean-Baptiste*. — S. *Christophe*. — S. *Jean* de *Monte-Marano*. — S. *Dominique de Sora*. — S. *Jean* et S. *Paul*. — S. *Donat*. — SS. *Rois Mages*. — S. *Barnabé*.

S. *Sylvin* : ce saint est très invoqué pour cette intention à Auchy, par Lillers (Pas-de-Calais), où on peut s'adresser pour recommander ses biens contre les désastres de la grêle et du tonnerre.

(Voir *Foudre*.)

Gril de S. Laurent, ou **Maux à la figure**, **Boutons**, etc. (Contre le), on prie :
S. *Laurent* : pèlerinage et fontaine à Cazalis, par Momuy (Landes) ; grand concours, surtout le 10 août.

(Voir *Dartres*, *Peau*, etc.)

Guerre (Contre la), on recourt à :
Ste *Elisabeth* de Portugal.

PRIÈRE

O Dieu très clément, qui parmi tant d'autres dons remarquables, avez accordé à la bienheureuse reine *Elisabeth* la prérogative d'apaiser la fureur de la guerre ; donnez-nous, par son intercession, après la paix en cette vie mortelle, que nous vous demandons avec instance, la grâce de parvenir aux joies éternelles. Par Jésus-Christ Notre-Seigneur. Ainsi soit-il. — (PRIÈRE DU BRÉVIAIRE.)

Guerre (Contre les dangers de la), on invoque :
Ste *Barbe*.

La paroisse de Roscoff (Finistère) a une chapelle très modeste, mais centre d'un pèlerinage très important à Ste Barbe, où les soldats et les marins demandent d'être préservés des balles et des boulets[1]. On peut adresser ses recommandations à la paroisse.

Guerres chrétiennes contre les infidèles (Dans les), on invoque :
    S. Jacques le Majeur. — Ste Angadrème.

Guerriers (Voir *Militaires*).

H

Hémorrhagie (Contre l') (Voir *Flux de sang*).

Hémorrhoïdes (Contre les) (Voir *Flux de sang*).

Hérésie (Contre l'), on invoque :
    S. Sébastien.

Héritages légitimes (Pour obtenir les), on prie :
    Ste Casilde.

Herniaires-chirurgiens (Patrons des) :
    S. Côme et S. Damien. — S. Lambert.

Hernies (Contre les), on invoque :
    B^x Albertin. — S. Gomer. — Ste Bertille. — S. Jean le berger. — S. Conrad. — S. Rasson. — S. Caloger. — Ste Syre. — S. Danio. — S. Valéry. — S. Drogon. — S. Tiburce. — S. Elie le prophète. — S. Ventura. — S. Emilien. — S. Vulgan. — S. Fursy.

Pèlerinage contre les hernies, à la crypte de S. Catalde près de la ville de *Malte*.

Contre la même infirmité, on met dans les aliments des feuilles du laurier poussé sur le tombeau de S. Baudile à Nîmes.

Pèlerinage très fréquenté à Sebourg (Nord), en l'honneur de S. Drogon.

---

[1]. Renseignements fournis, avec un très grand nombre d'autres, par M. le chanoine Thomas, aumônier du Lycée de Quimper.

Prière à S. FLORENT de Strasbourg
CONTRE LES HERNIES

O Dieu qui avez donné à votre peuple S. *Florent* comme un puissant avocat contre les souffrances des hernies, accordez à tous ceux qui souffrent de pareils maux le mérite de la patience et le fruit de leur confiance en vos saints. Par J.-C. Notre-Seigneur. Ainsi soit-il.

S. *Florent*, priez pour ceux qui sont affligés des hernies. — (PRIÈRE tirée des *Acta Sanctorum*.)

Herpès (Contre les) (Voir *Dartres, Peau*, etc.).

Hommes de loi en général (Patron des) :
S. *Yves*.

Hommes de peine (Patron des) :
S. *Albert* d'Ogna.

Horlogers (Patron des) :
S. *Eloy*.

Hospices (Patrons des) :
S. *Julien l'Hospitalier*. — S. *Job*.

Hospitalières (Patronnes des) :
S**te** *Elisabeth* de Thuringe. — S**te** *Marthe*.

Hôtelleries (Pour trouver de bonnes), on invoque :
S. *Julien l'Hospitalier*. — S**te** *Gertrude*.

Hôteliers (Patrons des) :
S. *Abraham*, patriarche. — S. *Gentien*. — S. *Jean-Baptiste*. — S. *Julien l'Hospitalier*. — S**te** *Marthe*. — S. *Martin*. — S. *Théodote*. — S. *Zachée*.

Houilleurs (Patron des) :
S. *Léonard* de Limoges.

Houppiers (Patron des) :
S. *Blaise*.

Huiliers ou **Fabricants d'huile** (Patrons des) :
S. *Honoré*. — S. *Jean Porte-Latine*. — S. *Nicolas*.

Huissiers (Patrons des) :
S. *Yves*. — S**te** *Lucie*.

Humeurs (Contre la décomposition des), on prie :
S. *Amable*. — S. *Côme* et S. *Damien*.

Humeurs froides (Voir *Écrouelles*).

Humeurs noires (Contre les), on invoque :
S. *Arbogaste* de Strasbourg.

Hydropisie (Contre l'), prier :
S**te** *Albane*. — S. *Liboire*. — S. *Eutrope*. — S. *Fir-*

min. — S. Lubin. — S. Fursy. — S. Malo. — S. Gilbert de Meaux. — S. Quentin. — Ste Onenne. — Ste Reinofre.

Contre l'hydropisie, il se fait des pèlerinages en l'honneur de Ste *Onenne*, à Tréhorenteuc, par Mauron (Morbihan), et en l'honneur de *S. Eutrope* au Faou (Finistère). *S. Eutrope* a encore une fontaine très visitée par les hydropiques, à Rosnoën, par le Faou (Finistère).

Prière de Louis XI à S. EUTROPE
CONTRE L'HYDROPISIE

Martyr Christi *Eutropi*, tua Deo placita prece, sana me semper et ubique ab hydropica infirmitate.	S. Eutrope, martyr du Christ, par votre prière agréable à Dieu, guérissez-moi toujours et partout de l'infirmité de l'hydropisie.
Ora pro me, beate martyr *Eutropi*, ut ab hydropisi valeam per te sanari. Amen.	Priez pour moi, S. Eutrope, martyr bienheureux, afin que, par votre intercession, je mérite d'être guéri de l'hydropisie. Ainsi soit-il.

Hydrophobie (Voir au mot *Rage*).

I

Idiots (Pour la guérison des), on a recours à :
S. *Menoux* : pèlerinage à Saint-Menoux (Allier), et en l'honneur de Ste *Quitterie*, à Beauteville (Haute-Garonne) (Voir *Folie*).

Imagiers : Imprimeurs et Dessinateurs d'images (Patrons des) :
S. Jean Porte-Latine. — S. Lazare, moine. — Ste *Marthe*. — Ste *Véronique*.

Imbéciles (Pour les), on invoque :
S. *Colomban*.

(Autres dévotions, comme aux mots *Idiots* et *Folie*.)

Impénitence finale (Contre l'), on prie :
S. *Marc*. — S. *Christophe*. — S. *Dismas*.

Nos pères pensaient que celui qui avait vu l'image de *S. Christophe* était assuré de ne pas mourir, le même jour, dans l'impénitence finale.

Prière à S. DISMAS (le bon Larron)
CONTRE L'IMPÉNITENCE FINALE

O miroir de la vraie pénitence, bienheureux *Dismas*, qui, pour vos grands péchés, avez été crucifié avec l'innocent Agneau de Dieu, Jésus-Christ, et qui, pour avoir eu une grande contrition, avez obtenu du même Jésus le pardon de vos offenses, je vous prie humblement de m'obtenir de mon Rédempteur la grâce d'entendre à mon heure dernière la bienheureuse parole que Notre-Seigneur vous a dite : Aujourd'hui vous serez avec moi dans le paradis.

O mon doux Jésus, veuillez me recevoir dans la société de vos élus. Ainsi soit-il. — (Prière allemande.)

On invoque spécialement, dans le monde catholique tout entier, Ste *Barbe* pour avoir la grâce de mourir muni des derniers sacrements (Voir *Mort*).

Impossible (Contre ce qui paraît), on a recours à :
Ste *Rite* de Cascia.

Toutes les œuvres de piété sont usitées pour ce recours.

Imprimeurs (Patrons des) :
S. *Augustin*. — S. *Jean Porte-Latine*.

Incendie (Contre l'), prier :
Ste *Agathe*. — S. *Amable*. — S. *Grat*. — S. *Anatole*. — S. *Hildevert*. — S. *Antoine*. — Ste *Hélène*. — Ste *Barbe*. — S. *Landry*. — S. *Défendant*. — S. *Laurent*. — S. *Donat*. — S. *Lugle*. — S. *Marien*. — S. *Erembert*. — S. *Nicolas*. — Ste *Radegonde*. — S. *Exupère*. — S. *Thibault*. — S. *Florian*. — S. *Gilles*. — S. *Wasnulphe*. — Ste *Godeberte*. — S. *Quintien*.

Prière à Ste AUSTREBERTE
CONTRE L'INCENDIE

O Dieu qui avez miraculeusement préservé des ardeurs d'un four et de la ruine d'une maison Ste *Austreberte*, embrasée de votre amour; après nous avoir délivrés de tout danger, unissez-nous à vous par un amour perpétuel. Par Jésus-Christ Notre-Seigneur. Ainsi soit-il. — (Prière liturgique.)

Invocation à S. FLORIAN de Lorch
CONTRE L'INCENDIE

O saint martyr *Florian*, gardez-nous nuit et jour de toute atteinte funeste du feu et de tout désordre du siècle. Ainsi soit-il. — (Bollandistes.)

Prière à Ste LUCIE
CONTRE L'INCENDIE

O Dieu qui avez conservé saine et sauve *Ste Lucie* au milieu des flammes qui l'entouraient, par son intercession éloignez de nos maisons les dommages de l'incendie et comprimez dans nos cœurs les mouvements tumultueux de la colère. Par J.-C. N.-S. Ainsi soit-il. — (ACTA SANCTORUM.)

BÉNÉDICTION DES BILLETS CONTRE L'INCENDIE, LE JOUR DE LA FÊTE DE Ste AGATHE

On écrit d'abord sur de petits billets les paroles suivantes :

Mentem[1] sanctam, † spontaneam, † honorem Deo † et patriæ liberationem.

Ignis a læsura, protege nos, *Agatha* pia.

Voici † une âme sainte, † dévouée, † l'honneur de Dieu † et la libératrice de la patrie.

S. Agathe, protégez-nous contre toute atteinte nuisible du feu.

Ces billets sont bénits de la façon suivante :

Adjutorium nostrum, etc.

OREMUS

Omnipotens, sempiterne Deus, qui meritis beatæ *Agathæ*, virginis et martyris tuæ, apparitione angelica tabulam marmoream hoc versiculo inscriptam : « Mentem sanctam, spontaneam, honorem Deo et patriæ liberationem », ad caput ejusdem vigirnis et martyris tuæ posuisti, quam populus paganus contra irrumpentem ignem adhibuit, eumque fugavit, et illæsus permansit ; dignare, per tuam clementiam et gratiam, bene † dicere et sancti † ficare has eodem versiculo insignitas schedulas : et concede propitius, ut populus tuus fidelis, precibus et intercessione ejusdem virginis et martyris tuæ Agathæ, fugare possit et fugere nocumentum omne, et periculum, non solum ignis temporalis, sed etiam ignis æternalis. Et in quocumque affixæ fuerint hæ benedictæ, et signo sanctæ crucis † tuæ insignitæ schedulæ, eumdem ab omni

PRIONS

Dieu tout-puissant et éternel qui, en considération des mérites de la bienheureuse *Agathe*, votre vierge et martyre, avez placé par le ministère d'un ange, près de la tête de cette même vierge et martyre, une tablette de marbre portant inscrit ce vers : « Ame sainte, dévouée, honneur de Dieu et protection de la patrie », que le peuple païen a employée contre l'invasion du feu, l'a ainsi arrêté, et est resté à l'abri de ses atteintes ; daignez, par votre grâce et votre clémence, bénir et sanctifier ces billets qui portent la même inscription ; et faites dans votre bonté que votre peuple fidèle, par les prières et l'intercession de cette même Agathe, votre vierge et martyre, puisse éviter et repousser au loin ce qui est nuisible, ainsi que le danger, non seulement du feu temporel, mais aussi du feu éternel ; faites aussi

---

1. Sous-entendu *Ecce*.

incendio præservent : ubi vero in noxiam flammam injectæ fuerint, ibidem per altissimam potentiam tuam, et per merita sanctissimæ Agathæ sponsæ tuæ flammam omnem discipent noxiumque incendium prorsus disperdant. Per Dominum... etc.

que ces billets, bénits et marqués du sceau de votre sainte croix préservent de tout incendie les lieux où ils sont apposés; faites également que, jetés dans les flammes redoutables, ils dissipent tous les feux et éteignent complètement le fléau de l'incendie, par la très grande puissance et par les mérites d'Agathe, votre très sainte épouse. Par Notre-Seigneur Jésus-Christ, etc.

ANTIPHONA

Paganorum multitudo fugiens ad sepulchrum virginis tulerunt velum ejus contra ignem, ut comprobaret Dominus quod a periculis incendii meritis beatæ Agathæ martyris suæ eos liberaret.

ANTIENNE

La multitude des païens, fuyant au sépulcre de la Vierge, s'arma de son voile contre le feu, afin que le Seigneur montrât qu'il les délivrait de l'incendie par les mérites de sa martyre Ste Agathe.

Ces billets sont cloués aux portes, ou, les ayant attachés à une pierre, au moment de l'incendie, on les jette dans les flammes avec une foi sincère. — (MANUEL DES BÉNÉDICTIONS CHOISIES.) (Pas de preuves d'approbation.)

Incendie (Contre les pertes et accidents causés par l'), on invoque :
    S. Nicolas.

Incendie des récoltes (Contre l'), on a recours à :
    S. Josse.

Incendies allumés par les volcans (Contre les), on prie :
    Ste Agathe. — S. Janvier.

Incontinence d'urine des enfants (Contre l'), on recourt à :
    S. Gervais et S. Protais : pèlerinage et fontaine à Jarnages (Creuse), où on peut envoyer des honoraires pour faire dire des messes.

Infidèles (Contre les), on invoque :
    S. Jacques le Majeur.

Infirmes (Pour les), on prie :
    S. Evroult. — S. Front. — S. Germain de Montfort.

    S. Claude : pèlerinage à Marigna-sur-Valouse, par Arinthod (Jura). Le culte de S. Claude est tellement populaire dans cette paroisse que les bonnes familles chaument le jour de sa fête et qu'un grand nombre d'hommes portent le nom de Claude [1].

---

[1]. Communication de M. l'abbé Bouvet, curé de la paroisse.

S. Pourçain : pèlerinage à Saint-Pourçain (Allier), surtout le 24 novembre. C'est un lieu de dévotion très populaire, et la fête du 24 novembre a un véritable cachet du moyen âge [1]. — Autre pèlerinage, au même saint et pour obtenir les mêmes grâces, à Laigle (Orne), où il y a une partie des reliques de S. Pourçain.

Infirmiers (Patrons des) :
S. Jean de Dieu. — S. Camille de Lellis.

Inflammations (Contre les), on invoque :
S. Benoît. — S. Sylvain.

Contre les affections inflammatoires on fait le pèlerinage de S. Sylvain, à Levroux (Indre). C'est un des plus beaux et des plus suivis du Centre de la France.

Prière à S. SYLVAIN
CONTRE LES INFLAMMATIONS

O Dieu, qui avez daigné appeler à vous S. Sylvain Zachée, loger chez lui en ce monde, et nous le montrer glorieux et brillant par ses miracles dans les cieux, faites, nous vous en prions, que vous daigniez, par amour pour lui et ses compagnons, guérir les souffrances des inflammations dans nos membres et éteindre les flammes de nos vices. — Par Notre-Seigneur Jésus-Christ, etc. Ainsi soit-il. — (OFFICE DU CHAPITRE DE LEVROUX.)

Ingénieurs (Patron des) :
S. Guillaume.

Innocence (Protectrices de l') :
Ste Colombe. — Ste Agnès.

(Voir au mot *Chasteté*.)

Innocents faussement accusés (Voir *Calomnies*.)

Inondations (Contre les), on recourt à :
Ste Catherine de Suède. — S. Odon. — S. Colomban. — S. Prothade. — S. Exupère. — S. Dié. — S. Spiridion. — S. Grégoire le Thaumaturge. — S. Ours d'Aoste.

Là où l'on a le bonheur de posséder des reliques de S. Exupère, on fait des processions en l'honneur de ce saint et l'on y porte ses reliques pour conjurer le fléau des inondations.

PRIÈRE CONTRE LES INONDATIONS

Seigneur, qui, après avoir créé le monde, continuez à le gouverner; qui, lors du déluge universel, avez sauvé des eaux le genre

---

1. Communication de M. le curé de Saint-Pourçain.

humain, la race de tous les animaux, et la semence de toutes les productions de la terre ; qui avez frayé, à travers la mer Rouge, une route pour soustraire les enfants d'Israël à la captivité dans laquelle ils gémissaient sous le règne de Pharaon ; qui avez sauvé le prophète Jonas du gouffre de la mer et du ventre de la baleine ; qui, à la prière du prophète Élie, avez suspendu le bienfait de la pluie pendant trois ans et six mois ; qui avez donné la main à votre fidèle apôtre S. Pierre pour le préserver du naufrage ; qui, par la force de votre parole, avez apaisé la fureur des vents et de la mer, abaissez maintenant un regard favorable sur ce peuple qui vous invoque, ne trompez pas l'espérance qu'il a mise en vous. Selon votre miséricorde, exaucez ma prière, ordonnez que la pluie cesse et que la rivière rentre dans son lit. Ainsi soit-il. — (Prière par laquelle S. Ours fit cesser une inondation qui menaçait la ville d'Aoste.)

Inquiétudes de conscience (Dans les), on invoque :
S. Ignace de Loyola.

Insectes parasites (Contre les), on prie :
S. Benoît-Joseph Labre. — S. Dominique de Silos.

Insectes nuisibles aux récoltes (Voir *Animaux nuisibles*).

Instituteurs ou **Maîtres d'école** (Patrons des) :
S. Arsène. — S. Cassien. — S. Charlemagne. — S. Grégoire le Grand. — S. Jérôme.

Institutrices (Patrons des) :
Ste Anne. — Ste Catherine. — Ste Crescence. — S. Mathurin. — Ste Ursule.

Instruments de mathématiques et de physique (Patron des fabricants d') :
S. Hubert.

Instruments de musique (Voir *Luthiers*).

Insultes (Pour supporter les), on s'adresse à :
S. Georges.

Intelligence (Pour obtenir l'), surtout pour les enfants, on prie :
S. Avertin.

Pèlerinage à Breuil-Chaussée (Deux-Sèvres) et à Saint-Avertin, près Tours (Indre-et-Loire).

Intempéries (Voir les différentes sortes).

Intendants (Patron des) :
S. Pusice.

Intestins (Contre les maux d') (Voir *Colique, Diarrhée, Entrailles*, etc.).

J

Jalousie (Contre la), on invoque :
S. Asclépe.

Jaloux (Pour la conversion des), on prie :
SS. Innocents.

Jambes (Contre la faiblesse des), on prie :
S*te* Ermelinde.
S. Pierre : fontaine[1] à Cazalon (Landes). Après avoir prié, on plonge le membre malade dans l'eau (soulagements fréquents. Autre fontaine au même saint et pèlerinage pour la même intention, à Nerbis, par Mugron (Landes). On a constaté là aussi des guérisons certaines[2].

Jambes (Contre les fractures des), on s'adresse à :
S. François Régis : pèlerinage très fréquenté à La Louvesc (Ardèche), où sont ses reliques, près desquelles s'opèrent de nombreux miracles.

Jambes (Contre les maux et douleurs des), on invoque :
S. Ludans. — S. Quirin. — S. Maximin. — S. Servais. S. Roch (Voir Genoux).
S. Stapin : pèlerinage à Anchée (Belgique et surtout à Dourgne (Tarn).

Jambes (Contre les plaies aux), on prie :
S. Pérégrin Latiosi. — S. Roch (Voir Genoux).

Jambes (Contre les tumeurs aux), on a recours à :
S. Hilaire de Poitiers.

Jambes des enfants (Pour la souplesse des), on invoque :
S. Julien l'Hospitalier.

Jardiniers (Patrons des) :
S. Adam et S*te* Eve. — S. Adélard. — S*te* Agnès. — S. Christophe. — S. Fiacre. — S*te* Madeleine. — S. Roch. — S. Séréné. — S. Triphon. — S. Sébastien. — S. Urbain de Langres. — S. Phocas.

Jardiniers fleuristes (Patrons des) :
S*te* Dorothée. — S. Fiacre. — S. Sébastien.

---

1. Chaque année, le jour de S. Pierre on se rend processionnellement à cette fontaine, et l'officiant en bénit l'eau.
2. Communications de M. l'abbé Foix, curé de Laurède (Landes).

Jaunisse (Contre la), on prie :
S. *Albert* de Trapani. — S. *Gérard* de Brogne. — S. *Odilon* : pèlerinage à Souvigny (Allier).

Jeunesse (Protecteur de la) :
S. *Stanislas Kotska*.

Jeunes filles (Patronnes des) (Voir *Filles*).

Jeunes gens à marier (Patrons des) :
S. *Jean* l'Évangéliste. — S. *Nicolas*. — S. *Arcrtin*. — S. *Valentin* de Rome.

Jeunesse chrétienne (Patrons de la) :
S. *Expédit*. — S. *Jean Berckmans*.

Jeunesse des collèges (Patron de la) :
S. *Louis de Gonzague*.

Joailliers (Patron des) :
S. *Louis*.

Jongleurs (Patron des) :
S. *Julien l'Hospitalier*.

Jugements téméraires (Contre les), on invoque :
S. *Marien*.

Jurés crieurs (Patron des)
S. *Martin*.

Jurisconsultes (Patron des) :
S. *Yves*.

L

Laboureurs (Patrons des) :
Ste *Amelberge*. — S. *Beuvon*. — S. *Antoine*, abbé. — S. *Eloy*. — S. *Friard*. — S. *Guy* d'Anderlecht. — S. *Isidore* le Laboureur. — S. *Jean-Baptiste*. — S. *Junien*. — S. *Lambert* de Liège. — S. *Léonce*. — Ste *Lucie*. — S. *Médard*. — S. *Valstan*.

Lacets (Patron des faiseurs et marchands de) :
S. *Clair*.

Ladrerie (Contre la), on prie :
S. *Job*.

Laine (Patrons des ouvriers qui travaillent la) :
S. *Louis*. — S. *Blaise*.

Lait (Pour rendre le) aux mères, on invoque :
S. *Torpès*.

S. *Mummès* : pèlerinage en son honneur à Villeneuve-les-Chanoines, près de Caunes (Aude), surtout le dimanche qui suit le 17 août.

S*te* *Catherine* : pèlerinage en l'honneur de la sainte, à la paroisse de N.-D. de Pierrefiche, près de Thiviers (Dordogne).

Lait (Patron des marchands de) :
S. *Uguzon*, berger.

Lampistes (Patrons des) :
S. *Eloy*. — S. *Jean Porte-Latine*.

Langue (Contre les maladies de la), prier :
S*te* *Catherine*.

Langueur (Contre les maladies de), prier :
S. *Aubert*. — S. *Vincent*. — S. *Mandé*.

S. *Léonard* : pèlerinage à Croissy (Seine-et-Oise).

S. *Phallier* : pèlerinage à Chabris (Indre).

S*te* *Pharaïlde* : pèlerinage et recommandations à Bruay (Nord), où elle est très honorée.

Prière à S. VINCENT
CONTRE LES MALADIES DE LANGUEUR

Adorable Trinité, Dieu éternel, seul capable d'opérer des miracles, qu'il vous plaise d'être glorifié dans vos saints ; pour cela, accordez des faveurs signalées à ceux qui les demandent par leur intercession. Nous supplions Votre Majesté infinie, par les mérites de la glorieuse *Vierge Marie* et de *S. Vincent* d'accorder à N... qui souffre d'une maladie de langueur, une parfaite santé du corps et de l'âme ; faites que nous puissions, avec le temps, accomplir vos saints commandements sur la terre et parvenir à votre gloire. Ainsi soit-il. —
(PRIÈRE POPULAIRE ANCIENNE.)

Lanneurs (Patron des) :
S. *Joseph*.

Lanterniers ou **Fabricants de lanternes et Falots** (Patrons des) :
S. *Clair*. — S. *Marc*. — S. *Maur*. — S*te* *Menehould*.

Lapidaires (Patron des) :
S. *Louis*.

Laveuses, Lessiveuses, Lavandières (Patrons des) :
S*te* *Catherine* de Sienne. — S*te* *Hunna*. — S. *Lidoire* de Tours. — S*te* *Marthe*. — S*te* *Maure* de Troyes.

Layetiers (Patron des) :
S. *Fiacre*.

Lèpre (Contre la), on recourt à :
  Ste Agrippine. — Ste Enimie. — S. Amon. — Ste Geneviève. — S. Cessateur. — S. Job. — S. Sylvestre. — S. Lazare. — S. Magnobode. — S. Laurent. — Ste Radegonde.

S. Méen : pèlerinage et fontaine à Ruillé-le-Gravelais, par La Gravelle (Mayenne) (station à Port-Brillet, ligne de Laval à Vitré).

(Voir au mot *Peau*.)

Lèpre de lait des enfants (Contre la), on invoque :
  S. Lucien : pèlerinage à Montmille, commune de Troissereux, par Beauvais (Oise)[1].

(Voir au mot *Teigne*.)

Libraires (Patrons des) :
  S. Jean de Dieu. — S. Jean l'Évangéliste. — S. Jean Porte-Latine. — S. Thomas d'Aquin.

Limonadiers (Patrons des) :
  S. Amand. — S. Louis, roi.

Lin et de Chanvre (Patron des marchands de) :
  S. Nicolas.

Lin (Pour avoir une bonne récolte de), on invoque :
  S. Claude.

Lingers (Patron des) :
  S. Joachim.

Lingères (Patronnes des) :
  Ste Anne. — Ste Barbe. — Ste Véronique.

Liqueurs (Patron des marchands et fabricants de) :
  S. Amand.

Lithographes (Patron des) :
  S. Jean Porte-Latine.

Loirs (Contre les), on s'adresse à :
  S. Ulric.

Loupes (Voir *Tumeurs*).

Loups (Contre les), on invoque :
  Ste Agathe. — S. Léon de Bayonne. — S. Défendant. — S. Loup. — S. Ignace de Loyola. — S. Jules. — Ste Radegonde.

---

1. « J'ai moi-même fait toucher à la relique et à l'autel de la crypte des linges apposés sur la figure d'un enfant qui avait la maladie vulgairement nommée *Soie* (lèpre de lait). Il a été guéri rapidement, alors que les médecins n'y pouvaient rien, malgré leurs médicaments. » — (Lettre de M. l'abbé Bornet, curé-doyen de Saint-Germer.)

Lumbago (Contre le), on prie :
S. *Laurent.*

Lunatiques ou **Extravagants** (Pour la guérison des), on invoque :
S. *Hubert :* pèlerinage à Brétigny, par Appilly (Oise). — S. *Mathurin :* pèlerinage à Larchant (Seine-et-Marne).

Lunetiers (Patron des) :
S. *Clair.*

Luthiers (Patrons des) :
S*te* *Cécile.* — S. *Julien l'Hospitalier.*

Luxations ou **Foulures** (Contre les), prier :
S. *Efflam :* s'adresser, pour recommander les malades, à M. l'aumônier de l'Hospice à Morlaix (Finistère).

M

Maçons (Patrons des) :
S*te* *Barbe.* — S. *Blaise.* — S. *Grégoire le Grand.* — S. *Louis.* — S. *Marc* l'Évangéliste. — S. *Pierre.* — S. *Simon* et S. *Jude.* — S. *Thomas,* apôtre.

Magistrats (Patron des) :
S. *Yves.*

Maille ou **Taie** (Contre la) (maladie des yeux), on prie :
S. *Symphorien :* pèlerinage très fréquenté à Biozat (Allier), où l'on impose sur les yeux malades une relique du saint [1].

Maîtresses de maison (Patronne des) :
S*te* *Sabine.*

Maîtres d'armes (Patron des) :
S. *Michel.*

Maîtres d'écriture et de calcul (Patron des) :
S. *Nicolas.*

---

1. « Des yeux *complètement* recouverts d'une *taie* ont cessé de souffrir immédiatement après l'imposition de la relique, et la *peau* disparaissait entièrement quelques jours plus tard. Ce fait s'est produit *trois* fois depuis *quatre* ans, et j'en rends volontiers témoignage. » — (LETTRE de M. l'abbé Voisin, curé de Biozat, du 10 février 1900.)

Maîtres ou **Patrons dans les Industries** ou **Entreprises** (Patrons des):
S. Vital et S. Agricole.

Majordomes ou **Régisseurs** (Patron des):
S. Parthène.

Maison (Pour ceux qui cherchent une), recourir à:
S. Joseph.

Mal de Saint-Gilles (Voir *Cancer*).

Maladies (Contre toutes les), on invoque plus particulièrement:
S. Antoine de Padoue. — S. Marcel de Chalon. — S. Dominique. — S. Loup de Limoges. — S. Ignace.

BÉNÉDICTION DES ROSES EN L'HONNEUR DE S. DOMINIQUE
(Réservée aux Pères Dominicains)

Adjutorium nostrum, etc.

Deus creator et conservator generis humani, dator gratiæ spiritualis, et largitor æternæ salutis, benedictione tua sancta bene † dic has rosas, quas pro gratiis tibi exsolvendis, cum devotione, ac veneratione beatæ semperque virginis Mariæ Rosarii hodie tibi præsentamus, et petimus benedici, et infundi in eis per virtutem sanctæ Cru † cis benedictionem cœlestem : ut qui, eas ad odoris suavitatem et repellendas infirmitates humano usui tribuisti, talem signaculo sanctæ crucis † benedictionem accipiant, ut quibuscumque in infirmitatibus appositæ fuerint, seu qui eas in domibus suis portaverint, ab infirmitate sanentur : discedant diaboli, contremiscant et fugiant pavidi, cum suis ministris de habitationibus illis, nec amplius tibi servientes inquietare præsumant. Per Christum... etc.

O Dieu, créateur et conservateur du genre humain, vous qui donnez la grâce spirituelle, et accordez libéralement le salut éternel, sanctifiez de votre bénédiction ces roses que, pour vous rendre grâce, avec dévotion et vénération envers la bienheureuse Marie du Rosaire, toujours Vierge, nous vous présentons aujourd'hui. Nous vous demandons de les bénir et de répandre sur elles, par la vertu de la sainte Croix, la bénédiction céleste; afin que, puisque vous les avez données en usage au genre humain pour la suavité de leur odeur et pour repousser les maladies, elles reçoivent par le signe de la croix une telle bénédiction que, tous ceux à qui, dans leurs infirmités, elles auront été appliquées, ou qui les auront portées dans leurs maisons, soient délivrés de leurs maux : que les démons se retirent, qu'ils tremblent et fuient épouvantés, avec leurs suppôts, de ces habitations et que désormais ils n'osent plus inquiéter vos serviteurs. Par le Christ, etc.

On asperge les roses d'eau bénite.

(FORMULE AUTHENTIQUE.)

BÉNÉDICTION DE L'EAU DE S. IGNACE CONTRE LES MALADIES
(Réservée aux Pères de la Compagnie de Jésus)

Adjutorium, etc.

Domine sancte, Pater omnipotens, æterne Deus, qui benedictionis tuæ gratiam ægris infundendo corporibus, facturam tuam, multiplici pietate custodis, ad invocationem nominis tui benignus assiste; ut intercedente beato *Ignatio*, confessore tuo, famulos tuos ab ægritudine liberatos et sanitate donatos, dextera tua erigas, virtute confirmes, potestate tuearis, atque ecclesiæ tuæ sanctæ cum omni prosperitate restituas. Per Dominum, etc.	Seigneur saint, Père tout-puissant, Dieu éternel, qui, en répandant la grâce de votre bénédiction sur les corps malades conservez votre créature avec une grâce infinie, montrez-vous bienveillant à l'invocation de votre nom, afin que, par l'intercession de S. Ignace, votre confesseur, vous souteniez de votre droite, vous affermissiez par votre force et vous protégiez par votre puissance vos serviteurs délivrés de la maladie et rendus à la santé, et que vous rétablissiez votre Sainte Église dans toute sa prospérité. Par N.-S. J.-C.

On plonge dans l'eau une médaille ou un reliquaire de saint Ignace et on les y tient jusqu'à la fin de l'oraison suivante :

Benedic †, Domine, hanc aquam ut sit remedium salutare generi humano, et per intercessionem B. Ignatii, cujus numisma (vel reliquiæ) in eam immergitur (vel immerguntur), præsta ut quicumque ex ea sumpserint, corporis sanitatem et animæ tutelam percipiant. Per Christum... etc.	Bénissez, Seigneur, cette eau, afin qu'elle soit un remède salutaire pour le genre humain, et que, par l'intercession de S. *Ignace*, dont la médaille (ou les reliques) est plongée (ou sont plongées) dans cette eau, faites que quiconque en boira reçoive la santé du corps et la protection de l'âme. Par le Christ....

On retire de l'eau la médaille ou le reliquaire.

OREMUS	PRIONS
Deus, qui ad majorem tui nominis gloriam propagandam novo per Beatum Ignatium subsidio militantem Ecclesiam roborasti, concede, ut ejus auxilio et imitatione certantes in terris, coronari cum ipso mereamur in cœlis. Qui vivis et regnas, etc.	O Dieu, qui, pour propager la plus grande gloire de votre nom, avez fortifié l'Église militante d'un nouveau secours par S. *Ignace*, faites qu'en combattant sur la terre par son aide et par ses exemples nous méritions d'être couronnés avec lui dans le ciel. Vous qui vivez et régnez, etc. Ainsi soit-il.

(FORMULE AUTHENTIQUE.)

En l'honneur de S. *Loup* de Limoges, pèlerinage très important à Saint-Remy-sur-Durolle (Puy-de-Dôme), le 1ᵉʳ septembre et surtout le 1ᵉʳ dimanche de septembre. Les pèlerins ne cessent d'y affluer pendant deux ou trois jours : ils viennent souvent de fort loin. — On y récite, à l'intention des malades, la prière ci-dessous, qu'on peut dire soi-même. — M. le curé-doyen se charge d'acquitter les intentions dont on lui envoie les honoraires [1].

Prière à S. LOUP

Dominus tecum.	Que le Seigneur soit avec vous
Tribue, quæsumus, Domine, famulo (seu famulæ) imploranti, beato *Lupo* intercedente, quem pie et suppliciter deprecamur, ut ab omnibus infirmitatibus mentis et corporis liberetur, per Christum D. N. Amen.	Accordez, s'il vous plaît, Seigneur, à votre serviteur (ou servante), qui l'implore par l'intercession de S. *Loup*, que nous prions humblement et instamment, la délivrance de toutes les maladies de l'âme et du corps, par J.-C. N-S. Ainsi soit-il.
Sancte *Lupe*, intercede pro eo.	S. *Loup*, intercédez pour lui (ou elle).

Maladies contagieuses (Contre les), on invoque :
Sᵗᵉ *Christine* de Saint-Trond. — Sᵗᵉ *Godeberthe*.

S. *Léobon* : pèlerinage à Salagnac (Dordogne) et à Saint-Etienne-de-Fursac (Creuse).

(Voir *Contagions* et *Epidémies*.)

Maladies incurables ou **désespérées** (Contre les), on recourt à :
Sᵗᵉ *Christine* de Saint-Trond. — S. *Landry*.

S. *Prix* de Clermont : pèlerinage à Flavigny (Côte-d'Or) et à Volvic (Puy-de-Dôme).

Tous les Saints, à La Hauteville, par Condé-sur-Vègre (Seine-et-Oise) : pèlerinage le jour de S. Jean-Bap. (24 juin), pour se mettre sous la protection des *Bons Saints*, et le jour de la Toussaint pour les actions de grâces. — Messes, évangiles, cierges, linges et médicaments bénits. — S'adresser à M. le curé.

Maléfices (Contre les), on s'adresse à :
S. *Benoit*. — Sᵗᵉ *Colombe* de Rieti. — S. *Ignace* de Loyola. — S. *Philippe Beniti*.

(Voir au mot *Démons*.)

---

[1]. Renseignements fournis par M. l'abbé Imberdis, curé-doyen de Saint-Remy.

Mal jugés (Pour les), on prie :
S. Marien. — S. Nicolas.

Malheurs publics et particuliers (Intercesseur dans les) :
S. Julien de Brioude.

Pèlerinage très fréquenté à Brioude. Les plus grands personnages de tous les temps sont venus à ce sanctuaire, et les grâces spirituelles et temporelles les plus importantes y sont sans cesse obtenues[1]. — On peut adresser les recommandations, intentions de messes, etc., à Mme la Supérieure des Sœurs Hospitalières, ou à M. le curé de la paroisse Saint-Julien, à Brioude (Haute-Loire). — Il se fait à la paroisse susdite une neuvaine, à l'époque de la fête du saint qui se célèbre le 28 août[2].

Prière à S. JULIEN de Brioude
CONTRE LES MALHEURS PUBLICS ET PRIVÉS

Prosternés à vos pieds, puissant protecteur, nous vous conjurons de détourner de dessus nos têtes coupables les fléaux que nous avons mérités ; secourez toujours ceux qui se font gloire de vous appartenir.

Faites, nous vous le demandons instamment, que, supportant patiemment les peines de cette vie, nous accomplissions ainsi ce qui manque à la passion du Sauveur.

O vous, qui récompensez votre serviteur *Julien* après les combats qu'il a soutenus pour votre nom, gloire à vous, Seigneur, gloire à votre Père et à votre Saint-Esprit ! Ainsi soit-il. — (HYMNE LITURGIQUE de la fête du Saint.)

AUTRE PRIÈRE A LA MÊME INTENTION

Seigneur, nous vous en supplions, assistez-nous dans les combats que nous avons à soutenir en cette vie ; faites que, par le secours et l'imitation de votre glorieux martyr S. Julien, foulant aux pieds les séductions du monde, nous soupirions après les délices éternelles, et que, préservés de tous malheurs, nous méritions d'être couronnés dans les cieux avec lui, par N.-S. Jésus-Christ. Ainsi soit-il. (ORAISON des litanies de S. Julien.)

(Voir *Calamités*.)

Malles (Fabricants de) (Voir *Bahutiers*).

---

[1]. Une indulgence plénière est accordée à toutes les personnes qui visitent l'église de Saint-Julien, à Brioude, le jour de la fête du saint, ou un des jours de l'octave, à la condition d'avoir reçu les sacrements et de prier, dans cette même église, aux intentions du Souverain Pontife (16 décembre 1844).

[2]. Communication de M. l'abbé Gaillard, curé de Saint-Julien.

Mal mariés (En faveur des), on prie :
S. Genyoult. — S. Gomer.

On adresse ses offrandes, ou des honoraires pour faire dire des messes en l'honneur de S. Genyoult, à Rémérangles, par Bulles (Oise). — Voir aux pèlerinages contre la fièvre.

Mannequiniers (Patron des) :
S. Paul, apôtre.

Maquignons et **Marchands de chevaux** (Patrons des) :
S. Éloy. — S. Louis.

Maraîchers (Patron des) :
S. Fiacre.

Marbriers (Patrons des) :
SS. Amand, Alexandre, Lucius, Andald. — S. Claude et ses compagnons. — S. Clément, pape.

Marchands (Patrons des) :
Ste Barbe. — S. François d'Assise. — S. Homobon. — S. Louis. — S. Nicolas. — S. Romain.

Marchands en gros (Patrons des) :
S. Martin. — S. Jacques le Majeur. — S. Louis.

Maréchaux-ferrants (Patrons des) :
S. Éloy. — S. Jean-Baptiste. — S. Louis.

Marée (Patron des marchands de) :
S. Pierre.

Mariage à contracter (Pour les), on invoque :
S. Honoré de Buzançais. — S. Nicolas.

Mariage à régulariser (Pour les), on s'adresse à :
S. François Régis.

Il existe dans presque toutes les villes de France des Sociétés sous le vocable de S. François Régis qui ont pour but de travailler à régulariser les mariages.

Marins et Mariniers (Patrons des) :
Ste Amelberge. — Ste Anne. — S. Castrense. — Ste Christine, martyre. — S. Clément. — S. Christophe. — Ste Barbe. — S. Budoc. — S. Erasme. — Ste Eulalie. — S. Léon de Bayonne. — S. Nicolas. — S. Valéry. — S. Vincent.

Marins (Pour le retour des), on prie :
S. Restitut. — S. Guénolé : honoré dans presque toutes les églises de Bretagne : en particulier à Batz, Concarneau, Le Croisic, Carnac, etc.

Maroquiniers (Patron des) :
S. Martin de Tours.

Marqueteurs (Patron des) :
S. Hildevert.

Maternité (Intercesseurs contre les douleurs de la) :
S. Erasme. — S. Psalmode : recommandations à Eymoutiers (Haute-Vienne).

Maternité (Pour obtenir la grâce de la), on implore :
S. Adrien. — S. Hyacinthe. — S. Albert de Trapani. — S. Jean de l'Ortie. — S. André. — S. Léonard. — S. Antoine de Padoue. — S. Magin. — S. Bernulphe. — Ste Marguerite. — S. Gabriel, archange. — S. Mathias. — S. Gilbert. — S. Nicolas. — S. Gilles. — S. Philippe de Néri. — S. Guénolé. — B^x Regnauld. Ste Enora. — S. Sévère. — S. Thibault.

Beaucoup d'époux chrétiens, privés de la joie d'avoir des enfants, invoquent S. François de Paule. La dévotion des 13 vendredis est la plus souvent employée en ce cas. Elle se trouve indiquée dans le *Manuel* à l'article : *Afflictions spirituelles et corporelles*.

Un grand nombre de pèlerinages se font aussi pour cela ; un des plus importants est celui de Ste Anne, à Auray (Morbihan).

S. Guénolé est invoqué dans presque toutes les églises de Bretagne à cette même intention.

Pèlerinage en l'honneur de Ste Camelle, à Sainte-Camelle, par Salles-sur-Lhers (Aude). On obtient un grand nombre de grâces merveilleuses à ce sanctuaire où reposent les restes vénérables de la sainte. Il y a du monde toute l'année, mais l'affluence est surtout considérable le dimanche qui suit le 16 septembre.

Les pratiques les plus ordinaires sont des neuvaines de messes suivies de 5 *Pater*, 5 *Ave Maria*, 5 *Gloria Patri*, et 5 fois l'invocation : *Ste Camelle, protectrice des Mères et des Enfants, priez pour nous*. — M. le curé veut bien se charger d'acquitter les intentions de messes des personnes qui ne peuvent se rendre au sanctuaire ; ces personnes s'unissent alors aux prières faites au tombeau [1] par la récitation, dans leur particulier, des 5 *Pater*, *Ave*, etc., ci-dessus indiqués.

Prière à Ste CAMELLE
POUR OBTENIR LES GRACES QUI LUI SONT SPÉCIALEMENT DEMANDÉES,
ET SURTOUT CELLE DE LA MATERNITÉ

O Dieu qui aimez tant la belle vertu de pureté, vous qui avez inspiré à Ste Camelle le pieux désir de la Virginité, faites, nous vous

---

[1]. Ce tombeau remonte au xe ou xie siècle. On voit encore à Sainte-Camelle quelques restes de la demeure de la Sainte et la fontaine du Martyre : la procession de la fête s'arrête à ces deux endroits.

en supplions, qu'en vénérant son glorieux martyre nous méritions d'être constamment placés sous sa merveilleuse protection et d'avoir part à ses secours. Par N.-S. J.-C. Ainsi soit-il.

Ste Camelle, protectrice des mères et des enfants, priez pour nous.

(*Prière à laquelle Msr de Carcassonne a attaché 40 jours d'indulgence.*)

(Voir aussi au mot *Enfants*.)

A la Possonnière (Maine-et-Loire), on invoque S. *René* pour obtenir la joie de la maternité : cette grâce y est très fréquemment accordée [1].

A Nogent-les-Vierges (Oise), on invoque *Ste Maure* et *Ste Britte*. Le jour de l'Ascension, à la procession, les femmes passent sous les châsses des saints.

A La Louvesc (Ardèche), il y a un grand pèlerinage aux reliques de *S. François Régis*. Une archiconfrérie y est aussi établie en l'honneur du saint.

En l'honneur de *S. Renan* il se fait, tous les six ans, une procession des plus curieuses à Locronan (Finistère). Les jeunes époux s'y rendent pour vénérer la « chaise de S. Renan », et lui demander la bénédiction de leur union.

Pèlerinage en l'honneur de *Ste Foy*, à Conques (Aveyron), où l'on vénère la ceinture de la jeune martyre [2].

Autre, en l'honneur de *S. François Régis*, à La Louvesc (Ardèche).

Autre, en l'honneur de *Ste Procule*, à la chapelle de la Sainte, à *Gannat* (Allier).

Autre, en l'honneur de *S. Phallier*, à Chabris (Indre).

Autre, en l'honneur de *Tous les Saints*, et surtout de *S. Saturnin*, à La Haute-Ville, par Condé-sur-Vègre (Seine-et-Oise), où l'on peut se recommander en écrivant à M. le curé. Etc.

Mauvais esprits (Contre les), on se met sous la protection de :

S. *Brice* de Tours. — S. *Siffrin*. — S. *Dié*.

(Voir encore aux mots *Démons* et *Possessions*.)

Maux à la figure (Voir *Gril de S. Laurent*).

---

1. M. l'abbé Joucheray cite le ménage d'un médecin d'Angers qui doit à S. René la grâce d'avoir de nombreux enfants dont il avait été longtemps privé.

2. Les personnes qui ne peuvent se rendre à Conques ont la faculté de demander à M. le curé de Conques l'envoi de ceintures bénites, sous forme de cordons ou de rubans. Ces ceintures, sanctifiées par l'attouchement de la ceinture de la sainte, sont bénites par le prêtre. Les personnes qui les portent sur elles éprouvent les effets les plus sensibles de la protection de Ste Foy, ainsi qu'il a été constaté par d'innombrables expériences. Aussi les demandes sont nombreuses et affluent de toutes les contrées.

Maux incurables (Contre les), on invoque :
  Ste *Christine*. — S. *Génitour* : pèlerinage à l'église du saint, au Blanc (Indre).

Médecins (Patrons des) :
  S. *Césaire*. — S. *Côme* et S. *Damien*. — S. *Cyr*. — S. *Luc*. — S. *Pantaléon*. — S. *Roch*. — S. *Ursicin*.

Mégissiers (Patrons des) :
  S. *Gan* ou *Gond*. — S. *Guimer*. — Ste *Madeleine*. — S. *Martin*.

Mélancolie (Contre la), on invoque :
  S. *Job*.

Membres (Contre la contraction des), prier :
  S. *Marc*.

PRIÈRE

O Dieu, qui par l'intercession de S. Marc, votre confesseur et pontife, avez daigné délivrer et préserver les hommes qui l'invoquent, de toute contraction morbide des membres et de la paralysie, accordez-nous, par les mérites du même saint, de posséder tellement la santé corporelle, que nous trouvions dans le ciel le remède du salut éternel pour nos âmes. Par J.-C. N.-S. Ainsi soit-il. — (Oraison liturgique.)

Membres (Contre la dislocation des), invoquer :
  S. *Félix* de Nantes.

Membres (Contre la faiblesse des), on a recours à :
  S. *Hippolyte*. — S. *Cassien*. — S. *Basle*.

Pèlerinage en l'honneur de S. *Basle*, à Verzi (Marne). Les eaux de la fontaine du saint opèrent de nombreuses guérisons.

Membres (Contre les affections générales des), on prie :
  Ste *Ermelinde*.

Ménages chrétiens (Patron et protecteur des) :
  S. *Raphaël* : il a une statue sous ce vocable dans la cathédrale de Tours.

Ménages (Pour la bonne union des), invoquer :
  S. *Gengoult* : recommandations à Rémérangles, par Bulles (Oise).

Ménagères (Patronne des) :
  Ste *Anne*.

Mendiants (Patrons des) :
  S. *Alexis*. — S. *Julien l'Hospitalier*. — S. *Benoît-Joseph Labre*.

Ménétriers (Patrons des) :
  S. *Genest*. — S. *Julien l'Hospitalier*.

Menuisiers (Patrons des) :
Ste Anne. — S. Gomer. — S. Joachim. — S. Joseph. — S. Pierre.

Mer (Contre les périls de la), on invoque :
Bse Catherine-Thomas. — S. Maximin de Trèves. — S. Christophe. — S. Nicolas. — S. Erasme, ou Elme[1]. — S. Wulfran. — Ste Marie Cervellon. — Ste Anne. — S. Pierre Gonzalès.

Les pieux voyageurs de la mer peuvent se consacrer aux saints ci-dessus avant leur départ. Ils les invoquent aussi au milieu des dangers de la traversée et leur font généralement des promesses à accomplir au retour.

Prière à S. PIERRE GONZALÈS
CONTRE LES PÉRILS DE LA MER

O Dieu qui avez offert à ceux qui sont exposés aux périls de la mer la protection toute spéciale du Bx Pierre Gonzalès, accordez-nous, par son intercession, qu'au milieu des orages de cette vie brille toujours à nos yeux la lumière de la grâce, à l'aide de laquelle nous pourrons arriver au port du salut éternel. Par N.-S. J.-C. Ainsi soit-il. — (ORAISON DU PROPRE ESPAGNOL.)

Merciers (Patrons des) :
S. Eustache. — S. Jacques le Majeur. — S. Louis. — S. Marceau. — S. Michel, archange. — S. Nicolas. — S. Philippe et S. Jacques le Mineur.

Mères de famille (Patronne des) :
Ste Anne.

Mères et enfants (Pour la conservation et la protection des), on fait partie de l'association de Ste Brigide, d'Irlande dont le siège est à Rians (Cher) et qui est répandue dans un grand nombre de diocèses (Voir aussi à *Femmes* qui vont être mères et à *Maternité*).

Mesureurs de grains (Patrons des) :
S. Jacques. — S. Michel. — S. Nicolas.

Meuliers ou **Fabricants de meules** (Patron des) :
S. Blaise.

Meuniers (Patrons des) :
Ste Anne. — S. Arnould. — Ste Catherine. — S. Honoré. — S. Jacques le Majeur. — S. Léger. — S. Martin. — S. Nicolas. — S. Ours. — S. Victor. — S. Winoc, abbé.

---

1. De ce saint vient le nom de *feu Saint-Elme*.

Migraine (Contre la), on invoque :

B⁰ *Julienne* de Collalto. — Ste *Apolline* : célébrer pieusement le jour de sa fête.

Ste *Quitterie* : pèlerinage à Arx, par Gabarret (Landes). Il y a grand concours de fidèles à une fontaine qui est dédiée à la sainte, principalement le 22 mai, jour de sa fête. Les fidèles boivent, se lavent, trempent dans l'eau des linges ou des habits des malades, etc. On y amène des enfants par centaines ; les grandes personnes elles-mêmes y sont très nombreuses.

Autre fontaine de Ste *Quitterie*, à Commensac et à Sainte-Foy, par Villeneuve (même département).

S. *Jean-Baptiste* : pèlerinage à Baudignan, par Gabarret (Landes) : concours, surtout le 24 juin, à la fontaine de S. Jean.

Ste *Catherine* : pèlerinage à Pierrefiche (Dordogne).

S. *Pierre Damien* : pèlerinage et vénération des reliques à Faënza (Italie).

S. *Sever* : pèlerinage à Agde (Hérault), surtout le 27 août.

S. *Ubald* : pèlerinage aux reliques du saint, dans la charmante ville de Thann, dans la vallée de la Thur (Alsace).

S. *Bertin* : pèlerinage et fontaine à Saint-Yaguen, par Tartas (Landes), où on a constaté des guérisons.

(Voir au mot *Tête*.)

Militaires (Patrons et protecteurs des) :

S. *Adrien*. — S. *Démétrius*. — S. *Georges*. — S. *Ignace de Loyola*. — S. *Martin* de Tours. — S. *Maurice*.

Chaque année, à l'époque du départ des nouvelles recrues pour l'armée, on célèbre une messe à la basilique de S. Martin, à Tours, pour implorer, en faveur de ces jeunes soldats, la protection du grand S. Martin et de S. Maurice. Un grand nombre de jeunes gens assistent à cette cérémonie, et de nombreuses familles envoient leurs intentions. S'adresser à M. le premier chapelain, à la Basilique de S. Martin, à Tours.

Mineurs (Patrons des) :

S. *Ammon*. — Ste *Barbe*. — S. *Eloy*. — S. *Paulin*.

Miroitiers (Patrons des) :

S. *Clair*. — S. *Jean Porte-Latine*.

Misères de la vie (Contre les), en général (Voir *Démons*, *Afflictions*, *Tribulations*, *Maladies*, *Grâces*, etc.).

Mitainiers (Patron des) :

S. *Sévère* de Ravenne.

Moissonneurs (Patron des) :

S. *Pierre ès Liens*.

Moissons (Pour la protection des), on invoque :
S. *Josse*. — S¹ᵉ *Roseline*.
(Voir aussi aux mots : *Fruits de la terre, Récoltes*, etc.)

Monnayeurs ou **Ouvriers de la monnaie** (Patron des) :
S. *Eloy*.

Monts de Piété (Patron des) :
S. *Bernardin*.

Moribonds (Pour les), afin de leur obtenir le temps de régler leurs affaires, on s'adresse à :
S. *Psalmode* : recommandations à la paroisse d'Eymoutiers (Haute-Vienne).

Mort (Pour la conversion des condamnés à), on invoque :
S. *Dismas*, le bon Larron.
(Voir au mot *Impénitence*.)

Mort (Pour être assisté à l'heure de la), on prie :
S¹ᵉ *Ursule*. — S. *Camille de Lellis*.
S. *Saturnin* : on le prie à cette intention à Saint-Wandrille (Seine-Inférieure).

Prière à S. CAMILE DE LELLIS
POUR ÊTRE ASSISTÉ A LA MORT

O Dieu qui, par un privilège particulier de votre charité avez illustré S. *Camille* pour être le protecteur des âmes dans le dernier combat, répandez, nous vous en prions, par ses mérites, l'esprit de votre amour dans nos cœurs, afin qu'à l'heure de la mort nous méritions de vaincre et d'arriver à la couronne céleste. Par J.-C. N.-S. Ainsi soit-il. — (Prière liturgique.)

Mort (Pour obtenir la grâce de la bonne) et pour y être préparé par la réception des sacrements, on invoque :
S. *André Avellin*. — S. *Benoît*, abbé. — S¹ᵉ *Christine* de Saint-Trond. — S. *Edmond*. — S. *Joseph*. — S. *Ignace*. — S. *Saturnin*. — S. *Marcellin* du Puy. — S. *Michel*. — S¹ᵉ *Ursule*. — S¹ᵉ *Barbe*. — S¹ᵉ *Catherine* de Sienne. — S. *Etienne*. — S. *Vincent Ferrier*.

Prière à S. BENOIT
POUR LA BONNE MORT

[Les fidèles qui portent la médaille de S. Benoît, en récitant les prières suivantes, gagnent 100 jours d'indulgence une fois le jour, et une indulgence plénière le jour de la fête de S. Benoît (21 mars), pourvu que, pendant les 9 jours précédents, ils aient récité ces mêmes prières (17 mars 1879)].

ANTIPHONA

Stans in oratorio, dilectus Domini *Benedictus*, corpore et sanguine Domini munitus, inter discipulorum manus imbecillia membra sustentans, erectis in cœlum manibus, inter verba orationis spiritum efflavit; qui per viam stratam palliis et innumeris coruscam lampadibus cœlum ascendere visus est.

℣ Gloriosus apparuisti in conspectu Domini.

℟ Propterea decorem induit te Dominus.

OREMUS

Deus qui pretiosam mortem sanctissimi patris nostri Benedicti tot tantisque privilegiis decorasti; concede, quæsumus, nobis ut cujus memoriam colimus, ejus in obitu nostro beata præsentia ab hostium muniamur insidiis. Per C. D. N. Amen.

ANTIENNE

S. *Benoît*, l'ami de Dieu, en prières dans son oratoire, nourri du corps et du sang de son Dieu, appuyant ses membres aux mains de ses disciples, les mains levées au ciel, expira en prononçant des paroles de prière. On le vit monter au ciel par un chemin tout orné de tentures et resplendissant d'innombrables flambeaux.

℣ Vous êtes apparu glorieux devant le Seigneur.

℟ Et le Seigneur, à cause de cela, vous a vêtu d'honneur.

PRIONS

O Dieu qui avez illustré la très précieuse mort de notre père S. Benoît de si grands et de si nombreux privilèges; accordez, s'il vous plaît, à nos prières, que celui dont nous honorons la mémoire, soit notre garde contre les embûches des ennemis, à l'heure de notre mort, par sa présence tutélaire. Au nom du Christ Notre-Seigneur. Ainsi soit-il.

Prière à Sᵗᵉ BARBE
POUR OBTENIR DE RECEVOIR LES SACREMENTS A LA MORT

Montrez en nous, Seigneur, la puissance de votre bonté et la miséricorde que vous avez fait briller glorieusement, pieusement et charitablement dans Sᵗᵉ *Barbe*, votre vierge et martyre; accordez-nous aussi par son intercession de ne point mourir subitement; mais, avant le jour de notre mort, de recevoir pour notre salut, votre très saint corps et votre précieux sang, avec le sacrement de l'extrême onction; enfin, par votre protection, d'être délivrés de toute attaque de nos ennemis et de nous réjouir avec vous dans une pieuse et amoureuse allégresse. Ainsi soit-il. — (Prière du XVIᵉ siècle.)

Prière à Sᵗᵉ CATHERINE de Sienne, avocate des moribonds
POUR OBTENIR LA GRACE DE BIEN MOURIR

Je vous salue au nom de Dieu, lis éclatant de blancheur, mon avocate très spéciale, qui, unie par un amour brûlant à votre époux Jésus, avez obtenu mainte et mainte fois pour les pécheurs infidèles et obstinés la grâce d'une vraie contrition à l'heure de la mort, je vous supplie, par la gloire dont votre époux céleste vous a honorée, et par l'amour avec lequel vous avez toujours été unie à lui, de m'obtenir spécialement, au dernier moment de ma vie, les larmes amères de mes péchés, la consolation de recevoir les saints sacrements, et la grâce spéciale d'une vraie contrition ; afin que je puisse ainsi glorifier avec vous votre divin époux très aimable, pendant toute l'éternité, dans la plénitude de la gloire. Ainsi soit-il. — (Prière espagnole.)

Prière à S. ÉTIENNE
MÊME INTENTION

O Dieu, qui instruisez et dirigez vos ministres, et qui avez honoré le commencement de votre Église par le ministère et le sang précieux du bienheureux Étienne versé dans son martyre ; faites, s'il vous plaît, que, au moment de notre mort, obtenant notre pardon, nous méritions d'être nourris par ses exemples et secourus par son intercession. — (Prière liturgique ancienne.)

Prière à S. VINCENT FERRIER
POUR LA BONNE MORT

Seigneur Jésus-Christ qui voulez le salut de tous, et ne voulez la mort de personne, et auquel on ne s'adresse jamais sans espoir de miséricorde, puisque vous avez dit de votre bouche sainte et bénie : « Ce que vous demanderez à mon Père en mon nom vous sera accordé. » Je vous prie, et, par votre très saint nom, je vous supplie de me donner, à ma dernière heure, avec la parole, la parfaite intégrité de mes sens, dans le cœur une véritable contrition de mes péchés, une foi véritable, une espérance bien ordonnée, la charité parfaite, afin que je puisse dire avec pureté de cœur : « Seigneur, je remets mon âme entre vos mains, vous qui êtes béni et glorieux dans tous les siècles des siècles. Ainsi soit-il. — (Prière populaire ancienne, tirée des *Heures de Mme la Dauphine*.)

Mort subite (Contre la), on invoque :
S. André Avellin. — S. Christophe. — S. Léothade. — S. Michel. — Ste Barbe. — Ste Marthe. — Les SS. Rois Mages. — Ste Aldegonde.

A Maubeuge (Nord), depuis un temps immémorial, le jour de la fête de Ste Aldegonde (30 janvier), on dit une messe de *Mort subite*. Le prêtre y revêt une chasuble faite par Ste Aldegonde. Il vient beaucoup de monde à cette cérémonie.

Prière à Ste BARBE
POUR ÊTRE PRÉSERVÉ DE LA MORT SUBITE

O Dieu qui avez promis le pardon de leurs péchés à ceux qui célèbrent la mémoire de Ste Barbe, votre vierge et martyre, et qui avez déclaré, par la voix d'un ange, qu'ils seraient purs de toutes leurs négligences et qu'il n'en serait fait aucune mention au jour du jugement, soyez-nous propice et accordez-nous, par ses mérites et son intercession, d'être préservés de la mort subite et éternelle, et d'être miséricordieusement délivrés de tout péril. Par J.-C. N.-S. Ainsi soit-il. — (Missel de Lyon, XVIe siècle.)

Prière à S. MARTHE
MÊME INTENTION

Nous vous prions, Dieu tout-puissant, que, comme vous avez daigné, par les mérites et l'intercession de la vierge S*te Marthe*, votre hôtesse, ressusciter son frère *Lazare*, mort et déjà fétide, et l'ensevelir elle-même de vos propres mains, vous daigniez aussi délivrer vos fidèles de la souillure du péché, de la mort subite et éternelle et les conduire aux cieux en votre compagnie. Par Jésus-Christ Notre-Seigneur. Ainsi soit-il. — (Missel de Toulouse, XVIe siècle.)

Prière en l'honneur des ROIS MAGES
CONTRE LA MORT SUBITE

O roi *Gaspard*, ô roi *Melchior*, ô roi *Balthazar*, je vous prie nommément, au nom de la Très Sainte Trinité, au nom du Roi des rois, que vous avez mérité de contempler gémissant dans ses langes, de compatir à toutes mes tribulations de ce jour et d'intercéder pour moi auprès du Seigneur pour la vue duquel vous vous êtes volontiers exilés; et, de même qu'il vous a soustraits à la persécution d'Hérode par un avertissement angélique relatif à votre retour, qu'il daigne aussi me délivrer aujourd'hui de tous mes ennemis visibles et invisibles, de la mort subite et imprévue, de toute confusion, de toute atteinte à ma réputation et de tout péril du corps. Ainsi soit-il.

(Voir encore au mot *Apoplexie*.)

Mort (Pour surmonter la crainte de la), on invoque:
S. *Saturnin* de Toulouse. — S. *Servais*.

Mort (Pour connaître le moment de sa mort), on prie:
S*te Brigitte*.

Mortalité (Dans les temps de), se recommander à:
S. *André-Avellino*. — S*te Maure* et S*te Britte*, invoquées surtout à Nogent-les-Vierges (Oise).

Mouches et moucherons (Contre les), on prie:
S. *Narcisse* de Girone.

Moutardiers (Patron des):
S. *Amand*.

Morve des bestiaux (Contre la), on prie:
S. *Quirin*.

Moutons (Pour les), on invoque:
S. *Wendelin*.

Muets (Pour les), on s'adresse à :
   S. Mucius. — S. Pantaléon.

Derrière l'église de Campagne, par Mont-de-Marsan, il y a une fontaine dédiée à S. Pantaléon, dont les muets viennent, en grand nombre, boire l'eau pour être guéris. De fait, les guérisons ou, tout au moins, les soulagements y sont fréquents.

Mulâtres (Patron des) :
   S. Martin de Porres.

Mulets (Pour les), on prie :
   S. Eloy.

Musiciens et Organistes (Patrons et protecteurs des) :
   S. Aldric. — S. Arnould. — S. Benoît-Biscop. — Ste Cécile. — S. Dunstan. — S. Grégoire le Grand. — S. Julien l'Hospitalier. — S. Léon, pape. — S. Odon de Cluny.

N

Nageurs (Patron des) :
   S. Adjuteur.

Nattiers (Patrons des) :
   S. Paul, ermite. — S. Pierre ès Liens. — S. Marc.

Naufragés (pour retrouver les), on invoque :
   S. Pierre.

Naufrages (Contre les), on implore :
   Ste Amelberge. — S. Antoine de Padoue. — S. Léon de Bayonne. — Ste Marie de Cervellon. — S. Nicolas. — S. Sané.

Les marins bretons menacés de naufrage ont le plus ordinairement recours à Ste Anne, à laquelle ils font des vœux à accomplir dès qu'ils seront à terre. Ceux du littoral de la Manche s'adressent à S. Valéry dans les mêmes conditions.

Prière à S. CLÉMENT, pape, S. CHRISTOPHE et S. CYRILLE
CONTRE LE DANGER DU NAUFRAGE

Kyrie eleison. Kyrie eleison. Kyrie eleison. Sanctus, sanctus, sanctus, Dominus Deus sabaoth.

Seigneur, ayez pitié de nous (trois fois). Saint, saint, saint est le Seigneur Dieu des armées. Les

Pleni sunt cœli et terra gloria tua. Hosanna in exclesis.

Evangelium legatur :

Tunc Jesus ductus est in desertum a spiritu, ut tentaretur a Diabolo. Et cum jejunasset quadraginta diebus et quadraginta noctibus, postea esuriit, et accedens tentator dixit ei : Si Filius Dei es, dic ut lapides isti panes fiant. Qui respondens dixit : Scriptum est : non in solo pane vivit homo, sed in omni verbo quod procedit de ore Dei.

Tunc assumptit eum diabolus in sanctam civitatem, et statuit eum super pinnaculum templi, et dixit ei : si Filius Dei es, mitte te deorsum, scriptum est enim : Quia angelis suis mandavit de te, ne forte offendas ad lapidem pedem tuum. Ait illi Jesus : Rursum scriptum est : non tentabis Dominum Deum tuum.

Iterum assumpsit eum diabolus in montem excelsum valde, et ostendit ei omnia regna mundi, et gloriam eorum ; et dixit ei : Hæc omnia tibi dabo, si cadens adoraveris me. Tunc, dixit ei Jesus : Vade, Satana. Scriptum est enim : Dominum Deum tuum adorabis, et illi soli servies. Tunc reliquit eum diabolus : et ecce angeli accesserunt et ministrabant ei.

Deo gratias. — (S. MATTHIEU, VI, 1-12.)

℣ Sanctifica nos, Domine.
℟ Signaculo sanctæ crucis.

A populo tuo, quæsumus, Domine, spirituales nequitiæ repellantur, et per virtutem sanctæ crucis, per preces sancto-

cieux et la terre sont pleins de votre gloire. Hosanna au plus haut des cieux !

On lit ensuite l'évangile :

Alors Jésus fut conduit par l'esprit de Dieu dans le désert pour y être tenté par le diable. Et, ayant jeûné quarante jours et quarante nuits, il eut faim ensuite ; et le tentateur, s'approchant, lui dit : Si vous êtes le Fils de Dieu, commandez que ces pierres deviennent des pains. Jésus lui répondit : il est écrit : l'homme ne vit pas seulement de pain, mais de toute parole qui sort de la bouche de Dieu.

Le diable prit alors Jésus, le transporta à Jérusalem, la ville sainte, et, le mettant sur le haut du temple, il lui dit : Si vous êtes le fils de Dieu, jetez-vous en bas ! car il est écrit : il a ordonné à ses anges d'avoir soin de vous, et ils vous soutiendront de leurs mains, de peur que vous ne vous heurtiez le pied contre quelque pierre. Jésus lui répondit : il est aussi écrit : vous ne tenterez point le Seigneur votre Dieu.

Le diable le prit encore et le transporta sur une montagne fort haute ; il lui montra tous les royaumes du monde, avec la gloire qui les accompagne, et lui dit : Je vous donnerai toutes ces choses, si, en vous prosternant, vous m'adorez. Mais Jésus lui répondit : Retire-toi, Satan, car il est écrit : vous n'adorerez que le Seigneur votre Dieu et vous ne servirez que lui seul. Alors le diable le laissa ; et aussitôt, les anges, s'approchant de lui, le servaient.

Rendons grâce à Dieu. — (TRADUCTION DE L'ABBÉ DRIOUX.)

℣ Sanctifiez-nous, Seigneur.
℟ Par le signe de la croix.

Seigneur, nous vous en prions, daignez éloigner de votre peuple les esprits mauvais, et par la vertu de la sainte croix, par

rum apostolorum et sancti *Christophori*, et sancti *Clementis*, et sancti *Cyrilli* et omnium sanctorum tuorum, discedant malignitas tempestatum et naufragii periculum. Per Dominum... Amen.

les prières des saints apôtres, et de S. Christophe, et de S. Clément, et de S. Cyrille, et de tous vos saints, que les tempêtes et le danger du naufrage s'éloignent de nous. Par Notre-Seigneur Jésus-Christ. Ainsi soit-il.

Navigation (Protecteurs de la) :
S. *Baudile*. — S. *Clair* de Nantes. — S. *Cuthbert*. — S. *Erasme*. — S. *Pierre Gonzalès*. — Ste *Honorine*. — S. *Raphaël*. — S. *Romain* de Blaye. — B^r *Jean Lobedan*.

Prière au B. JEAN LOBEDAN
POUR OBTENIR UNE HEUREUSE NAVIGATION

O Dieu à qui les vents et les eaux obéissent toujours, accordez, par l'intercession de votre serviteur S. Jean, à tous ceux qui naviguent, d'arriver heureusement au port où ils tendent, et de rentrer avec joie dans leurs demeures. Par J.-C. N.-S. Ainsi soit-il — (PRIÈRE LITURGIQUE ANCIENNE.)

Nécessités publiques (Voir *Calamités*).

Négociants (Patron des) :
Ste *Frumence*.

Nerfs (Contre les maladies des), on prie :
S. *Barthélemy*. — S. *Caprais*.

S. *Florent* : pèlerinage à Saint-Hilaire-Saint-Florent (Maine-et-Loire, où l'on vénère les reliques du saint.

S. *Vite* ou *Guy* : pèlerinage à la célèbre chapelle du saint, à *Ulm* (Wurtemberg).

S. *Jean-Baptiste* et S. *Jean* l'Évangéliste : à l'intention de l'un comme de l'autre saint, on fait réciter dans plusieurs paroisses le dernier évangile de la messe : *Initium Sancti Evangelii secundum Joannem*... — (Communication de M. l'abbé Blondeau, curé de Bonlieu, Jura).

Névralgies (Contre les), on prie :
S. *Ubald*.

Notaires (Patrons des) :
Ste *Catherine*. — Ste *Clotilde*. — S. *Genès* d'Arles. — S. *Gorgon*. — S. *Jean Porte-Latine*. — S. *Luc*. — Ste *Lucie*. — S. *Marc*. — S. *Nicolas*. — S. *Yves*.

Nourrices (Pour les), on invoque :
Ste *Agathe*.

Pèlerinage en l'honneur de cette sainte à Langon (Ille-et-Vilaine).

Pèlerinage en l'honneur de *S. Mammès* à Villeneuve-les-Chanoines, près de Caunes (Aude.)

Nourrices (Patronnes des) :
Ste Concorde. — Ste Laurence. — Ste Marguerite. — Ste Maure.

Nourrices (Pour l'abondance du lait des), on prie :
S. Gilbert. — Ste Anne. — S. Mammès. — S. Girons.

Ste *Blanche* ou *Gwen* : pèlerinage et recommandations à une chapelle dédiée à la sainte, à La Ferrière, par La Chèze (Côtes-du-Nord).

Pèlerinage et fontaine en l'honneur de *S. Girons*, à Carcares, par Quérigut (Landes), où il se fait une procession solennelle le 1er dimanche de mai.

Nourriture des animaux (Bénédiction de la), en l'honneur de :
S. Étienne.

Adjutorium nostrum, etc.

OREMUS	PRIONS
Domine Deus omnipotens, creator cœli et terræ, Rex regum et Dominus dominantium, exaudi nos famulos tuos, clamantes et orantes ad te, qui omnia de nihilo creasti et hoc pabulum, cum cæteris creaturis ad usus animalium et ad eorum nutrimentum fecisti, quæ animalia in adjutorium vel sustentationem hominum creasti, te humiliter deprecamur, ut creaturas (salis, avenæ, hordei, etc.), quas ad usus animalium et sanitatem eorum creasti, per invocationem sanctissimi nominis tui et intercessionem Beatæ Mariæ semper virginis genitricis tuæ, et per intercessionem ac merita sancti proto-martyris tui *Stephani*, et per merita omnium sanctorum tuorum, bene † dicere, et sancti † ficare digneris, ut animalia, quæ ex eis gustaverint, sanitatem integraliter recipiant. Per te Jesu Christe, cujus solo verbo restaurantur omnia, salvator mundi, rex æternæ gloriæ, qui	Seigneur Dieu tout-puissant, créateur du ciel et de la terre, Roi des rois et Seigneur des seigneurs, écoutez-nous, vos serviteurs, qui élevons nos voix et nos prières vers vous, qui avez tout fait de rien, et créé cette nourriture ainsi que toutes les autres choses à l'usage et pour la nourriture des animaux qui sont eux-mêmes destinés à être l'aide ou la nourriture des hommes ; nous vous prions humblement de bénir et de sanctifier ces créatures du foin (du sel, de l'avoine, de l'orge, etc.), que vous avez créées pour l'usage et la santé des animaux, par l'invocation de votre très saint nom, par l'intercession de la bienheureuse Marie toujours vierge, votre mère, par les mérites et l'intercession de S. *Étienne*, votre premier martyr, et enfin par les mérites de tous vos saints ; afin que tous les animaux qui en goûteront en reçoivent une par-

in trinitate perfecta cum Patre et Spiritu sancto vivis et regnas, per omnia sæcula sæculorum. Amen.

faite santé. Par vous, ô Jésus-Christ, qui restaurez tout par un seul mot, sauveur du monde, roi de l'éternelle gloire qui vivez et régnez dans la trinité parfaite avec le Père et le Saint-Esprit dans tous les siècles des siècles. Ainsi soit-il. — (RITUEL ROMAIN ANCIEN).

Nouvelles (Pour avoir des) des personnes absentes, on s'adresse à :
S. *Daniel* de Padoue.

Noyés (Pour découvrir les), on invoque :
Ste *Catherine*. — S. *Placide*. — S. *Hyacinthe*. — S. *Romain* de Rouen.

Numéro (Pour avoir un bon) à la conscription, on invoque :
Ste *Hélène*.

A Sainte-Hélène, par Landévant (Morbihan), les jeunes conscrits vont en foule prier la sainte patronne de la paroisse de les protéger lors du tirage au sort[1].

O

Objets perdus (Pour retrouver les), on prie :
Ste *Anne*. — S. *Arnold*. — S. *Jean Discalcéat*. — S. *Gatien* de Tours. — S. *Regnauld*. — S. *Jéron*. — S. *Marien*. — S. *Antoine de Padoue*.

La dévotion à S. *Antoine de Padoue* pour retrouver les objets perdus s'est beaucoup répandue dans l'univers catholique, surtout depuis S. *François de Sales* qui y avait une grande confiance. Jadis, on invoquait surtout S. *Gatien*.

On a recours à S. *Antoine*, soit en faisant la promesse d'une aumône à son intention (la plupart des églises ont aujourd'hui un tronc pour recevoir ces offrandes), soit en faisant dire des messes, soit en récitant certaines prières (Voir au mot *Grâces*).

---

1. Communication de M. l'abbé Le Guénédal, secrétaire général de l'évêché de Vannes.

Prière à S. ANTOINE DE PADOUE
POUR RETROUVER LES OBJETS PERDUS

O Dieu qui avez accordé à S. *Antoine de Padoue*, votre glorieux confesseur, le don d'opérer de très grands miracles, en particulier de faire retrouver les choses perdues et de ne plus les perdre quand elles sont retrouvées, nous vous prions humblement que par lui vous nous fassiez promptement retrouver les objets que nous venons de perdre et que enfin, par ses mérites et son intercession, nous parvenions à la gloire éternelle. Par Jésus-Christ Notre-Seigneur. Ainsi soit-il. — (Prière du XV° siècle.)

AUTRE A LA MÊME INTENTION

Saint *Antoine de Padoue*, qui avez arraché au méchant des milliers d'âmes perdues, et les avez ramenées au bon Dieu par vos grandes œuvres de pénitence et le zèle de vos prédications, je m'adresse à vous dans ma détresse, et je vous recommande instamment ce que j'ai perdu. J'ai, vous le savez, une confiance inébranlable en votre assistance. Je suis absolument convaincu que par amour pour vous le bon Dieu me le rendra. Je vous l'ai confié et le laisse à votre garde : je viens en toute simplicité vous réclamer ce qui est à moi. Vous me le ferez certainement retrouver et pour vous en témoigner ma reconnaissance, je vous promets de... (on indique ici la bonne œuvre qu'on s'engage à accomplir.)

Saint Antoine, ne permettez pas que je sois trompé dans mon espérance, afin que vos ennemis ne puissent pas me tourner en ridicule et dire : Où donc est-il, cet *Antoine*, avec son assistance ? Je vous en prie par la grâce qui vous a été accordée de retrouver des milliers d'âmes et de choses égarées, aidez-moi pour l'amour de Dieu et le vôtre à trouver l'objet que j'ai perdu. Ainsi soit-il. — (Prière populaire.)

En Bretagne, et particulièrement dans le diocèse de Quimper, on invoque très peu *S. Antoine de Padoue* pour retrouver les objets perdus. On s'adresse pour cette intention à *S. Jean Discalcéat*, ou le Déchaussé, en lui faisant des offrandes qui sont surtout reçues à la cathédrale de Quimper et à l'église de Ergué-Armel, par Quimper (Finistère). Cette dévotion se répand de plus en plus, et un grand nombre d'églises établissent des troncs pour recevoir les dons des fidèles.

Objets volés (Pour rentrer en possession des), on prie :
S. Gatien de Tours. — *S. Restitut*. — *S. Vincent*, diacre. — *S. Nicolas*.

Une pratique très ancienne dans l'Eglise consistait à célébrer successivement deux messes au même autel : la première de la *fête de l'invention de la S*^{te} *Croix*, et la seconde *de S. Nicolas*, évêque et confesseur. Rien ne s'oppose à cet usage, pourvu qu'on trouve deux prêtres pouvant célébrer successivement, et que l'on choisisse un jour où la liturgie permet de dire des messes votives.

Invocation à S. VINCENT
POUR RECOUVRER LES CHOSES VOLÉES

O glorieux martyr S. Vincent, en considération de ma misère, rendez-moi ce que je cherche. Ainsi soit-il.

Opérations chirurgicales (Pour l'heureuse issue des), on invoque :
    S. Pérégrin Latiosi.

Ophtalmie (Contre l'), on prie :
    Ste Colette.
S. Vincent : à 300 mètres de l'église de Lacrabe, par Hagetmau (Landes), se trouve une fontaine dédiée à S. Vincent, où de nombreux malades atteints d'ophtalmie vont se laver les yeux. On y fait une procession le 1er septembre.
    (Voir au mot Yeux.)

Oies (Pour les), on prie :
    S. Ambroise. — S. Martin[1] de Tours. — S. Ferréol. — Ste Pharailde.

Oiseliers (Patron des) :
    S. Jean-Baptiste.

Olives (Pour la bonne récolte des), on invoque :
    Ste Olive[2].

Or (Patron des batteurs d') :
    S. Yves.

Or (Patron des tireurs d') :
    S. Eloy.

Or (Patrons des tisseurs d'étoffes d') :
    S. Eloy. — S. Louis.

Orages (Contre les), on invoque :
    S. Aciscle et Ste Victoire. — S. Hidulphe. — S. André

---

1. A Coudures (Landes), il y a une fontaine dédiée à S. Martin et un pèlerinage en l'honneur de ce grand saint. On y vient surtout pour demander la guérison des oies boiteuses : ces animaux sont un des biens les plus précieux de ces pauvres pays.

2. Un cantique espagnol dit :

    Qu'il plaise à Dieu
    Que nous obtenions au nom de Ste Olive
    Ou bien la grâce de l'Huile,
    Ou bien l'huile de la Grâce.

                  (Cité par M. du Broc.)

Avellin. — S. Hildevert. — S. Budoc. — S. Josse. — S. Marien. — Ste Brigide, d'Irlande. — S. Mesmin. — S. Christantien. — S. Mohin. — S. Dié. — S. Nicolas. — S. Eptade. — S. Théodore. — S Erasme. — S. Thomas d'Aquin. — S. François Xavier. — S. Valérien. — S. Gilles. — S. Gaucher. — Ste Radegonde.

On peut invoquer tous ces saints sous forme de litanies.

(Voir aussi aux mots *Foudre*, *Tempête*, *Tonnerre*.

Oranges (Patrons des marchands) :
S. Christophe. — S. Léonard.

Orateurs (Patronne des) :
Ste Catherine.

Oraison (Pour obtenir le don de l'), on invoque :
S. Remy. — Ste Thérèse.

Oreilles (Contre les maux d'), on invoque :
S. Arit. — S. Ouën. — S. Aurélien. — S. Polycarpe. — S. Corneille, pape. — S. Quirin. — B^{se} Taraise.

Ste *Eugénie* : A Erloy, par Marly (Aisne), on possède une relique de la sainte. Une fontaine voisine de l'église porte le nom de fontaine Sainte-Eugénie. Les pèlerins y vont puiser pendant la neuvaine en l'honneur de la martyre. Le pèlerinage a lieu en tout temps, mais particulièrement le dimanche et le lundi de la Trinité et le 11 septembre, jour où on célèbre à Erloy la fête de Ste Eugénie conjointement avec celle des SS. *Prote* et *Hyacinthe*, ses domestiques. Ce pèlerinage est très ancien, et il existe encore dans l'église un *ex-voto* d'une guérison daté de 1685 (Communication de M. le curé d'Englancour et Erloy, Aisne).

(Voir *Surdité*.)

Orfèvres (Patrons des) :
S. Anastase. — Ste Anne. — Ste Barbe. — S. Berenwald. — S. Dunstan. — S. Eloi. — S. Jacques. — S. Janvier. — S. Louis, roi. — S. Luc.

Organistes (Voir *Musiciens*).

Orphelins (Protecteurs et patrons des) :
S. Spiridion. — S. Vincent de Paul. — S. Yves. — S. Jérôme Emilien.

Prière a S. JÉROME ÉMILIEN

O Dieu, père des miséricordes, par les mérites et l'intercession du bienheureux S. Jérôme, que vous avez bien voulu donner aux orphelins pour protecteur et pour père, accordez-nous la grâce de conserver fidèlement l'esprit d'adoption par lequel nous sommes appelés et sommes vraiment vos enfants. Par Jésus-Christ Notre-Seigneur. Ainsi soit-il.

Ouragans (Contre les dangers des) (Voir *Foudre, Orages, Tempêtes*).

Ouvriers du bâtiment (Voir *Maçons*).

Ouvriers travaillant en boutique (Patron des) :
S. Énée.

Ouvriers persécutés pour leur foi (Protecteur des) :
S. Tharsicius.

Ouvriers en métaux (Voir *Serruriers*).

P

Pains d'Épice (Patron des faiseurs et marchands de) :
S. Claude.

Palefreniers (Patrons des) :
Ste Anne. — S. Hormisdas. — S. Marcel, pape.

Palpitations du cœur (Contre les), on invoque :
S. Piat.
Ste Quiterie : pèlerinage et recommandations à Beauteville, par Villefranche-de-Lauragais (Haute-Garonne).

Panaris (Invoqué contre les) :
S. Guirec : messes et recommandations peuvent être demandées à Cléguérec (Morbihan), ou à Goulven, par Lesneven (Finistère).

Panetiers (Patrons des) :
S. Eloy. — S. Pierre. — S. Vincent.

Papetiers (Patrons des) :
S. Jean Porte-Latine. — S. Pierre.

Paralysie (Contre la), on invoque :
S. Bond de Clermont. — S. Grégoire. — S. Christophore. — S. Léopardin. — S. Corentin. — S. Fursy. — S. Ortaire. — S. Genest. — S. Philippe et ses fils. S. Quirin. — S. Wolfgang. — S. Servule. — Ste Clotilde. — S. Valfroy. — S. Paul de Narbonne. — S. Walstan. — S. Marc, évêque.

Contre la paralysie, pèlerinages :

A Rolleville (Seine-Inférieure), en l'honneur de S*te* *Clotilde*.

A Auneau (Eure-et-Loir), pèlerinage très important en l'honneur de *S. Maur* (Voir les renseignements au mot *Rhumatismes*).

A Narbonne (Aude), le 22 mars et le 11 décembre, en l'honneur de *S. Paul*, dans l'église qui lui est dédiée.

A Quimper, à Landerneau, à Pont-L'Abbé et en un grand nombre d'autres paroisses de la Bretagne, en l'honneur de *S. Corentin*.

A Brétigny, par Appilly (Oise), en l'honneur de *S. Hubert*.

Prière à S. MARC, évêque
CONTRE LA PARALYSIE

Que l'église illustrée par la gloire de tant de saints évêques applaudisse. Par leurs mérites, la santé est souvent donnée aux hommes accablés de diverses maladies. Parmi eux, ô très *S. Marc*, très doux pontife, vous êtes digne d'être placé au premier rang, car vous portez merveilleusement remède aux paralytiques; faites donc que nous soyons, nous aussi, aidés par vos prières, afin que, préservés de ce fléau et sauvés pour l'éternité, nous allions rejoindre les habitants du ciel.

ORAISON

O Dieu, qui par l'intercession de *S. Marc*, votre confesseur et pontife, avez daigné délivrer et préserver les hommes qui l'invoquent de toute contraction morbide du corps et des membres, ainsi que de la paralysie, accordez-nous, par les mérites du même saint, de posséder tellement la santé corporelle que nous ne pensions qu'à trouver dans le ciel le remède du salut éternel pour nos âmes. Par Jésus-Christ Notre-Seigneur. Ainsi soit-il. — (OFFICE LITURGIQUE.)

Parasoliers, Marchands et Fabricants de Parapluies (Patron des) :
S. Médard.

Parcheminiers (Patrons des) :
S. Jean. — S. Jean Porte-Latine. — S. Martin. — S. Michel.

Parents (Pour obtenir la prolongation des jours de ses), on prie :
S. Pierre.

Pareurs de peaux (Patron des) :
S. Jean-Baptiste.

Paresse des enfants (Contre la), on invoque :
S. Cyr et S*te* Julitte.

Parfumeurs (Patrons des) :
S*te* Anne. — S*te* Madeleine. — S. Nicolas.

Parjure et **Faux témoignage** (Contre le), on a recours à :
S. Amable de Riom. — Ste Cunéra. — S. Buduc. — S. Didier. — S. Félix de Nole. — S. Maximin de Trèves. — S. Germain d'Auxerre. — S. Pancrace. — S. Hervé.

Passage des rivières (Pour obtenir un heureux), on invoque :
S. Julien l'Hospitalier. — S. Christophe.

Passementiers (Patrons des) :
S. François. — S. Louis. — S. Luc.

Passeurs en barque (Patrons des) :
S. Julien l'Hospitalier. — S. Nicolas.

Passions violentes (Intercesseur contre les) :
S. Germer.

On l'invoque spécialement à Saint-Germer-de-Fly (Oise), où on peut se faire recommander, si on est dans l'impossibilité de s'y rendre en pèlerinage.

Patience (Pour obtenir la), on invoque :
S. Job.

Prière au patriarche S. JOB
POUR OBTENIR LA PATIENCE

O Dieu qui, pour l'instruction de la postérité, avez orné le bienheureux S. Job, votre confesseur et prophète, de la vertu de patience au milieu des épreuves, faites dans votre miséricorde qu'à son exemple nous supportions d'une âme égale les afflictions de la vie présente et que nous méritions d'obtenir les joies de la vie future. Par Jésus-Christ Notre-Seigneur. Ainsi soit-il. — (PRIÈRE LITURGIQUE ANCIENNE.)

Pâtissiers (Patrons des) :
S. Honoré. — S. Laurent. — S. Louis. — S. Macaire. — S. Michel.

Pâtres (Voir *Bergers*).

Patrie (Pour le salut, la liberté, etc., de la), on prie :
Ste Agathe. — S. Drausin.

Pauvreté (Contre la), on invoque :
S. François d'Assise. — S. Jean l'Aumônier. — Ste Anne.

Pauvres (Protecteur des) :
S. Yves. — S. Benoît-Joseph Labre.

Prière des pauvres à S. BENOIT LABRE

O Dieu, qui vous êtes attaché S. Benoît-Joseph, votre confesseur, par le zèle de l'humilité et l'amour de la pauvreté, accordez-nous, grâce à ses mérites, de mépriser toutes les choses de la terre et de rechercher toujours les biens du ciel. Par J.-C. N.-S. Ainsi soit-il. — (Oraison liturgique.)

Paveurs (Patrons des) :
S. Roch. — S. Sébastien.

Paysans (Patrons des) :
S. Alban. — Ste Lucie.

Peau (Contre les maladies de la), on prie :
Ste Agrippine. — S. Antoine. — Ste Enimie. — S. Laurent.

S. Jean-Baptiste : pèlerinage à Azur, par Soustons (Landes). Il y a dans cet endroit une fontaine dédiée à S. Jean et très célèbre, dans tout le pays Marensin, contre les dartres et autres maladies de la peau : elle est visitée plus ou moins tous les jours. On laisse ordinairement une messe au curé de la paroisse.

S. Méen : pèlerinage et fontaine à Ruillé-le-Gravelais, par La Gravelle (Mayenne) (station à Port-Brillet, ligne de Laval à Vitré).

Ste Isbergue : pèlerinage à Aire (Pas-de-Calais).

Ste Rufine : célèbre fontaine à Aureilhan, par Mimizan (Landes).

Ste Rose de Lima : pèlerinage à Ballan (Indre-et-Loire), où des grâces remarquables sont sans cesse obtenues (Ligne de Tours aux Sables-d'Olonne). — Écrire, pour les recommandations, à M. le curé.

Autre pèlerinage à Ste Rose, à Souvigné (Indre-et-Loire).

A Flavigny (Côte-d'Or), on va en pèlerinage à Ste Reine, surtout le 7 septembre, jour de sa fête. On peut s'y affilier à la confrérie érigée en l'honneur de la sainte martyre : on a ainsi l'avantage de gagner d'importantes indulgences (Écrire à M. le curé-doyen de Flavigny, (Côte-d'Or). Autre pèlerinage en l'honneur de Ste Reine, à Alise-Sainte-Reine, par les Laumes (même département).

(Voir nommément les diverses maladies de la peau.)

Peaussiers ou Préparateurs et marchands de Peaux (Patrons des) :
Ste Anne. — Ste Barbe. — S. Barthélemy. — S. Jean-Baptiste.

Pêche abondante (Pour faire une), on invoque :
S. André. — S. Vincent, diacre. — S. Pierre.

Péchés de la bouche (Contre les), on invoque :
Ste Apolline.

PRIÈRE

O Ste *Apolline*, par votre passion, obtenez-nous la rémission de tous les péchés que nous avons commis avec les dents et la bouche, par la gourmandise et par la parole, afin que nous soyons délivrés de la douleur et du grincement des dents, maintenant et dans le futur, et qu'aimant la pureté du cœur, nous méritions par la sainteté de nos discours d'avoir pour ami le roi des Anges. Ainsi soit-il. — (Prière ancienne.)

Pécheurs (Pour la conversion des), on prie :
Ste Aroye. — Ste *Christine* de Saint-Trond. — S. Expédit. (Voir au mot *Grâces*.)

Pêcheurs à la ligne (Patron des) :
S. Louis.

Pêcheurs et marchands de poisson (Patrons des) :
S. André. — Ste *Barbe*. — S. *Louis*. — S. Nicolas. — S. Parténius. — S. Pierre.

Peignes (Patrons des fabricants de) :
Ste Anne. — Ste Foi. — S. Hildevert. — S. Pierre.

Peine (Patron des hommes de) :
S. Albert d'Ogna.

Peintres (Patrons des) :
S. Benoit-Biscop. — S. *Jean Porte-Latine*. — S. Lazare. — S. Luc. — Ste *Marthe*. — S. Michel.

Peintres verriers (Patrons des) :
S. *Jacques* d'Ulm. — S. Luc. — S. Marc.

Pèlerins (Patrons et protecteurs des) :
S. *Alexis*. — S. *Julien l'Hospitalier*. — S. *Mathurin*. — S. Nicolas. — S. *Jacques* le Majeur.

Prière à S. JACQUES
POUR LES PÈLERINS

Lumière et gloire de l'Espagne, ô très S. *Jacques*, défenseur des opprimés, patron des voyageurs, qui, parmi les apôtres, le premier, avez obtenu la palme du martyre, ô protecteur par excellence de ceux qui vous aiment, accueillez, plein de bonté, les vœux de vos serviteurs et intercédez pour le salut de tous et pour le nôtre. Par Jésus-Christ Notre-Seigneur. Ainsi soit-il. — (Prière usitée depuis le XIVe siècle.)

Pelletiers ou **Marchands de fourrures** (Patrons des) :
S. *Barbe.* — S. *Hubert.* — S. *Jean-Baptiste.*

Pellicules (Voir *Peau*).

Pénitence à la mort (Pour obtenir de faire) (Voir *Mort*).

Pénitents (Patron des) :
S. *Aybert.*

Pénitentes (Voir *Repenties*).

Pensées mauvaises (Contre les), on a recours à :
S. *Asclipe.*

Percepteurs des Impôts (Patrons des) :
S. *Mathieu.*

Perclus (Pour les) :
S. *Gebuin* : pèlerinage à l'église Saint-Irénée, à Lyon : on peut y faire recommander les malades.
S. *François Régis* : pèlerinage à la Louvesc (Ardèche), où des grâces signalées sont souvent obtenues près des reliques du saint.
S. *Eutrope* : fontaine à Cère (Landes), dans laquelle on lave le membre malade.
S. *Ursmars* : pèlerinage très fréquenté à Floyon (Nord).
S. *Vincent* : à Saint-Vincent-de-Marsacq, en Meillan (Landes), de nombreux malades, perclus ou souffrant de douleurs, se rendent à une fontaine de S. Vincent où ils se lavent. — Il y a des guérisons : une jeune fille de quinze ans, percluse, y a encore été récemment guérie[1].

Périls de la Mer (Voir au mot *Mer*).

Perruquiers (Voir *Coiffeurs*).

Persévérance dans la vocation religieuse (Pour la), on invoque :
Sᵗᵉ *Jeanne de Chantal.*

Persévérance dans la Foi (Voir *Foi*).

Pertes et Larcins (Voir aux mots *Objets Perdus* ou *Volés*).

Peste (Contre la), on invoque :
S. *Avertin.* — S. *Hidulphe.* — S. *Bruno.* — S. *Jean Grandé.* — S. *Caloger.* — Sᵗᵉ *Julie.* — S. *Casimir.* — S. *Jean et S. Paul.* — S. *Catalde.* — S. *Louis.* — Sᵗᵉ *Catherine* de Sienne. — S. *Louis de Gonzague.* — S. *Charalampe.* — S. *Lugle* et S. *Luglien.* — S. *Charles Borromée.* — S. *Macaire.* —

---

[1]. Communication de M. l'abbé Foix, curé de Laurède (Landes), qui a bien voulu fournir la plus grande partie des renseignements concernant le département des Landes.

S. *Christophe*. — Ste *Marie-Madeleine*. — S. *Cuthbert*. — Ste *Marthe*. — S. *Cyprien*. — S. *Martial*. — S. *Dié*. — Ste *Menehould*. — S. *Elisée*, le prophète. — S. *Edmond*. S. *Molac*. — S. *Félix* de Nantes. — S. *Pirmin*. — S. *Florent*. — S. *Nicaise*. — S. *François d'Assise*. — S. *Pierre-Thomas*. — S. *François de Paule*. — Ste *Quiterie*. — S. *François-Xavier*. — S. *Remy*. — S. *Frédegaud*. — S. *Roch*. — S. *Gérard*. — Ste *Rosalie*. — S. *Gond*. — S. *Sané*. — S. *Grégoire*, pape. — S. *Saturnin*. — S. *Marcel*, pape. — S. *Urbain* de Langres. — S. *Antoine*. — S. *Valentin*. — S. *Raymond* de Toulouse. — S. *Véran*. — S. *Sébastien*. — S. *Adrien*. — S. *Zozime*.

Pèlerinage en l'honneur de S. *Marcel*, pape, contre toutes les maladies pestilentielles, à Hautmont (Nord), où se trouve son corps entier, donné par le pape Martin Ier à S. Vincent, fondateur de l'abbaye d'Hautmont. On vénère dans la même paroisse 24 saints de la famille charnelle ou religieuse de S. Vincent.

Prière à S. ADRIEN
CONTRE LA PESTE

O Dieu tout-puissant et éternel qui nous accordez de célébrer la mémoire du bienheureux *Adrien*, votre martyr, faites, nous vous en prions, que, par ses mérites et ses prières, vous daigniez nous préserver toujours de la terrible peste épidémique, de la langueur de l'âme et du corps et de toute surprise de la mort subite. Par Notre-Seigneur Jésus-Christ. Ainsi soit-il. — (PRIÈRE LITURGIQUE.)

Prière à S. RAYMOND
POUR LA MÊME INTENTION

O Dieu tout-puissant et tout miséricordieux, qui par les mérites et par les prières du bienheureux *Raymond*, votre confesseur, avez bien voulu délivrer la ville de Toulouse de la peste, accordez à vos serviteurs, ici humiliés devant vous, que tous ceux qui, dans la crainte d'un semblable malheur, auront recours à votre bonté, puissent se réjouir d'être délivrés de la contagion, par l'intercession de ce glorieux saint. Ainsi soit-il. — (PRIÈRE POPULAIRE.)

Antienne à S. ROCH
CONTRE LA PESTE ET LES ÉPIDÉMIES

Ave, Roche sanctissime, nobili natus sanguine, crucis signaris schemate sinistro tuo latere. —	Salut, grand saint Roch, issu d'un noble sang, et marqué au côté gauche du signe de la croix.

Roche peregre profectus, pestiferos curas tactus, aegros sanas mirifice, tangendo salutifere. — Vale, Roche, angelicæ vocis citatus famine, qui potens es deificæ a cunctis pestem pellere.

℣. Ora pro nobis, beate Roche,
℟. Et mereamur præservari a peste.

OREMUS

Da nobis, quæsumus, Domine, piæ petitionis effectum, et intercessione beati Rochi, confessoris tui, pestilentiam a populo tuo propitiatus averte, ut mortalium corda cognoscant, et te indignante talia flagella prodire, et te miserante cessare. Per D. N. J.-C., etc. Amen.

— S. Roch, voyageur infatigable, vous éloignez les atteintes de la peste, et guérissez les malades par vos attouchements merveilleusement salutaires. — Salut, S. Roch, qui avez reçu de Dieu le pouvoir, qui vous fut transmis par un ange, d'éloigner la peste de tous ceux qui recourent à vous.

℣. Priez pour nous, S. Roch,
℟. Pour que nous méritions d'être préservés de la peste.

PRIONS

Accordez-nous, Seigneur, l'objet de notre pieuse demande, et, par l'intercession de S. Roch votre confesseur, éloignez de votre peuple le fléau de la peste pour que ce peuple apprenne que, si votre indignation, inflige de tels châtiments, votre miséricorde daigne aussi les faire cesser, par J.-C. N.-S. Ainsi soit-il.

(HEURES DE Mᵐᵉ LA DAUPHINE, 1682.)

Prière à S. SÉBASTIEN
MÊME INTENTION

O bienheureux martyr du Christ, S. *Sébastien*, je vous en supplie, par la gloire dont Dieu vous a honoré, en vous constituant le patron contre la Peste et en promettant d'en préserver ceux qui vous invoquent, j'ai recours à vous et vous recommande mon corps et mon âme, afin que, par le douloureux martyr que vous avez enduré pour l'amour de Jésus-Christ, vous me préserviez de la peste et me conduisiez, par ses mérites, à la félicité éternelle. Ainsi soit-il. —
(PRIÈRE ALLEMANDE.)

Prière à S. ZOZIME
MÊME INTENTION

Salut, excellent père et pasteur S. *Zozime*, notre salut et notre vie! Procurez-nous la santé de l'âme, chassez la peste, éloignez de nous les maladies, et délivrez de tous maux ceux qui dans leurs transports vous acclament et vous prodiguent leurs louanges. Ainsi soit-il. —
(PRIÈRE LITURGIQUE.)

Pèlerinage à *S. Bruno*, à la Grande-Chartreuse (Isère), l'un des plus beaux et des plus édifiants pèlerinages que l'on puisse faire.

Pèlerinage à *S. Lugle* et *S. Luglien* dans l'église de Saint-Pierre, à Montdidier (Somme) où se trouvent leurs reliques.

Pèlerinage en l'honneur de S. Remy, à Courlay (Deux-Sèvres) et à Saint-Remy, par Lathus (Vienne).

(Voir aussi aux mots *Épidémie*, *Contagion*, etc.)

Petite vérole (Contre la), on prie :
S. *Élie*. — S. *Saturnin*. — Ste *Rite* de Cascia. — S. *Magin*.

S. *Martin* : pèlerinage et demande de prières à la basilique de son tombeau, à Tours.

Ste *Bonose* : pèlerinage à Estaires (Nord).

Peur (Contre la), on a recours à :
S. *Antoine*. — Ste *Nomadie*. — S. *Orens*. — S. *Paul*.

S. *Florent* : pèlerinage à Saint-Hilaire-Saint-Florent (Maine-et-Loire), où l'on vénère les reliques du saint. Le grand pèlerinage a lieu le dimanche qui suit le 11 octobre, quand ce jour n'est pas lui-même un dimanche.

S. *Jean-Baptiste* : pèlerinage à Longchaumois (Jura), où l'on bénit du vin que l'on fait prendre contre la peur, et qui guérit aussi les yeux malades[1].

S. *Cyr* et Ste *Julitte* : pèlerinage à Chiré-les-Bois (Vienne).

S. *Leu* ou *Loup* : pèlerinages à Marquivilliers et à l'Echelle (Somme) et à Rillé (Indre-et-Loire).

Ste *Restitute* : pèlerinages à Bucamps, à Dargies et à La Chaussée-du-Bois-d'Ecu (Oise).

S. *Gilles* : pèlerinages très nombreux, particulièrement à la chapelle de S. *Gilles* (près Saint-Paterne) (Indre-et-Loire) et à Aiguesvives, commune de Faverolles (Loir-et-Cher) ; mais surtout au tombeau même de S. *Gilles*, à Saint-Gilles (Gard). Ce pèlerinage, qui est un des plus importants de France, a attiré dans tous les temps et attire encore une foule considérable de fidèles. Les plus grands personnages de notre histoire ont tenu eux-mêmes à honneur de visiter ce sanctuaire.

Prière à S. ORENS
CONTRE LA PEUR

O Dieu qui avez prédestiné le bienheureux pontife S. *Orens* à être dans votre église un illustre défenseur de la foi, et l'avez décoré d'une puissance telle que, sans combattre avec le fer, mais par la seule arme de la prière, il chassa de Toulouse les ennemis qui la dévastaient, expulsa des hommes les démons, les terreurs et les angoisses ; accor-

---

[1] Bien des personnes amènent leurs enfants de très loin pour prier devant l'autel du saint et emporter du vin béni. Un bon nombre déclarent avoir été guéris de la peur après ce voyage. Chaque année, je bénis beaucoup de bouteilles de vin et des centaines de personnes en emportent dans leurs familles... On me fait aussi bénir des vêtements pour les enfants peureux... » (L'abbé Pasteur, curé de Longchaumois.)

dez par son intercession à votre serviteur (ou votre servante) d'être affranchi de toute fraude ou attaque du démon, délivré de toute peur, crainte ou frayeur, de demeurer ferme dans la foi, de recevoir la santé de l'esprit et du corps, et de parvenir à la vie éternelle. Par Notre-Seigneur Jésus-Christ. Ainsi soit-il. — (Prière qui se récite à la basilique de Saint-Saturnin de Toulouse, où l'on fait un pèlerinage à S. Orens particulièrement le 1er mai.)

Prière à S. GILLES
CONTRE LA PEUR

Grand saint à qui Dieu a accordé un pouvoir spécial contre la peur, daignez nous protéger contre toute frayeur et nous obtenir le courage au milieu des dangers du monde, la force dans les tentations et la résignation dans les épreuves de cette vie. Mais, s'il est une crainte que nous devons avoir, c'est la crainte du Seigneur ; demandez donc pour nous au divin maître ce don précieux et la grâce de vivre dans son saint amour.

Secourez-nous, surtout à notre heure dernière, alors que notre âme tremblante à la vue de ses crimes, sera saisie des horreurs de la mort. Dans ce moment terrible accourez à notre aide, défendez-nous contre les terreurs de l'enfer et, lorsque nous paraîtrons devant le Souverain Juge pour entendre l'arrêt irrévocable qui fixera notre sort, suppliez-le de ne point nous repousser, mais de nous recevoir dans les bras de sa miséricorde. Ainsi soit-il. — (Prière populaire.)

Autre prière à S. GILLES
CONTRE LA PEUR

Seigneur Jésus, qui disiez à vos apôtres : « Laissez venir à moi les petits enfants, » Seigneur Jésus, vous qui aimiez à les caresser et à les bénir, nous vous présentons aussi notre enfant : il a peur, cette affreuse maladie trouble son sommeil ; à cette vue notre cœur est oppressé de mille inquiétudes. Daignez, Seigneur, par l'intercession du puissant S. Gilles, dont vous avez récompensé l'innocence dès l'âge le plus tendre par des miracles éclatants, mettre fin à nos alarmes, en rendant à cet enfant, qui nous est si cher, le calme et la santé ; préservez-le de tout mal, protégez-le au milieu des dangers de cette vie et daignez le faire arriver au séjour du bonheur éternel. Ainsi soit-il. — (Prière populaire.)

Pharmaciens (Patrons des) :
SS. Côme et Damien. — S. Emilien. — S. Jacques le Majeur. — S. Nicolas. — S. Roch.

Philosophes chrétiens et **Elèves en philosophie** (Patrons des) :
Ste Catherine d'Alexandrie. — S. Justin. — S. Piérus. — S. Théotime.

Photographes (Patronne des) :
Ste Véronique.

Phtysie (Contre la), invoquer :
S. Maclou ou Malo. — S. Bernardin de Vienne.
(Voir *Poitrine*.)

Phylloxéra (Contre le), on invoque :
S. Grat d'Aoste.
(Voir *Animaux nuisibles*.)

Pieds (Contre la faiblesse des), on prie :
S. Arbogaste.

Pieds (Contre les maux aux), on prie :
S. Jean l'Évangéliste. — S. Pierre, apôtre. — S. Valfroy.

Pierre (Contre la maladie de la), on invoque :
S. Apollinaire de Ravenne. — S. Florent. — S. Fursy. — S. Jubin : pèlerinage à l'église de Saint-Irénée, à Lyon.
(Voir au mot *Gravelle*.)

Plafonneurs (Patron des) :
S. Michel.

Plaies (Contre les), on invoque :
S. Brendan : pèlerinage à Lanvellec, par Plouaret (Côtes-du-Nord).
S. Mayloire : pèlerinage et recommandations à Châtelaudren (Côtes-du-Nord).
S. Jean-Baptiste : fontaine et pèlerinage à Arjuzanx (Landes). On se rend en procession à cette fontaine le jour de S. Jean-Baptiste, et de nombreux blessés viennent y laver leurs plaies, surtout pendant l'octave de cette fête.
S. Barthélemy : pèlerinage à Courcelles (Indre-et-Loire); ce pèlerinage se fait généralement à jeun, et l'on fait souvent le vœu de revenir en actions de grâces si l'on est guéri.

Planchéieurs (Patrons des) :
S. Éloy. — S. Nicolas. — S. Pierre.

Plâtriers (Patrons des) :
S. Barthélemy. — S. Blaise. — S. Louis. — S. Pierre.

Pleurésie (Contre la) et le **Point de côté**, on prie :
S. Leuce. — S. Manuel. — S. Zoïle.

Prière à S. LEUCE

O Dieu qui récompensez les âmes fidèles, et qui aimez à glorifier vos saints; qu'il vous plaise, Seigneur, d'exaucer les prières que nous vous adressons par l'entremise de S. Leuce, et de nous accorder la santé du corps et de l'âme, ainsi qu'à tous ceux qui ont recours à son intercession, par J.-C. N-S. Ainsi soit-il.

Plombiers (Patrons des) :
Ste Catherine. — Ste Madeleine. — S. Michel. — S. Pierre ès Liens. — S. Vincent Ferrier.

Pluie (Pour obtenir la), on invoque :

S. Acisclè et Ste Victoire. — S. Isidore. — S. Agricole. — S. Julien de Cuença. — Ste Anne. — S. Marcel de Chalon. — S. Aphrodise. — Ste Matrone. — S. Babolein. — S. Bennon. — S. Maxime d'Evreux. Ste Calamande. — S. Médard. — S. Carmery. Ste Colombe. — S. Narne. — Ste Eurosie. — S. Octavien. — S. Fructueux. — S. Gaucher. — S. Oronce. — S. Gémule. — S. Paul, apôtre. — Bx Grégoire Celli. — S. Paterne. — S. Héribert. — S. Pierre Armengol. — S. Quintien. — S. Pons. — S. Réverien. — S. Précord de Vailly. — Ste Solange. — Ste Suzanne.

Prière à S. JEAN et S. PAUL
POUR OBTENIR LA PLUIE

O Dieu, qui voyez que les malheurs nous accablent de toutes parts, accordez-nous, s'il vous plaît, que la glorieuse intercession de la bienheureuse vierge Marie, mère de Votre Fils, celle de vos bienheureux martyrs S. Jean et S. Paul, et celle de tous les autres patrons, nous vienne en aide, afin que nous obtenions une pluie salutaire. Par J.-C. Notre-Seigneur. Ainsi soit-il.

Pluie (Pour faire cesser la), on s'adresse à :
S. Dominique de Sora. — Ste Godeberte. — S. Juste.

Pluie (Pour obtenir ou faire cesser la), selon le besoin, on prie :

Ste Agathe. — S. Fiacre. — Ste Austreberte. — Ste Berthe de Valombreuse. — S. Grat. — Ste Constance. — S. Hidulphe. — S. Dié. — S. Honoré. — Ste Eulalie. — S. Honorat d'Arles. — S. Evroult. — S. Lucien et Ste Emérite. — S. Michel. — S. Lugle et S. Luglien. — S. Ours. — S. Luguzon. — S. Marius. — Ste Sabine. — S. Maximin. — S. Sigebert.

Demander des prières à Saint-Gauderic, par Fanjeaux (Aude), en l'honneur de S. Gaudry ; ou à la Possonnière (Maine-et-Loire) en l'honneur de S. René.

A Saint-Aignan, par Crocq (Creuse), on s'adresse à S. Michel[1].

Plumassiers (Patrons des) :
S. Georges.

Poètes (Patrons des) :
S. Grégoire de Nazianze. — S. Prosper d'Aquitaine. — S. Fortunat de Poitiers. — S. Ennode.

Point de côté (Voir *Pleurésie*).

---

[1]. Toutes les fois que nous allons en procession à Saint-Michel pour la pluie ou le beau temps, nous sommes exaucés. — (LETTRE de M. l'abbé Ballet, curé de Saint-Aignan.)

Poison (Contre le) et l'**Empoisonnement**, on invoque :
S. Amable. — S. Benoît. — S. Firmin. — S. Jean l'Évangéliste.

BÉNÉDICTION DU VIN DE S. JEAN, CONTRE LES MALADIES CAUSÉES
PAR LE POISON
(Elle se donne le jour de la fête du Saint.)

Adjutorium nostrum, etc.

OREMUS	PRIONS
Benedicere † et consecrare † digneris, Domine Deus, dextera tua, hunc calicem vini et cujuslibet potus : et præsta ut per merita Sti Joannis, apostoli et evangelistæ, omnes intercredentes et de calice isto bibentes, benedicantur et protegantur. Et sicut beatus Joannes de calice bibens venenum, illæsus omnino permansit, ita omnes hac die in honorem beati Joannis de calice isto bibentes, meritis ipsius, ab omni ægritudine veneni et noxiis quibusvis absolvantur, et corpore ac anima se offerentes, ab omni culpa liberentur. Per C. D. N. Amen.	Seigneur Dieu, daignez bénir et consacrer de votre main puissante cette coupe de vin ou de boisson quelconque ; faites que, par les mérites de l'apôtre et évangéliste S. Jean, tous ceux qui croient en vous et boiront de ce breuvage soient bénis et protégés. De même que S. Jean buvant du poison est resté absolument sain et sauf, que de même aussi ceux qui boiront aujourd'hui de ce breuvage, en l'honneur de S. Jean, soient, par ses mérites, préservés de toute maladie provenant du poison et de toute autre chose nuisible, et que, se donnant à vous corps et âme, ils soient délivrés de toute faute, par J.-C. N.-S. Ainsi soit-il.

(Approuvée par la S. Congrég. et promulguée le 13 mai 1873 par l'archevêque de Malines.)

Poissonniers, Pisciculteurs et **Marchands de poissons** (Patrons des) :
S. Magne. — S. Pierre. — S. Bernardin de Sienne.

Poitrine (Intercesseur contre les maladies de) :
S. Tugdual : Invoqué à Langoat, par La Roche-Derrien (Côtes-du-Nord), à Saint-Tugdual, par Guéméné-sur-Scorf (Morbihan), et dans un grand nombre d'autres églises bretonnes.

Pompiers (Patrons des) :
Ste Anne. — S. Antoine. — Ste Barbe. — S. Firmin. — S. Laurent. — S. Mamert. — S. Nicolas.

Pommes et autres Fruits analogues (Pour la conservation des), on prie :
S. Christophe. — S. Jacques.

BÉNÉDICTION DES POMMES LE JOUR DE LA FÊTE DE S. JACQUES ET DE S. CHRISTOPHE (25 juillet)

Après la messe de ce jour, le prêtre en aube et en étole, bénit les pommes nouvelles et les distribue aux assistants.

OREMUS	PRIONS
Benedic ✝, Domine, hunc fructum arborum, ut hi omnes qui utentur ex eo, sint in perpetuum sanctificati. Per Christum Dominum, etc.	Bénissez, Seigneur, ce fruit des arbres, afin que tous ceux qui s'en serviront soient sanctifiés pour toujours. Par le Christ Notre-Seigneur. Ainsi soit-il.

(PRIÈRE LITURGIQUE TRÈS ANCIENNE.)

Ponts (Patron des constructeurs de) :
S. Bénézet.

Porcs (Pour les), on invoque :
S. Antoine, abbé. — S. Blaise. — S. Pompée.
S. Antoine est très invoqué pour ces animaux, à Melgven, par Rosporden (Finistère).

Porcs (Patron des marchands et des tueurs de) :
S. Antoine.

Porcherons ou **Gardeurs de porcs** (Patrons des) :
S. Antoine. — S. Blaise. — S. Evrard.

Portefaix (Patrons des) :
S. Bonaventure. — S. Christophe. — S. Léonard de Limoges. — S. Quentin. — S. Maur.

Porteurs de blé (Patrons des) :
Ste Avoye. — S. Vulgan.

Porteurs de charbon (Patron des) :
S. Nicolas.

Porteurs d'eau (Patrons des) :
S. André. — S. Léonard.

Possessions et Obsessions du démon (Contre les), on invoque :
S. Albert. — S. Maurice. — Ste Aldegonde. — S. Morand. — S. Amable. — S. Philippe. — S. Antoine de Padoue. — S. Antonin. — S. Pardoux. — S. Bertaut. — S. Piat. — S. Constantien. — S. Pierre, apôtre. — Ste Dympne. — S. Cyriaque. — Ste Eugénie. — S. Romain. — S. Jean Gualbert. — S. Saturnin. — S. Jean de Réomay. — S. Ursmars. — S. Léger. — S. Vite ou Guy. — S. Mathurin. — S. Anastase. — S. Caloger. — S. Ubald.

Le culte de S. *Pardoux* est très populaire à Guéret (Creuse). Le jour de la Trinité et le 7 octobre, il y a procession avec les reliques du saint. On peut s'adresser à M. le curé pour faire dire des évangiles ou faire brûler des cierges.

Prière à S. UBALD
CONTRE LES POSSESSIONS DU DÉMON

O Dieu qui glorifiez, par un pouvoir spécial contre les démons, l'éminente douceur de S. *Ubald*, faites que, par l'imitation d'une vertu qui vous est si agréable, nous soyons délivrés des ennemis de l'âme et du corps. Par Jésus-Christ Notre-Seigneur. Ainsi soit-il.

S. *Ubald*, priez pour les possédés du démon.

Potiers de terre (Patrons des) :
S. *Bond*, évêque. — Ste *Catherine*. — S. *Fiacre*. — S. *Goar*. — Ste *Juste* et Ste *Rufine*. — S. *Pierre*. — Ste *Radegonde*.

Potiers d'étain (Patrons des) :
S. *Fiacre*. — S. *Mathurin*.

Poudriers-parfumeurs (Patronne des) :
Ste *Marie-Madeleine*.

Poules (Pour les) **et en général pour la prospérité des volailles**, on prie :
S. *Gall*, abbé.
S. *Iltut* : recommandations à Plouguiel, par Tréguier (Côtes-du-Nord).

Poulets (Patron des marchands de) :
S. *Christophe*.

Précepteurs (Patron des) :
S. *Arsène*.

Presse catholique (Patrons de la) :
S. *François de Salles*. — S. *Paul*. — S. *Augustin*.

Prêteurs sur gages (Voir *Monts de Piété*.)

Prisonniers (Pour la délivrance et, en général, le bien des), on prie :
S. *Bernard* de Tyron. — S. *Dominique* de Silos. — B^x *Etienne* d'Obasine. — S. *Gauthier*. — S. *Germain* de Paris. — Ste *Honorine*. — S. *Nicolas*. — S. *Léonard* de Limoges.

(Voir au mot *Captifs*.)

Invocations à S. LÉONARD

Salut, espérance des captifs, libérateur des prisonniers.

S. *Léonard*, compatissant libérateur des prisonniers, veuillez me délivrer de la prison éternelle.

Vous qui brisez les fers des prisonniers, daignez prier pour nous le Dieu du ciel.

Protecteur des captifs, secours des malheureux, S. *Léonard*, priez pour nous. — (Prières anciennes.)

Procès (Dans les), on invoque :
   S. *Expédit*. — S. *Benoît de Milan*.
   (Voir *Affaires*.)

Procès (Pour éviter les), on prie :
   Ste *Aye*.

Procureurs (Patrons des) :
   S. *Nicolas*. — S. *Yves*. — S. *Laurent*.

Prospérité d'une manière générale (Pour obtenir la), on invoque :
   S. *Servais*.

Puits (Patron des cureurs de) et des **Puisatiers** ou **Faiseurs de puits** :
   S. *Clair*.

Pureté (Pour la conservation de la), on a recours à :
   Ste *Agnès*. — Ste *Colombe*. — S. *Louis de Gonzague*. — S. *Jean Berchmans*. — S. *Thomas d'Aquin*.

Il y a, dans presque tous les livres de piété, des prières à S. *Louis de Gonzague* pour conserver la chasteté. Elles sont trop nombreuses pour être reproduites ici. En voici une seule que le pape Pie VII a enrichie d'une indulgence de 100 jours, une fois par jour, applicable aux âmes du purgatoire :

O aimable saint, orné de mœurs angéliques, quoique je sois le plus indigne de vos serviteurs, je viens confier à vos mains pures, et recommander d'une manière spéciale à votre bienveillante sollicitude la chasteté de mon âme et de mon corps. Ange de pureté, je vous prie instamment de vous intéresser à moi auprès de Jésus-Christ, l'Agneau sans tache, et auprès de sa sainte Mère, la Vierge des vierges, afin que je sois préservé de tout péché. Ne permettez pas qu'après avoir été paré de l'innocence et de la pureté, comme un vase d'honneur et de gloire, je puisse me laisser entacher de la moindre souillure ; mais, lorsque vous me verrez au milieu des artifices de la tentation, ou des périls de la séduction, dissipez loin de moi tous les désirs sensuels, toutes les affections déréglées et toutes les illusions, veillez sur l'innocence de mes pensées ; réveillez en moi le souvenir de l'éternité et de Jésus crucifié ; imprimez profondément dans mon cœur le sentiment de la crainte de Dieu ; rallumez-y le feu du divin amour, afin qu'après avoir imité ici-bas vos vertus célestes je jouisse avec vous du bonheur de posséder Dieu éternellement. Ainsi soit-il.

Il faut ajouter un Pater *et un* Ave.

Prière à S. JEAN BERCHMANS
POUR CONSERVER LA PURETÉ

Accordez à vos serviteurs, nous vous en prions, Seigneur Dieu, la grâce d'imiter les exemples d'innocence et de fidélité à votre service, dont *Jean*, l'angélique jeune homme, a couronné la fleur de sa jeunesse. Par Jésus-Christ Notre-Seigneur. Ainsi soit-il. — (Oraison liturgique.)

BÉNÉDICTION DE LA CEINTURE POUR LA MILICE ANGÉLIQUE DE S. THOMAS D'AQUIN

Adjutorium nostrum, etc.

OREMUS

Domine Jesu Christe, fili Dei vivi, puritatis amator et custos, obsecramus immensam clementiam tuam, ut sicut ministerio Angelorum sanctorum *Thomam Aquinatem* cingulo castitatis cingere, atque a labe corporis et animæ præservari fecisti, ita ad honorem et gloriam ejus, bene ✝ dicere et sanctificare digneris cingulum istud, ut quicumque illud circa renes reverenter portaverit ac tenuerit, ab omni immunditia mentis et corporis purificetur, atque in exitu suo per manus sanctorum Angelorum tibi digne præsentari mereatur. Qui cum Patre, et Sancto Spiritu vivis et regnas, Deus, in sæcula sæculorum. Amen.

PRIONS

Seigneur Jésus-Christ, fils du Dieu vivant, ami et gardien de la pureté, nous supplions votre clémence infinie, comme par le ministère des saints Anges vous avez ceint *Thomas d'Aquin* de la ceinture de la chasteté, et l'avez muni contre toute souillure du corps et de l'âme, de bénir et sanctifier, pour son honneur et sa gloire, cette ceinture, afin que quiconque la portera et la conservera autour de ses reins soit purifié de toute souillure de l'esprit et du corps, et qu'il mérite à sa mort de vous être dignement présenté par les mains des saints anges. Vous qui vivez et régnez avec le Père et le Saint-Esprit, dans les siècles des siècles. Ainsi soit-il.

On asperge d'eau bénite la ceinture, et on la remet au fidèle en disant :

Præcingat te Dominus Jesus Christus cingulo castitatis, et meritis Sancti Thomæ Aquinatis extinguat in lumbis tuis omnem humorem libidinis, ut maneat in te virtus continentiæ et castitatis. Amen.

Que le Seigneur Jésus-Christ vous entoure de la ceinture de chasteté par les mérites de S. Thomas d'Aquin, et qu'il éteigne dans vos reins toute ardeur du péché, afin que la vertu de continence et de chasteté demeure en vous. Ainsi soit-il.

(FORMULE AUTHENTIQUE.)

Les Pères Dominicains et les prêtres auxquels le pouvoir en a été concédé peuvent seuls agréger à la Milice Angélique et donner la bénédiction ci-dessus.

Purgatoire (Pour délivrer les âmes du), ou pour s'en préserver soi-même, on invoque :

Ste *Christine* de Saint-Trond. — S. *Gérard.* — S. *Hugues* de Bonnevaux. — B^{se} *Ide.* — S. *Laurent.* — S. *Michel.* — Ste *Ursule.* — S. *Nicolas* de Tolentino. — S. *Odilon.* — S. *Patrice.*

Prière à S. NICOLAS
POUR LES AMES DU PURGATOIRE

O Dieu qui avez accueilli avec bonté les prières de S. *Nicolas* de Tolentino pour le soulagement des âmes du Purgatoire, écoutez celles que nous aussi nous vous adressons pour elles, et préservez-nous miséricordieusement des péchés que nous devrions nous-mêmes expier après notre mort. Par J.-C. N.-S. Ainsi soit-il. — (Prière liturgique.)

Prière à S. ODILON de Cluny
EN FAVEUR DES MORTS

O Dieu qui avez inspiré à S. *Odilon* d'exciter annuellement votre Eglise à porter secours aux âmes du Purgatoire, acccordez-nous d'effacer ici-bas toutes nos taches, pour que, plus aptes à aider ces mêmes âmes, nous méritions d'échapper aux peines que nous aurions à souffrir dans le lieu où elles se trouvent.

S. *Odilon*, priez pour les fidèles défunts. — (Prière très ancienne.)

On fait recommander les défunts à la chapelle de S. *Patrice*, à Lannion (Côtes-du-Nord).

Confrérie de S. ODILE[1] ou ODILON
EN FAVEUR DES AMES DU PURGATOIRE (ÉTABLIE A SOUVIGNY, ALLIER)

Principales indulgences

Indulgences plénières : Le jour où l'on est inscrit sur le registre de la Confrérie, pourvu qu'on se soit confessé, qu'on ait communié et qu'on prie aux intentions du Souverain Pontife;

2º Le jour de la Commémoraison des morts (2 novembre), ou un jour de l'octave, pourvu que, disposé comme ci-dessus, on prie aux intentions du Souverain Pontife et aussi pour les âmes des fidèles trépassés;

2º A l'article de la mort, pourvu qu'on se soit confessé, qu'on ait communié et qu'on invoque, au moins de cœur si on ne peut le prononcer, le saint nom de Jésus.

1. Ce fut S. *Odile* ou *Odilon*, qui institua la Fête des Morts, en 998.

Indulgences partielles : 1° 7 ans et 7 quarantaines aux membres de la Confrérie qui accompagneront les morts à la sépulture ;

2° 3 ans et 3 quarantaines aux jours de l'*Invention* et de l'*Exaltation* de la sainte Croix, de l'*Assomption* de la sainte Vierge, de la dédicace de *S. Michel, archange,* et de *Ste Catherine,* vierge et martyre, pourvu qu'on se soit confessé, qu'on ait communié et qu'on prie aux intentions du Souverain Pontife ;

3° 100 jours aux membres de la Confrérie chaque fois qu'ils assisteront, dans leur église, à la messe ou aux autres offices divins.

Statuts de la Confrérie érigée dans l'église de Souvigny

ARTICLE PREMIER. — *Avantages.* — 1° Une messe est dite tous les premiers lundis du mois à l'autel de *S. Odile* pour les âmes du Purgatoire et les membres défunts de la Confrérie ;

2° *Fêtes de la Confrérie.* — 1° Le 2 janvier, anniversaire de la mort de S. Odile ;

2° Le 8 juin, translation des reliques du saint par S. Pierre Damien, consécrateur de la basilique en 1063 ;

3° Le troisième dimanche de septembre, fête de Notre-Dame des Sept-Douleurs ;

4° Le dimanche qui suit la fête solennelle de la commémoraison des morts.

ART. 2. — *Conditions pour faire partie de l'Œuvre.* — 1° Avoir son nom inscrit sur le registre de la Confrérie ;

2° Réciter, chaque jour, un *Pater* et un *Ave* avec l'invocation : *S. Odile, priez pour nous, intercédez pour nous et pour les âmes du Purgatoire ;*

3° Verser une cotisation de 10 centimes par an, ou de 1 franc à perpétuité. L'offrande de 2 francs donne le titre de fondateur de l'Œuvre et le droit à un diplôme d'honneur.

Cette cotisation sert à payer les frais de messes et à entretenir convenablement la chapelle de S. Odile.

ART. 3. — Toute personne faisant partie de l'Œuvre de S. Odile, à l'exemple de notre saint, devra avoir une dévotion toute particulière envers les âmes du Purgatoire en faveur desquelles cette Œuvre est établie. Elle se fera un devoir de se confesser et de communier les jours de fêtes de la Confrérie et ne négligera rien pour se mettre en état de profiter des grâces qui y sont attachées et de gagner des indulgences pour le soulagement de ces âmes qui nous sont si chères.

Le Directeur de la Confrérie : *Vu et approuvé :*
ROFFAT[1], curé-doyen. † AUGUSTE, évêque de Moulins.

---

1. Adresser les honoraires de messes à M. le curé-doyen de Souvigny

MESSES GRÉGORIENNES

Une des pratiques pieuses les plus authentiquement efficaces en faveur des âmes du Purgatoire est celle des trente « messes Grégoriennes » ou « Trentains Grégoriens » en l'honneur ou en mémoire, et à l'exemple de S. Grégoire le Grand.

La Sacrée Congrégation des Rites a donné à ce sujet les règles suivantes :

1° La confiance des fidèles, regardant la célébration des *trente messes* dites *Grégoriennes*, comme spécialement efficace en vertu du bon plaisir et de l'acceptation de la divine miséricorde, pour délivrer une âme du Purgatoire, est *pieuse, approuvée et raisonnable;* et la pratique de célébrer lesdites messes est approuvée dans l'Eglise (15 mars 1884);

2° Il n'est pas nécessaire que les trente messes appelées grégoriennes soient célébrées en mémoire de S. Grégoire (14 janvier 1889) ;

3° Il *n'est pas obligatoire* qu'elles soient célébrées par le *même prêtre* (14 janvier 1889) ;

4° Ces messes doivent être appliquées pour l'âme (l'*âme seule*) dont on sollicite la délivrance des peines du Purgatoire auprès de la Miséricorde divine (14 janvier 1889);

5° Il faut qu'elles soient célébrées pendant trente jours *sans interruption aucune* (14 janvier 1889). — Les trois derniers jours de la Semaine-Sainte *ne sont pas une interruption;*

6° Elles *peuvent* être célébrées sur des *autels différents* à volonté (14 janvier 1889).

Purgatoire (Pour éviter le), on invoque :

S. Mathurin : il est très honoré en Bretagne pour cette intention. Les principaux sanctuaires de cette dévotion sont à Pleuven, par Fouesnant; à Kernevel, par Rosporden; à Plogonnec, par Quimper; à Locronan, par Quéménéven, et surtout à Pont-Aven (Finistère). Dans ces différentes localités, l'autel privilégié pour les trépassés est sous le vocable de *S. Mathurin.*

Pustules (Contre les), on invoque :
S. Martin.

(Voir encore au mot *Peau.*)

(Allier). — Les offrandes et les noms des membres de la Confrérie paraîtront dans les *Echos de Cluny*, bulletin publié par les Bénédictins du Prieuré de Souvigny. (Communication de M. l'abbé Roffat, curé-doyen de Souvigny.)

R

Raccommodeuses Patronne des :
   Ste *Catherine*.

Rachitisme et maladies analogues (Contre le), on invoque :
   S. Bernulphe. — *S. Mandé*. — *S. Millefort*.
   S. Levias : pèlerinage et recommandations à Trédarzec, par Tréguier (Côtes-du-Nord).
   S. Méen : pèlerinage à Ploërmel (Morbihan), et à Ruillé-le-Gravelais (Mayenne), par Port-Brillet.
   S. Léonard : pèlerinage à Croissy (Seine-et-Oise).

Rage (Contre la), on invoque :
   S. Bieuzi. — *S. Dominique* de Sora. — *S. Forannan*. — *S. Germain* d'Auxerre. — *S. Ulrich*. — *S. Hubert* des Ardennes. — *S. Hubert* de Brétigny. — *S. Vite* ou *Guy*. — Ste *Quiterie*. — Ste *Walburge*. — *S. Denis*. — *S. Pierre*, apôtre. — *S. Pierre* Chrysologue. — *S. Othon* de Bamberg. — *S. Gildas*.

Prière à S. DENIS
CONTRE LA RAGE

Bienheureux *S. Denis*, votre récompense est grande : priez pour nous le Seigneur notre Dieu, afin que, nous qui sommes si différents de vous en vertu, nous ayons part à votre sort par l'efficacité de la grâce.

℣ Priez pour nous, *S. Denis*.
℟ Afin que nous soyons rendus dignes des promesses de J.-C.

PRIONS

Dieu qui avez daigné fortifier par la vertu, au milieu de ses souffrances, le bienheureux *S. Denis*, votre martyr et Pontife, et lui associer *S. Rustique* et *S. Eleuthère*, pour annoncer votre gloire aux nations, faites, nous vous en prions, qu'à leur exemple nous méprisions, pour votre amour, les prospérités du monde et que nous ne nous laissions effrayer par aucune adversité. Par J.-C. N.-S. Ainsi soit-il. — (PRIÈRE qui se récite à la basilique de Saint-Denis.)

On fait boire, aux personnes qui ont été mordues par des animaux enragés, de l'eau qui a été contenue dans la patène de *S. Pierre Chrysologue*. Cette patène se trouve à Ymola (Romagne).

Dans plusieurs églises on possède une sorte de clef, dite de *S. Pierre*, que l'on applique, souvent rougie au feu, sur la tête de la personne mordue. Ailleurs, on se sert, dans les mêmes conditions, de la clef même de l'église.

BÉNÉDICTION DU VIN CONTRE LA MORSURE DES CHIENS ENRAGÉS, PAR L'INTERCESSION DE S. OTHON DE BAMBERG

OREMUS

Exaudi nos, Domine Sancte pater omnipotens, æterne Deus, et mittere dignare angelum tuum de cœlis, qui benedicere et sanctificare dignetur hanc creaturam vini, ut hic famulus tuus, qui lethifero rabidi canis morsu læsus est, intercedente sancto tuo confessore Ottone, cujus suffragio suffultus, pristinam sanitatem, tam mentis quam corporis et ab hoc noxali morsu liberationem consequi mereatur. Per Dominum nostrum Jesum Christum, etc.

PRIONS

Exaucez-nous, Seigneur saint, Père tout-puissant, Dieu éternel, et daignez envoyer du ciel votre saint ange, qui veuille bien bénir et sanctifier cette créature du vin, afin que votre serviteur ici présent, qui a été atteint mortellement par la morsure d'un chien enragé, mérite par l'intercession de votre saint confesseur et pontife *Othon* et fortifié par ses suffrages, de recouvrer sa santé première de corps et d'âme, et d'être délivré des suites funestes de cette morsure. Par Notre-Seigneur Jésus-Christ, etc.

(Citée par les Bollandistes.)

Prière à S. HUBERT
CONTRE LA RAGE

S. *Hubert*, patron des Ardennes, qui avez eu l'avantage de voir l'image d'un Dieu crucifié, entre les bois d'un cerf, et qui avez reçu une sainte étole miraculeuse par le ministère d'un ange, nous vous supplions de nous appliquer charitablement la vertu de ce présent divin, et de nous préserver, par vos mérites, de tout danger de la rage, de l'esprit malin, des fièvres, du tonnerre et autres malheurs.

Priez pour nous, ô grand S. Hubert, afin qu'il plaise à Dieu de nous accorder un jour la grâce de vous voir dans le ciel. Ainsi soit-il. — (Prière populaire.)

La pratique de dévotion la plus efficace contre la rage est le pèlerinage à Saint-Hubert. La petite ville de Saint-Hubert, lieu du pèlerinage, est une localité du Luxembourg belge, à 76 kilomètres sud-est de Namur, dans la forêt des Ardennes. Elle s'est formée autour de l'immense monastère où furent transportés les restes de S. Hubert. « En 825, on avait retiré de la châsse la mystérieuse étole, reçue par le saint durant sa vie, avec la promesse de Dieu qu'elle serait une sûre protection spécialement contre la rage. A partir de cette époque, les guérisons contre le mal terrible commencèrent à se multiplier et continuèrent jusqu'à nos jours sans interruption. »

« Les guérisons de S. Hubert ont ce caractère tout à fait à part qu'elles ne sont pas accordées çà et là aux prières de quelques-uns, comme il arrive ordinairement dans les lieux sanctifiés, mais elles sont accordées à *tous* ceux qui reçoivent le *répit* et la *taille* dans les conditions de foi et de piété qu'on apporte à un acte de religion, de sorte qu'ici on peut dire que la guérison est de droit commun. » (Du Broc de Segange.)

Le pèlerinage à S. Hubert étant une condition *indispensable* pour obtenir les grâces ci-dessus, nous n'entrerons dans aucun détail sur ce que sont le *répit*, la *taille* et la *neuvaine*. Ces choses sont expliquées et les conditions à remplir clairement indiquées sur les lieux. Mais nous croyons devoir continuer notre citation.

« Avant la Révolution française, le chiffre des personnes mordues, qui venaient demander leur salut à S. *Hubert* était plus considérable qu'aujourd'hui. Néanmoins, à en juger par les documents fournis par les curés-doyens de *Saint-Hubert*, à partir du 12 octobre 1806, jusqu'au 1ᵉʳ janvier 1835, on en *tailla* plus de 4.200. Depuis cette époque, on *taille* par année 130 à 140 personnes mordues à sang. En remontant du mois de janvier 1883 à quatorze années en arrière, on n'a relevé, sous l'administration du curé actuel de *Saint-Hubert*, pour 1.400 recours à la taille, que *quatre* non-guérisons, et, si les détails manquent pour l'un de ces cas, il est établi que, dans les trois autres, les intéressés avaient failli gravement à l'observation des pratiques prescrites. D'après le registre tenu dans l'église, du 1ᵉʳ janvier 1845 au 12 octobre 1860, le nombre des guérisons s'était élevé à plus de *quatre mille sept cents*[1]. »

« Il est bon qu'on le sache aussi : on n'accorde pas moins de 1.000 à 1.100 *répits* par année, pour des cas moins graves, les deux tiers à des pèlerins belges, le reste à des étrangers venus surtout de France, qui sont tous préservés également.

« Quant aux animaux, on les préserve de la rage en les marquant d'un fer rouge dit *cornet de S. Hubert* ou *clef de S. Hubert*, et qui a touché à la sainte étole. Dès qu'on s'aperçoit qu'un animal a été mordu ou infecté par un autre, on fait rougir ce cornet, et on l'imprime sur la plaie même, sinon sur le front, jusqu'à la chair vive, puis on tient ledit animal enfermé pendant neuf jours...

L'animal marqué de la clef peut, il est vrai, être mordu par un autre animal enragé; mais il est d'expérience qu'il meurt

---

1. L'auteur de ce manuel a pu constater lui-même la préservation d'un habitant de la Touraine qui avait été mordu par un chien reconnu enragé.

sous peu, et *sans transmettre son mal à d'autres*. Ce sont là des faits *irrécusables !* »

Il existe encore un pèlerinage fréquenté contre la *rage*, en l'honneur de *S. Gildas*, à une chapelle de ce saint, près de Cast, à 7 kilomètres de la station de Châteaulin (Finistère); un autre en l'honneur de *S. Humbert*, à Maroilles (Nord), à 3 kilomètres de Hachette; un autre enfin à Brétigny, par Apilly, (Oise), en l'honneur de *S. Hubert* de Brétigny ; station à Apilly (1 kilomètre et demi).

Dans le Midi de la France on invoque surtout *Ste Quiterie* contre la rage. Les principaux sanctuaires de cette dévotion sont à Aire (Landes) et à Beauteville, par Villefranche-de-Lauragais (Haute-Garonne). Dans ces deux endroits sont aussi des puits dont les eaux passent pour préserver de la rage.

Rate (Contre les maladies de la), on prie :
    S. Phallier : pèlerinage à Chabris (Indre) et dans plusieurs autres paroisses.

Raisins (Pour les), on invoque :
    S. Laurent. — *S. Sixte II*, pape et martyr.

BÉNÉDICTION DES RAISINS NOUVEAUX, QUI SE DONNE LE 6 AOUT
(FÊTE DE S. SIXTE)

Au canon de la messe, avant que le prêtre dise : *Per quem hæc omnia, Domine...* il bénit les raisins placés à sa droite dans un vase convenable, et ils sont ensuite distribués aux fidèles.

BÉNÉDICTION

Benedic, Domine, hos fructus novos uvæ, quos tu, Domine, rore cœli et inondatione pluviarum atque tranquillitate aeris, ad maturitatem perducere dignatus es, et dedisti eos ad usus nostros, cum gratiarum actione percipere in nomine Domini nostri Jesu Christi, per quem hæc omnia, Domine, semper bona creas... etc., *ut in canone*.

Bénissez, Seigneur, ces nouveaux fruits de la vigne, que vous avez daigné amener à maturité par la rosée du ciel, la chute des pluies et par la sérénité de l'air, et que, pour notre usage, vous avez permis de cueillir avec actions de grâces, au nom de Notre-Seigneur Jésus-Christ, par lequel, Seigneur, vous créez, vous sanctifiez, vous vivifiez, vous bénissez et vous donnez toujours ces biens, etc. — Le prêtre continue les prières du canon de la messe.

Ramoneurs de cheminée (Patron des) :
    S. Jean-Baptiste.

Raquetiers (Patrons des) :
    S. Sébastien. — *S. Roch*.

Rats, mulots, etc. (Contre les), on invoque :
S. Martin de Porres. — S. Ursmars. — S. Maurice de Langonet. — S. Serrais. — S. Urbain. — Ste Gertrude.

Pour empêcher les dégâts causés par les rats, souris, etc., une pratique très ancienne consiste à donner un pain à un pauvre pour le repos de l'âme du père et de la mère de S. Urbain, pape[1].

Dans les Ardennes on écrit sur de petits papiers neufs la formule suivante, qu'on place dans les endroits infestés :

Rats et souris, au nom du grand Dieu vivant, de la bienheureuse Ste Gertrude, je vous conjure de sortir d'ici et de vous en aller dans les bois. Rats et souris, souvenez-vous de Ste Gertrude !

(Cette dévotion paraît bizarre, et nous n'oserions la recommander.)

Récoltes (Pour la prospérité des), on invoque :
S. Grégoire de Nazianze. — S. Isidore. — S. Emilion. — S. Exupère. — S. Marc l'Évangéliste. — S. Abdon et S. Sennen. — S. Grat d'Aoste.

On va prier S. Abdon et S. Sennen, pour les récoltes, dans l'église de Saint-Christophe, à Châteauroux (Indre).

En l'honneur de S. Isidore, pour la prospérité des biens de la terre, on fait un triduum se terminant le 15 mai, fête du saint, et l'on récite, ce jour-là, la prière suivante :

Très glorieux S. Isidore, nous avons admiré dans les trois jours qui viennent de s'écouler l'excellence de vos vertus, la plénitude de votre grâce, et l'élévation de votre gloire. Dans ce jour qui est consacré à votre entrée triomphale dans le Paradis, nous savons que vous accueillez plus spécialement les prières de vos fidèles. Écoutez, nous vous en prions, nos supplications; obtenez-nous l'imitation de vos vertus, tenez éloignées de nous les calamités qui nous menacent, et comblez ce peuple pieux de toutes les prospérités publiques et privées: obtenez-nous la fertilité des campagnes, l'abondance des moissons, la santé des agriculteurs, en sorte que quiconque a recours à vous éprouve les effets de cette protection. Encouragez nos désirs, et obtenez-nous la grâce de mener toujours une vie digne de vos vrais dévots, afin d'être un jour vos compagnons dans la gloire éternelle. Ainsi soit-il.

(Pratique et prière très usitées en Italie.)

L'Église notre Mère, qui prend soin de tous les intérêts de

---

1. Cette dévotion est indiquée par les Pères Bollandistes, savants auteurs d'une collection considérable de *Vies des saints*.

ses membres, fait faire chaque année, — outre les processions des Rogations qui ont le même but, — une procession le jour de la fête de S. Marc (25 avril) pour attirer, par l'intercession de ce grand saint, les bénédictions de Dieu sur les récoltes. Cette procession a lieu dans toutes les paroisses, à l'exception de celles où les municipalités les ont interdites. L'intérêt des paroissiens est d'y assister avec régularité et piété. *Tous les prêtres* doivent réciter, le jour de S. Marc, les litanies des saints, pour les biens de la terre.

Dans certaines contrées, à la procession de S. Marc, on bénit les récoltes comme il suit :

BÉNÉDICTION

OREMUS

Pietatem tuam quæsumus, omnipotens Deus, ut has primitias creaturæ, quas aeris et pluviæ temperamento nutrire dignatus es, benedictionis † tuæ imbre perfundas : tribuas populo tuo de tuis muneribus tibi semper gratias agere ; ut a sterilitate terræ esurientium animas bonis affluentibus repleas, ut egenus et pauper laudent nomen gloriæ tuæ. Per Christum, etc.

PRIONS

Dieu tout-puissant, nous implorons votre clémence, afin que vous répandiez la rosée de votre bénédiction sur ces prémices de la créature que vous avez daigné nourrir en donnant avec mesure la pluie et le beau temps : que vous accordiez à votre peuple de vous rendre grâces toujours pour tous vos bienfaits, que vous remplissiez de biens abondants les âmes de ceux qui sont affamés par la stérilité de la terre, et que le pauvre et le nécessiteux louent le nom de votre gloire. Par le Christ, etc.

OREMUS

Omnipotens sempiterne Deus, arbiter throni, qui molem terræ ex nihilo pendentem gubernas, et ad victum humani generis, corporisque sustentationem, agros operibus excolere jussisti, misericordiam tuam supplices exoramus, ut quidquid in hos agros salubris seminis satum atque plantatum est, respectu tuæ clementiæ prospicias, et aeris temperiem moderari digneris, ut resecato, atque absorpto omnium tribulorum spinarumque squalore, efficias fruges fecundas, et ad maturitatem perfectam tribuas pervenire : ut

PRIONS

Dieu tout-puissant et éternel, arbitre du trône, qui gouvernez la masse de la terre suspendue dans l'espace et qui avez ordonné de cultiver les champs par le travail, afin de procurer la nourriture au genre humain, nous supplions votre miséricorde de jeter un regard de clémence sur toutes les graines salutaires qui ont été semées ou déposées dans ces champs, et de modérer la température de l'air ; afin que toute malpropreté des chardons et des ronces étant coupée et détruite, vous fécondiez les biens de la terre, et les fassiez arriver

nos famuli tui uberem tuorum donorum fructum cum gratiarum actione percipientes, debitas, atque acceptas nomini tuo laudes referre mereamur. Per Christum, etc.

à une parfaite maturité ; pour que nous, vos serviteurs, cueillant avec des actions de grâces les fruits abondants de vos dons, nous méritions de décerner à votre nom de dignes et justes louanges. Par le Christ Notre-Seigneur. Ainsi soit-il.

OREMUS

Te, Domine, petimus ac rogamus, ut hos fructus seminum, frugum, frumenti, siliginis, hordei, avenæ (ac aliorum cujuscumque generis existant) tuis oculis serenis, hilarique vultu respicere digneris, sicut enim dignatus es Moysi famulo tuo in terra Ægypti dicens : Dic filiis Israël, cum ingressi fuerint terram promissionis, quam eis daturus sum, ut primitias frugum offerant sacerdotibus, et erunt benedictæ fruges, ita et nos oramus te, Domine, ut auxilium gratiæ tuæ super nos et has segetes, — ut fructus te donante proferre valeant, — benigne concedas, ut non grando surripiat non turbo subvertat, nec vis tempestatis detruncet, nec aeris siccitas exurat, non inundatio pluvialis absorbeat, sed incolumes et superabundantes propter usum hominum, ad plenissimam maturitatem perducere digneris. Per Christum... etc.

PRIONS

Nous vous demandons, Seigneur, et nous vous prions de regarder avec des yeux favorables et un visage souriant ces produits des semences, des moissons, du froment, du seigle, de l'orge, de l'avoine et de toutes les autres espèces qui peuvent se trouver ici. Comme vous l'avez attesté en effet à Moyse par ces paroles : Dis aux enfants d'Israël lorsqu'ils seront entrés dans la terre promise que je leur donnerai, qu'ils offrent aux prêtres les prémices des récoltes, et les récoltes seront bénies. Ainsi nous vous demandons, Seigneur, d'accorder avec bonté le secours de votre grâce pour nous et pour ces moissons, afin que, par votre don, ils aient la vertu de porter des fruits, que la grêle ne les détruise pas, qu'aucune trombe ne les renverse, que la violence de la tempête ne les arrache pas, que la sécheresse ne les brûle pas, que l'inondation ne les engloutisse pas ; mais que, pour l'usage des hommes, vous daigniez les faire parvenir saines et sauves et surabondantes à la plénitude de la maturité. Par le Christ... etc.

OREMUS

Domine sancte, Pater omnipotens, æterne Deus, mitte spiritum tuum cum angelis et archangelis tuis, et cum eis omnes sanctos et electos tuos, ut defendant segetes nostras a vermibus malis, sive ab avibus, ut magnifice-

PRIONS

Seigneur saint, Père tout-puissant, Dieu éternel, envoyez votre esprit avec vos anges et archanges, et avec eux, tous vos saints et vos élus pour qu'ils protègent nos moissons contre les insectes nuisibles ou les oiseaux, pour

tur nomen tuum, Deus, in omni loco. Per Dominum nostrum, etc.

que votre nom, ô Dieu, soit glorifié en tout lieu. Par Notre-Seigneur Jésus-Christ.. etc.

Le prêtre asperge les champs avec l'eau bénite en disant :

Et benedictio Dei omnipotentis Patris †, et Filii †, et Spiritus Sancti †, descendat et maneat super has segetes. Amen.

Que la bénédiction du Dieu tout-puissant, Père, Fils et Saint-Esprit descende et demeure sur les moissons. Ainsi soit-il.

(RITUEL ROMAIN DU XVIᵉ SIÈCLE.)

Prière à S. GRAT
POUR LES RÉCOLTES

Glorieux *S. Grat*, dont la charité est allée jusqu'à obtenir souvent de Dieu un temps favorable aux biens de la terre et des moissons abondantes à ceux qui étaient prochainement menacés du fléau de la disette, nous vous prions de nous obtenir la même faveur, avec la grâce pourtant d'en faire un saint usage, afin que, le cœur détaché des biens de ce monde, nous en usions comme n'en usant pas, et que nous ayons à la fin de cette courte vie le bonheur de jouir des biens incomparables et éternels dans le ciel notre patrie. Ainsi soit-il. — (PRIÈRE POPULAIRE EN ITALIE.)

Régisseurs (Voir *Majordomes*).

Régleurs (Patron des) :
S. Jean Porte-Latine.

Reins (Contre les maux et les maladies des), on prie :
S. Burckardt. — S. Laurent, diacre. — S. Dodon. — S. Ours. — S. Friard et S. Second. — S. Sulpice de Bourges. — S. Lambert.

S. Friard et *S. Second* sont surtout honorés à Besné, par Pont-Château (Loire-Inférieure). Cette paroisse est le siège d'une confrérie très ancienne et très florissante en l'honneur des deux saints solitaires : on peut s'y affilier pour guérir ou être préservé des maux de reins (Écrire à M. le curé).

A Sentelie (Somme), le dimanche qui suit le 17 septembre, a lieu un pèlerinage en l'honneur de *S. Lambert*, pour les maux de reins. Ce lieu de dévotion est très fréquenté, même en dehors de cette date. On peut se faire recommander au sanctuaire en écrivant à M. le curé.

Pèlerinage à *S. Dodon*, contre les maux de reins, à Moutier, par Trélon (Nord).

Autre grand pèlerinage à Meyronnes (Basses-Alpes), en l'honneur de *S. Ours* (Voir au mot *Rhumatismes*).

Reins (Pour fortifier les), surtout chez les enfants, on invoque :
S. Ursmars : Pèlerinage à Floyon (Nord). — Ce pèleri-

nage, qui est très important, se fait aussi pour plusieurs autres causes.

(Voir *Fièvre, Enfants,* etc.)

Relieurs (Patrons des) :
S. Barthélemy. — S. Jean Porte-Latine. — S. Luc. — S. Pierre-Célestin.

Religion (Contre les adversaires et les ennemis de la), on a recours à :
S. Georges. — S. Maurice. — S. Sébastien. — S. Pie V, pape.

Prière à S. PIE
CONTRE LES ENNEMIS DE LA RELIGION

O Dieu qui, pour écraser les ennemis de votre Eglise, et pour restaurer le culte divin, avez daigné choisir le bienheureux souverain pontife S. Pie, faites que nous soyons défendus par son appui et que nous nous attachions tellement à nos devoirs envers vous que, ayant déjoué toutes les embûches des ennemis, nous jouissions du bonheur de la paix éternelle. Par Notre-Seigneur Jésus-Christ Ainsi soit-il. — (PRIÈRE LITURGIQUE.)

Repasseuses (Patrons des) :
Ste Claire. — S. Laurent.

Repenties (Patronnes des) :
Ste Afra. — Ste Marie Egyptienne. — Ste Marie-Madeleine. — Ste Pélagie. — Ste Thaïs.

Résignation (Pour obtenir la), on invoque :
Ste Marguerite. — Ste Afra.

Prière de Ste AFRA
POUR OBTENIR LA RÉSIGNATION

Je vous rends grâces, ô Seigneur Jésus, de ce que vous daignez me recevoir comme une hostie immolée à la gloire de votre nom, vous qui vous êtes offert, sur la croix, comme une victime d'expiation pour les péchés du monde ; vous qui, quoique innocent, avez voulu mourir pour les pécheurs. Je vous offre ma vie en sacrifice, ô mon Dieu, qui vivez avec le Père et le S.-Esprit dans les siècles des siècles. Ainsi soit-il — (DERNIÈRE PRIÈRE DE Ste AFRA.)

Respect humain (Contre le), on invoque :
S. Gilles.

(Voir *Peur.*)

Restaurateurs (Patron des) :
S. Jean-Baptiste.

Revendeurs (Patron des) :
S. Michel.

Revendeuses (Patronnes des) :
S¹ᵉ Juste et S¹ᵉ Rufine.

Rhumatismes et Sciatiques (Contre les), on prie :
S. Burckardt. — S. Caprais. — S. Nicolas. — S¹ᵉ Quiterie. — S. Domitius. — S. Ours. — S. Ferréol. — S. Ortaire. — S. Gauthier. — S. Servais. — S. Laurent. — S. Léandre. — S. Stapin. — S. Maur. — S. Loup de Lyon. — S¹ᵉ Aubierge (Voir, au mot Fièvre, un pèlerinage à S¹ᵉ Aubierge qui se fait aussi pour les Rhumatismes).

S. Firmin : pèlerinage à Saint-Firmin-sur-Loire (Loiret).

S. Renan : pèlerinage ou pardon, et recommandations à Locronan¹, par Quéménéven, et à Saint-Renan (Finistère). Le pardon a lieu le dimanche qui suit le 12 août.

S. Jean-Baptiste a des fontaines qui lui sont dédiées à Baudignan, par Cabarret; à Larbey, par Mugron (Landes). A Garcarès, par Tartas, dans le même département, une autre fontaine est dédiée à S. Laurent contre les Rhumatismes. Il s'y produit des soulagements.

A Panissière² (Loire), S. Loup de Lyon est très invoqué contre ce mal. Le pèlerinage se fait surtout le 25 septembre; mais, chaque jour, principalement dans la belle saison, on trouve quelques pèlerins dans la chapelle dédiée au saint. De nombreux ex-voto témoignent que la dévotion à S. Loup a souvent obtenu des prodiges³.

A Dourgne (Tarn), grand pèlerinage aussi en l'honneur de S. Stapin, évêque de Carcassonne. Un grand nombre de pèlerins s'y rendent, surtout les 5 et 6 août. On peut se faire recommander au sanctuaire ou y faire dire des messes en s'adressant à M. le curé de Dourgne (Voir au mot Goutte).

A la chapelle de S. Maur, en Languidic (Morbihan), on prie le saint abbé contre les rhumatismes; mais on l'invoque surtout à Auneau.

Le pèlerinage de S. Maur, à Auneau (Eure-et-Loir), a lieu surtout les 15 janvier, 23 et 24 juin, 2 novembre et tous les vendredis, principalement les premiers vendredi de chaque mois.

Ce pèlerinage est très ancien et très important. On peut écrire pour demander des prières.

---

1. Une des plus curieuses processions de France y a lieu tous les six ans : elle se nomme Troménie. Pour s'informer, écrire à M. le curé.
2. Par la gare de Feurs (correspondance de voitures).
3. Renseignements donnés par M. le curé de Pannissières.

Prière à S. MAUR

Grand saint que Dieu a rendu si sensible à nos infirmités corporelles et si puissant pour nous en obtenir la guérison, employez à cet effet le crédit que vous avez auprès de Dieu, et procurez-nous le recouvrement de la santé. Mais étendez votre charité jusque sur les maladies de notre âme, et en nous obtenant l'esprit de pénitence, obtenez-nous aussi la participation à vos vertus, votre détachement de tout et votre application continuelle aux choses célestes, afin que ni les biens ni les maux de la vie présente ne nous fassent oublier le Ciel, notre vraie patrie, où vous avez le bonheur de jouir du souverain bien qui est Dieu même, vivant et régnant en trois personnes dans tous les siècles des siècles. Ainsi soit-il.

Cinq fois : *Pater*, *Ave Maria*.

Pèlerinage et fontaine en l'honneur de Ste *Quiterie*, à Lamothe, par Souprosse (Landes).

Grand pèlerinage à *S. Ours* d'Aoste, à Meyronnes (Basses-Alpes). Ce pèlerinage est si important qu'il semble utile de donner à son sujet les indications qui suivent :

EXERCICES DU PÈLERINAGE

Une retraite de trois jours est prêchée dans l'église de Saint-Ours comme préparation à la grande fête du pèlerinage.

La veille de la fête, 16 juin, à quatre heures du soir, vêpres solennelles du saint, sermon et bénédiction du Saint-Sacrement.

A onze heures du soir, exercice du *Via Crucis* dans l'église paroissiale. Ensuite, procession à la chapelle du vieux Saint-Ours.

Les pèlerins trouvent un grand nombre de prêtres prêts à entendre les confessions, depuis le soir jusqu'à dix heures du lendemain matin.

Le jour de la fête, 17 juin, à deux heures après minuit, messe et communion générale. D'autres messes se succèdent sans discontinuité jusqu'à la grand'messe solennelle. La communion est distribuée à chaque messe.

A dix heures du matin, messe solennelle et sermon.

A deux heures après midi, vêpres solennelles, sermon et bénédiction du Saint-Sacrement.

Après chaque exercice, les pèlerins peuvent se faire agréger aux confréries, et notamment à celle de N.-D. du Mont-Carmel ou Scapulaire, et faire bénir les objets de piété qu'ils veulent emporter, et qu'ils trouvent exposés en vente au profit du sanctuaire, à l'entrée de l'église. M. le curé de Saint-Ours a reçu de Rome le pouvoir d'indulgencier, brigiter, etc., les chapelets et les médailles.

Les pieux fidèles, pèlerins ou autres, qui désirent faire acquitter des messes au sanctuaire de *Saint-Ours*, ou y faire prier à leurs intentions, peuvent s'adresser à M. le curé.

FAVEURS PARTICULIÈRES

Par indult apostolique, en date du 19 janvier 1837, une indulgence plénière est accordée aux fidèles de l'un et l'autre sexe qui se confesseront, communieront et prieront selon les intentions du Souverain Pontife, dans l'église de Saint-Ours, le 17 juin, jour de sa fête.

Par un autre indult du même jour, le maître autel est enrichi d'un privilège perpétuel pour quatre jours de chaque semaine.

S. Gorgon : pèlerinage à Anor (Nord). Les neuf jours qui suivent le 2ᵉ dimanche de septembre, on célèbre la messe dans la belle chapelle élevée en son honneur. Il y a foule à chacune de ces messes. On fait trois fois le tour de la chapelle, et on se fait lire les Evangiles.

S. Loup, de Limoges : pèlerinage à Saint-Rémy-sur-Durolle (Puy-de-Dôme), le samedi qui suit le 1ᵉʳ septembre.

S. Thierry : pèlerinage à Aumenancourt-le-Petit (Marne), le dimanche de la Trinité.

Invocation à S. THIERRY
CONTRE LES RHUMATISMES ET LES DOULEURS

S. Thierry, puissant auprès de Dieu pour nous secourir dans nos maladies, obtenez-nous de sa bonté le salut de nos corps et de nos âmes. — (INVOCATION POPULAIRE, communiquée par M. l'abbé David, curé de Saint-Etienne-sur-Sippe et d'Auménancourt-le-Petit.)

(Voir, au mot *Goutte*, les pèlerinages en l'honneur de *S. Armel* qui se font aussi contre les Rhumatismes.)
(Voir de même *Articulations*.)

Rhume (Contre le) **de cerveau** ou **de Poitrine**, on prie :
S. Maur. — *S. Quentin*.

(Voir ci-dessus au mot *Rhumatismes*).

Rifle (Voir *Teigne de lait*).

Rogne, *affection variolique* (Contre la), on prie :
Sᵗᵉ Reine.

Rôtisseurs (Patrons des) :
S. Laurent. — *S. Ouën*.

Rougeole (Contre la), on invoque :
S. Adélard. — *S. Magin*.

S

Sabotiers (Patron des) :
S. René.

Sacrements (Pour recevoir les) à la mort (Voir au mot *Mort*).

Sacristains (Patron des) :
S. Constance d'Ancône. — S. Guy d'Anderlecht.

Sages-Femmes (Patrons des) :
S. Côme et S. Damien. — S. Lambert. — S. Raymond Nonnat.

Salpêtriers (Patronne des) :
Ste Barbe.

Saltimbanques (Patrons des) :
S. Corneille de Damas. — S. Julien l'Hospitalier.

Sapeurs-Pompiers (Voir *Pompiers*).

Sauterelles (Contre les), on a recourts à :
Ste Quiterie. — S. Pantaléon. — Ste Eurosie. — S. Zénon. — S. Grégoire d'Ostie.

Prière à S. GRÉGOIRE
CONTRE LES SAUTERELLES

O Dieu qui avez accordé au bienheureux S. Grégoire, confesseur et pontife, un pouvoir particulier contre le fléau des sauterelles, que votre bonté nous accorde, par ses mérites et ses prières, à nous qui implorons pieusement vos bienfaits, d'être miséricordieusement délivrés, pour nos fruits et nos troupeaux, des ravages et de la destruction causés par ces insectes et tout autre fléau semblable, comme aussi dans notre corps de la peste et de toute épidémie. Par Jésus-Christ Notre-Seigneur. Ainsi soit-il. — (PRIÈRE LITURGIQUE ANCIENNE.)

(Voir encore *Insectes* et *Animaux nuisibles à l'agriculture*.)

Savants (Patron des) :
S. Grégoire le Grand.

Savetiers (Patrons des) :
S. Anien. — S. Crépin et S. Crépinien. — S. Eusée. — S. Pierre ès liens. — S. Théobald ou Thibault.

Science religieuse (Pour acquérir la), on invoque :
S. Julien du Mans. — S. Rémy.

Prière à S. JULIEN

O Dieu, par la miséricorde ineffable duquel le bienheureux pontife S. Julien a annoncé aux nations la bonne nouvelle des richesses incomparables de Jésus-Christ, accordez-nous, par son intercession de croître dans votre science et de marcher selon la vraie voie de l'Evangile, en fructifiant dans tous les genres de bien, par J.-C. N.-S. Ainsi soit-il. — (Prière liturgique.)

Scieurs de long (Patrons des) :
S. Christophe. — S. Isaïe.

Scieurs de bois, directeurs et ouvriers des scieries (Patrons des) :
S. Balthazar. — S. Cyr et Ste Julitte. — S. Simon et S. Jude.

Scorbut (Contre le), on prie :
S. Antoine. — S. Firmin.

Scrofules (Contre les), on invoque :
S. Candide. — S. Edouard. — S. Quirin.
S. Hildevert : pèlerinage à Gournay (Seine-Inférieure).
S. Maur : pèlerinage à Auneau (Eure-et-Loir).
S. Meen : pèlerinage à Ruillé-le-Gravelais, par la Gravelle (Mayenne).
(Voir aussi aux mots *Ecrouelles* et *Peau*.)

Scrupules (Contre les), on prie :
S. Ignace de Loyola.

Sculpteurs (Patrons des) :
S. Claude et ses compagnons. — S. Jean Porte-Latine. — S. Lazare. — S. Luc. — Ste Marthe.

Sécheresse (Contre la), on invoque :
Ste Angadrême. — S. Mamert. — S. Elie, le prophète. — S. Pipe. — S. Exupère. — S. Firmin. — S. Prothade. — S. Flavit. — S. Rémy. — S. Gens. — S. Roland. — Ste Geneviève. — Ste Soline. — S. Gilles. — S. Udaut. — Ste Godeberthe. — S. Véran. — S. Odon de Cluny. — S. Yon.
(Voir *Pluie*.)

Seins (Contre les ulcères et les maux aux), on prie :
Ste Agathe : pèlerinage à une chapelle dédiée à la sainte, à Langon (Ille-et-Vilaine).
Ste Aldegonde : pèlerinage à Cousolre, et à l'église Saint-Pierre, à Maubeuge (Nord).
Ste Macre : pèlerinage à La Fère-en-Tardenois (Aisne).

Séminaires (Patron des) :
S. Charles Borromée.

Selliers (Patrons des) :
S. Claude. — S. Eloy. — S. Gualfard. — Ste Lucie. — S. Jean-Baptiste. — S. Jean Porte-Latine.

Sergents de ville (Patrons des) :
S. Georges. — S. Laurent. — S. Martin.

Sergiers (Patron des) :
S. Sévère de Ravenne.

Serpents (Contre le fléau des) :
S. Amable de Riom. — S. Hubert. — S. Dominique de Sora. — S. Liphard. — S. Florent. — S. Magne. — S. Front. — S. Martin. — S. Hilaire de Poitiers. — S. Menas. — S. Patrice. — S. Phocas d'Antioche. — S. Paul. — S. Pirmin. — S. Pèlerin. — S. Remy.

Serpents (Contre la morsure des), on prie :
S. Pierre. — S. Malo.

Serruriers et ouvriers en métaux :
Bx Bonavita. — S. Dunstan. — S. Eloy. — S. Léonard. — S. Pierre ès Liens. — S. Quentin.

Servantes (Patrons des) :
Ste Agathoclie. — Ste Blandine. — Ste Catherine. — Ste Colette. — Bse Etiennette Quinzani. — Ste Marthe. — S. Martin. — Ste Sérapie. — Ste Zite.

Serviteurs ou Domestiques (Patrons des) :
S. Onésime. — S. Agricol et S. Vital.

Soie (Patron des Tisseurs en) :
S. Sévère de Ravenne.

Soldats (Voir au mot *Militaires*).

Sommeil trop prolongé (Contre le), on prie :
S. Vite ou *Guy*.

Sonnettiers (Patron des) :
S. Hubert.

Sonneurs (Patrons des) :
S. Antoine. — Ste Barbe. — S. Joseph.

Sorbonne (Patronne du collège de la) :
Ste Ursule.

Sourds-Muets (Pour les), on invoque :
S. Droyon.
S. François Régis : pèlerinage, recommandations, etc., à La Louvesc (Ardèche), où reposent les reliques du saint, et où des grâces miraculeuses sont très souvent obtenues. Une archiconfrérie est aussi établie au même lieu.

Souris (Voir *Rats*).

Spasmes (Contre les), on invoque :
S. Jean-Baptiste. — S. Paul. — Ste Bibiane. — S. Marc. — S. Erasme. — S. Maurice.

(Voir encore aux mots *Convulsions, Epilepsie,* etc.)

Sténographes (Patron des) :
S. Cassien.

Strumes (Voir *Scrofules*).

Suisses d'églises (Patron des) :
S. Constance d'Ancône.

Surdité (Contre la), on invoque :
S. Aurélien. — Ste Eugénie du Mans. — S. Paul.

S. Christophore : pèlerinage à La Guardia, près de Madrid (Espagne).

S. Léonard : pèlerinage à Saint-Léonard-des-Bois (Sarthe)[1].

S. Cadoc : pèlerinage à la chapelle du Saint, à Saint-Cadoc, en Belz, près Lorient (Morbihan).

S. Mériadec : pèlerinage à Stival, près Pontivy (Morbihan). — Les personnes menacées ou atteintes de surdité demandent que l'on sonne au-dessus de leur tête une très vieille cloche qui est dans la chapelle[2].

S. Ouën : pèlerinage à La Croix-Saint-Ouen (Oise), où sont les précieuses reliques du saint évêque. La solennité a lieu le 24 août.

S. Avit : pèlerinage et fontaine à Labrit (Landes). Le grand concours a lieu le 17 juin et le dimanche suivant; mais il y a des visites toutes les semaines. On emporte de l'eau et de l'huile bénites pour les introduire dans les oreilles malades.

T

Tablettiers (Patrons des) :
Ste Foy. — S. Hildevert.

Taie des yeux (Voir *Maille*).

Taillandiers (Patrons des) :
S. Eloy. — S. Mathias. — S. Pierre ès Liens.

---

1. Nous avons trouvé ce pèlerinage indiqué dans le *Légendaire ou Vies des Saints du diocèse de Laval*, par M. le chanoine Couanier de Launay. Mais nous n'en avons reçu aucune confirmation du curé de la paroisse, qui n'a pas cru devoir répondre à la lettre que nous lui avons adressée.
2. Cette cloche est absolument semblable à celle de Saint-Pol-de-Léon. — (Lettre de M. l'archiprêtre de Pontivy.)

Tailleurs d'habits (Patrons des) :
S. Adam et S{su}te{/su} Ève. — S. Barthélemy. — S. Boniface. — S. Casimir. — S. Crépin. — S. Dominique. — S. Étienne. — S. François d'Assise. — S. Homobon. — S. Jean-Baptiste. — S. Louis. — S{su}te{/su} Lucie. — S. Martin. — B{su}x{/su} Martin, ermite — S. Mathias. — S. Michel, archange. — S. Quentin.

Tailleurs de pierre (Patrons des) :
S. Blaise. — S. Claude et ses compagnons. — S. Étienne. — S. Flore et S. Laure. — S{su}te{/su} Lucie. — S. Marin. — S. Reinold. — S. Pierre. — S. Roch. — S. Thomas.

Tanneurs (Patrons des) :
S. Barthélemy. — S. Blaise. — S{su}te{/su} Catherine. — S. Crépin et S. Crépinien. — S. Gengoult. — S. Guillaume de Norwich. — S. Martin. — S. Sébastien. — S. Simon. — S. Jude.

Tapissiers (Patrons des) :
S. François d'Assise. — S{su}te{/su} Geneviève. — S. Louis. — S. Lubin. — S. Paul. — S. Sébastien.

Teigne (Contre la), on prie :
S. Aignan. — S{su}te{/su} Énimie. — S. Ignace d'Antioche. — S{su}te{/su} Radegonde, servante

S. Amand : pèlerinage à Bascons (Landes)[1].
S{su}te{/su} Reine : pèlerinages à Alise-Sainte-Reine et à Flavigny (Côtes d'Or).

Teigne de lait des enfants (Contre la), on invoque :
S. Genez.

S. Lucien, de Beauvais : pèlerinage à Montmille, commune de Troissereux, par Beauvais (Oise).

S. Aignan : pèlerinage très suivi à Saint-Aignan-sur-Roé[2] (Mayenne), où de nombreux parents adressent des intentions de messes que M. le curé-doyen veut bien faire acquitter pour la santé des petits malades.

Teinturiers (Patrons des) :
S. Christophe. — S{su}te{/su} Hélène. — S. Jean-Baptiste. — S. Cyr et S{su}te{/su} Julitte. — S. Maurice. — S. Menigne ou Mening.

Témoignage faux (Voir *Parjure*).

---

1. Par Grenade-sous-l'Adour. Fontaine célèbre dont on emporte souvent de l'eau. Demander des prières à M. le curé.
2. M. l'abbé Jeusslaume, curé-doyen de Saint-Aignan-sur-Roé a eu l'amabilité de nous prêter un ouvrage où nous avons puisé de nombreux renseignements relativement au diocèse de Laval.

Tempêtes (Contre les), on invoque :
> S. Aciscle. — S. Alexandre. — S. Dominique de Sora. — Les SS. Rois Mages. — S*te* Victoire. — B* Pierre Armengol. — S. Romain de Blaye.

(Voir aux mots : Air, Foudre, Orages, Naufrages, Désastres, etc.)

Temps (Pour obtenir le beau), on invoque :
> S. Adam, le 1er homme. — S. Clair ou Clary. — S. Sigebert. — S. Odon.

(Voir *Pluie*, *Air*, etc.)

Prière à S. ODON
POUR LE BEAU TEMPS

Que vous êtes bon et doux pour nous, ô Jésus, notre Sauveur, qui renouvelez sans cesse la face de la terre, qui faites luire votre soleil et versez votre pluie sur les bons et sur les méchants eux-mêmes, afin de les ramener à vous par l'excès de vos bienfaits; daignez ouvrir nos âmes à votre grâce divine, et que les prières de S. Odon ne cessent d'intercéder pour nous, nous vous en prions par J.-C. N.-S. Ainsi soit-il. — (Prière liturgique.)

Temps (Pour obtenir un) **favorable aux biens de la terre**, on invoque :
> S. Evrard. — S. René. — S*te* Florence. — S. Urbain de Langres.

On fait en plusieurs endroits des processions en l'honneur des saints ci-dessus; on peut les prier en particulier ou en public; un grand nombre de faits prouvent l'efficacité du recours qu'on leur adresse. On invoque surtout S. René à La Possonnière (Maine-et-Loire).

Tentations de tous genres (Dans les), on recourt à :
> S*te* Colombe de Rieti. — S. Joseph. — S*te* Ide de Nivelle. — S. Remy. — S. Antoine, abbé.

Prière à S ANTOINE
POUR SURMONTER LES TENTATIONS

O Dieu qui avez fait triompher le bienheureux S. Antoine, par le signe de la croix de toutes les tentations de Satan, faites que nous aussi, munis de ses mérites et défendus par son secours, nous vivions en paix sous votre protection, par Jésus-Christ Notre-Seigneur. Ainsi soit-il.

Terreurs paniques (Contre les), on invoque :
> S. Mathurin de Larchant.

Tête (Contre les maux de) ou les **Maladies de la tête**, on invoque :
> S. Alexandre. — S. Etienne. — S*te* Eusébie. — S. Antoine, abbé. — S. Eutrope. — S. Aspren. — S. Fran-

çois d'Assise. — S. Athanase. — S. Fraimbaud. — S. Avertin. — S¹ᵉ Bibiane. — S¹ᵉ Frameuse. — S¹ᵉ Colette. — S. Florent. — S. Constantien. — S. Gérard de Lunel. — S. Denis. — S. Géréon. — S. Gildas. — S. Emilien. — S. Guillaume Firmat. — S¹ᵉ Engrace. — B⁰ Hildegonde. — S. Hugues. — S. Séverin. — S. Landon. — S. Simplicien. — S. Taraque. — S. Veron. — S. Pancrace. — S. Urbain. — S. Pierre, martyr. — S. Vincent Ferrier. — S. Rolland de Médicis.

S¹ᵉ *Restitute* : pèlerinages à Arcy, par Fère-en-Tardenois (Aisne), à Dargies, par Grandvilliers et à La Chaussée-du-Bois-d'Ecu, par Crèvecœur (Oise).

S. *Avertin* : pèlerinage à Saint-Avertin, près de Tours et à Morlaix (Finistère).

S. *Mériadec* : pèlerinage au village de Stival, près Pontivy (Morbihan).

S. *Maur* : pèlerinage très fréquenté à Auneau (Eure-et-Loir) (les dates sont indiquées au mot *Rhumatismes*).

S. *Roland*, abbé : pèlerinage à Chézery (Ain).

S¹ᵉ *Aldegonde*: pèlerinage à Cousolre et à Maubeuge (Nord).

S¹ᵉ *Eusébie*: pèlerinage à Wandignies-Hamage, par Marchiennes (Nord).

S. *Fiacre* : pèlerinage à Domérat (Allier).

S. *Guillaume Firmat*: pèlerinage à Mortain (Manche), station sur la ligne de Domfront à Avranches.

S. *Léonard* : pèlerinage à Surtainville (Manche).

S¹ᵉ *Odile* : pèlerinage à la montagne Sainte-Odile, près de Hohenbourg (Thuringe).

S. *Florent* : pèlerinage à Saint-Hilaire-Saint-Florent (Maine-et-Loire).

S. *Saturnin*: pèlerinage très fréquenté à Saint-Wandrille-Rançon (Seine-Inférieure).

S. *Zénobe*: pèlerinage à Florence, où il est très honoré.

S. *Gildas* : pèlerinages dans un grand nombre de paroisses de Bretagne, notamment à Guégon, par Josselin (Morbihan).

Prière à S. AVERTIN
CONTRE LE MAL DE TÊTE

Nous vous en prions, Seigneur, prêtez une oreille miséricordieuse à nos prières, afin que nous qui sommes châtiés à cause de nos péchés nous soyons délivrés, par l'intercession de votre bienheureux confesseur S. Avertin, de toute douleur de la tête et du corps en général et de tout danger de l'âme, et enfin que, grâce à votre miséricorde, nous soyons affranchis de toute adversité. Par Jésus-Christ Notre-Seigneur. Ainsi soit-il.

(Voir aussi *Migraine*.)

Théologiens (Patrons des):
S. Augustin. — S. Jean l'Évangéliste. — S. Thomas d'Aquin.

Tisserands, fabricants de toiles et étoffes au métier (Patrons des):
Ste Agathe. — Ste Anne. — S. Antoine. — Ste Barbe. — S. Blaise. — S. Crépin et S. Crépinien. — S. Désiré. — S. Étienne. — S. François d'Assise. — V^{ble} Gilles de S.-Joseph. — S. Lié. — Ste Lucie. — S. Nicolas. — Ste Radegonde. — S. Sévère de Ravenne. — S. Simon et S. Jude.

Tisseurs de drap (Patrons des):
S. Antoine. — S. Hildevert. — S. Jean-Baptiste. — S. Maurice. — S. Vivien, évêque.

Tisseurs en laine (Voir *Laine*).

Tisseurs d'or (Voir *Or*).

Tisseurs en soie (Voir *Soie*).

Toiles (Patrons des marchands de):
S. Bonaventure. — S. François d'Assise. — S. Mathurin. — S. Nicolas. — Ste Véronique.

Tôliers (Patron des):
S. Pierre ès Liens.

Tondeurs de drap (Patrons des):
S. Antoine. — S. François d'Assise. — S. Jean-Baptiste. — S. Joseph. — S. Michel. — S. Nicolas. — S. Pierre.

Tonneliers (Patrons des):
S. Abdon et S. Sennen. — S. Albert, carme. — Ste Anne. — S. Étienne. — S. Firmin. — S. Jean-Baptiste. — S. Jean Porte-Latine. — S. Léonard. — Ste Madeleine. — S. Mathias. — S. Michel. — S. Martin. — S. Nicolas. — S. Patrice. — S. Urbain de Langres.

Tonnerre (Voir *Foudre*, *Orages*, *Tempêtes*, etc.).

Torticolis (Contre le), on invoque:
S. Arnoul.

Tourneurs (Patrons des):
Ste Anne. — S. Clair, martyr. — S. Claude. — S. Gomer. — S. Julien l'Hospitalier. — S. Michel. — S. Yves.

Tournis de moutons (Contre le), on recourt à:
S. Saturnin de Toulouse.

Toux (Contre la), on prie :
S. Blaise. — S. Quentin.
(Voir Angines, Gorge, Rhume, etc.)

Traiteurs (Patron des) :
S. Ouën.

Tranchées des enfants (Contre les), on invoque :
S. Mammès : pèlerinage à Yermenonville, par Maintenon (Eure-et-Loir).
S. Édiltrude : honorée à Loc-Brévalaire, par Lesneven (Finistère).
(Voir aussi Coliques.)

Transpiration excessive (Contre la), on prie :
S. Baudile. — S. Sillefort.

Treillageurs (Patrons des) :
S. Fiacre. — S. Guillebaud.

Tremblements nerveux (Contre les), on invoque :
S. Firmin.

Tremblements de terre (Contre les), on a recours à :
S. Albert de Trapani. — S. François de Borgia. — S. François Solano. — S. Roch. — S. Juste de Vich. — S. Sébastien. — S. Pierre Gonzalès. — S. Emigde. — S. Pierre Pascal. — S. Philippe de Néri.

PRIÈRE COMPOSÉE PAR LE PAPE BENOIT XIII
POUR ÊTRE PRÉSERVÉ DES TREMBLEMENTS DE TERRE PAR L'INTERCESSION DE S. PHILIPPE DE NÉRI

Dieu tout-puissant et éternel, qui avez fondé la terre sur des bases solides, et avez bâti l'Église sur la pierre ; comme nous savons que l'une et l'autre, ébranlées par le poids de nos péchés, ont été raffermies par les mérites et les prières du bienheureux S. Philippe, nous vous prions humblement, vous le dispensateur de tout pardon, et nous avons la confiance que, par son secours et sa protection, elles demeureront désormais inébranlables. Par Jésus-Christ Notre-Seigneur. Ainsi soit-il.

Prière à S. EMYGDE
CONTRE LES TREMBLEMENTS DE TERRE

S. Emygde, puisque vous êtes l'arc-en-ciel, au milieu des tremblements de terre, préservez vos dévots serviteurs pendant le temps d'un si grand fléau.

℣ La terre a tremblé et s'est raffermie,
℟ Pendant que S. Emygde priait pour nous.

ORAISON

Dieu tout-puissant et miséricordieux, qui, pour ruiner l'impiété des idolâtres, avez voulu qu'à la prière de S. Emygde, votre martyr pontife, la terre tremblât, puis se raffermit pour confirmer la foi des chrétiens, accordez-nous, s'il vous plaît, à nous qui invoquons son nom avec tant de confiance, d'être délivrés par son pouvoir admirable du fléau des tremblements de terre. Par Jésus-Christ Notre-Seigneur. Ainsi soit-il. — (PRIÈRE ESPAGNOLE.)

BÉNÉDICTION EN L'HONNEUR DE PLUSIEURS SAINTS, POUR PRÉSERVER LES MAISONS ET LEURS HABITANTS DANS LES TREMBLEMENTS DE TERRE

OREMUS

Benedicat tibi Dominus † et custodiat te †; ostendat faciem suam tibi, et misereatur tui †; convertat vultum suum ad te, et det tibi pacem, et sanitatem; † Dominus benedicat domum hanc, et omnes habitantes in ea, ac liberet a flagello pestis et terræmotus, in nomine, et virtute Jesu, et per intercessionem Beatæ Mariæ semper Virginis et S. Rochi, confessoris, *Sebastiani*, martyris, et sancti *Emygdii*, episcopi et martyris.

Sanctus Deus, sanctus fortis, et sanctus immortalis, miserere nobis.

Per intercessionem Beatæ Mariæ Virginis, et merita Jesu Christi, Domini nostri, et S^{ti} *Rochi* confessoris *Sebastiani*, martyris, et sancti *Emygdii*, episcopi et martyris, a flagello pestis et terræmotus, et omni malo libera nos, Domine.

Sancta Maria, ora pro nobis, et defende nos a morbo epidemico in nomine Jesu Filii tui Nazareni. Amen [1].

PRIONS

Que le Seigneur vous bénisse et vous garde, qu'il vous montre son visage et ait pitié de vous, qu'il tourne ses regards vers vous et vous donne la paix et la santé, que le Seigneur bénisse cette maison et tous ceux qui l'habitent, et les délivre des fléaux de la peste et du tremblement de terre, au nom et par la puissance de Jésus, et par l'intercession de la bienheureuse Marie toujours vierge, de S. Roch, confesseur, de S. Sébastien, martyr, et de S. Emygde, évêque et confesseur.

Dieu saint, fort et immortel, ayez pitié de nous.

Par l'intercession de la bienheureuse Marie toujours vierge, par les mérites de Jésus-Christ Notre-Seigneur, de S. *Roch*, confesseur, de S. *Sébastien*, martyr, et de S. *Emygde*, évêque et martyr, délivrez-nous, Seigneur, de la peste, du tremblement de terre et de tout mal.

Ste Marie, priez pour nous et préservez-nous des maladies épidémiques, au nom de Jésus de Nazareth, votre fils. Ainsi soit-il.

Tripiers (Patron des):
S. *Jean-Baptiste*.

Tribulations (Dans les), on invoque:
B^{se} *Marie de l'Incarnation*. — S. *Mamert*. — S. *Christophe*.

---

1. Cette bénédiction se trouve dans les *Pieux exercices en l'honneur de la Mère de Dieu*, publiés à Rome, et a été imprimée avec le *Nihil Obstat* de l'assesseur de la Sacrée Congrégation des Rites. — (Dr BROC.)

Prière à S. MAMERT
DANS LES TRIBULATIONS

Nous crions vers vous, Seigneur, et nous vous supplions de nous exaucer, afin que, comme à cause des prières du bienheureux pontife S. Mamert, vous avez épargné votre peuple affligé, de même aussi par son intercession, vous nous veniez en aide dans notre tribulation. Par Jésus-Christ Notre-Seigneur. Ainsi soit-il. — (Prière liturgique.)

Prière à S. CHRISTOPHE
A LA MÊME INTENTION

S. Christophe, noble martyr de Dieu, je vous prie par le nom du Christ votre Créateur et par cette prérogative qu'il vous a conférée quand il vous a imposé son nom à vous seul; je vous supplie, au nom du Père, et du Fils, et du S.-Esprit, et par la grâce que vous avez reçue, de m'être propice auprès de Dieu, et de sa sainte Mère, à moi, pauvre pécheur et votre serviteur. Faites-moi, par votre charitable intercession, triompher de ceux qui méditent mon malheur, et par cette légère charge qui est le Christ que vous avez mérité de porter heureusement sur vos épaules pour traverser un torrent, daignez alléger mes angoisses présentes : la pauvreté, les tribulations, les machinations méchantes et perverses, les conspirations de la fourberie, les mensonges, les faux témoignages, les projets manifestes ou cachés, et tout ce que les ennemis de la vérité s'efforcent de faire peser sur moi votre serviteur, par leurs suggestions et leurs conspirations contre mon honneur, afin que je puisse, l'honneur intact et la vie sauve, me réjouir avec vous dans les siècles des siècles. Ainsi soit-il. — (Prière du XVᵉ siècle.)

Troupeaux (Protecteurs des) :
S. Antoine. — S. Benvon. — S. Drogon. — S. Vulgis. — S. Wendelin.
(Voir *Animaux domestiques*, *Bétail*, *Épizooties*, etc.)

Tuberculose (Contre la), on invoque :
S. Malo ou Maclou : pèlerinages et évangiles dans un très grand nombre d'églises.

Tuiliers (Patrons des) :
S. Fiacre. — S. Vincent, diacre. — S. Vincent Ferrier.

Tumeurs et tous maux semblables (Contre les), on prie :
S. Loup : à Bergouey, par Mugron (Landes), il y a chaque année, le 1ᵉʳ septembre, un grand pèlerinage en l'honneur de S. Loup. On se rend en procession à la fontaine du saint. Cette fontaine est fréquemment visitée par les malades dans le cours de l'année.

A Lencouacq, par Roquefort (même département), il y a aussi une fontaine célèbre de S. Loup. La veille de la fête

(31 août), on va en procession chanter les vêpres dans la chapelle du saint, et, le lendemain, il y a une messe chantée au même lieu. — Les pèlerins sont très nombreux.

Tumeurs blanches (Contre les), on invoque :
Ste *Gwen* ou *Blanche* : pèlerinage et recommandations à La Ferrière, par La Chèze (Côtes-du-Nord). Sur cette paroisse se trouve une chapelle dédiée à Ste *Blanche* où de nombreux malades viennent prier.

Typhus (Contre le), on prie :
S. *Adelard* : pèlerinage à Huyse (Belgique. — Flandre orientale).

Typographes (Patron des) :
S. *Jean Porte-Latine*.

U

Ulcères (Contre les), on prie :
S. *Job*. — Ste *Radegonde*. — S. *Mainbœuf*. — Ste *Reinelde* de Hainaut.
Ste *Aldegonde* : invoquée à Maubeuge et Cousolre (Nord).
S. *Brendan* : invoqué à Lanvellec, par Plouaret (Côtes-du-Nord).
S. *Cadoc* : invoqué à Daoulas (Finistère.)
S. *Eloy* : pèlerinage à Luzoir, par Wimy (Aisne.)

Union des ménages (Pour la bonne), on invoque :
S. *Gengoult* : adresser ses recommandations, ses offrandes, demandes de messes ou de prières à M. le curé de Rémérangles, par Bulles (Oise), paroisse qui possède des reliques du saint, et où de nombreuses grâces sont obtenues.
(Voir aux pèlerinages contre la *Fièvre*.)

Université de Paris (Patron de l') :
S. *Charlemagne*.

Urine (Contre l'incontinence d'), on prie :
Ste *Tanche*.
S. *Gervais* : pèlerinage à Jarnages (Creuse), surtout le 20 juin, fête du saint.

Urine (Contre la rétention d'), on prie :
S. *Benoît-Biscop*.

V

Vaches (Pour l'abondance du lait des), on prie :
Ste *Blandine* : recommandations et pèlerinage à l'église de Chambœuf, par Saint-Galmier (Loire.)
S. *Josse* : recommandations à Saint-Judoce, par Evran (Côtes-du-Nord).

Vaches (Pour les), on invoque :
Ste *Brigide* d'Irlande. — Ste *Maure* et Ste *Britte*. — (Voir, de plus, *Animaux domestiques*, *Bétail*, etc.)

Valets de ferme (Patron des) :
S. *Eloy*.

Valets d'écurie (Patron des) :
S. *Hormisdas*.

Vanniers (Patrons des) :
S. *Antoine*. — S. *Eloy*. — S. *Jean* l'Evangéliste. — S. *Marc*. — S. *Paul*. — S. *Paul*, ermite. — S. *Pierre ès liens*.

Varices (Contre les), on invoque :
S. *Antoine*, abbé.

Vergetiers (Patrons des) :
Ste *Barbe*. — S. *Roch*. — S. *Sébastien*.

Vérificateurs (Voir *Balanciers*).

Vermine (Voir *Insectes parasites*).

Vermicelliers (Patron des) :
S. *Laurent*.

Vérole (Voir *Petite Vérole*).

Verriers (Patrons des) :
S. *Clair*. — S. *Eloy*. — S. *Jean Porte-Latine*. — S. *Laurent*. — S. *Luc*. — Ste *Lucie*. — S. *Marc*. — S. *Paul*. — S. *Pierre*.

Vers à soie (Pour les), on prie
S. *Jacques le Majeur*.

Vers des Enfants (Contre les), on a recours à :
S. *Millefort*.
S. *Psalmode* : pèlerinage à Eymoutiers (Haute-Vienne), surtout le dimanche qui suit le 13 juin.

S. *Mandez* : pèlerinage à Saint-Mandez, par Plélan-le-Petit (Côtes-du-Nord), et dans un très grand nombre de paroisses de Bretagne.

S. *Hildevert* : pèlerinage à Gournay-en-Bray (Seine-Inférieure).

Vertiges (Contre les), on invoque :
S. Jean-Baptiste.

Vétérinaires (Patron des) :
S. Eloy.

Veuves (Patronnes et protectrices des) :
Ste *Cyriaque*. — Ste *Galla*. — Ste *Léa*. — Ste *Marguerite* de Savoie. — Ste *Sigoulène*. — Ste *Sophie*.

Vidangeurs (Patrons des) :
S. *Clair*. — S. *Jules*, pape.

Vielle (Patron des joueurs de) :
S. *Genès*.

Vierges (Patrons des) :
Ste *Colombe*. — S. *Pierre*.
(Voir *Filles*.)

Vignes (Pour la prospérité des), on prie :
S. *Claude*. — S. *Grat* d'Aoste. — S. *Séverin*. — S. *Médard*. — S. *Urbain*, pape. — S. *Urbain* de Langres.
S. *Maurice* : pèlerinage et procession à Valserre (Hautes-Alpes), le lundi de la Pentecôte.

Vignerons (Patrons des) :
S. *Antonin*, abbé. — S. *Friard*. — S. *Gauthier*. — Ste *Geneviève*. — S. *Jean Porte-Latine*. — Ste *Madeleine*. — S. *Morand*. — S. *Urbain*, pape. — S. *Urbain* de Langres. — S. *Vincent*, diacre. — S. *Werner*.

Vinaigriers (Patrons des) :
S. *Amand*. — S. *Vincent*.

Vin (Patrons des rouleurs et de ceux qui transportent le) :
S. *Eustache*. — S. *Nicolas*. — S. *Lubin*.

Vin (Patron des déchargeurs de), dans les Entrepôts :
S. *Jean-Baptiste*.

Vins en gros (Patron des marchands de) :
S. *Nicolas*.

Vins (Patron des Inspecteurs de) :
S. *Vincent*.

Visage (Contre les plaies, boutons et toutes maladies du), on prie :
Ste *Marguerite*. — Ste *Rose* de Lima.

Pèlerinage en l'honneur de Ste *Rose*, à Ballan (Indre-et-Loire). (Voir *Eczéma*.)

Vitriers (Patrons des) :
S. *Clair*. — S. *Jacques l'Allemand*. — S. *Luc*. — S. *Marc*. — S. *Michel*.

Vocation (Voir *Etat*).

Vocation des jeunes filles (Pour la), on prie :
S. *Nicolas*. — S. *Ambroise*, de Sienne : offrande d'un cierge à l'église de Sienne (Toscane).

Vocation religieuse (Pour persévérer dans la), on invoque :
Ste *Jeanne de Chantal*.

Voituriers (Patron des) :
S. *Eloy*.

Volailles (Voir *Poules*).

Voleurs (Contre les voleurs), on prie :
S. *Dismas*, le bon Larron. — S. *Nicolas*. — S. *Marien*.

Vols (Voir *Objets volés*).

Vomissements (Contre les), on recourt à :
Ste *Julienne de Falconieri*.

Voyageurs (Protecteurs des) :
Ste *Eulalie*. — Ste *Gertrude*. — S. *Nicolas*. — S. *Joseph*. — S. *Valentin*. — S. *Julien l'Hospitalier*. — S. *Antoine de Padoue*. — S. *Martin*. — S. *Raphaël*.

Beaucoup de voyageurs pieux récitent, chaque jour, trois *Pater* et trois *Ave* en l'honneur de S. *Antoine de Padoue* : ce saint a lui-même recommandé ces prières à un voyageur assassiné par des brigands, et qu'il avait ressuscité.

Prière à S. RAPHAEL
POUR DEMANDER SA PROTECTION DANS LES VOYAGES

O Dieu qui avez donné l'archange S. *Raphaël* comme compagnon de route à votre serviteur *Tobie*, et comme médecin à son père aveugle, faites que, sous sa garde, nous soyons protégés dans nos voyages et soulagés dans nos maladies par son secours.

S. *Raphaël*, priez pour les voyageurs. — (ACTES DES SAINTS.)

Voyages en mer (Pour rendre heureux les), on prie :
S. *François Xavier*.
(Voir *Marins* et *Mer*.)

Voyages en montagne (Protecteurs des) :
S. *Christophe*. — Ste *Pétronille*.

Voyages sur le continent (Protecteurs des) :
Les *Rois Mages*.

On porte sur soi une image des trois rois, avec cette invocation : *Sancti tres reges : Gaspar, Melchior, Balthasar, orate pro nobis. Saints rois Gaspar, Melchior, Balthasar, priez pour nous* [1].

Vue (Contre la faiblesse de la), on invoque :
S. Jérôme et tous les saints invoqués pour les yeux.

Vue (Pour obtenir de conserver sa), on invoque :
S. *Uguzon* ou *Luguzon*.

(Voir ci-après au mot *Yeux*.)

Y

Yeux (Contre les maladies des), on invoque :
Ste *Alène*. — S. *Pourçain*. — Ste *Camelle*. — Ste *Céronne*. — S. *Clair* de Nantes. — S. *Raphaël*. — S. *Clair* de Lectoure. — S. *Roland*. — Ste *Claire*. — S. *Sabin*. — Ste *Ediltrude*. — S. *Stanislas Kotska*. — S. *Eustache*. — S. *Turibe*. — Ste *Fare*. — S. *Abdon* et S. *Sennen*. — S. *Félix* de Nole. — Ste *Aldegonde*. — Ste *Franche*. — S. *Clair* du Vexin. — S. *Fursy*. — Ste *Colombe*. — S. *Gauthier*. — Ste *Grimonie*. — S. *Guimer*. — Ste *Libière*. — S. *Genès*. — S. *Lumier*. — S. *Joseph*. — S. *Porcaire*. — S. *Léger*. — S. *Principin*. — S. *Prix* ou *Priest*. — S. *Restitut*. — Ste *Quiterie*. — S. *Louis de Gonzague*. — S. *Symphorien*. — S. *Lumier*. — Ste *Flamine*. — S. *Magne*. — Ste *Lucie*. — S. *Omer*. — Ste *Odile*.

Il y a, surtout en France, un grand nombre de sources ou de fontaines dédiées à quelques-uns des saints ci-dessus, et dont les eaux ont le privilège de guérir les maux d'yeux ; il existe aussi de nombreux pèlerinages contre ces affections : en voici une liste très incomplète :

Eau puisée dans le sarcophage où furent déposées les reliques des SS. *Abdon* et *Sennen*, apportées de Rome, à Arles-sur-Tech (Pyrénées-Orientales). Cette eau, par un miracle permanent et incontestable, se renouvelle toujours ;

Fontaines de S. *Clair*, à Arue, par Roquefort ; à Bougue, par Mont-de-Marsan ; à Herre, par Gabarret ; à Saint-Paul-en-Born, par Pontenx (Landes) ;

---

1. Rome a mis deux fois à l'« Index » un livre dans lequel cette pratique est traitée de superstitieuse.

Fontaine de Ste *Aldegonde*, à Maubeuge (Nord);

Fontaine de *S. Roland*, à Chézery (Ain);

Fontaine célèbre de Ste *Quiterie*, à Lamothe, par Souprosse (Landes);

Fontaine de *S. Lumier*, à Valleret, par Wassy (Haute-Marne). Valleret conserve les reliques de *S. Lumier*, on va les vénérer en pèlerinage, et on se les fait appliquer sur les yeux;

A Longchaumois (Jura), le jour de *S. Jean-Baptiste*, on bénit du vin pour guérir les yeux (Voir au mot *Peur*);

Pèlerinage et recommandations pour *S. Clair*, de Nantes, à Saint-Quay-Prortrieux (Côtes-du-Nord) et à Réguiny (Morbihan);

Pèlerinage à Saint-Clair-sur-Epte (Seine-et-Oise), le 18 juillet, en l'honneur de *S. Clair* du Vexin;

Pèlerinage à la cathédrale de Sens, en l'honneur de Ste *Colombe*;

Pèlerinage à la Capelle (Aisne), en l'honneur de Ste *Grimonie*;

En l'honneur de Ste *Odile*, pèlerinage très fréquenté et recommandations, à Château-l'Abbaye, par Saint-Amand-des-Eaux (Nord); on fait toucher des linges à la statue de la sainte, et on se les applique avec foi sur les yeux;

Pèlerinage en l'honneur de *S. Roland*, à Chézery (Ain); surtout le 14 juillet;

Pèlerinage à Volvic (Puy-de-Dôme), surtout le dimanche qui suit le 12 juillet. Tous les habitants de la contrée ont la plus grande confiance dans *S. Priest* qui y est invoqué. M. le curé sera heureux de prier et de faire prier pour ceux qui lui enverront leurs recommandations;

Pèlerinage à Saint-Germer-de-Fly (Oise), en l'honneur de *S. Eustache*;

Pèlerinage à Assé-le-Bérenger, par Evron (Mayenne), en l'honneur de *S. Turibe*;

Pèlerinage et fontaine en l'honneur de Ste *Céronne*, dans la paroisse de ce nom, par Mortagne (Orne)[1];

Pèlerinage à Montverdun (Loire), en l'honneur de *S. Porcaire*: surtout à partir du 19 août, et jusqu'à l'entrée de l'hiver: on y vénère les reliques du saint; mais, en outre, les pèlerins se rendent à une source située au bas du pic de Montverdun, que le saint abbé a dû bénir de son vivant et lavent leurs yeux malades dans cette eau. Ils trouvent quelquefois la guérison complète et souvent la guérison partielle[2];

---

1. On peut adresser des intentions à M. le curé. Il se charge de dire des messes et des évangiles, de mettre les cierges devant les reliques de la sainte, et de faire toucher à ces mêmes reliques les linges qu'on lui envoie.

2. Lettre de M. l'abbé Lermillier, curé de Montverdun.

Pèlerinage à Saint-Restitut, près Saint-Paul-Trois-Châteaux (Drôme), en l'honneur de S. *Restitut*;
Pèlerinage à Bizot (Allier), en l'honneur de S. *Symphorien*.

Prière à Ste FLAMINE
CONTRE LES MALADIES DES YEUX

ANTIENNE

Vierge et martyre illustre, Ste *Flamine*, répandez pour nous vos prières devant le Seigneur, pour qu'en punition de nos fautes nos yeux ne soient pas brûlés par la maladie.

ORAISON

Dieu tout-puissant et éternel, pour l'insigne honneur de votre nom, la bienheureuse vierge et martyre Ste *Flamine* a supporté avec constance une horrible douleur des yeux. Accordez, nous vous en supplions, que ceux qui célèbrent sa mémoire avec une pieuse dévotion soient délivrés de toute maladie des yeux et conduits dans les demeures célestes pour y vivre éternellement. Par J.-C. Notre-Seigneur. Ainsi soit-il. — (LITURGIE ANCIENNE.)

Prière à Ste LUCIE
POUR LES YEUX

O Dieu qui avez daigné éclairer du flambeau de la vraie foi et orner de la couronne du martyre votre bienheureuse vierge Ste *Lucie*, accordez à vos serviteurs, par son intercession, d'être délivrés de tout aveuglement de l'esprit et du corps, et de mériter plus facilement de contempler les biens célestes. Par Notre-Seigneur Jésus-Christ. Ainsi soit-il. — (PRIÈRE LITURGIQUE.)

Prière à Ste ODILE
CONTRE LES MAUX D'YEUX

O Dieu qui illuminez toutes les nations et avez fait éclater les merveilles de vos œuvres dans la perfection de la vierge Ste *Odile*, nous supplions votre clémence, comme vous l'avez délivrée des ténèbres de sa cécité native, de nous accorder aussi, par ses mérites et ses prières, la grâce de la vie corporelle et la gloire de l'éternelle clarté. Par Notre-Seigneur Jésus-Christ. Ainsi soit-il.

Autre prière à Ste ODILE
POUR OBTENIR LA GUÉRISON ET LA CONSERVATION DES YEUX

O bienheureuse Vierge choisie de Dieu pour être l'instrument de ses miséricordes, vous à qui il a accordé, d'une manière miraculeuse, l'usage de la vue, je m'adresse à vous, en ce pressant besoin, vous priant d'intercéder pour moi auprès de lui, afin que j'obtienne la guérison de l'infirmité qui m'accable! O vous qui avez enduré la cruelle privation des yeux, ne me refusez pas votre puissante assistance auprès de Dieu, pour que ma vue se conserve et que je n'en use que pour sa gloire et pour mon salut.

Ne rejetez pas mon humble supplication, ô Ste Odile, notre patronne et notre refuge, dans ce moment d'épreuves, et montrez-vous surtout ma protectrice à l'heure de la mort. Ainsi soit-il. — (Prière populaire.)

Prière à S. CLAIR du Vexin
INVOQUÉ POUR LES YEUX

O Dieu, qui avez couronné dans la splendeur éternelle le bienheureux S. Clair, qui s'est illustré par la gloire éclatante de la chasteté et du martyre; daignez nous accorder, par son intercession, que, marchant toujours à la lumière de votre divine parole, nous méritions de parvenir à la patrie de la clarté éternelle. Par J.-C. N.-S. Ainsi soit-il. — (Missel de Beauvais.)

AUTRE PRIÈRE AU MÊME SAINT

O grand saint, nous sommes plongés dans les ténèbres, délivrez-nous; hâtez-vous d'exaucer les supplications de vos serviteurs en leur obtenant la lumière d'en-haut.

Venez en aide à vos malheureux enfants qui, hélas! gémissent sous tant d'épaisses ténèbres. Faites que la clarté dont vous êtes inondé, en dessillant nos yeux, illumine en même temps nos âmes et nos corps. Ainsi soit-il. — (Prose en l'honneur de s. Clair.)

Yeux (Contre les catharres et les fistules des), on invoque :
V^{ble} César de Bus. — Ste Geneviève.

AUX LECTEURS

L'auteur, très désireux, pour la gloire des saints et la satisfaction de la piété des fidèles, de rendre cet ouvrage aussi irréprochable que possible, sera reconnaissant envers les lecteurs qui voudront bien lui communiquer des renseignements nouveaux, ou lui indiquer des rectifications.

Adresser la correspondance à l'Auteur du **Manuel de l'Invocation des Saints**, *librairie Henry, 1, rue Descartes,* Tours.

www.ingramcontent.com/pod-product-compliance
Lightning Source LLC
Chambersburg PA
CBHW070925230426
43666CB00011B/2318